Hans Küng
Unfehlbar?

SERIE PIPER
Band 1016

Zu diesem Buch

Hans Küngs »Anfrage« löste, als sie 1970 erstmals erschien, die größte theologische Debatte seit dem Zweiten Vatikanischen Konzil aus und führte schließlich zum Entzug der kirchlichen Lehrerlaubnis für den Autor. Aber erledigt ist die Anfrage damit noch lange nicht – im Gegenteil: Die Vorgänge der letzten Zeit, so etwa die Bischofsernennungen oder die Äußerungen Papst Johannes Pauls II. zur Geburtenregelung, zeigen vielmehr die Aktualität dieser Frage auf. Für die Taschenbuchausgabe hat Herbert Haag ein Vorwort geschrieben, das die gegenwärtige Entwicklung des Papsttums kritisch untersucht. Die Taschenbuchausgabe wurde um die Texte »Kirche – gehalten in der Wahrheit?« und »Der Stand der Unfehlbarkeitsdebatte« erweitert.

Hans Küng, geboren 1928, ist Professor für Ökumenische Theologie und Direktor des Instituts für Ökumenische Theologie der Universität Tübingen. Seine Arbeiten haben der theologischen Diskussion der letzten 25 Jahre entscheidende Impulse gegeben, weit über den katholischen Raum hinaus. Bei Piper erschien: »Christ sein« (1974); »Existiert Gott?« (1978); »Ewiges Leben?« (1982); »Christentum und Weltreligionen« (zus. mit J. v. Ess, H. Bechert, H. v. Stietencron, 1984); »Theologie im Aufbruch« (1987); »Christentum und Chinesische Religion« (1988).

HANS KÜNG

UNFEHLBAR?

EINE UNERLEDIGTE ANFRAGE

Erweiterte Neuausgabe

Mit einem Vorwort zur
Taschenbuchausgabe
von Herbert Haag

Piper
München Zürich

Von Hans Küng liegen in der Serie Piper
bereits vor:
»20 Thesen zum Christsein« (100)
»Die Kirche« (161)
»24 Thesen zur Gottesfrage« (171)
»Ewiges Leben?« (364)
»Katholische Kirche – wohin?«
(Hrsg. zus. mit N. Greinacher) (488)
»Rechtfertigung« (674)
»Freud und die Zukunft der Religion« (709)
»Strukturen der Kirche« (762)
»Dichtung und Religion«
(zus. mit Walter Jens) (901)
»Menschwerdung Gottes« (1049)

ISBN 3-492-11016-9
Dezember 1989
R. Piper GmbH & Co. KG, München
Erweiterte Neuausgabe mit Genehmigung des Benziger Verlages,
Zürich Einsiedeln Köln

Umschlag: Federico Luci
Foto: Süddeutscher Bilderdienst
Foto Umschlagrückseite: Rita Strothjohann
Printed in Germany

Der Leser mag dort,
wo er ebenso sicher ist wie ich,
mit mir weitergehen;
wo er ebenso zögert,
mich befragen;
wo er bei sich einen Irrtum erkennt,
sich an mich halten;
wo er einen bei mir erkennt,
mich zurückrufen.

Augustinus
De Trinitate I, 2, 5

INHALT

Herbert Haag

EINE UNERLEDIGTE ANFRAGE

Vorwort zur Taschenbuchausgabe 1989

Dieses Buch ist ein singuläres theologiehistorisches Dokument. Seit seiner Erstveröffentlichung 1970 hat es eine internationale und interkonfessionelle Debatte ausgelöst, die in der neueren Geschichte der Theologie ihresgleichen sucht. Deshalb soll es im Sinne einer Dokumentation neu vorgelegt werden.

Drei Überlegungen waren für diese neue Ausgabe bestimmend.

Erstens: Immer wieder erreichten den Verfasser von »Unfehlbar?« Anfragen, worum es der Sache nach bei seiner Kritik an der Lehre von der Unfehlbarkeit des Papstes gegangen sei. Da die Taschenbuchausgabe von 1980 vergriffen sei, könne sich der einzelne im nachhinein kein eigenes Urteil mehr bilden. Diesem berechtigten Anliegen soll diese Ausgabe dienen. Der ursprüngliche Text wird deshalb unverändert wiedergegeben (ausgenommen der »Ausblick: Wie der Papst sein könnte«).

Zweitens: Zehn Jahre nachdem Hans Küng im Dezember 1979 die Missio canonica entzogen wurde, steht fest, daß keines der damals mit Disziplinarsanktionen angegangenen Probleme gelöst ist (alle Dokumente von 1979/80 in: »Der Fall Küng. Eine Dokumentation«, hrsg. von N. Greinacher und H. Haag, München 1980). Im Gegenteil: Heute wird immer deutlicher, wie sehr die damalige Maßnahme rechtlich unzulässig, theologisch unbegründet und kirchenpolitisch kontraproduktiv war. Um den Leser darüber ins Bild zu setzen, wie das römische Vorgehen formal begründet wurde, werden im Anhang jene beiden Texte mitdokumentiert, die der Kurie den Vorwand für ihre damaligen Interventionen lieferten.

Drittens: Die aufmerksamen Beobachter der kirchlichen Szene sind weltweit darüber beunruhigt, daß zehn Jahre Pontifikat Johannes Pauls II. die Krise in unserer Kirche, die sich unter Paul VI. schon abzuzeichnen begann, nicht beseitigt, sondern verschärft haben. Es ist nicht übertrieben, von Empörung zu sprechen, womit sowohl Fachleute als auch einfache Gläubige auf den gegenwärtigen römischen Kurs reagieren. Die Leserbriefspalten deutscher Zeitungen sind voll von enttäuschten oder resignierten Zuschriften von Katholiken, die sich über den Wetterumschlag in der Kirche seit dem Zweiten Vatikanischen Konzil und dem so ganz anderen Papst Johannes XXIII.

beklagen. Krisentagungen wurden von Katholischen Akademien (so Rottenburg–Stuttgart und München) und katholischen Verbänden (so vom österreichischen Akademikerverband) durchgeführt. Artikelserien erschienen in katholischen Zeitschriften wie »Christ in der Gegenwart« und »Publik-Forum«. Neue kritische Blätter schossen aus dem Boden: »Kirche intern« in Österreich und »Aufbruch« in der Schweiz. Ja, selbst im übrigen zurückhaltende und als eher konservativ geltende katholische Theologen und Publizisten meldeten sich kritisch zu Wort – und dies nicht nur zu den umstrittenen Ernennungen von Bischöfen und Disziplinierungen von Professoren, sondern auch zum Stil, in dem die römische Lehrbehörde ihres Amtes waltet.

Schon im Januar dieses Jahres beklagte der Chefredakteur der katholischen »Herder-Korrespondenz« *David Seeber* das Aufkommen eines »Fundamentalismus« in der katholischen Kirche: »In der Verabsolutierung bestimmter Traditionen oder päpstlicher Lehräußerungen ohne Blick für den geschichtlichen Kontext, in dem sie ergangen sind, und ohne Sinn für die Rangordnung einzelner Wahrheiten innerhalb der katholischen oder auch der gemeinchristlichen Glaubensstruktur, haben wir es mit zunehmend gewichtiger werdenden katholischen Varianten eines insgesamt sich ausbreitenden religiösen Fundamentalismus ohne rechten biblischen Bezug zu tun«. Ja, David Seeber scheute sich nicht, gewisse Formen gegenwärtiger »Papstfrömmigkeit« zu kritisieren: »Formen verfremdeter Verehrung... (z.B. die vielen ›totus tuus‹-Transparente bei Papstreisen), denen anzusehen ist, daß weniger der trinitarische Gott, sondern der monokratisch gedachte Papst mit allen kirchlichen Konsequenzen daraus der eigentliche Bezugspunkt religiöser Gefühle und katholischer Andacht ist. Zum Fundamentalismus gehört eine prinzipiell irrationale *Vorentscheidung*. Sie führt dazu, daß eine bestimmte Wirklichkeit willkürlich an die Stelle der Gesamtwirklichkeit gesetzt und alles andere, was sich der einen verabsolutierten Wirklichkeit als alleiniger Norm nicht einordnet, ausgeblendet wird.«

Noch deutlichere Sätze sind in »Academia« zu lesen, der Zeitschrift des Cartellverbandes der katholischen deutschen Studentenverbindungen, die im Juni ein ganzes Heft der Frage widmete: »Quo vadis ecclesia?« Der Leitartikel beklagt »ein frostiges Klima« in unserer Kirche. Zustimmend wird eine Erklärung des Zentralkomitees der deutschen Katholiken zitiert: »Wird nicht ein falscher Gegensatz zwischen verbindlichen kirchlichen Weisungen und dem Anspruch des individuellen Gewissens aufgebaut? Wird nicht in der Kirche die Tugend des Gehorsams einseitig zu Lasten der Tugend des christlichen Freimuts betont?«

Aufsehen errgegte auch der fundierte Aufsatz des Regensburger Dogmatikers *Wolfgang Beinert*, der unter dem Titel »Kirche und Angst« in der Jesuitenzeitschrift »Stimmen der Zeit« (April 1989) erschien. Erschreckende demoskopische Umfrageergebnisse machten dem Verfasser bewußt, daß die Solidarität mit der Kirche rapide abnehme. Er spricht von vielen Klagen im Kirchenvolk und von einem »ausgesprochen aggressiven Verhalten der Kirchenleitung«. Eine abweichende, unbequeme und nonkonforme Meinung gerate sofort in den Verdacht der Unkirchlichkeit, des Ungehorsams, der verderblichen Abweichung. Die Zahl der Verfahren gegen Theologen, Bischöfe und Priester wachse. Sie würden weitgehend oder vollständig anonym geführt. Auch die ideologisierende Tendenz fehle nicht. Sie trete in dem Bestreben zutage, die freie Diskussion so weit als möglich durch Maßnahmen der Zentrale zu unterbinden. Angst suche Angst zu erzeugen, damit »der erstrebte Zustand der Konsolidierung erreicht werde«. Das könne sogar bis zur schon im Altertum geübten »damnatio memoriae« gehen: »Bestimmte Autoren dürfen faktisch nicht mehr zitiert werden, selbst wenn sie im konkreten Fall Zeugen der Rechtgläubigkeit sind.« Kein Wunder also, daß viele Auswirkungen des realen kirchlichen Systems »auch heute noch Angst auslösend« wirken: »So wirkt die Institution Kirche ängstigend – auf sensible Christen ganz besonders.«

Nicht weniger grundsätzlich sind die unter dem Titel »Leiden an der Kirche« veröffentlichten kritischen Ausführungen des verdienten katholischen Ökumenikers Professor *Heinrich Fries* (München): »Der gegenwärtige Zustand der Kirche ist wesentlich auch von innen bedingt, von der Kirche selbst hervorgerufen, durch die Maßnahmen und Entscheidungen der Hierarchie in der Kirche, durch die Art und Weise, wie das Petrusamt wahrgenommen und dargestellt wird, durch die mangelnde Verwirklichung dessen, was Communio und Volk Gottes als Grundstruktur der Kirche bedeutet – durch das Zurückbleiben hinter dem, was als Hoffnung, Ermutigung und Zuversicht der Geist, die Intention und die Zielsetzung des Zweiten Vatikanischen Konzils war. Es ist das Zurückbleiben hinter dem, was einmal konkrete Wirklichkeit der katholischen Kirche war und dieser Kirche ein hohes Maß an Zustimmung, an Identifikation und Glaubwürdigkeit einbrachte – was sich heute fast in das Gegenteil verkehrt hat.« (»Christ in der Gegenwart« vom 12.2.1989) Dies liest sich wie ein Echo auf den Sammelband »Katholische Kirche – wohin? Wider den Verrat am Konzil«, 1986 herausgegeben von Norbert Greinacher und Hans Küng unter Mitarbeit vieler bekannter Theologinnen und Theologen (Serie Piper 488).

Das alles sind beängstigende Alarmsignale. So beängstigend, daß der Bonner Moraltheologe *Franz Böckle* sich zu der Frage veranlaßt sieht: »Provoziert der Papst unter den Katholiken eine Spaltung im Glauben? Die Frage muß leider bitter ernst genommen werden« (»Die Zeit« vom 3.3.1989). Wie ernst, zeigt eine Stellungnahme des Nestors der katholischen Moraltheologie Professor *Bernhard Häring* unter der Schlagzeile »Ich bin erschüttert«. Häring beklagt den gegenwärtigen restaurativen bis reaktionären Kurs der Kirchenleitung und folgert: »Es bedarf einer geduldigen Trauerarbeit im Hinblick auf unsere vergangenen Sünden, aber auch einer Trauerarbeit der Kirche in Haupt und Gliedern über viele folgenschwere und immer wieder neu behauptete irrige Lehren. Die schlimmste war vielleicht die durch ein paar Dutzend päpstlicher Bullen immer wieder neu eingeschärfte Lehre, daß Hexen aufgespürt und durch Folter zur Wahrheitsaussage gezwungen werden müssen. Päpste haben zwar neuerdings über den Fall Galilei demütig gesprochen, aber sich noch nie ausdrücklich über sehr viel bedauerlichere Fehlentscheidungen geäußert. Und eben diese lasten schwer auf dem Papsttum in ökumenischer Sicht – ja auch auf dem Verständnis des Petrusamtes innerhalb der Kirche.« (»Kirche intern«, März 1989).

Was bestimmten Theologen schon vor vielen Jahren widerfuhr, widerfährt nun auch anderen: Der Brief *Bernhard Härings*, der früher im Vatikan dem Papst und seinen Kurialen sogar Exerzitien halten durfte, wurde vom Papst ebenso wenig einer Antwort gewürdigt wie der Protestbrief von 34 CSU-Landtagsabgeordneten. Dazu deren Sprecher *Peter Widmann*: »Wenn nicht einmal mehr ein Brief von 34 Landtagsabgeordneten der Christlich-Sozialen Union, die christliche Positionen in der Öffentlichkeit vertritt, vom Papst beantwortet wird, dann können wir die Kirche zusperren. Dann ist das nicht mehr eine Kirche im Geist Jesu Christi!« (»Kirche intern«, ebd.).

Was aber war der *Anlaß* für all diese alarmierenden Äußerungen? Neben anstößigen Ernennungen von Bischöfen und Maßregelungen von Professoren wurden sie durch zwei Ansprachen provoziert, die der gegenwärtige Papst zur *Enzyklika »Humanae Vitae«* Papst Pauls VI. von 1968 über die Geburtenregelung hielt. Der Zeitpunkt hätte für diese Ansprachen nicht schlechter gewählt werden können. Während nach neuesten Berichten weltweit 100 Millionen Kinder ein elendes Leben auf den Straßen führen (Thema für eine Konferenz von Unicef und Childhope im katholischen Manila, vgl. »Die Zeit« vom 19.5.1989), hat der Vatikan keine größeren Sorgen, als das Verbot der heute unumgänglichen Methoden der Geburtenregelung zu urgieren. Vom 8. bis 12. November 1988 tagte in Rom ein Kongreß von Moraltheologen, der vom Studieninstitut für Ehe und Familie an der päpstlichen Lateranuniversität und vom römisch-akademischen Zentrum der Geheimorganisation »Opus Dei« einberufen worden war. Eingeladen waren nur streng ausgewählte Befürworter der päpstlichen Lehre. Finanziert wurde das ganze Unternehmen von den reaktionären amerikanischen »Knights of Columbus«.

Eine der beiden Ansprachen ist die *Grundsatzrede*, die der Papst am 12. November persönlich vor den Teilnehmern eben dieses Kongresses hielt. Er pries dabei nicht nur die Enzyklika Pauls VI. in ihrem »erhellenden und irgendwie prophetischen Wert«. Er ging hinsichtlich der Begründung von »Humanae Vitae« über Paul VI. weit hinaus. Dieses hatten die Moraltheologen sich anzuhören: »Es geht nämlich (bei »Humanae Vitae«) nicht um eine von Menschenhand erfundene Lehre: sie ist vielmehr von der Schöpferhand Gottes in die Natur der menschlichen Person eingeschrieben und von ihm in der Offenbarung bekräftigt worden. Sie zur Diskussion stellen bedeutet daher, Gott selbst den Gehorsam unseres Verstandes zu verweigern. Es bedeutet, daß wir das Licht unserer Vernunft dem Licht der göttlichen Weisheit vorziehen und damit in die Finsternis des Irrtums fallen, um schließlich noch weitere grundlegende Eckpfeiler der christlichen Lehre anzugreifen.« Mit anderen Worten: eine Ablehnung von »Humanae Vitae« kommt einer Ablehnung des Christlichen überhaupt gleich. Katholiken, die sich in der Geburtenregelung »künstlicher« Mittel bedienen, fallen damit gewissermaßen aus der Schöpfungs- und Erlösungsordnung Gottes heraus!

Alamiert von dieser Ansprache, formulierte der Moraltheologe *Franz Böckle* denn auch sogleich die sich daraus ergebenden Konsequenzen: »Eine bisher als authentische Interpretation des Natur-, respektive Vernunftrechts verkündete Morallehre wird auf die Höhe einer unbezweifelbaren, göttlich geoffenbarten Glaubenslehre erhoben. Die Entscheidung für die Wahl der Methode der Geburtenkontrolle wird damit für einen gläubigen Katholiken zu einer Herausforderung seines Glaubens. Dies ist etwa im Vergleich zur Lehrverkündigung des verstorbenen Papstes Paul VI. ein unerhörter Vorgang, der aus den Offenbarungsquellen durch nichts zu belegen ist. Die Konsequenz ist jedem einsichtig, der größte Teil gläubiger Katholikinnen und Katholiken wäre dann in einem – nach des Papstes Meinung – nicht unbedeutenden Teil christlichen Glaubens faktisch nicht mehr rechtgläubig« (»Die Zeit« vom 3. 3. 1989).

Kein Wunder also, daß katholische Theologen durch diese päpstlichen Äußerungen zutiefst beunruhigt waren. Beunruhigt waren sie überdies durch reaktionäre Bischofsernennungen in den Niederlanden, in Österreich, der

Schweiz und schließlich in Köln. Erneut ist es Professor *Franz Böckle*, der auf die verhängnisvollen Zusammenhänge zwischen päpstlicher Personalpolitik und Theologiepolitik aufmerksam macht: »Man muß sich vor Augen halten, daß die umstrittene Besetzung der Bischofsstühle in Österreich, in der Schweiz und in Deutschland genauso wie der vatikanische Einspruch bei der Wiederbesetzung von Professorenstellen an den Theologischen Fakultäten Ausdruck einer gezielten päpstlichen Personalpolitik sind. Endlich soll überall die reine ›Lehre über Ehe und Familie, insbesondere das Verbot jeder aktiven Antikonzeption‹, durchgesetzt werden. Wer auch nur den gringsten Verdacht auf sich lenkt, daß er in diesem Punkt nicht voll mit dem Papst übereinstimmt, kommt als Kandidat für ein Bischofsamt oder eine Moralprofessur nicht mehr in Frage. Vom Nuntius, Erzbischof Dr. Uhač, ist ein Brief an die Öffentlichkeit gekommen, in dem er bestimmte, ihm ergeben scheinende Professoren schriftlich auffordert, ihm ›Kollegen zu benennen, die nicht mehr treu zur Lehre der Kirche stehen‹. Einer hat ihm geantwortet, er können eine Denunziation von Mitbürgern mit seinem Gewissen nicht vereinbaren, denn sie widerspreche der gesamten Lehre des Evangeliums.« (»Die Zeit« vom 3.3.1989).

Dies bildet den Hintergrund der *»Kölner Erklärung«* vom 27. Januar 1989 *»Wider die Entmündigung in der Kirche«*, die in ihrem ersten Teil auf die Bischofsernennungen, im zweiten Teil auf die Erteilung der kirchlichen Lehrbefugnis an die Professoren der Theologie und schließlich im dritten Teil auf die lehramtliche Kompetenz des Papstes in Sachen Geburtenregelung eingeht. Diese »Kölner Erklärung«, die von 163 Theologen aus dem gesamten deutschsprachigen und niederländischen Raum unterzeichnet wurde und die die Unterstützung von zahlreichen und zum Teil höchst prominenten französischen, italienischen, spanischen, amerikanischen und neuerdings auch brasilianischen Theologen fand, schlug mit ihrem weltweiten Presseecho im Vatikan wie eine Bombe ein. Wirft sie dem Papst doch vor, er habe in Sachen »Humanae vitae« seine lehramtliche Kompetenz »in unzulässiger Weise geltend« gemacht. Denn es gebe nach dem Zweiten Vatikanischen Konzil eine »Hierarchie der Wahrheit«; es gebe unterschiedliche Gewißheitsgrade theologischer Aussagen; die Grenze der theologischen Erkenntnisse in medizin-anthropologischen Fragen müsse beachtet werden; das päpstliche Lehramt habe der Theologie die Würde zuerkannt, die Argumente für theologische Aussagen und Normen zu prüfen; das Gewissen sei kein Erfüllungsgehilfe des päpstlichen Lehramtes. Die Kritik gipfelt in dem

Satz: »Der Papst beansprucht das Amt der Einheit. Seines Amtes ist es deshalb, im Konfliktfalle zusammenzuführen, was er im Blick auf Marcel Lefebvre und seine Anhänger trotz dessen fundamentaler Infragestellung des Lehramtes in exzessiver Weise getan hat. Seines Amtes ist es nicht, ohne jeden Versuch eines Dialogs Konflikte zweitrangiger Art zu verschärfen, sie einseitig lehramtlich zu entscheiden und zum Gegenstand der Ausgrenzung zu machen. Wenn der Papst tut, was nicht seines Amtes ist, kann er im Namen der Katholizität nicht Gehorsam verlangen. Dann muß er Widerspruch erwarten.«

Diese Erklärung war bitter nötig. Ich habe sie unterschrieben, und ich stehe zu ihr aus voller Überzeugung. Und doch muß eine Rückfrage erlaubt sein, die eben mit dem hier neu dokumentierten Buch von Hans Küng zu tun hat. Hat der Papst wirklich in Sachen »Humanae Vitae« seine lehramtliche Kompetenz »in unzulässiger Weise geltend« gemacht? Hat er in diesem Fall etwas getan, »was nicht seines Amtes ist«? Aus römischer Sicht gewiß nicht. Kenner der römischen Theologie wußten immer schon, daß die neuesten Äußerungen des Papstes zu »Humanae Vitae« in der Substanz nichts »Neues« waren, sondern die in Rom von jeher vertretene Lehre widerspiegelten. Denn für römische Theologie galt schon immer: Die Enzyklika »Humanae Vitae« über die Geburtenregelung ist zwar nicht als Enzyklika unfehlbar, wohl aber die Lehre, die hinter »Humanae Vitae« steht. Sie ist als faktisch unfehlbar anzusehen, auch wenn sie bisher nicht (oder noch nicht) ex cathedra definiert wurde. Und genau dies, und nichts anderes, hatte Hans Küng in dem hier neu dokumentierten Buch »Unfehlbar? Eine Anfrage« von 1970 gezeigt, ja zum Paradebeispiel seiner Argumentation gemacht: Paul VI. hatte die Enzyklika »Humanae Vitae« deshalb so erlassen, weil er von der *Kontinuität, Autorität, Unfehlbarkeit* (d. h. von der vom Heiligen Geist garantierten Irrtumslosigkeit) dieser Lehre voll überzeugt war – und zwar deshalb, *weil sie von seinen Vorgängern samt dem ganzen Episkopat konstant als verbindliche Lehre vertreten* worden war. Für Paul VI. war klar: Die Lehre der Kirche in Sachen Geburtenregelung widerrufen hieße zugeben, daß das Lehramt in diesem wichtigen Punkt der Sittenlehre geirrt habe, also nicht vom Heiligen Geist geführt gewesen sei. Dies aber konnte nicht sein. Johannes Paul II. hat somit in seiner Ansprache an die Moraltheologen in der Substanz nur das wiederholt, was immer römische Lehre war.

Besser als manche Theologieprofessoren, die bei der Infragestellung nicht nur der Enzyklika »Humanae Vitae«, sondern auch der päpstlichen Unfehlbarkeit sofort ebenfalls mit dem Entzug der kirchlichen Lehrbefugnis bedroht würden, hat der Pfarrer und Herausgeber der österreichischen Zeitschrift »Kirche intern« (die innerhalb weniger Monate auf eine Abonnentenzahl von über 20000 anstieg), *Rudolf Schermann*, den neuralgischen Punkt verstanden: »Weshalb aber entschied sich Paul VI. gegen die Freigabe der künstlichen Empfängnisverhütungsmittel? Etwa aus Angst um die Gesundheit der Frauen? Sicher nicht. Ihm ging es auch nicht um die Pille allein, deren medizinische Risiken Frauen wie Ärzte alsbald erkannten, so daß der Pillenboom von selber zurückging, sondern um sämtliche künstlichen Mittel. Der Papst traf keine medizinische, sondern eine sittlich-moralische Aussage. Weshalb entschied sich Paul VI. gegen den von ihm selbst angeforderten Rat der Wissenschaftler? Die Antwort ist ebenso banal wie bezeichnend: Er entschied sich so, um das Prestige des Papsttums aufrecht erhalten zu können, um sagen zu können: ›Wie schon unsere Vorgänger seligen Angedenkens wiederholt bekräftigt haben...‹ Denn was hätten wohl die Menschen in aller Welt gedacht – wenigstens so spukte es in kurialen Köpfen herum, die, wie es heißt, den Papst unter Druck setzten –, wenn Paul VI. im Gegensatz zu den einschlägigen Erklärungen seiner Vorgänger plötzlich grünes Licht für die erwähnten Mittel gegeben hätte? Es war ja bekannt, daß Pius XII. (Papst von 1939 bis 1958) diese künstliche Geburtenregelung für ein Grundübel hielt.« (»Publik-Forum« vom 22.7.1988).

In der Tat: Schon Paul VI. hatte seine damalige Entscheidung in Sachen Geburtenregelung auf die Unfehlbarkeit des alltäglichen, »*ordentlichen*« Lehramtes (des Magisterium ordinarium) des Papstes und der Bischöfe gegründet, eine höchst problematische neuscholastische Lehre, die – leider – auch in der Kirchenkonstitution des Zweiten Vatikanischen Konzils (»Lumen gentium«, Nr. 25) Aufnahme gefunden hat. Dort heißt es unzweideutig: »Die einzelnen Bischöfe besitzen zwar nicht den Vorzug der Unfehlbarkeit; wenn sie aber, in der Welt räumlich getrennt, jedoch in Wahrung des Gemeinschaftsbandes untereinander und mit dem Nachfolger Petri, authentisch in Glaubens- und Sittensachen lehren und eine bestimmte Lehre übereinstimmend als endgültig verpflichtend vortragen, so verkündigen sie auf unfehlbare Weise die Lehre Christi«. Und genau dies, das zeigt das hier neu vorgelegte Buch, war im Fall dieser »unseligen Enzyklika« (*R. Schermann*) gegen die Empfängnisverhütung geschehen. In der Unfehlbarkeitsdebatte aber, die sich an das Buch von Hans Küng anschloß, wollte man nicht wahrhaben, daß Küng in diesem Punkt die römische Lehre exakt wiedergegeben hatte. Man warf ihm ein »verzerrtes« Verständnis des römischen Lehramtes vor. Man glaubte, sich um das Grundsatzproblem der Unfehlbarkeitsfrage herumdrücken zu können, indem man *diese* Lehre vom Unfehlbarkeitsanspruch ausnahm.

Und der gegenwärtige Papst? Man wird zugeben müssen, daß Johannes Paul II. nichts anderes getan hat, als die vom Zweiten Vatikanischen Konzil bekräftigte römische Lehre von der Unfehlbarkeit erneut einzuhämmern. Er tat dies in einer Ansprache, die er am 16. Oktober 1988 vor amerikanischen Bischöfen hielt und die nicht ohne Grund jener an die Moraltheologen vorausging. Unmißverständlich sprach der Papst hier unter Hinweis auf die in Amerika mißachteten Morallehren der Kirche vom »Charisma der Unfehlbarkeit«, das nicht nur bei »feierlichen Definitionen des römischen Pontifex und von ökumenischen Konzilien« präsent sei, sondern ebenso im »*universalen ordentlichen Lehramt*«, das »als *gewöhnliche* (usual: übliche, normale) Ausdrucksform der Unfehlbarkeit der Kirche betrachtet werden könne« (»the *usual* expression of the Church's infallibility«: vgl. »Osservatore Romano« vom 16. 10. 1988).

Dennoch ist zu fragen: Gibt es in Sachen Unfehlbarkeit durch die neuesten Papst-Äußerungen nicht doch eine »neue Situation«? Ja und nein. Nein, weil – wie dargelegt – Papst Wojtyla in seinen Äußerungen nur die faktische Unfehlbarkeit der Lehre von »Humanae Vitae« bekräftigt hat, wie sie in Rom schon immer vorausgesetzt wurde. Ja, weil der Papst aus Polen in seinen neuesten programmatischen Äußerungen zwei neue Akzente setzt.

1. Er erklärt jetzt zugespitzt, das ordentliche Lehramt der Kirche müsse als »die gewöhnliche Ausübung der Unfehlbarkeit der Kirche« verstanden und akzeptiert werden.
2. Er verlagert in seiner Ansprache an die Moraltheologen bei der Begründung von »Humanae Vitae« den Akzent vom Naturrecht auf die Offenbarung selbst und macht das Verbot der Empfängnisverhütung zu einem »grundlegenden Eckpfeiler der christlichen Lehre«.

Das ist, nüchtern betrachtet, die »neue« Situation, mit der man sich im Raum katholischer Theologie auseinandersetzen sollte. Und nur wer sich all die Jahre um eine grundlegende Debatte über das Problem der Unfehlbarkeit herumgedrückt hat, kann von dieser Entwicklung überrascht sein. In einem durchaus mutigen Offenen Brief an den derzeitigen Vorsitzenden der Deutschen Bischofskonferenz (Bischof Karl Lehmann) beklagt auch der katholische Tübinger Dogmatiker *Peter Hünermann* die neueste Entwicklung, ja er befürchtet nicht ohne Grund den Ausbruch einer »dritten Modernismuskrise« in unserer Kirche. Aber statt die römische Unfehlbarkeitsdoktrin zu hinterfragen, stellt er bestürzt fest: »Wenn man die zitierte Ansprache des Papstes an die Moraltheologen liest, wirkt es geradezu gespenstisch, wie weit Rom auf das von Hans Küng unterstellte Verständnis eingegangen ist.« Hünermann will offenbar nicht verstehen, daß nicht Rom »auf das von Hans Küng unterstellte Verständnis« eingegangen ist, sondern daß Hans Küng in seinem Buch »Unfehlbar?« nur das Verständnis von Unfehlbarkeit referierte, das in Rom immer geherrscht und dem Rom denn auch nie wiedersprochen hat! Nein, Küngs Buch enthielt gerade keine »Verzerrung« der römischen Unfehlbarkeitslehre, sondern ihre – jetzt auch von diesem Papst ausdrücklich bestätigte – exakte Wiedergabe. Auch in seiner Ansprache an die Moraltheologen beruft sich der Papst geradezu pathetisch für seine und seiner Vorgänger Lehre gegen die Empfängnisverhütung auf die »ständige Lehre der Überlieferung und des Lehramtes der Kirche..., die von einem katholischen Theologen nicht in Zweifel gezogen werden darf«. Ja er zögert nicht hinzuzufügen: »Wir berühren hier einen Zentralpunkt der christlichen Lehre von Gott und Mensch.«

Damit dürfte klar geworden sein, daß katholische Theologie, will sie glaubwürdig bleiben, sich dem Grundsatzproblem nicht länger entziehen kann: Wie ist die Unfehlbarkeit, insbesondere des *gewöhnlichen*, *üblichen*, *alltäglichen*, *ordentlichen* Lehramtes begründet, das heißt in Schrift und Tradition gesichert? Die von Hans Küng vor zwanzig Jahren in diesem Buch aufgeworfene Frage hat von seiten des Lehramtes bis heute keine Antwort gefunden. Sie bleibt eine *unerledigte* Anfrage.

Es sei mir deshalb erlaubt, bei diesem Anlaß an einen Vorschlag zu erinnern, den Hans Küng schon am Ende seiner Schrift »Kirche - gehalten in der Wahrheit?« (1979) gemacht hat: Es möge – ähnlich wie früher in der Frage der Geburtenregelung – für diese Thematik eine *ökumenische Kommission* eingesetzt werden, die aus international anerkannten Fachleuten der verschiedenen Disziplinen (Exegese, Dogmengeschichte, systematische und praktische Theologie sowie betroffene nichttheologische Disziplinen) bestünde. Der katholischen Kirche und der weltweiten Ökumene würde damit ein Dienst erwiesen. Ich darf auch an das erinnern, was ich zusammen mit meinem Kollegen Norbert Greinacher im Schlußwort zu unserer Dokumentation »Der Fall Küng« (1980) geschrieben habe: »Aufgrund dieser Sachlage machen wir – Lehrer der Theologie und Priester der Kirche – uns zum Sprecher des in diesem Buch und allenthalben artikulierten Protestes und wenden uns direkt an den Papst: Heiliger Vater! Greifen Sie den Fall ohne Verzögerung wieder auf! Setzen Sie eine unvoreingenommene Kommission von Bischöfen und Theologen ein, welche die aufgeworfenen theologischen Fragen sachgerecht und ohne Zeitdruck prüft! Wir appellieren an Ihre Verantwortung und an Ihr

Gewissen: Machen Sie geschehenes Unrecht wieder gut! Überlassen Sie die Rehabilitierung Küngs nicht der Geschichte! Setzen Sie Ihre persönliche Tat zum Segen für die Kirche!« (S. 546). Das Staatssekretariat bestätigte uns den Eingang des Briefes. Eine Antwort erfolgte nie.

Indes liegen hier Aufgaben, deren Bewältigung zweifellos wichtiger wäre als die Einführung – zweihundert Jahre nach der Französischen Revolution! – eines verbindlich vorgeschriebenen *neuen Antimodernisten-Eids*, gegen die die Catholic Theological Society of America auf ihrer Jahresversammlung einstimmig eine Resolution (»Theological Reflections on the Profession of Faith and Oath of Fidelty«) verabschiedet hat. In ihr heißt es unter anderem: »... Wir können nicht anders, als unser Unbehagen und unsere Betroffenheit zum Ausdruck zu bringen in bezug auf die Zusätze zum Glaubensbekenntnis, zusammen mit der Ausweitung des ›Treueides‹ auf Theologen und andere, die ohne Erklärung im Namen der Kongregation für die Glaubenslehre veröffentlicht wurden... Im politischen Raum beobachten wir heute das Abbröckeln oder die Zurückweisung autoritärer Systeme, die Angst vor der Freiheit haben. Deshalb drängen wir in unserer Kirche die Bischöfe und all unsere Brüder und Schwestern, sich zu fragen, wie die Aufoktroyierung des von Mißtrauen getragenen Loyalitätstests vereinbart werden kann mit dem Neuen Bund der Freiheit im Geist oder mit der pastoralen Sorge, nach den Werten des Evangeliums zu leben« (»National Catholic Reporter« vom 30.6.1989). Vorher hatte der Präsident der Katholischen Bischofskonferenz der Vereinigten Staaten, Erzbischof John L. May, vor den 312 versammelten Theologen zum Ausdruck gebracht, es gebe »zuviel Angst« in der Kirche. Aber er versicherte den Theologen: »Sie haben die starke und dankbare Unterstützung von uns Bischöfen für Ihre Arbeit, die mit Problemen von enormer Komplexität und Schwierigkeit zu tun hat« (»National Catholic Reporter«, ebd.). Die amerikanischen Bischöfe hätten ihre Theologen auch beim letzten Treffen mit dem Papst und der römischen Kurie in Rom verteidigt. Nach seiner Rede wurde Erzbischof May von den dankbaren Theologen unmittelbar zum Ehrenmitglied ihrer Gesellschaft proklamiert.

Was die hier vorgelegte »unerledigte Anfrage« betrifft, so mache ich mir zu eigen, was die im ganzen British Commonwealth verbreitete, angesehene alte Londoner Zeitschrift »The Tablet« in einem Leitartikel vom 10.6.1989 schreibt: »Theologen widmen ihr Leben und ihre Arbeitskraft der Eruierung der Wahrheiten, denen die Kirche verpflichtet ist. Sie stellen Fragen, weil nur dies der Weg zum Fortschritt ist. Sie stellen Fragen, weil vorher Fragen gestellt worden sind. Sie stellen Fragen, weil die Fragen da sind, in der Luft hängen und weil Fragen nicht deshalb weggehen, weil die Autorität sie diskreditiert oder verdrängt. Unterdrückte Fragen vergiften das innere Leben der Kirche.« Wie sagte doch neulich (im Kontext der gegenwärtigen Krise) der Münchner Theologiegeschichtler Professor *Ulrich Horst* bei einer Tagung der Katholischen Akademie in Bayern: »Fragen verschwinden nicht, Vergangenheit hört nie auf, und unversehens steht sie mit ihren unerledigten Ansprüchen in unserer Mitte. Alle neuralgischen Punkte der Theologiegeschichte belegen, daß es nur selten der Unmut oder der Übermut der Theologen ist, der die einst beiseitegeschobenen Konflikte wiederkehren läßt. Die Sache selbst verschafft sich Gehör.« (»Zur Debatte«, März/April 1989). Ob der Papst diese Sprache versteht?

EIN OFFENES VORWORT

Die vom Zweiten Vatikanischen Konzil gewollte Erneuerung der katholischen Kirche und damit auch die ökumenische Verständigung mit den anderen christlichen Kirchen und die neue Öffnung zur heutigen Welt hin ist ins Stocken geraten: dies ist fünf Jahre nach Abschluß des Vatikanum II nicht mehr zu übersehen. Und es wäre unklug und schädlich, es in Kirche und Theologie zu verschweigen. Vielmehr dürfte nach langen nachkonziliaren Jahren des geduldigen, aber vergeblichen Wartens heute eine offenere und deutlichere Sprache angebracht sein, damit der Ernst der Lage sichtbar wird und die Verantwortlichen vielleicht aufhorchen. Um der Kirche und der Menschen willen, für die der Theologe seine Arbeit tut, müssen die Gründe für diese Stockung aufgedeckt werden, damit der Hoffnung und Tat in der nachkonziliaren Zeit wieder wie vor und während des Konzils zu starkem Durchbruch verholfen wird. Niemand möge dort – immer wieder gemachte Einwürfe und Vorwürfe seien hier vorweggenommen – einen Mangel an Glaube oder Liebe vermuten, wo nun einmal angesichts der Sorge und Einsicht in so viele Leiden der Menschen in der Kirche Beschwichtigung und Beschönigung nicht mehr am Platze, sondern Rede in Freimut und Hoffnung («parrhesia») gefordert ist. Ist es nötig zu betonen, daß es im Folgenden nicht darum geht, Unruhe und Unsicherheit in die Kirche hineinzutragen, sondern daß der allenthalben vorfindlichen Unruhe und Unsicherheit nur eine Sprache geliehen werden soll; daß nicht eigener Übermut den Verfasser treibt, sondern daß er mithelfen möchte, den unüberhörbaren Gravamina der Glaubensgemeinschaft Gehör zu verschaffen; daß der vielleicht manchmal scharfe Ton und harte Stil nicht Aggressivität, sondern Betroffenheit von der Sache spiegelt?

Zwei Hauptgründe dürften es sein, warum wir zur Zeit in so manchen Fragen, deren Lösung für die meisten in und außerhalb der katholischen Kirche überreif erscheint, nicht weiterkommen:

1. Es ist bisher trotz der Impulse des Konzils nicht gelungen, die institutionell-personelle *Machtstruktur der Kirchenleitung* im Geiste der christlichen Botschaft entscheidend zu verändern: Papst, Kurie und viele Bischöfe geben sich bei allen unumgänglichen Wandlungen noch immer weithin vorkonziliar; man scheint aus dem Konzil wenig gelernt zu haben. Nach wie vor sind in Rom wie in anderen Kirchengebieten Persönlichkeiten an den Schalthebeln geistlicher Macht, die mehr an der Bewahrung des bequemen Status quo als an ernsthafter Erneuerung interessiert sind. Nach wie vor

verhindert man entscheidende institutionelle Reformen, die auch weniger Konservativen, Linientreuen und Römischgesinnten den Aufstieg in die entscheidenden Führungspositionen ermöglichen würden. Nach wie vor ist das geltende (und in einem geplanten «Grundgesetz» erneut zur Geltung zu bringende) römische Kirchenrecht derart, daß die kirchliche Erneuerung, wie sie in weiten und lebendigsten Kreisen des Volkes und des Klerus gewollt und angestrebt wird, für dringendste Probleme nicht zum Durchbruch kommen kann.

Was in diesem Bereich zu tun ist, wurde anderwärts dargelegt. In seinem Buch «Die Kirche» (1967) hat der Verfasser ein von der biblischen Botschaft her verantwortetes Verständnis der Kirche für die heutige Zeit grundsätzlich entwickelt und dort auch das Nötige über den kirchlichen Dienst und einen erneuerten Petrus-Dienst gesagt. Als theoretisch-praktische Applikation daraus hat er dann in seinem Buch «Wahrhaftigkeit. Zur Zukunft der Kirche» (1968) versucht, jene praktischen Forderungen zu entwickeln, die sich aufgrund des Evangeliums in der Konsequenz des Zweiten Vatikanischen Konzils ergeben (als nur eine der dringendsten Forderungen sei die Neuordnung der Papstwahl genannt: Der Papst wird nach dem gegenwärtigen Wahlsystem von einem völlig überalterten, zu einem erheblichen Teil aus Pensionären bestehenden und immer noch stark von einer Nation und Mentalität beherrschten Gremium gewählt). Dies alles soll hier nicht wiederholt, sondern mehr generell bekräftigt werden.

An den Bischöfen, die nach dem Vatikanum II alle eine gemeinsame Verantwortung für die Gesamtkirche tragen, wäre es, für eine Durchsetzung der berechtigten Forderungen in Rom besorgt zu sein und zugleich bei der Erneuerung in ihren eigenen Ländern und Diözesen mutig und entschlossen voranzugehen. Ohne unermüdliches Ringen und geduldigen Einsatz wird es jedenfalls nicht abgehen. Auch nicht ohne ständigen legitimen Druck auf die Kirchenleitungen: von den Einzelnen, Geistlichen und Laien, Männern und Frauen, und von den verschiedenen neu geschaffenen Gremien in Pfarreien, Diözesen und in der Gesamtkirche. Auch nicht ohne die Schaffung von Gegenstrukturen: Priestergruppen und Laiengruppen für bestimmte konkrete Ziele (Mischehe, Mitverantwortung, Zölibat). Und schließlich auch nicht ohne klug überlegte, maßvolle Selbsthilfe unter Umständen auch gegen bestimmte Vorschriften in solchen Fällen, wo ein weiteres Zuwarten um der Not der Menschen willen nicht mehr verantwortet werden kann.

2. Es ist bisher trotz der Impulse des Konzils nicht gelungen, *Wesen und Funktion der kirchlichen Lehrautorität* im Geiste der christlichen Botschaft kritisch zu bedenken und neu zu bestimmen: Auch im Bereich der Lehre

scheint man aus dem Konzil erstaunlich wenig gelernt zu haben; das kirchliche «Lehramt» wird vom Papst und auch von manchen Bischöfen weithin in vorkonziliar-autoritärer Weise, ohne die im Konzil bewährte und nach dem Konzil viel notwendigere Zusammenarbeit mit der Theologie, wahrgenommen. Nach wie vor dominiert in Rom eine in Einzelfällen matt aufpolierte vorkonziliare Theologie. Nach wie vor wird die Kirche mit Enzykliken, Dekreten und Hirtenbriefen beschenkt, die in Entscheidendem vom Evangelium nicht gedeckt sind, von den meisten Menschen heute nicht eigentlich verstanden und von der Theologie nicht begründet werden können. Nach wie vor beruft man sich in allen möglichen kleinen und großen Fragen auf den Heiligen Geist, übermittelte apostolische Vollmachten und gebärdet sich faktisch derart unfehlbar, daß fünf Jahre nach dem Konzil die Autorität und Glaubwürdigkeit der katholischen Kirche einer Belastungsprobe wie noch selten ausgesetzt werden.

Dem Fragenkomplex der kirchlichen Lehrautorität soll nun die kritisch-konstruktive theologische Reflexion dieses Buches gewidmet sein. Der Verfasser hat sich dieses gefährlich heiße Eisen nicht selbst ausgesucht, es wird ihm wie anderen Theologen durch die Nöte der Kirche und die Erfordernisse der Zeit einfachhin aufgedrängt. Die Hundertjahrfeier des Ersten Vatikanischen Konzils wäre 1970 vielleicht so klang- und sanglos vorbeigegangen wie zur Zeit des Vatikanum II die Vierhundertjahrfeier des Konzils von Trient. Aber niemand hat in der nachkonziliaren Zeit mehr zur kritischen Reflexion auf das Vatikanum I und seine Definitionen beigetragen als der Vatikan selbst. Niemand hat in den letzten Jahren mehr die Entmythologisierung des kirchlichen Lehramtes herausgefordert als dieses kirchliche Lehramt selbst. Und niemand hat mehr die Frage der kirchlichen Unfehlbarkeit aufgeworfen als die in allen möglichen Fragen kirchlicher Lehre, Moral und Disziplin sich unfehlbar Gebenden selbst.

Blicken wir zurück – es ist kein «Blick zurück im Zorn», wohl aber ein «Blick zurück in Sorge» –, so wird der Kontext deutlich, der zur Abfassung dieser von manchen vielleicht provokativ aufgefaßten, aber konstruktiv gemeinten Schrift geführt hat. Nicht um eine Romantisierung der Konzilszeit und des Johannes-Pontifikats und mithin nicht um die Schaffung von Ressentiments gegenüber dem derzeitigen Träger des Petrusdienstes kann es gehen. Doch ist es zur Orientierung notwendig, daß die kirchliche Wirklichkeit dieses Mal ungeschminkt auch nach der negativen Seite hin beschrieben wird. Johannes XXIII. hatte durch seine ganze Haltung, durch seine Worte und Taten eine neue – oder im Grunde wieder mehr ursprüngliche und so zukunftsmächtige – christliche Weise des kirchlichen «Lehramtes» praktiziert. Auf ihn hörten Ungezählte in und außerhalb der katholischen Kirche. Mit dem Konzil zusammen hat er der katholischen Kirche einen erstaunlichen Zuwachs an innerer und äußerer Glaubwürdigkeit verschafft. Und es könnte manch einen, der an dieser Erneuerung der Kirche aktiv mitgewirkt hat, Trauer befallen, wenn er mitansehen muß, wie das in kurzen Jahren erworbene Vertrauenskapital in noch kürzerer Zeit verschleudert und wieviel Hoffnung und Freude dabei zerstört wurde und wird.

Paul VI. ist ein ernster und integrer Mann, der unter seiner Verantwortung und vielleicht auch Überforderung leidet, der persönlich selbstlos nur das Beste für die Kirche und die Menschheit will und aufrichtig meint, so handeln zu müssen. Wo er sich nicht dogmatisch oder kirchenpolitisch gebunden fühlt, hat er dies deutlich gezeigt: in seinen Initiativen für den Weltfrieden und die Abrüstung, für soziale Gerechtigkeit, die dritte Welt und die Entwicklungshilfe, für die Weiterführung der Liturgiereform, für eine beschränkte Personal- und Strukturreform der römischen Kurie usw. Im Vergleich mit manchen hohen kurialen Ratgebern muß er als eher gemäßigt bezeichnet werden. Er, der für manche in Kirche und Welt als extrem rechts erscheint, steht für manche innerhalb des vatikanischen Gettos zu links. Und sowenig Johannes XXIII. ohne Fehler war, ist Paul VI. ohne starke Seiten. Dies alles sollte niemand bestreiten oder herabmindern. Und trotzdem – sollte es der Kirche helfen, dies zu verschweigen? – ist nicht mehr zu übersehen: je länger desto mehr wird von diesem Papst und seiner Kurie das Lehramt in einer Weise ausgeübt, daß gegen die besten Intentionen des Papstes und seiner Berater wieder einmal mehr in der Geschichte der Kirche gerade von Rom aus der Einheit und Glaubwürdigkeit der katholischen Kirche schlimmster Schaden zugefügt wird.

Die wichtigsten Fakten sind bekannt, und man soll sie nicht dem verübeln, der sie aufzählt. Zeigen sie doch besser als jede abstrakt-kritische Reflexion die Tendenz an, in der sich die offizielle Kirche in der nachkonziliaren Zeit bewegt. Die Signale einer negativen Entwicklung waren schon früh in der Konzilszeit deutlich geworden, als der neugewählte Papst Paul nach der großen und hoffnungsvollen Rede zur Eröffnung der zweiten Konzilssession 1963 ungefähr seit der Mitte der Session – aus wachsender Angst, theologischer Unsicherheit, kurialer Tradition, Rücksichtnahme auf seine Umgebung und die labile politische Lage seiner Heimat Italien oder aus welchen Gründen auch immer – anfing, Reden sehr verschiedener Tonart zu halten. Gegenüber dem erneuerungsfreudigen Konzil unterstützte der Papst immer öfter seine rückwärtsblickende, unökumenische, traditionalistisch, nationalistisch und machtpolitisch denkende Kurie, der er selber rund dreißig Jahre angehört hatte. Die von manchen geforderte freie Wahl der Kommissionspräsidenten durch das Konzil und damit eine Erneuerung der durch den kurialen Apparat beherrschten Kommissionen lehnte Paul VI. ab. In einer persönlichen Ansprache an das Konzil engagierte er sich für das nachher von der Kirchenversammlung mit großer Mehrheit als vollkommen ungenügend abgelehnte Missionsschema, das ganz unter dem Blickwinkel der römischen Missionskongregation konzipiert worden war. Gegen die Judenerklärung und die Erklärung für die Religionsfreiheit kam es zu eigentlichen kurialen Sabotageakten, und nur der massive Protest von Bischöfen und Theologen verhinderte die endgültige Torpedierung dieser wichtigen Vorlagen. Für das vom Konzil bereits vielfach approbierte Schema über den Ökumenismus verfügte der Papst in letzter Minute Änderungen, die für die anderen Christen wenig freundlich waren und die nur vorgeblich vom Sekretariat für die Einheit approbiert worden waren. Die Kommissionen des Konzils und besonders die theologische Kommission wurden überhaupt in bestimmten Fragen (und nicht zuletzt in solchen, die in diesem Buch zur Debatte stehen) durch Postulate «von höherer Autorität» bedrängt, die von kurialen Theologen inspiriert waren und verschiedentlich zu Verschlechterungen des Textes führten. Die Diskussion der Geburtenregelung wurde vom Papst untersagt und – wie die Mischehenfrage vom Konzil selbst – an eine päpstliche Kommission verwiesen, was die nachkonziliare Kirche noch teuer zu stehen kommen sollte. Bischöfe, die die Zölibatsfrage aufwerfen wollten, wurden von der Rednerliste gestrichen, und es fand über die Zölibatsfrage als solche auf dem Konzil auf päpstliches Geheiß keine Diskussion statt, so daß die Auseinandersetzung wiederum der nachkonziliaren Kirche aufgebürdet wurde. In der für die Kirchenverfassung der Zukunft entscheidenden Frage des Verständnisses von Papst und Bischöfen nötigte der Papst dem Konzil eine die bischöfliche Kollegialität verwässernde «Nota explicativa» auf, die nie einer Abstimmung unterbreitet wurde: ideologische Absicherung für alle einsamen, unkollegialen päpstlichen Aktionen der Folgezeit. Gegen den ausdrücklichen Willen der Konzilsmehrheit proklamierte Paul VI. für Maria den mißverständlichen Titel «Mater Ecclesiae», was nicht nur außerhalb der katholischen Kirche großen Unwillen und Zweifel am echten ökumenischen Verständigungswillen des Papstes wachwerden ließ. Auf diese notorischen Fakten und die gefährlichen Auswirkungen für die Glaubwürdigkeit der Kirche und des Papstes selbst hat der Verfasser bereits am Ende der dritten Konzilssession 1964 öffentlich hingewiesen,[1] was

[1] Konzil – Ende oder Anfang? in: Frankfurter Allgemeine Zeitung vom 18.11.1964; Tübinger Forschungen 1964 Nr. 19; Civitas 4 (1965) 188–199; KNA-Sonderdienst zum Zweiten Vatikanischen

ihm eine erste römische Vorladung und ein «Kolloquium» zuerst mit Kardinal Ottaviani und dann mit zwei Beauftragten der Inquisitionsbehörde eintrug, das im übrigen in gegenseitigem Respekt verlaufen ist.

Mit der vierten Session ging das Zweite Vatikanische Konzil zu Ende. Trotz aller Schwierigkeiten, Rückschläge und Mängel aufs Ganze gesehen ein großartiger Erfolg! Man kann das auch jetzt und gerade jetzt nicht genug betonen. Es wurden keine Türen geschlossen, es wurden vielmehr ungezählte Türen geöffnet: im Hinblick auf die anderen christlichen Kirchen, im Hinblick auf die Juden, die großen Weltreligionen und die Probleme der säkularen Welt überhaupt, im Hinblick schließlich auch auf das innere Gefüge der katholischen Kirche selbst. Ein neuer Geist, eine neue Freiheit des Denkens, Diskutierens und Handelns, ein neues Verhältnis auch zur Wahrheit war Wirklichkeit geworden. Die Konstitutionen, Dekrete und Deklarationen des Konzils enthielten bei allem Negativen so viel Positives, daß man damals in einer Bilanz des Konzils[2] begründeterweise schreiben konnte: «Trotz allem kommt es jetzt darauf an, daß man die unbestreitbaren Dunkelheiten, Kompromisse, Auslassungen, Einseitigkeiten, Rückschritte und Fehler weniger in rückwärts gerichteter Manöverkritik als Mängel der Vergangenheit beklagt, sondern daß man sie in vorwärtsblickender Hoffnung als *Aufgaben der Zukunft* ins Auge faßt, im Sinne des Konzils, das keine Türen schließen wollte. In etwa hat ja das Konzil, die eigentliche Realisierung des Konzilsgeschehens, mit dem 8. Dezember 1965 *begonnen*. Und gerade um die bessere Zukunft zu bereiten, müssen wir in der Gegenwart nicht das Bessere den Feind des Guten, sondern das Gute den Künder des Besseren sein lassen.»

Das Konzil bot ein großartiges Programm für eine erneuerte Kirche der Zukunft.[3] Und mit Energie ging man in ungezählten Gemeinden und Diözesen auf der ganzen Welt an die Verwirklichung. Auch der Papst ermahnte seine widerstrebenden Kurialen, die Beschlüsse des Konzils ernst zu neh-

Konzil Nr. 8/9/65. – The Council – End or Beginning? in: The Commonweal 81 (1965) 631–637. – Het Concilie: Einde of Begin? in: Elseviers Weekblad vom 6. 2. 1965. – Poczatek czy koniec Soboru, in: Zycie i Myśl, Warschau, 1 (1965) 104–113.

[2] Vgl. Was hat das Konzil erreicht? in: Vaterland vom 17./18. 12. 1965; Tübinger Forschungen 1966 Nr. 27; Universitas 21 (1966) 171–186; Deutsche Tagespost vom 8./9. 4. 1966. – The Reform of the Roman Church, in: The Sunday Times vom 12. 12. 1965; What has the Council done? in: The Commonweal 83 (1966) 461–468. – Sobór Jest Poczatkiem, in: Tygodnik Powszechny, Krakau, 13. Luty 1966. – Co Sabor osiagnal? in: Kultura, Paris (1966) 69–82. In veränderter Form: Die 16 neuen Pfeiler von St. Peter, in: Epoca (1966) 12–19; Neue Bildpost 1966, Nr. 3–8. Schließlich als separater Druck: Konzilsergebnis. Dokumente der Erneuerung (Kevelaer 1966).

[3] Vgl. H. Küng, Wahrhaftigkeit. Zur Zukunft der Kirche (Freiburg-Basel-Wien 1968) B VI: Der Beginn eines Wandels (entsprechend in der holländischen, französischen, englischen, amerikanischen, italienischen, spanischen, portugiesischen Ausgabe).

men; einzelne wichtige Posten besetzte er sukzessive durch neue gemäßigtere Männer, auch Ausländer, vor allem Franzosen, und in verschiedener Hinsicht wurde die römische Zentralverwaltung reformiert, aber nun auch intern stark zentralisiert. In kurzer Zeit setzte sich mindestens theoretisch in der katholischen Kirche ein neues Verständnis der Kirche als Volk Gottes und des kirchlichen Amtes als Dienst an diesem Volke durch. Die Gottesdienstreform und die Einführung der Muttersprache mit neuen Perikopenordnungen bedeutete einen kaum zu überschätzenden Fortschritt. Die ökumenische Zusammenarbeit sowohl auf Gemeindeebene (gemeinsame Aktionen und Wortgottesdienste) und auf gesamtkirchlicher Ebene (durch gegenseitige Besuche und gemischte Studienkommissionen) wurde verstärkt. Die Reform der Priesterseminarien und Ordensgemeinschaften wurde zum Teil sehr energisch vorangetrieben. Diözesan- und Pfarräte unter starker Beteiligung der Laienschaft wurden gegründet und fingen an, aktiv zu werden. Neues Leben zeigte sich in der Theologie, und eine neue Öffnung der Kirche gegenüber den Problemen des heutigen Menschen und der Gesellschaft setzte sich offenkundig durch. Nichts war vollkommen, aber alles war grundsätzlich gut und hoffnungsvoll.

Wichtige innerkirchliche Probleme indessen waren durch das Verhalten des Papstes und der Bischöfe, die damals nicht aufbegehrten, unerledigt geblieben, Probleme, die die Öffentlichkeit mit der wachsenden Zeit mehr als alles andere beschäftigen sollten: die Geburtenregelung, die Mischehenfrage, der Priesterzölibat in der lateinischen Kirche, die Struktur- und Personalreform der römischen Kurie, die wirksame Einschaltung der betroffenen Kirchengebiete zur Bestellung neuer geeigneter Bischöfe. Das waren gewiß nicht die zentralen theologischen Fragen christlicher Verkündigung, aber trotzdem Fragen von höchster Dringlichkeit gerade für die glaubwürdige Verkündigung der christlichen Botschaft heute und die ungezählten Betroffenen. Aber gerade an diesen neuralgischen Punkten, wo im Grunde überall Lösungen durchaus möglich waren und sind, versagte die Führung: die große, starke, hoffnungsvolle geistige «Leadership», die von Johannes XXIII. ausgegangen war, blieb aus. Statt dessen in wachsendem Ausmaß zum Teil recht düstere Mahnungen und Warnungen, Klagen und Anklagen: an die Bischöfe und Bischofskonferenzen, an die Theologen, die Priester, die Jugend in Kirche und Welt... Die Gründe personeller und struktureller Art für diese Reaktion sind mannigfaltig. Wie immer: statt die kühne Botschaft Jesu Christi selbst und die neuen Herausforderungen einer neuen Zeit als Orientierungspole zu nehmen, konzentrierte man sich ängstlich und nervös immer stärker auf die Erhaltung des Status quo und der eigenen geistlichen Macht, von der man nichts abgeben will. Die traditionelle kuriale Politik und Theologie setzten sich wieder durch, und man verfiel in Rom weithin dem vorkonziliaren Absolutismus, Juridismus und Zentralismus, alles nach dem schon in der Konzilszeit zitierten Satz: «Konzilien vergehen, Päpste vergehen, die römische Kurie aber bleibt bestehen!» Die Kurie wurde ausgebaut statt abgebaut, und ihre Zentralisierung im Staatssekretariat bedeutet die Zurücksetzung aller anderen kurialen Behörden, so daß nun wieder ähnlich wie zur Zeit Pius' XII. für wichtigste Entscheidungen faktisch weniger die zuständigen Kongregationen als einige geheime, aber wohlbekannte «Super-Periti» verantwortlich sind.

Angesichts dieser Verfestigung in Rom blieben nun in der nachkonziliaren Zeit auch viele Bischöfe und Bischofskonferenzen unentschieden, zaudernd, passiv. Statt die Applikation der konziliaren Beschlüsse auf die einzelnen Länder sofort mutig in Angriff zu nehmen, wartete man ab. Man nahm die Chance nicht wahr, die in einzigartiger, bewundernswerter Weise die holländischen Bischöfe wahrnahmen, nämlich sich mit den Sorgen und Nöten des eigenen Klerus und Volkes zu identifizieren. Während manche Bischöfe einen neuen Stil versuchten, gebärdeten sich andere wieder unverhohlen vorkonziliar-autoritär. Rom blieb Vorbild. Die Zusammenarbeit zwischen Bischöfen und Theologen, die im Konzil so gut funktioniert hatte und wesentlich den Erfolg des Konzils herbeiführte, kam in der nachkonziliaren Zeit weithin zum Erliegen. Man wollte wieder unter sich sein, und die Resultate waren entsprechend. Nur wenn es brannte oder wenn man wie im Konzil lateinische Dokumente brauchte, war man um die Hilfe der Theologen froh. Sonst aber galten Theologen für manche Bischöfe als eher zu meidende, unbequeme Gattung von Menschen, denen man gerne Mangel an Demut, Glaube, Liebe zur Kirche vorwarf. Daß die Theologen die Krisen nicht produzierten, sondern nur signalisierten, wollte man nicht gern zugeben. Sieben nachkonziliare Jahre brauchte es in Deutschland, bis es schließlich 1972 zu der Synode kommen soll, die man schon vor 1965 hätte in Aussicht nehmen können. In zahlreichen andern Ländern geschah in dieser Hinsicht überhaupt noch nichts. Aber die Hoffnung, daß alles so bleiben würde, wie es war, sollte trügen.

Die römische Kurie hatte sich unterdessen Mühe gegeben, vorkonziliar gesinnte Bischöfe auch über die vom Konzil gewünschte Altersgrenze (grundsätzlich 75 Jahre) hinaus im Amte zu belassen: das alte römische System fürstlicher Dispensen und Privilegien funktionierte wieder. Und die neuen Bischöfe wählte man, sofern man freie Hand hatte, am liebsten nach den «bewährten» beiden Prinzipien aus: anständiger moralischer Standard und möglichst unkritische römische Linientreue, «Gehorsam» genannt. Glücklicherweise täuschte man sich in manchen Fällen und ließ Männer zum Zuge kommen, die sich als Bischöfe nachher durch selbständiges Urteil, mutiges Handeln und unerwartete Initiativen auszeichneten. In Rom schätzte man dies gar nicht – man denke an die unsachlichen Reaktionen auf die Initiativen des holländischen Episkopats und das noch zu kommentierende berühmte, so gemäßigte und sachliche Interview von Kardinal Suenens – und zog jenen Typus von Bischof vor, der Rom gegenüber immer gefügig bleibt, auch wenn ihm dafür, wie es in vielen Fällen mit Händen zu greifen ist, immer mehr die eigentliche Leitung der Diözese entgleitet. Die zunehmende Solidarisierung insbesondere unter dem jüngeren Klerus in Priestersolidaritätsgruppen und ähnlichem sowie auch bei manchen Laien erschien unter diesen Umständen als Notwendigkeit und für viele geradezu als Zeichen der Hoffnung in einem erneut sich verfestigenden kirchlichen System. Man wird auch von seiten der Kirchenleitung zugestehen müssen, daß sich die meisten dieser Priestergruppen aufs Ganze gesehen außerordentlich gemäßigt, vernünftig und konstruktiv verhalten haben.

Freilich sollte man nicht alle Schuld an der gegenwärtigen kritischen Lage in Rom suchen. Auch zahlreiche Theologen, die dort, wo sie hätten reden sollen, geschwiegen haben, tragen ein gerütteltes Maß an Verantwortung. Aber es läßt sich doch nicht übersehen, daß die römische Reaktion für die derzeitige Verschärfung der Krise die Hauptverantwortung trägt. Selbstverständlich ist der Papst der Überzeugung, er habe für die Erneuerung der Kirche viel, sehr viel getan; nochmals: seine lautere Gesinnung und guten Absichten seien keinen Moment in Frage gestellt! Aber was aus der engen römischen Perspektive revolutionär erscheint – die Erschütterung mancher längst überfälliger vatikanischer Hoftraditionen, die Vereinfachung von noch immer seltsamen Kleidern und Titeln, die Hereinnahme von ausländischen, aber offensichtlich sehr römisch gesinnten Prälaten in die Kurie –, ist für die Welt und den Großteil der Kirche kaum der Rede wert. Da zählen wichtigere Dinge.

Zwar hat man den Index abgeschafft und der römischen Inquisitionsbehörde einen anderen Namen gegeben. Aber noch immer kommt es zu Inquisitionsverfahren gegen mißliebige Theologen, und die Verfahrensordnung dieser «Kongregation für die Glaubenslehre» ist, obwohl schon 1965 vom Papst angeordnet, noch immer nicht veröffentlicht worden. Zwar hat man schließlich eine internationale Theologenkommission gegründet. Aber die neuere konziliare und nachkonziliare Theologie hat in der Kurie kaum Eingang gefunden, wie unter anderem die peinlichen Vorfälle um den holländischen Katechismus beweisen; Theologen wie Daniélou, die früher von der Inquisition verfolgt worden waren, sich aber nun selber als pseudowissenschaftlich agierende Großinquisitoren bewähren, werden zu Kardinälen der heiligen römischen Kirche ernannt und erfüllen deren Erwartungen.

Zwar hat man bereits zweimal eine Bischofssynode zusammengerufen und redet überhaupt sehr ehrerbietig von der Bedeutung des Bischofsamtes. Aber selbst die schüchternen Empfehlungen dieses hohen Gremiums der Gesamtkirche haben wenig sichtbaren Effekt, sondern verschwinden in jenen vatikanischen Büros, wo man aus begreiflichen Gründen statt öffentlicher Stellungnahmen möglichst private Wunschäußerungen vorzieht. Zwar gibt man den Bischöfen etwa in der Dispenspraxis einige meist unerhebliche Rechte zurück. Aber man stärkt gleichzeitg gegen die Wünsche des Konzils durch ein Motu proprio die Stellung der Nuntien (1969) und läßt unter Ausschluß aller kirchlichen Öffentlichkeit (auch fortschrittlicher Spezialisten wie die der amerikanischen «Canon Law Society») eine päpstliche Kommission für die Reform des Kirchenrechtes ein «Grundgesetz der katholischen Kirche» ausarbeiten, das mit den Worten des Vatikanums II den römischen Absolutismus erneut zementieren soll. Zwar «reformiert» man – in höchst ungeschickter Weise – den Kalender der Kirche auf Kosten einiger unhistorischer Heiliger, meint aber gleichzeitig die Gebeine des Apostels Petrus unter der Peterskirche kirchenamtlich identifizieren zu können, obwohl dies von den kompetentesten Historikern abgelehnt wird. Die Reform der Frauenorden hat man gefordert, sie aber gerade in Amerika, wo sie am ernsthaftesten versucht wurde, durch die Religiosenkongregation gestoppt. Die Schleppen der Kardinäle hat man gekürzt, aber nicht abgeschnitten; die Ablässe «reformiert», aber nicht abgeschafft; die Kosten für die Heiligsprechungsprozesse gesenkt, aber die Prozesse nicht überhaupt aufgehoben.

Zwar hatte man während des Konzils nach mehr als 900 Jahren die Exkommunikation des Patriarchen von Konstantinopel und seiner Kirchen rückgängig gemacht und sich gegenseitig Besuche abgestattet. Aber nach Aufhebung der Ex-communicatio hat man die Communio, die Abendmahlsgemeinschaft doch nicht wiederhergestellt, sondern beharrt auf allen seit dem Mittelalter üblich gewordenen römischen Privilegien und Prärogativen. Zwar hat man Beziehungen mit dem Weltrat der Kirchen geknüpft und anläßlich eines Besuches des Internationalen Arbeitsamtes (!) auch das Generalsekretariat des Weltrates der Kirchen aufgesucht. Aber all den ökumenischen Worten sind nur wenige ökumenische Taten gefolgt. In der Mischehenfrage versucht man mit einem neuen Motu proprio (1970) weiterhin, durch eine diskriminierende Dispenspraxis eine generelle Anerkennung der

Gültigkeit aller Mischehen, eine auf Gleichberechtigung der Kirchen beruhende ökumenische Trauung und einen verantwortlichen Gewissensentscheid der Eltern bezüglich der Kindertaufe und Kindererziehung zu umgehen und zu verhindern.

Zwar ist man nach Jerusalem gereist und hat auch die israelische Regierung begrüßt. Aber man hat den Staat Israel aus politischen Rücksichten nach wie vor nicht anerkannt und auf die Drohung der Ausrottung des israelischen Volkes in der Art des Lehrmeisters Pius' XII. klug an beide Seiten die gleichen Friedensmahnungen geschickt. Den Reisen zu den Vereinigten Nationen und Reden für die Menschenrechte steht das diplomatische Schweigen gegenüber der Verfolgung und Folterung katholischer Priester und Laien in südamerikanischen Militärdiktaturen und eine Reise nach Portugal gegenüber, wo damals die Unterdrückung der Freiheit in Staat und Kirche mit rüdesten totalitären Methoden ebenfalls mit Schweigen übergangen und dafür einem historisch wie theologisch in jeder Hinsicht dubiosen Marienwallfahrtsort Tribut gezollt wurde. Gegen ein vernünftiges ziviles Scheidungsrecht, wie es in weiten Teilen der Welt schon längst Gesetz ist, hat man nur in Italien heftig protestiert und mit allen Mitteln interveniert, obwohl man andererseits durch Nichtanerkennung der Gültigkeit so vieler Mischehen der leichtfertigen Ehescheidung geradezu Vorschub leistet. Zwar macht man Reisen nach Afrika, Asien und Südamerika, die als Bemühungen um die dritte Welt einen großen Publizitätserfolg darstellen. Aber dem dortigen Zentralproblem der Bevölkerungsexplosion meint man mit dem Rat der Enthaltsamkeit und dem Verbot von empfängnisverhütenden Mitteln beikommen zu können.

Bei alldem ist es besonders bedrückend, mitansehen zu müssen, und damit stoßen wir aus dem wohl notwendigen breiteren Kontext unmittelbar in das Hauptthema: Je mehr der Papst sein Lehramt ernst zu nehmen versucht, um so mehr scheint dies auf Kosten der Glaubwürdigkeit dieses Lehramtes und des inneren Zusammenhalts der Kirche zu geschehen. Die päpstlichen Lehräußerungen erscheinen vielen als von enger römischer Theologie und Ideologie inspirierte Parteidokumente, die sich denn auch nicht wie erwünscht in der katholischen Kirche durchsetzen können. Nur auf dem dogmatisch harmlosen Gebiet der Enzyklika «Populorum progressio» (1967) und der Entwicklungshilfe wagte der Papst vorzustoßen, ohne allerdings für Kirche und Vatikan allzu klare Folgerungen auf eine Soforthilfe abzuleiten. Die übrigen wichtigen Lehrdokumente aber weisen im wesentlichen einen reaktionären Zug auf. Schon die erste Enzyklika «Ecclesiam suam» (1963) enttäuschte durch ihren wenig ökumenischen Romanismus und ihre mangelnde biblische Begründung. Auch die Enzyklika «Mysterium fidei» über die Eucharistie (1965), die Paul VI. zum Ärger vieler Bischöfe mit dem Blick auf Holland unmittelbar vor dem Zusammentritt des Konzils zu seiner vierten Session veröffentlichte, zeigt den Papst einer Schultheologie verpflichtet, auf die weder die Exegese noch die historische Forschung der letzten Jahrzehnte irgendwelchen Eindruck gemacht hat; der Satz Johannes' XXIII. vom wechselnden Kleid der Glaubensformulierungen bei gleichbleibender Glaubenssubstanz wird verleugnet. Die Enzyklika «Sacerdotalis coelibatus» (1967) bemüht in geradezu peinlicher Weise die höchsten Wahrheiten des Evangeliums, um gerade das nicht beweisen zu können, was zu beweisen wäre: daß eine nach dem Evangelium sinnvolle freie Berufung zur Ehelosigkeit von einer Kirchenleitung zu einem die Freiheit aufhebenden verpflichtenden Gesetz gemacht werden dürfe. Die Enzyklika «Humanae vitae» (1968) macht auch für die erstaunte Weltöffentlichkeit die Schwäche und Rückständigkeit der römischen Theologie offenbar und löst innerhalb der katholischen Kirche einen noch nie dagewesenen Widerspruch von einfachen Kirchengliedern, Theologen, Bischöfen und Bischofskonferenzen aus. Das «Credo» des Papstes (1968), welches der Papst in typisch römischem Identifikationsgebaren, ohne die Kirche zu fragen, zum «Credo des Gottesvolkes» erklärt, vernachlässigt völlig die vom Vatikanum II festgestellte «Hierarchie der Wahrheiten», ja stellt problematische Theologumena römischer Tradition auf eine Stufe mit den zentralen Aussagen des christlichen Glaubens. Das neueste Mischehendekret (1970) schließlich zeigt von neuem hinter allen ökumenischen Beteuerungen die zutiefst unökumenische Einstellung der römischen Zentralverwaltung[4].

Zu alldem paßt, daß Paul VI. gegenüber der berechtigten und begründeten Forderung der holländischen Bischöfe und ihrer Kirche nach einer Überprüfung des Zölibatsgesetzes zunächst mit einem schroffen Nein vom Fenster seines Palastes aus antwortete, als ob es sich um ein Dogma der Kirche oder aber um eine von ihm allein zu entscheidende Angelegenheit handle; daß er statt des Dialogs mit seinen holländischen Brüdern im Bischofsamt den Dialog mit dem im unteren Stockwerk wohnenden Kardinalstaatssekretär suchte, welchem er einen Brief schrieb; daß er schließlich als repressive Maßnahme eines abgründigen Mißtrauens dem gesamten

[4] Vgl. zur Auseinandersetzung vom Verfasser, Aufforderung zur Selbsthilfe, in: Frankfurter Allgemeine Zeitung vom 9.5.1970. – Mischehenfrage: was tun? in: Neue Zürcher Nachrichten vom 16.5.1970. – Mixed Marriages: What is to be done? vom 30.5.1970; The National Catholic Reporter Mai 1970. – Que faire à propos des mariages mixtes, in: Le Monde vom 7./8.6.1970.
Die Stellungnahme der Deutschen Bischofskonferenz und meine Replik in: Publik vom 5.6.1970.

Klerus die alljährliche Erneuerung von Priester-Versprechen im Zusammenhang der Gründonnerstagsliturgie aufoktroyieren wollte, als ob man durch Versprechen und Eide die fehlende Vernunft und biblische Begründung kompensieren könnte.

«Quousque tandem...» möchte man mit dem Römer Cicero ausrufen, wenn man nicht wüßte, daß hier nicht einfach ein Einzelner in gutem Glauben versagt, sondern daß dies alles mit dem römischen System zusammenhängt, das noch immer durch einen den heutigen Menschen ernsthaft erschreckenden geistlichen Absolutismus, einen formalistischen und vielfach unmenschlichen Juridismus und einen die echte Erneuerung tötenden Traditionalismus bestimmt ist. Um alle Mißverständnisse und in Briefen geäußerten Zweifel frommer Seelen auszuräumen: der Schreiber dieses Buches ist und bleibt bei all seiner Kritik überzeugter katholischer Theologe. Aber gerade als ein seiner Kirche zutiefst verpflichteter katholischer Theologe meint er das Recht und leider auch die Pflicht zu haben, in aller Bescheidenheit und in vollem Bewußtsein seiner eigenen menschlichen Unzulänglichkeit *und* Fehlbarkeit unmißverständlichen und unüberhörbaren Einspruch einlegen zu müssen dagegen, daß man in dieser Weise zwar guten Willens, aber blind das Volk Gottes um die Früchte des Konzils bringt. Ein Petrusdienst in der Kirche hat Sinn, und jeder Katholik wird ihn bejahen. Aber der Papst ist für die Kirche da, und nicht die Kirche für den Papst. Sein Primat ist kein Herrschaftsprimat, sondern ein Dienstprimat. Und der Träger des Petrusdienstes darf sich wie nicht zum Herrn der Kirche so auch nicht zum Herrn des Evangeliums aufwerfen, was er tut, wenn er es noch heute nach all den negativen Erfahrungen der Vorzeit und der positiven Erfahrung des Konzils in Theorie und Praxis aufgrund einer unkritisch übernommenen Tradition, Theologie und Kirchenpolitik interpretiert. Diese römische Theologie- und Kirchenpolitik war es vor allem, die unserer Kirche bereits die Trennung von den östlichen Kirchen und dann wiederum die Abspaltung der reformatorischen Kirchen bescherte und sie schließlich in das gegenreformatorische Getto abkapselte. Sollte es nicht besser sein, in einer erneut durch römische Intransigenz heraufbeschworenen Krise rechtzeitig, deutlich und öffentlich zu mahnen, bevor noch mehr Priester ihr Amt aufgeben, noch mehr Priesteramtskandidaten weggehen und noch mehr Menschen laut oder lautlos der Kirche den Rücken kehren und die Kirche noch mehr zu einer Subkultur herabgewürdigt wird? Es ist unbeschreiblich, wie sehr sich in letzter Zeit gerade in den Herzen unserer Besten in Klerus und Volk Enttäuschung, Lähmung, ja Defätismus und Hoffnungslosigkeit breitgemacht haben.

Die Krise muß durchgestanden und wird überwunden werden. Ohne alle Bitterkeit und Ressentiments, aber auch unbeeindruckt von allen scheinheiligen Mahnungen zum Stillhalten, zu gehorsamer «Demut» und «Liebe» zur Kirche soll aus der Kraft der Botschaft Jesu Christi selbst und seines Geistes, soll auf der Linie des Zweiten Vatikanischen Konzils weiterhin für die Reform und Erneuerung unserer Kirche in Wort und Tat eingestanden werden. Für Reform und Erneuerung! Auch dies sei deutlich gesagt: Wie wir in der Kirche nichts von der Reaktion halten, so auch nichts von der Revolution, von der Revolution im Sinne eines gewaltsamen Umsturzes der Leitung und der Werte. Gewiß, die Frage besteht zu Recht: Kann ein absolutistisches System – und das römische System ist das einzige absolutistische System, das die Französische Revolution heil überstanden hat – ohne gewaltsame Revolution überwunden werden? Doch auch die Gegenfrage stellt sich gerade von der christlichen Botschaft her, die zwar auf radikale Umkehr, aber nicht auf gewaltsamen Umsturz zielt: Sollte aus der Kraft der Botschaft Christi nicht das in der Kirche möglich sein, was in der Welt und in der Weltpolitik so selten vorzukommen scheint: ein absolutistisches System ohne gewaltsame Revolution durch innere Erneuerung der Personen und Strukturen zu überwinden? Wir dürfen den Kampf um Erneuerung und Reform, wir dürfen aber auch das Gespräch und die Hoffnung auf gegenseitiges Verstehen nicht aufgeben.

In diesem Buch also soll der Fragenkomplex der kirchlichen Lehrautorität und dabei insbesondere die Frage der Unfehlbarkeit aufgegriffen werden. In dem vorausgegangenen Buch über die Kirche war die Unfehlbarkeit mit gutem Grund nur am Rande behandelt worden; aber mit ebenso gutem Grund haben manche Rezensenten ihre Behandlung ex professo gefordert, und die gegenwärtige innerkirchliche Entwicklung gebietet geradezu eine solche Behandlung. Der römische Absolutismus und Traditionalismus in Lehre und Praxis soll einmal an der Stelle theologisch untersucht werden, wo er besonders pointiert und auch besonders wirkmächtig auftritt: Der Anspruch auf *Unfehlbarkeit* in der Kirche ist es, der selbst dort unterschwellig gegenwärtig ist, wo er nicht in aller Form ausgesprochen wird. Dieser Anspruch auf Unfehlbarkeit soll hier untersucht werden, ausgehend gerade von jener Enzyklika Pauls VI., die in ihrer apodiktischen Ablehnung aller «künstlichen» Geburtenregelung die Glaubwürdigkeit der katholischen Kirche und ihres Lehramtes so sehr erschüttert hat. An diesem Punkt ist es offenkundig geworden: eine nicht genügend reflektierte Konzeption der Kontinuität, Autorität, Infallibilität von Kirche und Kirchenlehre hat die katholische Kirche in einen gefährlichen Engpaß hineingeführt. Haben wir die Kraft (und die Demut), ihn mit einigen Mühen zu durchschreiten, so dürfte letztlich der Nutzen größer sein als der Schaden. Es würde uns dann nämlich eine freie Weite eröffnet, wo wir gehen könnten, ohne ständig danebenzutreten und uns ständig ängstlich absichern zu müssen, und wo wir auch unsere christlichen Brüder wiederfinden, die uns gerade an diesem Punkt seit geraumer Zeit nicht mehr verstanden haben.

Auf das Imprimatur darf in diesem Buch verzichtet werden: nicht weil das Buch nicht katholisch sein wollte, sondern weil es, so hoffen wir, auch ohne Imprimatur katholisch ist. Das Imprimatur hat sich gerade in den letzten Jahren immer mehr als eine sinnlose Maßnahme erwiesen. Einerseits hat das Imprimatur das Buch «Die Kirche» nicht davor geschützt, in ein römisches Inquisitionsverfahren verwickelt zu werden, das noch immer nicht abgeschlossen ist. Andererseits hat mehr als ein Bischof darum gebeten, auf ein Ansuchen um das Imprimatur bei bestimmten Büchern freiwillig zu verzichten, da das Imprimatur in Rom und anderswo als bischöfliche Empfehlung des Buches verstanden werden könnte. Eine Abschaffung des Imprimatur, das erfahrungsgemäß in vielen Fällen die Vorzensur einer theologischen Schule durch eine andere bedeutet, ist seit langem dringlich; aber das römische Denken in Jahrhunderten findet oft nicht die Zeit, die Probleme der Stunde zu lösen. In der Zeit des fürstlichen Absolutismus war eine Druckerlaubnis für Veröffentlichungen aller Art gang und gäbe; die Kirche machte hier keine Ausnahme. Aber für die heutige Zeit ist die freie Meinungsäußerung ein Grundrecht des Menschen, das auch einem katholischen Theologen in der kirchlichen Gemeinschaft nicht abgesprochen werden kann, wenn er sich um die Wahrheit der kirchlichen Verkündigung bemüht.[5]

Vielleicht darf am Ende dieses offenen Vorwortes noch ein Wort aufgenommen werden, das in anderem Zusammenhang Kardinal Bernhard Alfrink in seiner bedeutenden Abschlußrede zum Holländischen Pastoralkonzil – eines der wenigen großen hoffnungsvollen Zeichen für so viele Menschen in dieser nachkonziliaren Zeit – ausgesprochen hat: «Wir haben das Gespräch in aller Offenheit geführt und den anderen Gelegenheit geboten, sofern man es wollte, Zeugen unseres Tuns zu sein und beigezogen zu werden. Nochmals: nicht als Propaganda, sondern nur um einen Dienst zu erweisen. Denn was wir besprochen haben, sind wirklich nicht nur unsere Fragen. Niemand darf über die Botschaft des Herrn wie über einen exklusiven Besitz verfügen. Wir werden sie immer als eine herausfordernde und damit auch für

[5] Vgl. J. Neumann, Zur Problematik lehramtlicher Beanstandungsverfahren, in: Tübinger Theologische Quartalschrift 149 (1969) 259–281.

uns selbst bisweilen schmerzliche Botschaft erfahren müssen. Damit hoffen wir auch etwas zur Versöhnung der Kirchen beizutragen.»[6]

In solchem Geist und Ton möchte der Verfasser gerade mit diesem Buch vor die Öffentlichkeit treten und zur Mithilfe in Geduld und Ausdauer anhalten auf dem «langen Marsch durch die Institutionen», bei einem Bemühen, das der unvergeßliche John F. Kennedy für seine Aufgabe so charakterisiert hat: «Alles dies wird nicht beendet sein in den ersten hundert Tagen. Noch wird es beendet sein in den ersten tausend Tagen, noch in der Zeit dieser Administration und vielleicht nicht einmal zu unseren Lebzeiten auf diesem Planeten. Aber laßt uns beginnen! In euren Händen mehr als in meinen liegt der letzte Erfolg oder Mißerfolg unseres Weges.»

Tübingen, Pfingsten 1970

[6] Der volle Text abgedruckt in: Herderkorrespondenz 24 (1970) 230–234.

I. UNFEHLBARES LEHRAMT?

1. Die Irrtümer des kirchlichen Lehramtes

Die Behauptung einer «Unfehlbarkeit» des Lehramtes in der katholischen Kirche war für die Nichtchristen und Christen außerhalb schon immer eine unannehmbare Sache. In neuester Zeit ist sie jedoch in einem erstaunlichen Ausmaß auch innerhalb der katholischen Kirche eine zumindest fragwürdige Sache geworden. Deshalb soll hier die heute unter Theologen wie Laien manchmal mehr geahnte als ausgesprochene, aber immer stärker auch ventilierte und diskutierte Frage zu einer theologisch durchdachten und auf eine bestimmte Antwort zielenden *Anfrage* ausgeformt werden.

Woher die Frage sich aufdrängt, ist leicht verständlich: Die Irrtümer des kirchlichen Lehramtes sind zahlreich und schwerwiegend; sie können heute, da man die offene Diskussion nicht mehr verbieten kann, auch von konservativeren Theologen und Kirchenführern nicht mehr in Abrede gestellt werden. Gleichsam klassische und heute weithin zugegebene Irrtümer des kirchlichen Lehramtes sind: die Exkommunikation des ökumenischen Patriarchen von Konstantinopel Photius und der griechischen Kirche, welche die nun bald tausendjährige Kirchenspaltung mit der Ostkirche formell machte; das Verbot des Zinsnehmens zu Beginn der Neuzeit, wo das kirchliche Lehramt nach mannigfachen Kompromissen viel zu spät seine Auffassung änderte; die Galilei-Verurteilung und entsprechende Maßnahmen, die wesentlich für die heute noch nicht überwundene Entfremdung von Kirche und Naturwissenschaften verantwortlich sind; die Verurteilung neuer Gottesdienstformen im Ritenstreit, die ein Hauptgrund ist für das weitgehende Scheitern der katholischen Mission der Neuzeit in Indien, China und Japan; die Aufrechterhaltung der mittelalterlichen Welt-Macht des Papstes bis zum Ersten Vatikanischen Konzil mit allen weltlichen und geistlichen Mitteln der Exkommunikation, was das Papsttum als geistlichen Dienst weithin unglaubwürdig machte; schließlich zu Beginn unseres Jahrhunderts die zahlreichen Verurteilungen der neuen historisch-kritischen Exegese bezüglich der Autorschaft der biblischen Bücher, der Quellenforschung im Alten und Neuen Testament, der Historizität und der literarischen Gattungen, des Comma Joanneum, der Vulgata; aber auch die Verurteilungen auf dogmatischem Gebiet, besonders im Zusammenhang mit dem «Modernismus» (Entwicklungstheorie, Verständnis der Dogmenentwicklung) und in allerneuester Zeit im Zusammenhang mit Pius' XII. Enzyklika «Humani generis» und der entsprechenden kirchlichen Disziplinarmaßnahmen usw.

Die Irrtümer des kirchlichen Lehramtes waren in jedem Jahrhundert zahlreich und unbestreitbar; eine genaue Durchforstung des Index der verbotenen Bücher wäre hier als Beleg besonders aufschlußreich. Und doch hatte das kirchliche Lehramt immer wieder Mühe, diese Irrtümer offen und ehrlich zuzugeben. Meist korrigierte man nur «implizit», verdeckt, ohne allen Freimut und insbesondere ohne offenes Schuldbekenntnis. Man fürchtete, die Einsicht in die zugestandene Fehlbarkeit bestimmter wichtiger Entscheidungen könnte die Aussicht auf die beanspruchte Unfehlbarkeit bestimmter anderer wichtiger Entscheidungen verdecken oder gar endgültig verhindern. Und die Apologetik katholischer Theologen verstand es lange Zeit trefflich, im Dienste des kirchlichen Lehramtes die Infragestellung der Unfehlbarkeit abzuwehren mit dem im Grunde einfachen Rezept: entweder war es kein Irrtum, oder – wenn man schließlich und endlich einen Irrtum nicht mehr bestreiten, umdeuten, verharmlosen und verniedlichen konnte – dann war es keine unfehlbare Entscheidung gewesen. Auf diese Weise half die Theologie der Hierarchie, und in diesem Sinne förderte die Hierarchie die Theologie. Als ein lange zurückliegendes Beispiel für solche oft peinlich wirkenden theologischen Manöver sei nur der auch auf dem Ersten Vatikanum diskutierte Fall des Papstes Honorius zitiert, der von einem ökumenischen Konzil und mehreren nachfolgenden Päpsten als Häretiker verurteilt worden war. Als nicht weit zurückliegendes Beispiel jedoch für eine irrige Stellungnahme des kirchlichen Lehramtes, bei der solche theologische Manöver nicht mehr möglich sind, sei die neueste lehramtliche Entscheidung über die Unsittlichkeit der Geburtenregelung angeführt. Bei diesem für das Problem der Unfehlbarkeit außerordentlich aufschlußreichen allerneuesten Testfall wollen wir mit unserer Analyse einsetzen.

Nicht nur bei naturwissenschaftlichen Experimenten, auch in Theologie und Kirche sind unbeabsichtigte Nebeneffekte nicht selten wichtiger als der beabsichtigte Haupteffekt. So manche Entdeckung geschah durch «Zufall». Auch die Enzyklika «Humanae vitae» Papst Pauls VI. über die Geburtenregelung dürfte geschichtsmächtig sein nicht durch den beabsichtigten Haupteffekt: Die Anwendung «künstlicher» Mittel zur Empfängnisverhütung zu verhindern oder wenigstens einzudämmen, ist der Enzyklika nach den Meinungsumfragen in den verschiedensten Ländern nicht gelungen; die Gründe haben offensichtlich die Mehrheit auch innerhalb der katholischen Kirche nicht überzeugen können, und der Gebrauch dieser Mittel dürfte in Zukunft nicht ab-, sondern zunehmen. «Aus all dem bisher Gesagten muß wohl nüchtern der Schluß gezogen werden, daß die faktische Situation hinsichtlich der Mentalität und Lebenspraxis der Mehrzahl der Katholiken nach der Enzyklika sich nicht ändern wird» (Karl Rahner).[1] Aber der in seinen Folgen noch unabsehbare unbeabsichtigte Nebeneffekt gerade dieser Enzyklika ist eine Gewissenserforschung großen Stiles über das, was in der Kirche Autorität und insbesondere Lehrautorität ist.

2. *Eine Enzyklika als Anlaß zur Gewissenserforschung*

Es geht um eine Gewissenserforschung, deren Universalität und Radikalität auch die überrascht hat, die sich schon früher über die Auswirkungen einer möglichen negativen päpstlichen Entscheidung Gedanken gemacht haben. Aber ist dies nicht begreiflich? *Einmal* geht es um eine Frage, die weder den Hilfsarbeiter noch den Universitätsprofessor, weder den Bauer noch den Beamten gleichgültig läßt, die die New Yorker genauso interessiert wie die Römer, die Inder wie die Kanadier. Kurz: jedermann fühlt sich angesprochen und, positiv oder negativ, herausgefordert. *Dann* handelt es sich um eine Frage, die zu einer radikalen Antwort, die zu einem Entweder-Oder zwingt: darf ich die Pille nehmen oder nicht? Da können auch die sonst mit dem katholischen «Sowohl-Als-auch» in virtuoser Dialektik spielenden Theologen letztlich nur mit einem Ja *oder* Nein antworten.

Man mag zur Entscheidung des Papstes stehen, wie man will: Paul VI. verdient Respekt, weil er den Mut zu einer unpopulären und zugleich *unzweideutigen* Entscheidung hatte. Der Text ist bei aller Zwiespältigkeit der Motivation in bezug auf seine Intentionen und auf seine Forderungen mit französischer clarté (man kennt den Hauptautor) formuliert. Man hatte im schlimmeren Falle eine Antwort modo Romano erwartet: im Hauptsatz das traditionelle Nein und im Nebensatz versteckt ein ausweitbares Ja. Aber glücklicherweise nichts von alldem: jede theologie-politische Hermeneutik versagt, Mißverständnisse sind ausgeschlossen und Auswege – wie die erweiterte Interpretation der in der Enzyklika sittlich erlaubten «therapeutischen Behandlung» mit hormonalen Mitteln – sind Verstöße gegen die wissenschaftliche Redlichkeit. Die Enzyklika ist klar und eindeutig: «Künstliche» Mittel zur Empfängnisverhütung sind – im Gegensatz zur «natürlichen» periodischen Enthaltsamkeit – nicht erlaubt, und zwar aufgrund des vom Schöpfer selbst stammenden Naturgesetzes. Wenn sich der Papst auch

[1] K. Rahner, Zur Enzyklika «Humanae vitae», in: Stimmen der Zeit 93 (1968) 204.

sichtlich Mühe gibt, nicht hart, sondern pastoral zu reden, und wenn er auch gegenüber dem einzelnen Sünder Verständnis und Barmherzigkeit empfiehlt, so wird damit im Grunde nur noch deutlicher: es geht nach ihm tatsächlich um Schuld und Sünde. So weiß man dieses Mal in dankenswerter Weise ganz genau, woran man ist. Es wäre bei dem im Entscheidenden sehr bestimmten Ton der Enzyklika auch eine Illusion zu meinen, dieses Dokument würde in absehbarer Zeit zurückgezogen oder revidiert. Die Kirche wird lernen müssen, mit dieser Enzyklika zu leben.

Neuartig an der ganzen Diskussion ist nun allerdings: diskutiert wird nicht so sehr um die Sachargumentation der Enzyklika, sondern um ihre Autorität. Bei der Zielsetzung unserer Darlegungen brauchen wir nicht zu diskutieren, was die problematischen Punkte dieser Sachargumentation sind. Die Gründe, die gegen die Enzyklika angeführt werden, wiederholen zu einem schönen Teil die Argumente, die das Gutachten der fortschrittlichen Mehrheit der päpstlichen Kommission schon angeführt hatte: die naturrechtliche Begründung der Enzyklika überzeuge nicht; ihr Naturbegriff sei naiv, statisch, eng und völlig ungeschichtlich; die Geschichtlichkeit des Menschen werde übersehen und der Mensch von einer abstrakten Wesensbetrachtung her seziert; die Beschränkung der Begriffe Natur und Naturgesetz auf physikalische und biologische Gesetzlichkeiten sei ein Rückschritt auf längst überholte aristotelisch-stoisch-mittelalterliche Naturrechtsvorstellungen; die Unterscheidung von «natürlich» und «künstlich» sei willkürlich und werde im Zusammenhang der ovulationshemmenden Hormonpräparate zu einer Sache des Mikroskops und einer Frage von Milligrammen; der mögliche Mißbrauch hebe nach dem alten römischen Satz «abusus non tollit usum» den vernünftigen Gebrauch nicht auf; die Zeitwahl-Methode nach Ogino-Knaus mit ihrem komplizierten System der Temperaturmessung und kalendarischen Daten sei alles andere als natürlich und im Einzelfall unter Umständen sogar widernatürlich; die Künstlichkeit eines Mittels sei kein Argument gegen seine Erlaubtheit (die Herztransplantation hatte der Papst als erlaubt erklärt) und der bedingungslose Respekt vor der Natur bedeute eine Numinisierung der Natur, die der heutigen Auffassung von der Verantwortlichkeit des Menschen widerspreche; das personale Geschehen würde auf den biologischen Vorgang fixiert und somit der wesentliche Unterschied der tierisch-biologischen und der menschlich-verantwortlichen Sexualität übersehen; die «ganzheitliche Betrachtung» des Menschen verlange gerade die Geburtenregelung auch durch technische Mittel; die Zeitsituation (insbesondere die ungeheure Überbevölkerung der Erde) werde im Dokument moralisierend verkannt und überspielt; die Wertung des Geschlechtlichen sei immer noch verborgen belastet durch das unchristliche manichäische Erbe, und es zeige sich in der ganzen Enzyklika und in ihrer Sprache eine völlige Abwesenheit konkreter Erfahrungen usw. Ist es unter diesen Umständen erstaunlich, wenn die Auffassung des Tübinger Kanonisten Professor Johannes Neumann weit verbreitet ist: «Wenn das sogenannte kirchliche Lehramt aber aufgrund eines vergangenen Weltbildes, einer anachronistischen Theologie und einer unzutreffenden, weil unbiblischen Glaubensvorstellung nicht die Frohbotschaft von Jesus dem Gekreuzigten und Auferstandenen verkündet, sondern sich als ‹Lehrerin der Völker› wähnt und eine ‹Lehre› aus einem unangemessenen Gemenge platonisch-aristotelisch-thomistischer Gedanken vorträgt, dann überschreitet es seinen Auftrag, dann kann es weder Gehorsam noch Glaubwürdigkeit beanspruchen! Das ist gerade das Bedauerliche, daß diese Enzyklika in ihren Grundlagen – nicht in ihrer guten Absicht, die bei ihrer Abfassung auch mitgespielt haben mag – sowohl philosophisch als auch theologisch, um von den empirischen Wissenschaften wie Medizin und Soziologie ganz zu schweigen, bereits widerlegt war, bevor sie überhaupt verkündet wurde!»[2] In einer Zeit, da man den Galilei-Prozeß am liebsten wieder rückgängig machen würde, sind wir nun in Gefahr, einen zweiten Galileifall zu schaffen: «Der Vorschlag, den Fall Galilei noch einmal aufzugreifen, um seine Rehabilitierung zu betreiben, wie es unlängst angeregt worden sein soll, mutet... angesichts dieser Enzyklika und der ihr zugrundeliegenden philosophischen und naturrechtlichen ‹Weltanschauung›, wenn man es einmal so bezeichnen will, mutet ein solcher Rehabilitierungsversuch in der Tat grotesk an. Nicht der beschämende, aber aus dem gleichen Denken wie diese Enzyklika stammende Fall Galilei ist heute zu verhandeln – dafür ist die Kirche 350 Jahre zu spät dran –, heute ist vielmehr die Frage nach dem Gesamtsinn der Ehe und der verantworteten und verantwortlichen Elternschaft zu beantworten! Dieser Fall Galilei von heute, nämlich die Frage nach dem personalen Sinn der Ehe ist es, der heute entschieden und der heute hilfreich beantwortet werden müßte. Allein auf diese Weise, nämlich als sach-, situations- und menschengerechte Wegweisung im Sinne Christi, kann die Kirche heute erwarten, von den Christen, insbesondere den Katholiken, aber auch von allen Menschen ‹guten Willens› wieder gehört und ernstgenommen zu werden.»[3]

[2] J. Neumann, Rundfunkinterview, in: Die Enzyklika in der Diskussion. Eine orientierende Dokumentation zu «Humanae vitae» (Hrsg. v. F. Böckle und C. Holenstein, Zürich-Einsiedeln-Köln 1968) 47. Dieser aufschlußreiche Sammelband wird hier im folgenden abgekürzt zitiert als «Dokumentation».
[3] Ebd. 46f.

Gegenüber der eindeutig negativen Grundhaltung im Hauptpunkt und der Gewichtigkeit der Einwände verblassen die von apologetisch denkenden Theologen und Bischöfen gelobten «Fortschritte» der Enzyklika. Zum Teil gelten diese für den Großteil der Kirche als selbstverständlich: etwa wenn Paul VI. im Gegensatz zu Pius XII. darauf verzichtet, zur vollkommenen Enthaltsamkeit aufzufordern, oder wenn die «verantwortliche Elternschaft» zur Ausgangsbasis der Argumentation gemacht wird, oder wenn die eheliche Vereinigung nicht mehr wie im Codex Iuris Canonici als Heilung der Konkupiszenz betrachtet wird. Zum Teil werden diese «Fortschritte» in Umkehr der früheren Frontstellung des Lehramtes dazu benützt, die negative Argumentation der Enzyklika zu verschärfen: etwa wenn die geschlechtliche Liebe jetzt nicht mehr der Zeugung als dem primären Ehezweck untergeordnet wird, um gerade so die «untrennbare Verbindung» von beidem zur Ablehnung der Empfängnisverhütung herauszustellen. So ist und bleibt denn die Enzyklika in ihrem negativen Kern eine bittere Pille, auch wenn sie mit modernem Farbstoff und versüßt geboten wird. Die Sachdiskussion ist so seit Erscheinen der Enzyklika kaum vorangekommen. Im Grunde wird von beiden Seiten nur Altbekanntes wiederholt, wobei die Meinungen schon längst gebildet sind, durch die Enzyklika offenkundig nicht verändert wurden und das Lager der bedingungslosen Befürworter in der katholischen Kirche im Abbröckeln begriffen ist, wie auch die Stellungnahmen verschiedener Bischofskonferenzen zeigen. Es ist bedrückend, wenn von einem katholischen Theologen festgestellt werden muß: «Soweit die weltweite Kritik sich mit der in der Enzyklika angesprochenen Problematik beschäftigt, wird sie kaum interessant sein: hinter die einmal gewonnenen Erkenntnisse gibt es kein Zurück mehr; die Darlegungen des Papstes sind hier nicht einmal als Diskussionsbeitrag interessant... Man wird sich in der nächsten Zeit intensiv mit der Frage nach der Autorität des päpstlichen Lehramts beschäftigen müssen. So werden die Theologen nun zeigen müssen, wie weit die Kompetenzen des päpstlichen Lehramtes reichen und daß der autoritäre Machtmißbrauch beginnt, sobald theoretisch fehlbare Lehrmeinungen eines Papstes in der Praxis wie unfehlbare Entscheidungen gehandhabt werden. Und womöglich wird so die folgenschwere Fehlentscheidung Pauls VI. zur Frage der Geburtenregelung die theologische Klärung vieler seit dem Ersten Vatikanum offengebliebener Fragen zum päpstlichen Primat provozieren.[4]

[4] W. Schaab, in: Die Zeit Nr. 32, 1968 (Dokumentation 44f).

Uns interessiert in diesem Zusammenhang also nicht die Frage der Geburtenregelung, sondern die des Lehramtes. Auf vielfache Weise hat man seit dem Erscheinen der Enzyklika ihre Autorität angezweifelt, aber oft mit allzu oberflächlichen Argumenten.

Die *einen* sagen, der Papst könne nur in eigentlich dogmatischen und nicht in spezifisch moralischen Fragen authentische Lehrentscheidungen fällen; die Frage der Geburtenregelung aber sei eine spezifisch moralische Frage. Gewiß, der allergrößte Teil der päpstlichen wie der konziliaren Entscheidungen bewegt sich auf dem Gebiete des Dogmas, und die Frage der Geburtenregelung gehört in das Gebiet der Moraltheologie. Doch die Gegenfrage: Warum soll man dem Papst, wenn schon das eine, dann nicht auch das andere zugestehen? Lassen sich Dogma und Moral trennen? Hat nicht das Dogma moralische Konsequenzen und die Moral dogmatische Voraussetzungen? Wird nicht gerade die katholische Ehemoral dogmatisch begründet?

Die *anderen* sagen, der Papst sei nur für die Interpretation der moralischen Forderungen der christlichen Offenbarung selbst und nicht für die Ableitungen aus einem sogenannten Naturrecht zuständig. Man muß zugeben, daß die Enzyklika für ihre negative These kein einziges biblisches Argument anführt und die Bibel in der Enzyklika überhaupt mehr ausschmückende Funktion hat. Aber auch hier die Gegenfrage: Wie sollen die Forderungen der christlichen Offenbarung und die des Naturrechts (wenn man schon mit diesem problematischen Ausdruck operieren will) adäquat voneinander unterschieden werden? Enthält die Bibel nicht auch «Naturrecht»? Und ist der Dekalog nicht zum Großteil beides in einem? Und ließe sich nicht zur Not das Verbot der Geburtenregelung mit der in der Schrift bejahten Würde der Ehe in Verbindung bringen?

Die *dritten* sagen, der Papst sei nach dem Vatikanum II auf kollegiale Kirchenleitung verpflichtet. Die Enzyklika aber sei vom Papst in unkollegialem Alleingang erlassen worden. Das stimmt, und es belastet in der Tat die Autorität der Enzyklika aufs stärkste, daß der Papst gegen die überwiegende Mehrheit der von ihm selbst berufenen Kommission von sachverständigen Theologen und Bischöfen, Ärzten, Demographen und anderen Fachleuten, die jahrelang gearbeitet und diskutiert hatten, entschieden hat und daß er das einzige offizielle Gutachten dieser Kommission weder ernsthaft benutzt noch ernsthaft widerlegt hat; weiter daß er eine Diskussion und Entscheidung der Frage auf dem Konzil durch einen Machtspruch verhindert und auch eine spätere Konsultation des Weltepiskopats oder auch nur der Bischofssynode nach anfänglichem Zögern umgangen hat; schließlich daß er entschieden hat, obwohl die Kirche selbst in statu dubii war und dann unter diesen Umständen auch prompt in statu dubii geblieben ist. Die Glaubwürdigkeit der Enzyklika war durch ein solches Vorgehen von vornherein durch den Papst selbst aufs stärkste in Frage gestellt. Und trotzdem auch hier die Gegenfrage: Hat nicht der Episkopat selbst im Konzil es mehr oder weniger passiv – allerdings hoffend auf einen positiven Ausgang – zugelassen, daß der Papst diese Entscheidung wie auch die ebenfalls schwerwiegende Entscheidung über die Kurienreform ohne ernsthafte Begründung einfach an sich gezogen hat, um sie in dem seit dem Hochmittelalter üblich gewordenen absolutistischen Stil «allein» zu entscheiden (faktisch hatte man im geheimen eine Super-Kommission gebildet, die durch ihre kuriale Zusammensetzung das gewünschte Resultat von vornherein garantierte)? Hat man nicht die problematischen Bestimmungen des Vatikanum I über den päpstlichen Primat im Vatikanum II einfach wiederholt, ohne sich und die Kirche gegen einen möglichen absolutistischen Mißbrauch päpstlicher Macht durch wirksame Kontrolle abzusichern? Hat man dem Papst nicht volens nolens zugestanden, daß er grundsätzlich auch allein handeln darf? Hat man nicht die schon von der alten und mittelalterlichen Tradition gestellte Frage, ob nicht auch der Bischof von Rom sich von der Kirche loslösen und so zum Schismatiker werden könne, in der konziliaren Diskussion schonungsvoll umgangen? Darf man sich unter all diesen Umständen noch über ein unrechtmäßiges unkollegiales Vorgehen des Papstes beklagen? Müßten hier nicht viel grundlegendere Fragen der Kirchenleitung und des Lehramtes aufgeworfen werden?

Man sollte also zu dieser Diskussion nicht in allzu leichter theologischer Waffenrüstung antreten. Die angeführten Argumente sind bestenfalls von sekundärem Wert. Und noch entschiedener muß das öfters gehörte Argument abgelehnt werden, Paul VI. sei ein Erzreaktionär, der von allem Anfang an eine negative Entscheidung gewünscht hätte. Dieses Argument, wenn auch nicht der Bosheit, so doch der Ignoranz, verkennt den Montini-Papst und seine seelsorgerlichen Intentionen. Im Grunde hatte er eine positive Antwort gewünscht. Sie mußte allerdings verantwortbar sein. Und es ehrt ihn, daß er seine Verantwortung so ernst genommen und um seine Entscheidung jahrelang gerungen hat. Wahrhaftig, er hätte sie billiger, mit weniger Kosten für sich und seine Autorität haben können. Wäre er einfach von Haus aus erzkonservativ gewesen, hätte er nur die negative Entscheidung Pius' XI. zu bestätigen brauchen. Er hätte auch einfach schweigen können. Er unterstrich aber verschiedentlich, daß die Frage untersucht werden müßte und ließ die Möglichkeit einer Neuorientierung offen: Er betonte, die traditionelle Lehre bleibe gültig, «wenigstens solange Wir Uns nicht im Gewissen verpflichtet fühlen, sie zu ändern» (Ansprache an das Kardinalskollegium vom 23. Juni 1964).[5]

Allerdings kam er mit dieser Haltung insofern in eine schwierige Lage, als er von den Theologen darauf aufmerksam gemacht wurde, daß die Eröffnung auch nur der Möglichkeit einer Änderung durch den Papst selbst, daß die Einsetzung einer Kommission für die Überprüfung des gesamten Fragenkomplexes und die unterdessen in Theologie und Kirche aufgebrochene intensive theologische Diskussion klar beweise: das Verbot empfängnisverhütender Mittel sei eine zweifelhafte Verpflichtung, und nach allgemeiner katholischer Moraltheologie gelte der alte römische Satz: Lex dubia non obligat, ein zweifelhaftes Gesetz verpflichtet nicht. Darauf beriefen sich in wachsendem Maße auch Seelsorger und Gläubige allüberall. Dies veranlaßte den Papst, in einer Ansprache an den Italienischen Nationalkongreß für Gynäkologie und Geburtshilfe vom 29. Oktober 1966[6] zu bestreiten, das Lehramt der Kirche befinde sich hier – in dieser, wie er allerdings auch hier zugibt, «umfangreichen und heiklen Frage» – «gegenwärtig in einem Zustand des Zweifels». Es befände sich nur in einem «Zustand des Studiums»: nicht in statu dubii, sondern in statu studii. Man hat den Papst deshalb verschiedentlich der Lüge bezichtigt – ähnlich bezüglich seiner Ansprache an den deutschen Katholikentag in Essen 1968, wo er behauptete, «die überwiegende Mehrheit der Kirche» habe die Enzyklika «mit Zustimmung und Gehorsam aufgenommen»[7] –, und der bedeutendste katholische Theologe Englands gab dies als den unmittelbaren Anlaß an für seinen Kirchenaustritt angesichts der allgemeinen Unehrlichkeit in der katholischen Kirche (Observer vom 1. Januar 1967).[8]

Aber man tut dem Papst unrecht, wenn man dies so einfach zu einer persönlichen moralischen Frage macht. Nicht persönliche Unehrlichkeit, sondern eine ganz bestimmte Auffassung von der Lehre und dem Lehramt der Kirche ist es, die den Papst so handeln läßt, wie er in derselben Ansprache sagt: «im Bewußtsein der Pflichten unseres apostolischen Amtes». Dabei muß man ihm wiederum zugute halten, daß er sich die Ausübung seines Lehramtes auch insofern nicht leicht machte, als er sich mit den Fragen

[5] Osservatore Romano vom 24. Juni 1964.
[6] Osservatore Romano vom 30. Oktober 1968.
[7] 8. September 1968, in: Dokumentation 38.
[8] Vgl. auch "A Question of Conscience" (London 1967) 93ff.

höchst intensiv persönlich beschäftigte, wie er in seiner Apologie der Enzyklika vom 31. Juli 1968 mit bewegten Worten darlegte; dort hat er auch ehrlich seine Zweifel zugestanden: «Wie oft hatten Wir den Eindruck, von dieser Masse von Dokumenten beinahe erdrückt zu werden, und wie oft haben Wir, menschlich gesprochen, die Unfähigkeit Unserer armen Person vor der gewaltigen apostolischen Pflicht festgestellt, über dieses Problem eine Entscheidung auszusprechen. Wie oft haben Wir vor der zweifachen Möglichkeit gezittert, ein Urteil zu geben, das leichthin der herrschenden Meinung entsprechen, oder eines, das von der heutigen Gesellschaft unwillig aufgenommen und aus reiner Willkür für das Eheleben zu schwer sein würde.»[9] «È più facile studiare che decidere» (es ist leichter zu studieren als zu entscheiden), hatte er schon drei Jahre früher mit derselben entwaffnenden Offenheit im ersten Interview eines Papstes mit dem Blick auf die vielen Akten auf seinem Schreibtisch gesagt.[10] Und insofern unterschied er sich auffällig von manchen Vorgängern, die es in theologischen Dingen stets leichter fanden zu entscheiden als zu studieren (etwa Pius IX. im Zusammenhang mit dem Syllabus oder auch Pius XII. im Zusammenhang mit der Enzyklika «Humani generis»).

Aber zugleich stellt sich die Frage, ob der Papst mit seinen allerbesten Intentionen in seinem *pastoralen* Verkündigungsamt, das, wie Johannes XXIII. zeigte, eine höchst positive Funktion in der Kirche haben kann, nicht überfordert ist, wenn er in offenkundig umstrittenen theologischen Fragen wie ein Theologe, also wie ein Vertreter des *wissenschaftlichen* Lehramtes, studieren und dann für die ganze Kirche entscheiden will. Jedenfalls wird man sich der tiefen Tragik bewußt bleiben, daß gerade der Papst, der nach seiner Eröffnungsansprache zur zweiten Konzilssession gemäßigt fortschrittlich sein wollte, sich immer mehr zu reaktionären Taten verpflichtet fühlte, daß gerade er, der durch verschiedene Kompromisse persönlicher wie sachlicher Art alle in der Kirche befriedigen wollte, wie selten vor ihm ein Papst zur Partei geworden ist, daß gerade er, der mehr für die Einheit der katholischen Kirche und das Christentum tun wollte, die katholische Kirche der größten Zerreißprobe dieses Jahrhunderts ausgesetzt hat und daß schließlich gerade er, der programmatisch Nachfolger Johannes' XXIII. *und* Pius' XII. sein wollte, den Kredit, den Johannes XXIII. und das Konzil für die katholische Kirche erworben haben, aufgrund seiner ganzen Einstellung in einem alarmierenden Ausmaß wieder zu verlieren droht, weil sich in ihm Pius, auf dieselbe Stufe wie Johannes gestellt und zur Heilig-

[9] Osservatore Romano vom 1. August 1968.
[10] Corriere della Sera vom 3. Oktober 1965.

sprechung bestimmt, als stärker erweisen *mußte*. Das aussprechen zu müssen ist sehr traurig. Es hätte nicht so sein müssen. Der französische Theologe Jean-Marie Paupert sagt: «Nun hat der Papst sich aber offenkundig und definitiv auf die andere Seite gestellt: die Seite der Konservierung überalterter Strukturen. ‹Humanae vitae› bildet nur ein Element in dieser Entscheidung, dem sich unschwer weitere Elemente anfügen lassen: das päpstliche Rundschreiben über den Zölibat der Priester (Juni 1967); die Erklärung über den Leib des heiligen Petrus (Juni 1968); das Credo Pauls VI. (30. Juni 1968) und die massiven Ausfälle gegen den Holländischen Katechismus. Ich glaube – und ich bin tief betrübt darüber, muß aber dennoch mit aller Deutlichkeit sagen, daß ich es glaube –: Angesichts der Enzyklika ‹Humanae vitae› können wir gewiß sein, daß die vom Konzil erstmals geöffnete Türe wieder geschlossen ist, noch ehe die Kirche den Weg betreten konnte, zu dem diese Türe den Zugang freigab.»[11]

4. Lehramt und Gewissen

Man müßte den Montini-Papst allerdings schlecht kennen, wenn man nicht sähe, daß ihm vieles von alldem sehr zu Herzen geht und seinen Pontifikat fast unerträglich belastet. Und wenn man auch sachlich anderer Meinung als der Papst sein kann und vielfach öffentlich anders Stellung nehmen muß, sollte man dem Menschen, der diese gewaltige Last auf sich geladen hat, mindestens das ehrliche Mitfühlen nicht versagen und vor allem seinem Gewissensentscheid Respekt entgegenbringen. Gut sagt der Pastoraltheologe von Fribourg, Professor Alois Müller: «In dieser heutigen neuen, schwierigen Lage der Kirche hört der Respekt vor dem Papst nicht auf, sondern fängt er an. Nur müssen wir es ablehnen, diesen Respekt in einem unerwachsenen Parieren gegen die eigene Einsicht erfüllt zu sehen. Wir müssen den Papst ernst nehmen in seiner Not und in seinen Grenzen. Wir müssen Verantwortung in der Kirche tragen, damit seine Verantwortung nicht zu schwer wird. Wir müssen auch im Widerstand ihm den Dienst leisten, die Kirche zu neuen Erkenntnissen zu führen, die ihm in Gemeinschaft mit seinen Brüdern im Bischofsamt und dem ganzen Volke Gottes die Zuversicht im Glauben wieder schenken.»[12]

Der Respekt vor der Gewissensentscheidung des Papstes bedeutet also auf der andern Seite auch den Respekt vor der Gewissensentscheidung aller

[11] J.M. Paupert, in: Le Monde vom 11./12. August 1968.
[12] A. Müller, in: Neue Zürcher Nachrichten vom 10. August 1968 (Dokumentation 79).

derer, die dem Papst nicht zustimmen zu können meinen. Es muß hier schon in aller Schärfe auch die andere Seite der Problematik gesehen werden, wie Hanno Helbling ausführt: «Denn nicht nur die Freiheit von staatlichem Zwang, auch die Freiheit von kirchlicher Vormundschaft muß gesichert sein, wenn die christliche Familie zu der verantwortlichen Selbstgestaltung gelangen soll, die der Papst selbst als Ziel seiner Anleitung nennt. Solange in Dingen, die wesentlich an der Verwirklichung individueller Existenzformen teilhaben, diese Freiheit fehlt, solange nicht die Gewissensentscheidung zum Maß für das Leben der Ehepartner und ihrer Kinder erhoben wird, fehlt auch der Würde der Person die Selbständigkeit, in der sie sich erst vollständig bewähren kann. Das muß nicht bedeuten, daß die Kirche einer Entwicklung, deren Gefahren sie kennt, den Lauf lassen sollte. Im Gegenteil, auch die Seelsorge würde zur höchsten und freilich anspruchsvollsten Aufgabe dann gelangen, wenn sie aus freier Erwägung der einzelnen Lebensprobleme und Gewissensfragen ihre Hilfe anbieten könnte. Doch auch auf solche Bewährung läßt es der Papst nicht ankommen; er unterwirft die Seelsorger mit seiner Enzyklika einer strengen Regel. Den Mut zur Verbindlichkeit kann man ihm nicht absprechen. Den Mut zur Freigabe findet er nicht.»[13]

Grundsätzlich theologisch bezüglich der Gewissensfreiheit der Einzelnen ist hier nur das zu wiederholen, was unmittelbar nach dem Erscheinen der Enzyklika zu sagen war und worin sich immer mehr ein internationaler Konsens der Theologie herausbildet: Die nach ernsthafter, reiflicher Überlegung vor sich selbst, ihrem Ehepartner und vor Gott zur Einsicht kommen, daß sie, um der Erhaltung ihrer Liebe und des Bestehens und Glücks ihrer Ehe willen, anders handeln müssen, als die Enzyklika vorsieht, die sind nach der traditionellen Lehre auch der Päpste verpflichtet, ihrem Gewissen zu folgen. Sie werden sich somit nicht dort der Sünde anklagen, wo sie nach bestem Wissen und Gewissen gehandelt haben, sondern sie werden ruhig und in ihrer Überzeugung sicher am Leben der Kirche und ihrer Sakramente teilnehmen.

Ein Hinweis auf die katholische Tradition dürfte hier nicht überflüssig sein.[14] Es ist Auffassung der klassischen Theologie und Kanonistik, daß selbst eine drohende Exkommunikation einen Christen nicht davon abhalten darf, der Weisung seines Gewissens zu folgen. Sähe sich ein Christ oder Theologe in einen solchen tragischen Konflikt gestellt, müßte er gerade als glaubender Christ die Exkommunikation im Glauben ertragen, so schwer

[13] H. Helbling, in: Neue Zürcher Zeitung vom 30. Juli 1968 (Dokumentation 81).
[14] Vgl. zum Folgenden: H. Küng, Strukturen der Kirche (Freiburg-Basel-Wien 1962) 346.

ihm dies bei seiner Treue zur Kirche fiele. Mit Berufung auf das in solchen Fällen immer wieder zu Recht zitierte Pauluswort: «Alles, was nicht aus Glauben geschieht, ist Sünde» (Röm 14,23), wird schon von Innozenz III. diese Antwort gegeben: «... Was nicht aus dem Glauben ist, ist Sünde, und was immer gegen das Gewissen geschieht, führt zur Hölle..., da kein Mensch gegen Gott darin einem Richter gehorchen darf, sondern eher die Exkommunikation demütig ertragen muß.»[15] Der Kirchenhistoriker Sebastian Merkle, der in einem Artikel über Savonarola von diesen Auffassungen berichtet, bemerkt dazu: «Demgemäß hätten denn auch der heilige Thomas, der größte Lehrer des Predigerordens, und mit ihm eine Reihe anderer Scholastiker gelehrt, daß ein auf irrtümliche Voraussetzungen hin Exkommunizierter lieber im Banne sterben müsse als einer nach seiner Kenntnis der Sachlage verfehlten Weisung des Vorgesetzten gehorchen. ‹Denn das wäre gegen die Wahrheit (contra veritatem vitae), *die man auch nicht wegen eines möglichen Ärgernisses preisgeben darf.*›»[16] Und selbst noch in der Zeit der in dieser Frage sehr viel starreren Gegenreformation muß noch Kardinal Bellarmin bei aller Betonung der Autorität des Papstes zugeben: Wie man dem Papst Widerstand leisten darf, wenn er einen leiblich angreift, so auch, wenn er die Seelen angreift, wenn er den Staat in Verwirrung bringt, und erst recht, wenn er die Kirche zu zerstören versucht: passiven Widerstand, indem man seine Befehle nicht vollzieht, und auch aktiven, indem man ihn an der Durchsetzung seines Willens hindert.[17]

Aber bei aller Betonung der Gewissensfreiheit darf man doch nicht dem bequemen Trugschluß erliegen, mit dem Verweis auf das subjektive Gewissen sei die Frage gelöst. Es muß auch die objektive Problematik bereinigt werden.

5. Der neuralgische Punkt

Um so dringender wird jetzt die Frage: Warum konnte es soweit kommen? Konkret im Hinblick auf die Enzyklika gefragt (ähnlich könnte man im Hinblick auf das Credo des Papstes fragen): Warum hat sich der Papst für die konservative Lehre entschieden? Wir müssen hier etwas genauer zusehen und vor allem auf die Äußerungen des Papstes selbst achten.

[15] Corpus Iuris Canonici, ed. Ae. Friedberg (Lipsiae 1881) II, 287; vgl. II, 908.

[16] S. Merkle, Der Streit um Savonarola, in: Hochland 25 (1928) 472f; vgl. Thomas von Aquin, in IV Sent. dist. 38, expos. textus in fine.

[17] R. Bellarmin, De summo pontifice (Ingolstadt 1586–1593. Parisiis 1870) lib. II, cap. 29, I, 607.

Es ist ein einzigartiger Vorgang in der Geschichte der päpstlichen Enzykliken, daß ein eigentlicher Sturm der Ablehnung auch innerhalb der katholischen Kirche einen Papst veranlaßt, schon gleich nach der Veröffentlichung der Enzyklika zu ihrer öffentlichen Verteidigung anzutreten. Der Papst bringt in seiner Apologie keine weiteren Sachargumente, nur die subjektiven Motive für seine Entscheidung: «Das erste Gefühl war das Empfinden einer äußerst schweren Verantwortung... Noch nie haben Wir die Last Unseres Amtes so empfunden wie in diesem Fall.»[18] Und warum? An erster Stelle nennt der Papst: «Wir mußten der Kirche, der ganzen Menschheit eine Antwort geben; Wir mußten mit der Verpflichtung, aber auch mit der Freiheit Unseres apostolischen Amtes eine Lehrtradition aus Jahrhunderten, aber auch eine aus neuester Zeit abwägen, die Unserer drei unmittelbaren Vorgänger.»[19] Dazu stellt Johannes Neumann fest: «Es stand nämlich einer objektiven und sachgerechten Entscheidung Roms die Enzyklika Pius' XI. ‹Casti connubii› von 1930 wie ein unüberwindliches Hindernis im Weg. Die Behauptungen dieser Enzyklika, die sich bereits auf ein unveränderliches Naturrecht beriefen, haben offenbar den gegenwärtigen Papst gehindert, mit der notwendigen Offenheit und Freiheit des Herzens und des Geistes zu entscheiden.»[20]

Über die ursprüngliche biblische Botschaft hat der Papst nach seinem eigenen Zeugnis offenkundig nicht näher nachgedacht. Vermutlich war er der Überzeugung, daß sich von daher keine Argumente gegen eine Empfängnisverhütung herholen lassen. Und dies insbesondere, nachdem heute nach der allgemeinen Auffassung der Theologen und der Päpste das frühere biblische Paradebeispiel der Empfängnisverhütung, Onan (der gegen die Pflicht eines Israeliten im Fall der Schwager-Ehe sündigte), mit unserer Frage nichts zu tun hat. Aber aus dem doch erstaunlichen Schweigen der ursprünglichen Glaubensurkunden, wo sonst ohne Hemmung alle Sünden beim Namen genannt werden, hat der Papst keine Folgerungen gezogen. Für ihn war etwas anderes offenkundig wichtiger.

Was gab den Ausschlag für die negative Antwort des Papstes? Das «Naturrecht», auf welches die ganze Argumentation aufgebaut ist? Gewiß, aber gerade dieses «Naturrecht» ist ja an diesem Punkt zumindest seit dem Konzil in der ganzen Kirche und bis in die päpstliche Kommission hinein umstritten. Also nicht das «Naturrecht» an sich, sondern eine bestimmte kirchliche Interpretation dieses Naturrechts gab den Ausschlag. Welche?

[18] Generalaudienz vom 31. Juli 1968; Osservatore Romano vom 1. August 1968 (Dokumentation 33).
[19] Ebd. 33f.
[20] aaO. 45f.

Nach den oben zitierten Worten des Papstes jene Interpretation, die in der *traditionellen Lehre der Kirche und besonders der letzten Päpste* gegeben wird! Gegen fünfundzwanzigmal wird in dieser kurzen Enzyklika auf die «Lehre der Kirche» und das «Lehramt der Kirche» verwiesen, während «Evangelium» nur zweimal und nur als «evangelisches *Gesetz*» erscheint (als ob nach Paulus Gesetz und Evangelium nicht Gegensätze wären!). Gegen dreißigmal ist in verschiedener Weise vom «Gesetz», das die Kirche bewahrt und vorlegt, die Rede, während zwar die Willensfreiheit und die bürgerliche Freiheit, nicht aber die «Freiheit der Kinder Gottes» erwähnt wird (als ob uns nach Paulus Christus nicht vom Gesetz zu dieser Freiheit befreit hätte!). Vierzigmal sind päpstliche Verlautbarungen zitiert, dreizehnmal solche des Zweiten Vatikanischen Konzils (vom selben Papst, der demselben Konzil eine Stellungnahme zu dieser Frage untersagt hat), während die Heilige Schrift sechzehnmal vor allem in moralisierendem Zusammenhang und jedenfalls nie zur Begründung der Hauptthese zitiert wird.

Dies alles sind Signale dafür, wie sehr in diesem Dokument das Gesetz die christliche Freiheit, das kirchliche Lehramt das Evangelium Jesu Christi, die päpstliche Tradition die Heilige Schrift überspielen: Zeichen also, wie sehr das Lehramt der katholischen Kirche noch immer unter der moralisierenden Vergesetzlichung, der lebensfernen Ideologisierung und dem triumphalistischen Papalismus leidet. Es hätte der verschiedenartigsten Pressionen auf dem bewährten Weg über die Nuntiaturen und religiösen Orden sowie des in der Londoner Times vom 4. September 1968 veröffentlichten Geheimschreibens des Kardinalstaatssekretärs Cicognani an die Bischöfe der Welt nicht bedurft, in welchem im verbrämenden und doch deutlichen Stil totalitärer Parteizentralen von den Untergebenen der Einsatz der ganzen geistlichen Macht gefordert wird, um «die ständige Lehre der Kirche in aller Reinheit erneut vorzutragen», bzw. durchzusetzen: «Nun aber wendet er (der Papst) sich an alle Welt- und Ordenspriester, namentlich an die Träger besonderer Verantwortung wie die General- und Provinzialoberen der Orden, mit der Aufforderung, sich bei den Christen für diesen heiklen Punkt der kirchlichen Lehre einzusetzen, ihn zu erläutern und die tiefen Gründe, die dahinterstehen, zu verteidigen. Der Papst baut auf sie und ihre Ergebenheit dem Stuhle Petri gegenüber, ihre Liebe zur Kirche und ihr fürsorgliches Interesse am wahren Wohle der Seelen. Er weiß ebenso wie sie um die in der heutigen Gesellschaft vorherrschenden Ideen und Handlungsweisen und ist sich wohl bewußt, welcher Anstrengungen es bedarf, die Menschen in diesem Punkt recht zu erziehen. Er weiß auch, welche – bisweilen heroischen – Opfer mit der Anwendung der katholischen

Grundsätze für das Eheleben verbunden sind. Sein Wunsch ist, daß die Bischöfe und Priester, die christlichen Zentren der verschiedenen katholischen Bewegungen und Organisationen in freudiger Ergebenheit und Unterwerfung zu Aposteln der Lehre der heiligen Mutter Kirche werden und die rechte Sprache finden, um ihre Annahme zu gewährleisten... Und schließlich ist es wesentlich, daß im Beichtstuhl wie in der Predigt, in der Presse und durch andere Massen-Kommunikationsmittel alle nur erdenkliche pastorale Anstrengung unternommen wird, damit unter den Gläubigen wie unter den Außenstehenden nicht der geringste Zweifel an dem Standpunkt der Kirche in dieser ernsten Frage bleibt.»[21] Ist es da verwunderlich, daß viele Menschen in und außerhalb der katholischen Kirche Parallelen zur Lage in der Tschechoslowakei gezogen haben? Und ist es da noch erstaunlich, daß unerleuchtete Bischöfe sich in «ihrer Ergebenheit dem Stuhle Petri gegenüber» ermuntert fühlten, bestimmte Theologen öffentlich zu beschimpfen und gerade eifrigste unter ihren Priestern von ihren Pflichten zu suspendieren und gerade so Krisen in ihren Kirchen heraufzubeschwören?

Aber nun die traditionelle Lehre der Kirche und der letzten Päpste in Ehren – warum aber ein solch hoher Einsatz mit allen Mitteln, in welchem man so unbegreiflich viel auf einmal aufs Spiel setzt? Wir kommen hier zum neuralgischen Punkt: Es ist die Frage des *Irrtums* in der traditionellen Lehre der Kirche und der letzten Päpste. Das ergibt sich eindeutig aus den Aussagen des Papstes selbst. Der Papst wollte die «schwerwiegende Frage (der Geburtenregelung) persönlich untersuchen... vor allem, weil (innerhalb der Kommission) einige Lösungskriterien aufgetaucht waren, die von der Sittenlehre über die Ehe, wie sie mit unerschütterlicher Konstanz vom Lehramt der Kirche vorgelegt wird, abwichen».[22] Es ist ganz klar: Die Erlaubtheit der Empfängnisverhütung hätte nur unter der einen für Papst und Kurie völlig inakzeptablen Bedingung zugestanden werden können, daß man die traditionelle Lehre der Kirche und insbesondere der letzten drei Päpste desavouiert hätte, daß man also einen Irrtum in dieser Lehre der Kirche zugegeben hätte. Allerdings, sollte man trotz allem auf die falsche Karte gesetzt haben, erscheint am Horizont eine andere, noch düsterere Möglichkeit auf: daß ein Nachfolger statt nur drei eventuell vier Päpste desavouieren muß.

[21] Dokumentation 28f.
[22] Humanae vitae Nr. 6.

6. *Warum der Papst nicht überzeugt wurde*

Die Theologen der fortschrittlichen Kommissionsmehrheit waren in der Tat bereit, einen Irrtum des Lehramtes zuzugeben: «Nicht wenige Theologen und Gläubige fürchten, eine Änderung der amtlichen Lehre könne dem Vertrauen der Katholiken in die Lehrautorität der Kirche schaden. Denn sie fragen, wie der Beistand des Heiligen Geistes solch einen Irrtum so viele Jahrhunderte lang zulassen konnte, einen Irrtum, der besonders in den letzten Jahrhunderten so viele Folgen hatte. Aber die Unterscheidungskriterien für das, was der Heilige Geist zulassen konnte und was er nicht zulassen konnte, sind kaum a priori bestimmbar. Tatsächlich wissen wir, daß es in der Verkündigung des Lehramtes und in der Überlieferung Irrtümer gegeben hat. Hinsichtlich des Geschlechtsverkehrs wäre zu bemerken, daß in der Kirche viele Jahrhunderte hindurch in aktiver Übereinstimmung mit den Päpsten beinahe einhellig gelehrt wurde, ehelicher Verkehr sei unerlaubt, wenn er nicht von der Zeugungsabsicht begleitet oder wenigstens (wegen der Worte von 1 Kor 7) ein Angebot der Entlastung für den Partner sei. Und doch hält heute weder ein Theologe an dieser Lehre fest, noch stellt sie den amtlichen Standpunkt dar.»[23]

Die (einzige) offizielle Stellungnahme der (im Verhältnis neun zu drei und drei Enthaltungen) fortschrittlichen bischöflichen Kommission war an diesem Punkt nicht mehr so deutlich, aber immer noch deutlich genug, so daß sich der Kommissionspräsident, Kardinal Ottaviani, das Haupt der kleinen, aber tapferen kurialen Minderheit, weigerte, diese nach endlosen Diskussionen durch eine faire Abstimmung beschlossene offizielle Stellungnahme der Kommission dem Papst auch nur zu überbringen (von fünfzehn Bischöfen hatten nur zwei die Frage «Ist die Geburtenregelung in sich schlecht?» mit einem eindeutigen Ja beantwortet). Kardinal Döpfner als Vizepräsident wurde daraufhin beauftragt und tat es. Der Papst wartete noch mehrere Monate. Aber – trotz den Interventionen verschiedener Kardinäle und auch des deutschen Episkopates in der Wartezeit – entschied er für Ottaviani und die konservative Minderheit. Ein bedeutender Sieg der kurialen Theologie zweifellos, wenn er sich nicht als Pyrrhussieg erweist!

Die große, aber selten gestellte Frage: Warum konnte die fortschrittliche Mehrheit den Papst, dessen gute Intentionen wir ja immer wieder betont haben, nicht überzeugen? Unsere Antwort: weil sie (zu einem schönen Teil aus Moraltheologen bestehend) die *letztlich* nicht moraltheologische (bezüg-

[23] Abgedruckt in: Herderkorrespondenz 21 (1967) 440.

lich der Empfängnisverhütung), sondern fundamentaltheologische Argumentation (bezüglich der Autorität des Lehramtes) der konservativen römischen Minderheit nicht genügend ernst nahm. Dies ist näher zu begründen. Auf zwei Punkte hatte die fortschrittliche Mehrheit besonders Gewicht gelegt, um eine neue moraltheologische Argumentation vor dem Lehramt der Kirche verantwortbar zu machen: 1. Es geht um eine *neue geschichtliche Situation*, die eine neue Argumentation erlaubt. 2. Es geht *nicht* um eine Lehre, die in der Enzyklika Pius' XI. *unfehlbar* entschieden worden wäre, so daß einer neuen Aussage grundsätzliche dogmatische Schwierigkeiten entgegenstünden. Gegen beide Argumente ist die konservative Minderheit heftig angegangen und, wie uns scheint, mit Recht. Wir stützen uns dabei auf jenes Gutachten der konservativen Theologen, das man später als «Minderheitsgutachten» gegen die einzige offizielle Stellungnahme der Kommission ausspielen wollte. Für die theologische Argumentation der konservativen Minderheit ist dieses Gutachten höchst aufschlußreich und bezeichnend.

1. Die Progressiven hatten geltend gemacht, eine neue geschichtliche Situation erlaube eine neue Lehraussage. Es hatte sich seit 1930 (Enzyklika «Casti connubii») immerhin in der Welt vieles geändert, psychologisch, soziologisch, medizinisch (nicht zuletzt die Pille).

Die Konservativen bestreiten keineswegs alle Unterschiede. Doch ihr entscheidender Einwand: grundsätzlich theologisch habe sich die Situation nicht verändert. Und das Argument der Konservativen ist überzeugend: schon 1930 seien grundsätzlich dieselben Gründe für die Empfängnisverhütung von der Anglikanischen Bischofskonferenz, der Lambeth-Konferenz, angeführt worden (und daß es nicht nur um die Pille geht, darüber war man sich in der Kommission einig). Und gerade gegen diese Auffassung sei damals die Enzyklika «Casti connubii» geschrieben worden. Die grundsätzlich gleichen Gründe wie heute seien also damals schon vorgebracht *und* vom kirchlichen Lehramt abgelehnt worden. So führt das «Minderheitsgutachten» aus: «Denn in der Tat ist die Lehre von ‹Casti connubii› feierlich der Doktrin der Lambeth-Konferenz von 1930 entgegengesetzt worden, und zwar von der Kirche ‹von Gott selbst zur Lehrerin und Wächterin der Unversehrtheit und Ehrbarkeit der Sitten eingesetzt... zum Zeichen ihrer göttlichen Sendung... durch Unseren Mund›... Einige, die für eine Änderung kämpfen, sagen, die Lehre der Kirche sei für jene Zeit nicht falsch gewesen. Jetzt müsse sie jedoch wegen der veränderten historischen Situation geändert werden. Aber das scheint etwas zu sein, das man nicht behaupten kann, denn die Anglikanische Kirche hat genau das aus den gleichen Gründen gelehrt, was die katholische Kirche feierlich bestritten hat, was sie aber jetzt zugeben würde. Sicherlich würde eine solche Art zu sprechen für das Volk unverständlich sein und als gleisnerischer Vorwand erscheinen.»[24]

Mit anderen Worten: Das in der katholischen Theologie seit dem 19. Jahrhundert – unter dem Einfluß Newmans und der katholischen Tübinger Schule, besonders Johann Adam Möhlers – reichlich praktizierte und strapazierte Entwicklungsschema versagt hier völlig. Hätten die progressiven Theologen Paul VI. eine Formel anbieten können, nach der eine heute positive Lehre nur als die «Entwicklung» der negativen Lehre Pius' XI. von 1930 erschiene, nach der also Paul VI. heute nur deutlicher (explizit) sagt, was auch Pius XI. schon undeutlich (implizit) sagte, dann – daran zweifeln wir keinen Moment – hätte Paul VI. sich *für* die Empfängnisverhütung ausgesprochen! Denn dann wäre ja die Kontinuität der katholischen Lehre und besonders der letzten drei Päpste gewahrt gewesen; man hätte keinen Irrtum, sondern nur eine Unvollkommenheit, Vorläufigkeit oder ähnliches zugeben müssen; und mit der Kontinuität wäre auch die Autorität des Lehramtes abgesichert, bzw. wieder einmal mehr triumphal bestätigt worden.

Aber gerade dies ging offenkundig nicht. Es läßt sich in der Tat selbst mit allen Kniffen theologischer Dialektik nicht glaubhaft machen, daß das *Verbot* der Empfängnisverhütung durch Pius XI. 1930 implizit, einschlußweise, undeutlich schon die *Erlaubnis* der Empfängnisverhütung durch Paul VI. 1968 ist. Kurz: Zwischen Pius XI. und Paul VI. gäbe es dann keine Evolution, sondern Kontradiktion, keine Kontinuität, sondern Diskontinuität. Und gerade das wollte Paul VI. um der Kontinuität der katholischen Lehre und der Autorität des Lehramtes willen auf keinen Fall zugeben. Und es muß ihm immerhin zugestanden werden, daß ihm die progressive Mehrheit der Kommission keine Hilfe geboten hat, um über dieses mindestens in der Linie traditioneller römischer Dogmatik entscheidende Hindernis hinwegzukommen. Auch nicht durch das zweite Argument.

2. Die Progressiven hatten geltend gemacht, die Enzyklika «Casti connubii» Pius' XI. sei schließlich keine *unfehlbare* Lehräußerung gewesen. Und insofern könne man zur Not einen Irrtum des Lehramtes ohne tödliche Gefahr für dessen Autorität zugeben. Es seien ja auch schon früher dem Lehramt Irrtümer unterlaufen, selbst in der Ehemoral.

Die Konservativen bestreiten keineswegs alle Irrtümer des kirchlichen Lehramtes. Aber die angeführten Beispiele, so wenden sie ein, seien anderer, wesentlich geringerer Qualität gewesen: die Galilei-Verurteilung hätte eine periphere Frage (Weltbild) betroffen, die Exkommunikation des ostkirch-

[24] Ebd. 438.

lichen Patriarchen Photius, die Paul VI. nach 900 Jahren zurückgenommen hat, wäre nur ein Exzeß gewesen in der Art und Weise des Vorgehens. In der jetzt anstehenden Frage hingegen ginge es, falls man das zugeben müsse, um einen äußerst schwerwiegenden Irrtum in Sittendingen (in moribus): «Wenn erklärt würde, Empfängnisverhütung sei nicht in sich schlecht, dann müßte aufrichtigerweise zugegeben werden, daß der Heilige Geist 1930 (Enzyklika Casti connubii), 1951 (Ansprache Pius' XII. an die Hebammen) und 1958 (Ansprache an die Hämatologen-Gesellschaft im Todesjahr Pius' XII.) den protestantischen Kirchen beigestanden hat und daß er Pius XI., Pius XII. und einen großen Teil der katholischen Hierarchie ein halbes Jahrhundert lang nicht vor einem sehr schweren Irrtum geschützt hat, einem höchst verderblichen für die Seelen; denn es würde damit unterstellt, daß sie höchst unklug Tausende menschlicher Akte, die jetzt gebilligt würden, mit der Pein ewiger Strafe verdammt hätten. Es darf in der Tat weder geleugnet noch ignoriert werden, daß diese Akte aus denselben letzten Gründen anerkannt würden, die die Protestanten angeführt haben und die sie (Päpste und Bischöfe) verurteilten oder mindestens nicht billigten.»[25]

Die Konservativen bestreiten auch nicht, daß die Enzyklika Pius' XI. an sich keine unfehlbare Lehräußerung sei. Aber diese Diskussion lenke nur vom wesentlichen Streitpunkt ab: von der Wahrheit der Unsittlichkeit jeglicher Empfängnisverhütung, wie sie – und dies ist entscheidend – gestützt und verbürgt wird durch den Konsens des gesamten Lehramtes, der Päpste und der Bischöfe mindestens in den letzten Jahrzehnten bis zu der (für die Römer «wirren») Zeit des Vatikanum II. Erdrückend ist tatsächlich die Dokumentation, die die konservative Minderheit, die über das (sonst niemandem zugängliche) Archiv des Sanktum Offizium verfügt, aus den feierlichen Verlautbarungen der Päpste, der Bischofskonferenzen aller Kontinente und so vieler hervorragender Kardinäle und Bischöfe sowie der allgemeinen Lehre der Theologen aufführt, um zu beweisen, daß es nach dem allgemeinen Konsens des kirchlichen Lehramtes mindestens in unserem Jahrhundert (und daß zur Aufrechterhaltung geistliche Zwangsmittel eingesetzt wurden, ist nicht neu!) um eine allgemeine und unter schwerer Sünde verpflichtende Lehre des kirchlichen Lehramtes geht: «Unsere Frage ist eine Frage der Wahrheit dieser Aussage: Empfängnisverhütung ist immer ein schweres Übel. Die Wahrheit dieser Lehre stammt aus der Tatsache, daß sie mit solcher Beständigkeit, mit solcher Allgemeingültigkeit, mit solch verpflichtendem Zwang immer und überall als von den Gläubigen zu halten und zu

[25] Ebd. 436.

befolgen vorgetragen wurde. Eine technische und juristische Untersuchung der Irreformabilität und Infallibilität von ‹Casti connubii› (als ob die wahre Lehre nach Beseitigung dieses Hindernisses gefunden und gelehrt werden könne) lenkt von der zentralen Frage ab und nimmt ihre Antwort vorweg.»[26]

Mit anderen Worten: Die kuriale Gruppe argumentierte gar nicht mit einer bestimmten Enzyklika oder päpstlichen Ansprache, sie argumentierte also nicht mit dem sogenannten *außer*ordentlichen Lehramt (magisterium extraordinarium). Sie argumentierte mit dem alltäglichen Lehrkonsens des Papstes und der Bischöfe, also mit dem sogenannten *ordentlichen*, alltäglichen Lehramt (magisterium ordinarium). Es gibt viele Dinge (wie z. B. im strikten Sinne die Existenz Gottes oder in der Moral das Verbot des Tötens Unschuldiger), die nie durch das außerordentliche Lehramt des Papstes oder eines ökumenischen Konzils definiert worden sind, und die doch ganz allgemein als katholische Glaubenswahrheiten gelten. In der römischen Schulsprache: Es kann etwas auf die Autorität des alltäglichen Lehramtes hin de fide catholica sein, also zum katholischen Glauben gehören, ohne deswegen de fide definita zu sein, ohne also durch ein feierliches Glaubensurteil des außerordentlichen Lehramtes (Definition eines Papstes oder Konzils) definiert zu sein.

So ist denn auch nach römischer Theorie das Verbot der Empfängnisverhütung weder durch einen Papst noch durch ein Konzil als unfehlbare Glaubenswahrheit definiert worden. Und trotzdem gehört es – weil es eben wie aufgewiesen schon immer oder mindestens seit einem halben Jahrhundert bis zum Konzil übereinstimmend vom ordentlichen Lehramt des Papstes und der Bischöfe gelehrt wurde – zum allgemeinen unfehlbaren katholischen Glauben. Demgegenüber ist es relativ gleichgültig, ob man gegen die Fortschrittlichen (grundsätzlicher oder pragmatischer Tendenz) «die päpstliche Verlautbarung mit formeller Unfehlbarkeit auszustatten» im Sinn hatte (so die Gruppe der autoritär Konservativen) oder aber eine Verlautbarung ex cathedra vermeiden wollte (so die Gruppe der pastoral Konservativen). Denn auch diese gemäßigtere Gruppe war «sehr besorgt, die Kontinuität der Lehren Pius' XII. sicherzustellen, um ‹die Autoritätsausübung in der Kirche zu gewährleisten›»: «In ihren Augen mußte unter der Beibehaltung *unveränderlicher Prinzipien* nach möglichen ‹Öffnungen› gesucht werden. Daher sollte eine Verlautbarung ‹ex cathedra› vermieden, der therapeutische Gebrauch von Verhütungsmitteln nicht verboten (sondern

[26] Ebd. 432.

eventuell freigestellt) und die moralische Sanktion nicht noch unterstrichen werden.»[27] Über das dunkle, beinahe gespenstische Vorgehen innerhalb des Vatikans nach dem Abschluß der offiziellen Kommissionsarbeit in «einem wahren Labyrinth von Redaktionskomitees und Einzelgutachten, die nicht selten über ihre gegenseitige Existenz wenig oder überhaupt nicht informiert waren»,[28] kann man im übrigen nur ehrlich entsetzt sein. «Man fragt sich nur, wo bei alldem noch die Freiheit des Papstes blieb, der einem in der ganzen Darstellung wie eine Spinne im Netz vorkommt.»[29]

Wie immer, man versteht nun den eigentlichen Grund, warum die fortschrittliche Kommissionsmehrheit den Papst nicht zu überzeugen vermochte. Sie hat den ganzen Ernst des Arguments der konservativen Gruppe, ihrem eigenen fortschrittlichen Gutachten und der fortschrittlichen offiziellen Stellungnahme der Kommission nach zu urteilen, offenkundig nicht genügend erfaßt: Die sittliche Unerlaubtheit der Empfängnisverhütung wird seit Jahrhunderten selbstverständlich und dann, gegen Widerstand, in unserem Jahrhundert bis zum Konzil (und der in diesem Zusammenhang entstandenen Verwirrung) sogar nachdrücklich von allen Bischöfen überall auf der Welt in moralischer Einheit einmütig als katholische Sittenlehre unter Androhung ewiger Verdammnis gelehrt und ist deshalb vom ordentlichen Lehramt des Papstes und der Bischöfe her als eine faktisch *unfehlbare* Sittenwahrheit zu verstehen, auch wenn sie nicht als solche *definiert* worden ist.

Dies war das Argument, das auch den Papst – nachdem die Entwicklungstheorie hier offenkundig versagte – schließlich überzeugen mußte: man konnte ihm nicht zumuten, so mußte er sich aus dieser Sicht zu Recht sagen, eine ex magisterio ordinario ständig und übereinstimmend und so faktisch unfehlbare Sittenwahrheit als einen Irrtum aufzugeben! Man versteht nun sehr wohl seinen ständigen Rekurs auf die konstante Lehre der Kirche und besonders der letzten Päpste, man versteht sehr wohl seine scharfe Ablehnung jeglicher Abweichung von dieser Lehre. Und man versteht nun auch zahlreiche andere kleine Details:

1. warum *Ottaviani* sich weigerte, die Stellungnahme der Kommission, die er faktisch für häretisch halten mußte, dem Papst auch nur vorzulegen,

[27] Diese letzten Informationen beziehen wir aus einem ausgezeichnet orientierten ungezeichneten Bericht der Herderkorrespondenz 22 (1968) 525–536 über «Postkonziliare Hintergründe einer Enzyklika» (Zitate S. 532f).

[28] Ebd. 530.

[29] L. Kaufmann, Der Vorhang hebt sich. Zur Vorgeschichte von «Humanae vitae», in: Publik vom 29. November 1968.

und warum in der Kurie der Widerstand mit wachsender Klarheit nicht ab-, sondern zunahm;

2. warum man im Vatikan zunächst statt einer Enzyklika nur eine «Erklärung» (declaratio) geplant hatte für diese Lehre, die von anderswoher in ihrer Autorität unbedingt feststand;

3. warum Paul VI. selbst sich wohl hütete, seine Enzyklika als nicht unfehlbar zu bezeichnen, daß er sie vielmehr als die Lehre Christi vorträgt und sich und seine Enzyklika in «Angleichung an ihren (der Kirche) göttlichen Stifter ‹zum Zeichen des Widerspruchs›» erklärt;[29a]

4. warum der Papst wie bei einer unfehlbaren Lehräußerung mit der Berufung auf den Heiligen Geist einen völlig unbedingten Gehorsam fordert: «...einen inneren und äußeren loyalen Gehorsam gegenüber dem Lehramt der Kirche. Dieser Gehorsam verpflichtet, wie ihr wohl wißt, nicht nur wegen der angeführten Beweise und Gründe, sondern vielmehr wegen der Erleuchtung des Heiligen Geistes, mit der in besonderer Weise die Hirten (man beachte den Plural, der auf das Magisterium des Gesamtepiskopats hinweist!) der Kirche zur klaren Auslegung der Wahrheit begnadet sind. Ihr wißt auch, daß es von höchster Wichtigkeit ist, daß um des Herzensfriedens und der Einheit des christlichen Volkes willen alle auf dem Gebiet der Glaubens- und Sittenlehre auf das kirchliche Lehramt hören und die gleiche Sprache sprechen sollen. Daher legen Wir euch von ganzem Herzen erneut den eindringlichen Mahnruf des großen Völkerapostels Paulus nahe: ‹Ich beschwöre euch, meine Brüder, beim Namen unseres Herrn Jesus Christus, seid alle untereinander einig. Laßt keine Spaltungen untereinander aufkommen, sondern seid eines Sinnes und einer Meinung.› Es ist eine hervorragende Form der Liebe zu den unsterblichen Seelen, wenn man in keiner Weise Abstriche an der heilsamen Lehre Christi macht.» Und so spricht der Papst die Priester an: «Sprecht mit Vertrauen, geliebte Söhne, fest überzeugt, daß der Geist Gottes, der dem Lehramt der Kirche bei der Vorlage der Glaubenswahrheiten beisteht, die Herzen der Gläubigen innerlich erleuchtet und sie einlädt, ihre Zustimmung zu geben.»[30] Und schließlich im Schlußwort: «Groß ist das Werk der Erziehung, des Fortschritts und der Liebe, zu dem Wir euch aufrufen auf der Grundlage der kirchlichen Lehre, die der Nachfolger des heiligen Petrus zusammen mit seinen Brüdern im Bischofsamt bewahrt und auslegt.»[31]

5. warum die Beantwortung einer gestellten Frage durch den offiziellen vatikanischen Kommentator Monsignore *Lambruschini* in der Pressekonfe-

[29a] Humanae vitae Nr. 18.
[30] Ebd. Nr. 28.
[31] Ebd. Nr. 31.

renz, nämlich die Enzyklika sei ein authentisches, aber nicht unfehlbares Dokument, innerhalb bestimmter Kurienkreise größten Unwillen erregt hatte (nach römischer Auffassung wäre höchstens zulässig gewesen zu sagen, wenn man schon spitzfindig formulieren will: das an sich fehlbare Dokument einer aber bereits von anderswoher unfehlbaren Lehre), und warum von dieser Bemerkung, die zweifellos wichtiger war als das meiste andere, was Lambruschini ausgeführt hatte, im Osservatore Romano kein Wort berichtet wurde (Lambruschini soll deshalb so rasch nachher zum Erzbischof von Perugia promoviert bzw. amoviert worden sein);

6. warum später einer der langjährigen und nächsten theologischen Freunde des jetzigen Papstes, der neuscholastische Schweizer Theologe Kardinal Charles *Journet* auf der ersten Seite des Osservatore Romano vom 3. Oktober 1968 einen großen Artikel veröffentlichte unter dem Motto «Es ist ein Widersinn für einen Sohn der Kirche, der Autorität der Enzyklika die Unfehlbarkeit seines eigenen persönlichen Gewissens entgegenzusetzen». Mit der Aufbietung der ganzen römischen Primatstheologie versucht Journet zu beweisen, daß der Papst hier in der ordentlichen Ausübung seiner obersten Lehrautorität handelt, um in Treue zur konstanten Lehre seiner Vorgänger im Grund den ersten Artikel des Glaubensbekenntnisses an Gott den Schöpfer zu präzisieren und damit eine Kontroverse zu beendigen, welche eine traditionelle Lehre, die seit Jahrhunderten vom Lehramt approbiert sei, in Zweifel zog. Die in der Enzyklika vorgebrachten Argumente würden die Konklusion, die einen grundlegenden Punkt der Moral betrifft, zwar vorbereiten, aber nicht begründen. Diese sei vielmehr begründet im Licht des Heiligen Geistes, mit dem die Hirten der Kirche in besonderer Weise begabt sind, um die Wahrheit zu erleuchten. Der Papst tue es nach der Überprüfung einer nicht nur Jahrhunderte alten, sondern auch neueren Tradition, nämlich der der drei letzten Vorgänger. Und Journet geht ganz konsequent so weit, eine zukünftige möglichst unfehlbare Definition ins Auge zu fassen: «Eines ist sicher: Das ordentliche Lehramt des Papstes wurde hier in seiner Fülle ausgeübt. Der Theologe, der reflektiert über die Schwere der Sache, über die Höhe des Lichts, in die sie zur Klärung gebracht wurde und schließlich über die Genauigkeit und Gewißheit, mit der die Antwort gegeben wurde, der könnte sogar daran denken, daß er hier – und das ist unser persönlicher Gedanke – einen Punkt der Morallehre vor sich hat, der noch weiter definiert werden könnte und der so in Zukunft bestätigt werden könnte durch einen Konsens aus göttlichem Glauben.»[32]

[32] Kard. Ch. Journet, in: Osservatore Romano vom 3. Oktober 1968.

Und hier wiederholt sich dann das Motto, was es auch abgesehen von einer solchen Definition für ein Widersinn für einen Sohn der Kirche sei, die Unfehlbarkeit des eigenen Gewissens der Enzyklika entgegenzusetzen;

7. warum schließlich mit aller wünschenswerten Klarheit und mit Bezugnahme auf Journet der frühere kuriale Generalsekretär des Konzils und jetzige Präsident der Kommission für die Reform des Kirchenrechts Kardinal Pericle *Felici* in einem nur für Nicht-Römer aufsehenerregenden Artikel im «Osservatore Romano» ausführt, daß «in bezug auf die Lehre, die in der Enzyklika ‹Humanae vitae› in einer klaren und evidenten und darüber hinaus amtlich-authentischen Weise ausgesprochen ist, nicht ein Stand des Zweifels ins Feld geführt werden kann aufgrund der Tatsache, daß die Lehre nicht ex cathedra definiert worden sei»: «Tatsächlich schließen einige, da man sich ja nicht einer Definition ex cathedra gegenübersehe, auf die Nicht-Unfehlbarkeit der Lehre und deshalb auf die Möglichkeit einer Änderung. In bezug auf dieses Problem muß man sich vor Augen halten, daß eine Wahrheit sicher und gewiß und deshalb verpflichtend sein kann auch ohne das Charisma der Definition ex cathedra, wie dies tatsächlich in der Enzyklika ‹Humanae vitae› der Fall ist, in welcher der Papst als oberster Lehrer der Kirche eine Wahrheit verkündet, die ständig vom Lehramt der Kirche gelehrt worden ist und die den Lehren der Offenbarung entspricht.»[33] – Dies ist völlig unzweideutig in ihrer ganzen «Kontinuität, Kohärenz und Festigkeit» die römische, wenn vielleicht auch nicht ohne weiteres katholische Lehre von der Unfehlbarkeit des Magisterium ordinarium! Man sollte sie endlich zur Kenntnis nehmen, wenn man die Krise richtig diagnostizieren will.

Es geht hier also tatsächlich um ein Dilemma: Die konservative Minderheit hatte das Formale der Lehre (die Unfehlbarkeit) für sich, aber sie hatte das Materiale der Lehre (die Erlaubtheit der Empfängnisverhütung) gegen sich. Die progressive Mehrheit aber hatte das Materiale (die Erlaubtheit der Empfängnisverhütung) für sich, aber das Formale (Unfehlbarkeit) gegen sich. Der Papst hat sich gegen alle sachlichen Argumente seiner von ihm selbst berufenen Fachexperten für die Unfehlbarkeit der Lehre entschieden. Und mit welchen Kosten! Leider muß man sagen: auf unabsehbare Kosten von Kirche und Papst und ihrer Glaubwürdigkeit. Und auch jetzt, bereits einige Zeit nach der Entscheidung, meint es ein Großteil der Kirche und des

[33] Kard. Pericle Felici, L'«Humanae vitae», la coscienza ed il Concilio, in: Osservatore Romano vom 19. Oktober 1968. Vgl. ders., Continuità, coerenza, fermezza di una dottrina. Dalla Costituzione pastorale «Gaudium et spes» alla Enciclica paolina «Humanae vitae», in: Osservatore Romano vom 10. Oktober 1968.

Episkopats auf keinen Fall verantworten zu können, dem Papst zuzustimmen. Von dem vom Papst beabsichtigten Konsens in dieser Frage ist er heute weiter denn je entfernt. Im Gegenteil, er steht in Gefahr, im kurialen Getto gerade von den lebendigsten Teilen und Gliedern der Kirche isoliert zu werden. Aus dieser Problemlage ergibt sich zwingend: Das Dilemma wird keineswegs gelöst durch Beharren auf der Kontinuität, Traditionalität, Universalität, Autorität, Infallibilität der Lehre, wenn andererseits der Inhalt der Lehre mindestens in unserer Zeit nicht mehr von der gesamten Kirche im Konsens des Glaubens angenommen und somit der Papst aufgrund seiner eigenen Prinzipien desavouiert wird.

Aber wie soll das Dilemma anders, in umgekehrter Richtung, überwunden werden können? Wie kann man sich denn für die Erlaubtheit der Empfängnisverhütung mit der ernsthaften Theologie und dem Großteil der Kirche aussprechen, ohne damit die gesamte Kontinuität der katholischen Lehre und die Autorität eines pastoralen Lehr- bzw. Verkündigungsamtes überhaupt aufgeben zu müssen? Man könnte die Frage konkret auch so stellen: Wie hätte die Kommission den Papst inhaltlich vom Gegenteil überzeugen können? Dies eine ist sicher: nur dann, wenn sie das formale Problem der Unfehlbarkeit nicht umgangen hätte! Sie hätte also den Stier bei den Hörnern packen müssen: das Problem der Unfehlbarkeit des kirchlichen Lehramtes darf heute nicht mehr als grundsätzlich geklärt vorausgesetzt werden.

Aber ist denn das Problem der Unfehlbarkeit nicht wirklich ein für allemal geklärt worden? Kann sich der Papst für seine Auffassung von der Unfehlbarkeit nicht auf die Schultheologie und auch auf das Vatikanum I und II berufen? Gerade dies ist nun zu untersuchen.

II. SICHERE GRUNDLAGEN?

1. Die Schulbuchargumentation

Es gab eine Zeit, da versuchten katholische Theologen mit schwierigen Punkten der Kirchenlehre damit fertig zu werden, daß sie sie möglichst weitherzig interpretierten. Man dehnte die Sätze, bog sie, schüttelte sie dialektisch, bis auch noch dieses oder jenes und unter Umständen sogar das Gegenteil darin Platz hatte. Dies führte in manchen Fällen zu einer gründlichen Zweideutigkeit oder gar zu einer völligen Verdrehung und Vergewaltigung des ursprünglichen Satzsinnes und damit zu einer ungewollten wissenschaftlichen Unredlichkeit.[1] Und zugleich verhinderte diese Methode nicht, daß die gleichen Sätze dann im Bedarfsfall vom Lehramt doch wiederum in der alten Rigorosität verwendet werden konnten, ohne daß man auf die Interpretationskünste der Theologen Rücksicht nahm. Hätte man jedenfalls alles das, was in fundamentaltheologischen und dogmatischen Schulbüchern über die kirchliche Unfehlbarkeit zu lesen war, ernster genommen und dann vielleicht auch ernster kritisiert und korrigiert, dann wäre man auch in unserer Modellfrage, der Geburtenregelung, besser gefahren. Kurz: wir wollen hier – auch wenn das uns die Sache nicht leichter macht – umgekehrt verfahren und die Aussagen sowohl der Schultheologie wie der Konzilien so ernst und wörtlich als möglich nehmen, um dann allerdings unsere kritischen Fragen auch nicht zu verschweigen.

Man braucht nur ein beliebiges Dogmatikhandbuch römisch-neuscholastischer Tradition aufzuschlagen, um sogleich festzustellen: Papst Paul VI. wird in seiner Auffassung von der verpflichtenden kirchlichen Lehrtradition durch die Schultheologie gedeckt. Was liest man da? Unfehlbar ist nicht nur der Papst, der ex cathedra spricht. Unfehlbar ist auch nicht nur das ökumenische Konzil, das eine Glaubens- oder Sittenlehre verbindlich definiert. Unfehlbar ist auch – im Gegensatz zum Einzelbischof – der Gesamtepiskopat, wenn er über die Erde zerstreut zusammen mit dem Papst in einer Glaubens- oder Sittenwahrheit, die alle Gläubigen festzuhalten haben, übereinstimmt. Als Glaubenssatz (de fide!) wird in den Schulbüchern vertreten: «Die Gesamtheit der Bischöfe ist unfehlbar, wenn sie, entweder auf dem allgemeinen Konzil versammelt oder über den Erdkreis zerstreut, eine

[1] Zu den Manipulationen des Satzes «Außerhalb der Kirche kein Heil» vgl. H. Küng, Wahrhaftigkeit B VIII.

Glaubens- oder Sittenlehre als eine von allen Gläubigen festzuhaltende Wahrheit vorlegen. De fide.»[2]

Im Gegensatz zum außerordentlichen Lehramt eines ökumenischen Konzils oder eines ex cathedra definierenden Papstes geht es hier um das «ordentliche», alltägliche Lehramt (magisterium ordinarium): «Auf *ordentliche* Weise üben die Bischöfe ihre unfehlbare Lehrgewalt aus, wenn sie in ihren Diözesen in moralischer Einheit mit dem Papst einmütig dieselben Glaubens- und Sittenlehren verkünden.»[3] Und wie soll denn eine solche Übereinstimmung in einem bestimmten Punkt der Lehre festgestellt werden können? «Die Übereinstimmung der Bischöfe in der Lehre läßt sich feststellen aus den von ihnen herausgegebenen Katechismen, aus ihren Hirtenschreiben, aus den von ihnen approbierten Gebetbüchern und den Beschlüssen von Partikularsynoden. Es genügt eine moralisch allgemeine Übereinstimmung, wobei die ausdrückliche oder die stillschweigende Zustimmung des Papstes als des Oberhauptes des Episkopats nicht fehlen darf.»[4]

Eine Glaubens- oder Sittenwahrheit ist also schon dann unfehlbar, wenn sie in allgemeiner Übereinstimmung vom Episkopat als verbindliche Wahrheit, und nicht etwa erst dann, wenn sie als unfehlbare Wahrheit verkündet wird. Und wer möchte denn nun behaupten, daß nicht gerade in der Frage der Geburtenregelung durch Jahrhunderte hindurch bis zur Konzilszeit eine solche Übereinstimmung bestanden hat und gerade vom Anfang unseres Jahrhunderts an durch zahlreiche offizielle Stellungnahmen von Bischofskonferenzen und Einzelbischöfen verteidigt worden war, sobald die Frage außerhalb der katholischen Kirche immer mehr umstritten wurde und auch ganz vereinzelt katholische Theologen schüchtern einige Fragen anzumelden versuchten. So kann denn die konservative Minderheit der päpstlichen Kommission feststellen: «Die Geschichte liefert den vollsten Beweis dafür (vgl. besonders die ausgezeichnete Arbeit von Prof. John T. Noonan, Contraception, Harvard University Press, 1965), daß die Antwort der Kirche von Anfang an bis in dieses Jahrzehnt immer und überall die gleiche gewesen ist. Man kann keine Periode der Geschichte, kein Dokument der Kirche, keine theologische Schule, kaum einen katholischen Theologen finden, in oder von denen verneint worden wäre, daß Kontrazeption immer

[2] L. Ott, Grundriß der Dogmatik (Freiburg-Basel-Wien [5]1951) 361; vgl. zum Folgenden unter den neueren lateinischen Schulbüchern J. Salaverri, Sacrae Theologiae Summa I (Madrid [3]1955) 662–747; T. Zapelena, De Ecclesia Christi II (Rom 1954) 7–260 (bes. 171–191).

[3] Ebd. 362.

[4] Ebd.

schwere Sünde sei. Die Lehre der Kirche in dieser Angelegenheit ist absolut unveränderlich. Bis in das gegenwärtige Jahrhundert war diese Lehre auch friedlicher Allgemeinbesitz aller anderen Christen, ob Orthodoxe oder Anglikaner oder Protestanten. Die Orthodoxen halten noch heute an der gemeinsamen Lehre fest. Die theologische Geschichte des Gebrauchs der Ehe (usus matrimonii) ist sehr verwickelt... Im Gegensatz dazu ist die theologische Geschichte der Empfängnisverhütung, vergleichsweise gesagt, einfach genug, mindestens im Hinblick auf die zentrale Frage: Ist Empfängnisverhütung immer schwere Sünde? Denn in der Beantwortung dieser Frage hat es nie irgendeine Änderung und kaum eine Entwicklung der Lehre gegeben. Die Arten der Formulierung und Darlegung dieser Lehre haben sich entwickelt, aber nicht die Lehre selbst. Darum ist es nicht die Frage einer 1930 aufgestellten Lehre, die wegen neuer physiologischer Tatsachen und neuer theologischer Perspektiven geändert werden müßte. Es ist vielmehr die Frage einer Lehre, die von der Kirche unverändert und authentisch bis in das gegenwärtige Jahrzehnt gelehrt worden ist.»[5]

Was will man also gegen eine solche Argumentation sagen? Es gibt nur zwei Möglichkeiten: entweder wie die Kommissionsminderheit und der Papst eine solche Lehre als faktisch unfehlbar und unrevidierbar zu behandeln und gegen alle Schwierigkeiten und Einwände zur Not bis zum Sacrificium intellectus daran festzuhalten *oder* aber diese ganze Theorie der Unfehlbarkeit überhaupt in Frage zu stellen. Die progressive Kommissionsmehrheit konnte sich nicht durchsetzen, weil sie dieses Dilemma nicht so klar erkannt hat oder erkennen wollte wie ihre kurialen Gegner.

Sieht man sich nun die Beweise der neuscholastischen Schultheologie für obige reichlich weittragende Aussagen an, so findet man folgenden Beweisgang.[6] Unfehlbarkeit wird bestimmt als Unmöglichkeit, in Irrtum zu fallen. Nach dem Konzil von Trient (D 960) und dem Vatikanum I (D 1828) sind die Bischöfe Nachfolger der Apostel. Als solche sind sie Hirten und Lehrer der Gläubigen (D 1821) und somit auch Träger der dem kirchlichen Lehramt zugesicherten Unfehlbarkeit: eine aktive Unfehlbarkeit im Lehren (infallibilitas in docendo), die die Ursache ist für jene passive Unfehlbarkeit des gläubigen Volkes im Glauben und Zustimmen (infallibilitas in credendo). Fragt man nun weiter zurück nach dieser dem kirchlichen Lehramt zugesicherten Unfehlbarkeit, dann findet man einerseits einen Verweis auf das Vatikanum I (D 1839) und andererseits einen, allerdings nur indirekten, Beweis aus der Schrift: Weil Christus den Aposteln sein Bleiben (Mt 28,20),

[5] Herderkorrespondenz 21 (1967) 430

[6] Vgl. L. Ott ebd. S. 359–361.

beziehungsweise das Bleiben seines Geistes, des Geistes der Wahrheit (Jo 14,16f) versprochen hat, ist die Reinheit und Unversehrtheit der Glaubensverkündigung der Apostel und ihrer Nachfolger für immer verbürgt (vgl. Lk 10,16). Wenn nun einer einwenden sollte, in all diesen Texten stände nichts von Unfehlbarkeit, so findet er sogleich die Antwort: «Dies setzt voraus (!), daß die Apostel und ihre Nachfolger in ihrer Glaubensverkündigung der Gefahr des Irrens enthoben sind.»[7] Ähnlich bei Paulus (=1 Tim 3,15!), der von der Kirche als einer «Säule und Grundfeste der Wahrheit» spricht: «Die Unfehlbarkeit der Glaubensverkündigung ist eine Voraussetzung (!) der Einheit und Unzerstörbarkeit der Kirche.»[8]

Von «Unfehlbarkeit» im Sinne einer Unmöglichkeit, in Irrtum zu fallen, ist also in den Schrifttexten ebensowenig die Rede wie in den raren Väterzitaten von Irenäus, Tertullian (dem Häretiker) und Cyprian (dem Opponenten des römischen Bischofs). Die ganze Frage ist somit, ob die gemachte *Voraussetzung* zu Recht gemacht wird oder ob dieselben Schrifttexte auch eine andere Voraussetzung zulassen. Das kritische Weiterfragen sei hier aufgeschoben. Nicht unerwähnt indessen soll bleiben, wie weit von der Schultheologie der Gegenstand der päpstlichen und bischöflichen Unfehlbarkeit gefaßt, beziehungsweise wiederum deduziert wird: nicht nur die formell geoffenbarten Wahrheiten der christlichen Glaubens- und Sittenlehre, sondern auch alle mit der Offenbarungslehre eng zusammenhängenden Wahrheiten und Tatsachen, nämlich theologische Schlußfolgerungen, geschichtliche Tatsachen (facta dogmatica), natürliche Vernunftwahrheiten, die Kanonisation der Heiligen. Nachdem sogar die Kanonisation der Heiligen unter die Unfehlbarkeit fallen soll, wird es nicht mehr verwunderlich sein, daß auch die Geburtenregelung Objekt kirchlicher Unfehlbarkeit sein kann.

Nun wird vielleicht manch einer versucht sein, diese ganze Argumentation der Schulbücher mit leichter Hand als vorkonziliar unter den Tisch zu wischen (sollte etwa auch die neuerdings geschehene «Absetzung» von Heiligen unfehlbar sein?). Aber so einfach geht das nicht.

2. *Das Vatikanum II und die Unfehlbarkeit*

Man hatte schon immer festgestellt, daß im dritten Kapitel der Kirchenkonstitution «Lumen gentium» des Vatikanum II ein anderer Wind weht als

[7] L. Ott ebd. 360
[8] Ebd.

in den beiden vorausgegangenen Kapiteln.[9] Hier wird nicht mehr wie in den Kapiteln über das Geheimnis der Kirche und das Volk Gottes vor allem biblisch, pastoral, ökumenisch, sondern vor allem – wenn auch zuweilen mit Salbung – juristisch, institutionell, disziplinär, römisch geredet. Das dritte Kapitel «Über die hierarchische Verfassung der Kirche und besonders den Episkopat» wird eingeleitet mit einer massiven Bestätigung des Vatikanum I und seiner Aussagen über den Primat und die Unfehlbarkeit des Papstes (Art. 18). Im übrigen aber wollte das Vatikanum II in seiner Darstellung der Kirchenverfassung durchaus bewußt und programmatisch einen Ausgleich zum (unabgeschlossenen) Vatikanum I und seiner Betonung der päpstlichen Prärogativen schaffen. Es geschah dies durch eine sehr ausführliche Darlegung über den Episkopat (Art. 19–27), während man der Stellung der Priester (Art. 28) und der Diakone (Art. 29) nur sehr kurze und dürftige Aufmerksamkeit schenkte und nicht einmal gründlich exegetisch-historisch klärte, was der Bischof dem Priester, abgesehen von der Jurisdiktion über ein größeres Kirchengebiet, eigentlich voraushaben soll.

Die Darlegungen über den Episkopat setzen ein mit einem Abschnitt über die Einsetzung der zwölf Apostel (Art. 19) und die Bischöfe als Nachfolger der Apostel (Art. 20). Dann folgen drei Abschnitte über die Bischofsweihe als Sakrament (daß der Bischof durch die Ordination Bischof wird, erschien wichtig als Gegengewicht zu der von Rom beanspruchten Ernennung oder mindestens Bestätigung der Bischöfe. Art. 21), über das Bischofskollegium und den Papst als sein Haupt (hier der von der Kurie heftig bekämpfte Abschnitt über die Kollegialität und die Mitverantwortung der Bischöfe bei der obersten Leitung der Gesamtkirche. Art. 22) und über die gegenseitigen Beziehungen der Bischöfe im Kollegium (hier ein für das neue Kirchenbild grundlegender Abschnitt über die Ortskirche. Art. 23). Schließlich wird dann Amt und Aufgabe der Bischöfe umschrieben (Art. 24), und zwar in einer dreifachen Perspektive: als Lehramt (Art. 25), als Heiligungsamt (Art. 26), als Leitungsamt (Art. 27).

Für unsere Frage ist der Abschnitt über das Lehramt und besonders dessen zweiter Absatz über das Lehramt des Bischofskollegiums entscheidend. Doch setzt dieser Absatz die Ausführungen des ersten Absatzes über das ordentliche Lehramt des *Einzelbischofs* voraus, obwohl hier von Unfehlbar-

[9] Zur Geschichte der ganzen Konstitution über die Kirche und die verschiedenen Projekte vgl. neben den von uns benützten Akten des Konzils die Ausführungen des zweiten Sekretärs der Theologischen Kommission G. Philips in: Das Zweite Vatikanische Konzil. Konstitutionen, Dekrete und Erklärungen (Ergänzungsbände zum LThK) Teil I (Freiburg-Basel-Wien 1966) 139–155.

keit bezeichnenderweise nicht die Rede ist.[10] Am Anfang des ganzen Artikels steht der grundlegende Satz, daß die eminente Aufgabe des Bischofs die Verkündigung des Evangeliums ist. Als Begründung wird angegeben, daß die Bischöfe Glaubensboten sind, die Christus neue Jünger zuführen, und authentische, mit der Autorität Christi ausgerüstete Lehrer. Es fällt auf, daß alle diese Sätze über die Bischöfe (wie auch die entsprechenden über den Papst) im Indikativ gehalten sind («die Bischöfe sind, verkünden» usw.), als ob das so selbstverständliche Wirklichkeit wäre, währenddem die folgenden Sätze über die Gläubigen im strengen Imperativ gehalten sind: «Die Gläubigen aber müssen mit einem im Namen Christi vorgetragenen Spruch ihres Bischofs in Glaubens- und Sittensachen übereinkommen und ihm mit religiös gegründetem Gehorsam anhangen. Dieser religiöse Gehorsam des Willens und Verstandes ist in besonderer Weise dem authentischen Lehramt des Bischofs von Rom, auch wenn er nicht ex cathedra spricht, zu leisten» (Art. 25,1).

Es ist nicht zu übersehen, daß hier einerseits reichlich viel behauptet wird: Kann auch dem Spruch eines doch anerkanntermaßen *fehlbaren* Bischofs so ohne alle Bedingungen ein religiös gegründeter Gehorsam des Willens und des Verstandes geschuldet sein (etwa in der Schulfrage und ähnlichem, was von einem Bischof zu einer Glaubens- und Sittensache erklärt wird)? Wie soll eigentlich bei solch ungeschützt und unbedingt vorgetragenen Äußerungen der Mißbrauch der bischöflichen Lehrautorität, für den es ja ungezählte Beispiele gibt, ausgeschlossen werden? Entsprechende Vorschläge von Textverbesserungen wurden von der theologischen Konzilskommission mit dem Verweis auf die Schulbücher als überflüssig abgelehnt. – Andererseits wird aber reichlich wenig behauptet: Wenn hier – wie zu Beginn des nächsten Abschnittes auch ausdrücklich gesagt – vorausgesetzt wird, daß «die einzelnen Bischöfe zwar nicht den Vorzug der Unfehlbarkeit besitzen» (Art. 25,3), so fragt es sich doch: warum eigentlich nicht? Warum ist der einzelne Bischof als Nachfolger der Apostel, die ja nach dieser Theorie auch als einzelne unfehlbar waren, nicht auch als einzelner Bischof unfehlbar? Sollte man nun plötzlich gewisse Konsequenzen dieser Theorie fürchten? Wenn man sie aber da fürchten sollte, warum nicht auch in anderer Hinsicht? Es scheint hier eine Unklarheit vorzuliegen. Doch lassen wir dies und kommen wir zur zentralen Aussage des Konzils über die Unfehlbarkeit. Sie sei wörtlich angeführt:

[10] Vgl. zur Interpretation der Artikel 18–27 den aufschlußreichen Kommentar von K. Rahner im oben zitierten Kommentarband 210–246.

«Die einzelnen Bischöfe besitzen zwar nicht den Vorzug der Unfehlbarkeit; wenn sie aber in der Welt räumlich getrennt, jedoch in Wahrung des Gemeinschaftsbandes untereinander und mit dem Nachfolger Petri authentisch in Glaubens- und Sittensachen lehren und eine bestimmte Lehre übereinstimmend als endgültig verpflichtend vortragen, so verkündigen sie auf unfehlbare Weise die Lehre Christi. Das ist noch offenkundiger der Fall, wenn sie auf einem Ökumenischen Konzil vereint für die ganze Kirche Lehrer und Richter des Glaubens und der Sitten sind. Dann ist ihren Definitionen mit Glaubensgehorsam anzuhangen» (Art. 25,3).

Ist hier nicht bereits alles klar? Das Vatikanum II hat sich die Lehre der Schultheologie über die Unfehlbarkeit des Gesamtepiskopates sowohl bezüglich des außerordentlichen wie des ordentlichen Lehramtes völlig zu eigen gemacht! Bezüglich der Unfehlbarkeit des ordentlichen Lehramtes der über die Welt zerstreuten Bischöfe werden die Bedingungen deutlich angegeben. Unfehlbar ist eine Lehre, wenn

1. die Communio, die Gemeinschaft, die Übereinstimmung der Bischöfe untereinander und mit dem Papst gegeben ist,
2. eine authentische, also nicht nur private, sondern amtliche Lehre vorliegt, und zwar
3. in Glaubens- und Sittensachen, sofern diese
4. als definitiv festzuhaltende vorgetragen wird.

Zwischenfrage: Treffen nicht alle diese Bedingungen für die traditionelle Lehre von der Unsittlichkeit der Empfängnisverhütung zu? Es ist auch hier wohl zu beachten, daß eine solche unfehlbare Lehre vom Episkopat keinesfalls *als unfehlbar* vorgetragen sein muß. Schon dann kann von einer unfehlbaren Lehre gesprochen werden, wenn eine solche Lehre vom Episkopat als «definitiv festzuhaltende» (definitive tenenda) vorgetragen wird (was bei der Frage der Empfängnisverhütung, die ständig unter dem Hinweis auf die ewige Verdammnis verurteilt wurde, unzweideutig der Fall ist). Ja, es ist nicht einmal von einer «definitiv zu glaubenden», sondern nur von einer «definitiv festzuhaltenden» Lehre die Rede, was Karl Rahner richtig kommentiert: «Tenenda – anstatt credenda – wird gesagt, weil nach weitverbreiteter Ansicht unter Umständen eine Definition der Kirche auch möglich ist, die sich nicht auf eine eigentliche Offenbarungswahrheit bezieht, welche allein mit ‹göttlichem Glauben› *geglaubt* werden kann (credenda) wegen der unmittelbaren Autorität des sich offenbarenden Gottes.»[11]

Diese letzte Präzisierung ist vielleicht die wichtigste, wenn man den de-

[11] K. Rahner, ebd. 237.

finitiven Text von 1964 mit dem ersten Entwurf der konziliaren Vorbereitungskommission von 1962 vergleicht. Sachlich wurde allerdings schon damals durchaus dasselbe gesagt: Unfehlbar ist das Bischofskollegium nicht nur im Ökumenischen Konzil, sondern auch dann, «wenn die einzelnen Bischöfe in ihren je eigenen Diözesen lehrend, zusammen mit dem römischen Bischof als Zeugen des Glaubens bei der Überlieferung der geoffenbarten Lehre in einer Auffassung (Lehre, Satz, Sententia) übereinstimmen. Was immer also in Glaubens- und Sittensachen überall auf Erden von allen Bischöfen zusammen mit dem Papst selbst gehalten und durch das ordentliche Lehramt gelehrt wird, muß auch abgesehen von einer feierlichen Definition als unwiderrufbar wahr in dem Sinne festgehalten werden, in dem es gelehrt wird, und, falls es als göttlich geoffenbart vorgetragen wird, aufgrund göttlichen und katholischen Glaubens geglaubt werden.»[12]

In der endgültigen Fassung bietet Absatz 3 eine Bestimmung des materialen Umfangs der unfehlbaren Lehrautorität des Episkopats (und des Papstes): «Diese Unfehlbarkeit, mit welcher der göttliche Erlöser seine Kirche bei der Definierung einer Glaubens- und Sittenlehre ausgestattet sehen wollte, reicht so weit wie die Hinterlage der göttlichen Offenbarung, welche rein bewahrt und getreu ausgelegt werden muß, reicht» (Art. 25,3). Dem in römischer Theologie Uneingeweihten könnte hier die Unfehlbarkeit auf die eigentliche Offenbarungswahrheit eingeengt erscheinen. Keineswegs: Für den Umfang der Unfehlbarkeit erweisen sich die scheinbar nebensächlichen Worte am Ende als die hauptsächlichsten. Was heißt das Offenbarungsgut «rein bewahren»? «Dadurch (sancte custodiendum) werden auch solche Wahrheiten in den Gegenstand dieser Lehrautorität einbezogen, die zum Schutz des eigentlichen Offenbarungsdepositums gehören, auch wenn sie nicht formell (explizit oder implizit) selbst geoffenbart sind.»[13] Und was kann nicht alles zum Schutz des eigentlichen Offenbarungsdepositums gehören? Aufgrund solcher Bestimmung hat das römische Lehramt nie gezögert, zu ungefähr allen ihm irgendwie belangreichen Fragen – von exegetischen und historischen Einzelfragen bis zu Fragen der Naturwissenschaft, der Politik, der Wirtschaft, der Kultur, der Schule und so eben auch zur Geburtenregelung – «authentisch» Stellung zu nehmen, wobei die Grenzen zu «infallibel» vielfach fließend waren. – Was aber heißt das Offenbarungsgut «getreu auslegen»? «Durch das ‹fideliter exponendum› wird knapp angedeutet, daß es eine geschichtliche Entwicklung des

[12] Schema constitutionis dogmaticae de Ecclesia vom 10.11.1962, S.49.
[13] K.Rahner, ebd. 238.

Dogmas selbst (und nicht nur der Theologie) gibt.»[14] Aufgrund dieser zweiten Bestimmung erschien es dem römischen Lehramt gestattet, allerlei, worüber weder in der Schrift noch in der alten Tradition ein Wort gesagt war, «authentisch» zu explizieren und wie im Fall der beiden neuen Mariendogmen auch unfehlbar zu definieren.

Man sieht: Auch in diesem nüchternen kleinen Satz geht es nicht um abstrakte Theorie, sondern um die sehr konkrete Begründung oder Rechtfertigung einer sehr konkreten Praxis. Positiv indessen am zitierten Satz dürfte sein, daß überhaupt einmal von derjenigen Unfehlbarkeit die Rede ist, mit der der Erlöser nicht einfach die Bischöfe oder den Papst, sondern die *Kirche* ausgestattet haben wollte. Wie hängen dann aber bischöfliche und päpstliche Unfehlbarkeit mit der Unfehlbarkeit der Kirche zusammen? Was ist grundlegend? Und wenn schon von einer Unfehlbarkeit der Kirche und nicht nur der Bischöfe die Rede ist, inwiefern haben dann auch alle die Presbyter und Laien, die die Kirche sind, Anteil an dieser Unfehlbarkeit? Sollten sie alle nur mit einer, wie die Schultheologie sagt, passiven Unfehlbarkeit im Hören, Glauben, Gehorchen ausgestattet sein? Oder sollte etwa gar auch nach dem Vatikanum II die Unfehlbarkeit der Bischöfe die Unfehlbarkeit der Kirche aktiv erzeugen? Leider hört man von dieser sehr wichtigen Frage hier nichts. Sondern im Artikel 25,3 folgt nun nochmals, obwohl schon zu Beginn des ganzen Kapitels III das Vatikanum I und die von ihm definierte Unfehlbarkeit des Papstes feierlich bestätigt worden war, ein ausführlicher Abschnitt über die Unfehlbarkeit des Papstes: de Romano Pontifice numquam satis, so könnte man für die römische Mentalität ein bekanntes Wort umformulieren. Alle antigallikanischen Formulierungen des Vatikanum I werden wie aus einer uneingestandenen Angst heraus erneut eingehämmert. Nur daß jetzt diese Unfehlbarkeit in einem Satz auf das Bischofskollegium ausgeweitet wird, allerdings mit der Einschränkung: «wenn es das oberste Lehramt zusammen mit dem Nachfolger Petri ausübt» (Art. 25,3). Der in der Kirchengeschichte in dramatischen Momenten immer wieder auftauchende Konfliktsfall zwischen Papst und Bischofskollegium wird verschwiegen. Vielmehr spricht der letzte Satz dieses Abschnittes, wiederum feierlich indikativisch formuliert, von einem nie fehlenden Assensus, was im Hinblick auf den durch die Enzyklika «Humanae vitae» entstandenen Dissensus nachträglich mit besonderem Interesse zur Kenntnis genommen wird: «Diesen Definitionen kann aber die Zustimmung (assensus) der Kirche niemals fehlen vermöge der Wirksamkeit desselben Heiligen Geistes, kraft deren

[14] Ebd.

die gesamte Herde Christi in der Einheit des Glaubens bewahrt wird und voranschreitet» (Art. 25, 3). Woran fehlt es dann aber, so fühlt man sich gedrängt zu fragen, wenn dieser Assensus in einem bestimmten Fall nicht zustande kommt? Dem Heiligen Geist wird man doch wohl kaum die Schuld geben dürfen.

Der vierte Abschnitt unseres Artikels 25 beschreibt kurz die Art und Weise, wie die unfehlbare Wahrheit gefunden wird. Wiederum wird nicht postuliert, sondern einfach und selbstverständlich konstatiert: «Wenn aber der römische Bischof oder die Körperschaft der Bischöfe mit ihm einen Satz definieren, legen sie ihn vor gemäß der Offenbarung selbst, zu der zu stehen und nach der sich zu richten alle gehalten sind und die in Schrift oder Überlieferung durch die rechtmäßige Nachfolge der Bischöfe und insbesondere auch durch die Sorge des Bischofs von Rom unversehrt weitergegeben und im Lichte des Geistes der Wahrheit in der Kirche rein bewahrt und getreu ausgelegt wird» (Art. 25, 4). Fast könnte es hier scheinen, als ob schließlich das Lehramt des Papstes und der Bischöfe doch die letztlich sich selbst genügende Instanz ist über das, was Offenbarung ist? Wird hier vielleicht bestätigt, was manche der katholischen Kirche und Theologie vorwerfen: die Schrift wird überspielt von der Tradition, und die Tradition wiederum überspielt vom gegenwärtigen Lehramt, das sagt, was Tradition und damit auch was Schrift ist? Nach dem Text scheinen immerhin alle, also anscheinend auch Papst und Bischöfe, gehalten, sich nach der Offenbarung zu richten. Die eigentliche Zweideutigkeit entsteht indessen aus der Mißlichkeit, daß das Vatikanum II 400 Jahre nach Trient sich noch immer nicht imstande sah, das Verhältnis von Schrift und Tradition, welches die theologische Forschung gerade in unserem Jahrhundert eingehend untersucht hat, klar und sauber zu bestimmen. In geschichtlicher Perspektive sind die Schriften des Neuen (und Alten) Testaments die einzigen Zeugnisse, die, obwohl längst nicht alle von Aposteln geschrieben, von der Kirche als gute ursprüngliche Tradition (also als «kanonische» Schriften) erkannt und anerkannt worden sind. Was fand sich denn schon an ursprünglicher «göttlicher» Tradition außerhalb des Neuen Testaments? Was sich außerhalb des Neuen Testaments als ursprüngliche Tradition ausgibt (Evangelien, Apostelgeschichten, Apostelbriefe), wurde, obwohl teilweise aus dem zweiten Jahrhundert stammend, von der frühen Kirche als apokryphe Tradition abgelehnt: in ihrer Minderwertigkeit gegenüber der kanonischen Literatur schon damals auch dem oberflächlichen Leser leicht erkenntlich, in ihrer Unbrauchbarkeit als historische Quellen heute allgemein erkannt. Bestimmend blieben so zu Recht die Schriften des Neuen (und Alten) Testaments.

Alle nachfolgende kirchliche Tradition kommentiert, expliziert, appliziert und transponiert, wenn auch mit wechselndem Erfolg, diese ursprüngliche Überlieferung. Sie ist es, die für die christliche Kirche aller Zeiten lebendig verpflichtend, bindend, normativ zu bleiben hat: die Heilige Schrift, also die Norma normans einer kirchlichen Tradition, die gerade als Norma normata dann auch ernst genommen werden darf. So erweist sich die Heilige Schrift – im Bilde gesprochen – gleichsam als der Haupthahn, der, wäre er je abgestellt worden, im Hause alle Wasserquellen kirchlicher Tradition versiegen ließe. In der Offenbarungskonstitution des Vatikanum II hat man dies jedoch nur im neu hinzugefügten letzten Kapitel über die Bibel im heutigen Leben der Kirche ernst zu nehmen versucht. Ganz unter dem Eindruck ungeschichtlicher, gegenreformatorischer Auffassungen und deutlicher kirchenpolitischer Interessen hatte die kuriale Vorbereitungskommission eine Zwei-Quellen-Theorie von Schrift *und* Tradition vertreten. Zu mehr als einem Kompromiß kam es leider nicht. Die theologische Konzilskommission ließ sich schließlich unter dem Druck der kurialen Minderheit herbei, die Verhältnisbestimmung offenzulassen: deshalb auch hier im Text «in Schrift *oder (vel)* Tradition». Man empfand es als Fortschritt, was kaum ein Fortschritt war: Schrift und Tradition statt getrennt nun so nahe als möglich zusammenzubringen und in eins münden zu lassen – ungefähr so wie in modernerer Ausführung Warm- und Kaltwasser durch einen Hahn auslaufen. Was bekanntlich ein beliebiges Mischen erlaubt, im Alltag recht praktisch, in der Theologie eher verderblich: was die Schrift nicht hergibt, gibt die Tradition her, für beides aber funktioniert als der konkret (proxime) bestimmende Mund das Lehramt der Kirche; was auch für das Lehramt *letztes* Kriterium sein soll, weiß man nicht. Das von der Kommission ausdrücklich als Kompromiß präsentierte Kapitel II über die Weitergabe der göttlichen Offenbarung in der Offenbarungskonstitution verdeckt das Problem mit einer einebnenden quasi-trinitarischen Formel und einem im Lateinischen wohlklingenden Preis der Harmonie, bei welchem die Norma normans mit Berufung auf Gottes Ratschluß überspielt wird: «Es zeigt sich also, daß die heilige Überlieferung, die Heilige Schrift und das Lehramt der Kirche gemäß dem weisen Ratschluß Gottes so miteinander verknüpft und einander zugesellt sind, daß keines ohne die anderen besteht und daß alle zusammen, jedes auf seine Art, durch das Tun des einen Heiligen Geistes wirksam dem Heil der Seelen dienen» (Art. 10). Das Vatikanum II aber litt vom ersten bis zum letzten Tag darunter, daß die Frage, was eigentlich letzte und oberste Norm für die Erneuerung der Kirche sei, unentschieden geblieben war. Nutznießer war einmal mehr jene Gruppe, die eine Entscheidung zugunsten des Neuen Testaments aus begreiflichen Gründen zu verhindern wußte: die römische Kurie, ihr Lehramt und Kirchenrecht.

In der Kirchenkonstitution folgt nun, wiederum in zweideutigem Indikativ, eine Aussage über das menschliche Erkenntnisbemühen des Lehramtes: «Um ihre (der Offenbarung) rechte Erhellung und angemessene Darstellung mühen sich eifrig mit geeigneten Mitteln der Bischof von Rom und die Bischöfe, entsprechend ihrer Pflicht und dem Gewicht der Sache» (Art. 25,4). Dazu bemerkt wiederum richtig Karl Rahner: «Dieser Satz ist sehr kurz und formal ausgefallen. Man stand offenbar unter der Furcht, genauere Ausführungen über die sittlichen Normen für die Urteilsbildung und Wahrheitsfindung des Lehramtes könnten als kirchenrechtliche Gesetze aufgefaßt werden, deren Erfüllung der rechtlichen Nachprüfung einer anderen Instanz unterliege.»[14a] Damit ist das Problem ausgesprochen, ob denn die Tätigkeit des Lehramtes, das über so vieles entscheiden will, überhaupt einer Kontrolle unterliege oder ob es völlig unkontrolliert, beziehungsweise nach seinem eigenen Gutdünken und Belieben, sich «geeigneter Mittel» – im Hinblick auf bestimmte repressive Maßnahmen zudem ein vielleicht allzu politischer Ausdruck – bedienen oder auch nicht bedienen könne. Artikel 25 schließt indessen mit dem für manche vielleicht enttäuschenden, für manche andere aber tröstlichen Satz: «Eine neue öffentliche Offenbarung als Teil der göttlichen Glaubenshinterlage empfangen sie (der Bischof von Rom und die Bischöfe) jedoch nicht» (Art. 25,4).

3. Kritische Rückfragen

Der endgültige Text der Kirchenkonstitution stellt dem Schema der kurialen Vorbereitungskommission gegenüber, die unter elf Kapiteln zwei ganze Kapitel dem Lehramt und dem Gehorsam gewidmet hatte und den Theologen sogar nach fehlbaren kirchlichen Lehräußerungen die Diskussion ausdrücklich verbieten wollte, eine beträchtliche Reduktion und zugleich eine erfreuliche Erweiterung auf Wichtigeres dar: insbesondere auf das Verständnis der Kirche als Volk Gottes, Gemeinschaft der Glaubenden, in bezug auf das allgemeine Priestertum und die charismatische Dimension der Kirche, in bezug auf die Bedeutung der Ortskirche und des kirchlichen Amtes als Dienst.

Doch wir deuteten schon an, daß die Kirchenkonstitution, wie die Offenbarungskonstitution, Kapitel und Passagen von sehr verschiedenem theo-

[14a] Ebd. 240.

logischem Niveau aufweist. Gerade das Kapitel III über die hierarchische Verfassung blickt trotz der angemerkten Fortschritte weniger vorwärts als rückwärts. Dabei dient nicht etwa das Neue Testament – in Artikel 25 wird nur dreimal und nicht etwa für die Hauptaussagen die Bibel zitiert –, sondern das Vatikanum I als Grundlage, das vor allem mit den Erklärungen des Referenten der Glaubensdeputation, Bischof Gasser, in Erscheinung tritt. Für die grundlegende These von der Unfehlbarkeit des über die Erde zerstreuten Episkopats zitiert man neben einem Text des Vatikanum I über das Magisterium ordinarium, wo aber von Unfehlbarkeit nicht die Rede ist (D 1712), als Beleg sogar eine Anmerkung (!) zu einem Schema (!) über die Kirche, welches vom Vatikanum I nie verabschiedet (!), das aber seinerseits durch Kardinal Bellarmin (!) übernommen und vom Konzilstheologen Kleutgen (!) kommentiert worden war.[15] Ob man im Vatikanum II hoffte, auf diese Weise die Unfehlbarkeit des Papstes durch die Unfehlbarkeit des Episkopates domestizieren zu können? Die angegebenen Belege hätten bedenklich stimmen sollen, ebenso wie der zitierte Brief des Syllabus-Papstes Pius IX. an den Erzbischof von München-Freising über die deutschen Theologenversammlungen (D 1683).

Aus der Konstitution selbst wie aus den Akten des Vatikanum II ist klar: Die Frage der Unfehlbarkeit des Episkopates ist auf dem Vatikanum II weder ernsthaft diskutiert noch ernsthaft überprüft, sondern einfach von der auch das Vatikanum I bestimmenden Schultheologie übernommen worden. Aber Fragen, die anstehen, sind nicht damit beantwortet, daß man sie nicht aufgreift, sondern einfach liegenläßt. Sie rächen sich damit, daß sie dann, wenn alles geklärt scheint, zurückkommen, um alles erneut in Frage zu stellen. Besonders gefährlich sind Fragen, die die Geschichte selber stellt, wenn man sich auf sie gründen will. Facta infecta fieri nequeunt heißt einer jener kostbaren altrömischen Sprüche: Geschehenes kann nicht ungeschehen gemacht werden. Aber dieser besonders für die Rechtsprechung nützliche Satz läßt sich zum Nutzen der Theologie auch umkehren: Infecta facta fieri nequeunt: Nicht-Geschehenes kann nicht zu Geschehenem gemacht werden. Sehen wir hier nun einmal ab einerseits von den zahlreichen Ungereimtheiten des Artikels 25, auf die wir bereits hingewiesen, andererseits von der Begründung der päpstlichen Unfehlbarkeit auf dem Vatikanum I, auf die sich der ganze Artikel bezieht. Gerade die vom Vatikanum II mit besten Absichten (Kollegialität der Bischöfe mit dem Papst!) von der Schultheologie hergeholte Kompensation der Unfehlbarkeit des Papstes durch die Statuierung der

[15] Ausführlich zitiert in der Neufassung der Konstitution von 1963, S. 41.

Unfehlbarkeit des Episkopates macht in ihrer Begründung einige geschichtliche Voraussetzungen, die mindestens heute nicht mehr als von der Geschichte selbst gedeckt angesehen werden können. Die ganze Begründung der episkopalen Unfehlbarkeit hängt an der Voraussetzung, daß die Bischöfe in einer qualifizierten, direkten und exklusiven Weise die Nachfolger der Apostel sind und die Apostel selber für sich Unfehlbarkeit beansprucht haben. Von der geschehenen Geschichte her ergeben sich hier einige Fragen.

1. Es dürfte kaum zu beweisen sein, daß die Apostel als Kollegium und erst recht, wie die Schultheologie voraussetzt, die Apostel als einzelne eine Unfehlbarkeit im Schulsinn (Unmöglichkeit des Irrens) beansprucht haben. Über die grundlegende Bedeutung der Apostel für die Gründung der Kirche brauchen hier keine Worte verloren zu werden; sie wird allgemein anerkannt. Doch schon die Verbindung der Apostel mit den Zwölfen («zwölf Apostel») ist eine spätere Bildung; das Zwölferkolleg – Repräsentant des Zwölf-Stämme-Volkes und Grundzeuge der Auferstehung – tritt auch in der Apostelgeschichte völlig zurück; es stirbt als solches aus. Grundlegend bleibt der – in jedem Fall nicht auf die Zwölf beschränkte – Apostolat: Die Apostel als die vom Herrn selbst gesandten ersten Zeugen sind die Verkündiger des Evangeliums und damit die Gründer und ersten Leiter der Kirche. Doch die wirklichen Apostel werden weder als Helden noch als Genies, sondern als schwache und gebrechliche Menschen geschildert, die ihren Schatz in irdenen Gefäßen tragen (vgl. 2 Kor 4,7) und aus sich nichts tun können (Jo 15,5). Die synoptischen Evangelien illustrieren mehr, als manchem heute lieb ist, die diesbezüglichen Aussagen des Paulus und Johannes mit konkreten Belegen für die Schwäche und den Unverstand, die Menschlichkeit und Schuldhaftigkeit der auserwählten Jünger Jesu – vor und nach der Auferstehung. Und gerade der Erstapostel Petrus ist das Schulbeispiel dafür, wie der Irrtum die apostolische Sendung und Verkündigung zwar nicht verunmöglicht, wohl aber behindert (jede der drei klassischen Stellen über die besondere Bedeutung des Petrus ist von dunklen Schatten eines besonderen Versagens begleitet). Das alles ist für den Glaubenden nicht ärgerlich, sondern tröstlich. Auch die Apostel blieben Menschen und als solche, wie gerade bei Paulus deutlich wird, der Fürbitte, des Trostes, des Beistandes ihrer Mitchristen bedürftig. Ja, die Kirche ist «auferbaut auf dem Grund der Apostel (und Propheten!)» (Eph 2,20; vgl. 1 Kor 12,28; Apk 21, 14). Aber von irgendeiner personalen oder kollegialen Unfehlbarkeit, Unfähigkeit des Irrens ist keine Rede![16]

[16] Zur exegetisch-historischen Verifizierung des unklaren Artikels 19 der Kirchenkonstitution über die Berufung der Zwölf bzw. der Apostel: vgl. Die Kirche (Freiburg-Basel-Wien 1967) D IV, 1.

2. Es dürfte ebenfalls nicht zu beweisen sein, daß die Bischöfe im direkten und exklusiven Sinn die Nachfolger der Apostel (und gar noch des Zwölferkollegs) sind. Zwar braucht man nichts dagegen einzuwenden, wenn die Bischöfe heute sich in der besonderen Nachfolge ihres apostolischen Dienstes verstehen, insofern sie wie die Apostel Kirchen gründen und Kirchen leiten. Aber diese Aussage wird in ihrer theoretischen und praktischen Ausdeutung leicht überzogen. Denn:

a. Als die unmittelbaren Erstzeugen und Erstgesandten Christi waren die Apostel von vornherein durch keine Nachfolger ersetzbar und vertretbar; sie (zusammen mit den Propheten) und nicht die Bischöfe sind und bleiben das Fundament der Kirche.

b. Es bleiben, wenn es auch keine neuen Apostel geben kann, Auftrag und Aufgabe der Apostel, also apostolische Sendung und apostolischer Dienst. Doch apostolische Sendung und apostolischer Dienst werden primär von der *ganzen* Kirche weitergetragen: *Jeder* Christ steht in der Nachfolge der Apostel, insofern er sich um die Übereinstimmung mit dem grundlegenden apostolischen Zeugnis (Nachfolge im apostolischen Glauben und Bekennen) und den Zusammenhang mit dem apostolischen Dienst (Nachfolge im apostolischen Dienen und Leben) bemüht. In diesem Sinn ist die ganze Kirche und soll sie sein: Ecclesia apostolica![17]

c. Zwar gab es von Anfang an Kirchenleitung, sei es durch den Apostel, sei es durch andere charismatische Dienste. Aber nicht auf «göttliche Einsetzung», sondern auf eine lange und komplexe historische Entwicklung ist es zurückzuführen,

(1) daß die Episkopen (Presbyter) sich gegenüber den Propheten, Lehrern und anderen charismatischen Diensten als die führenden und schließlich alleinigen Gemeindeleiter durchsetzten (aus der «Kollegialität» *aller* Glaubenden wird immer mehr eine Kollegialität bestimmter Dienstgruppen *gegenüber* der Gemeinde, so daß sich eine Scheidung von «Klerus» und «Laien» abzeichnet);

(2) daß gegenüber einer Mehrzahl von Episkopen (Presbytern) in den Gemeinden immer mehr der monarchische Episkopat eines einzelnen Episkopen durchdringt (aus der Kollegialität der verschiedenen Episkopen oder Presbyter wird nun die Kollegialität des einen Episkopen mit seinem Presbyterium und seinen Diakonen, so daß sich die Scheidung von «Klerus» und «Laien» endgültig durchsetzt);

(3) daß mit der Ausbreitung der Kirche von den Städten auch auf das

[17] Zur apostolischen Nachfolge der gesamten Kirche vgl. Die Kirche D IV, 2; die Kirchenkonstitution geht in Artikel 10 unvermittelt von der Sendung der Apostel auf die hierarchischen Ämter über.

Land aus dem Episkopen als dem Vorsteher einer Gemeinde nun der Vorsteher eines ganzen Kirchengebietes, einer Diözese usw. wird: der Bischof im heutigen Sinn, für den die «Apostolische Sukzession» nun formalisiert wird durch das Aufzählen von Sukzessionsreihen in Sukzessionslisten (neben der Kollegialität von Episkopen und Presbyterium wird nun immer wichtiger die Kollegialität der einzelnen monarchischen Bischöfe untereinander und dann, wenn auch nur im Westen, mit dem römischen Bischof).[18]

3. Es dürfte sich aufgrund des eben Dargelegten auch nicht beweisen lassen, daß die Bischöfe den Presbytern mehr voraushaben als die Oberaufsicht (Jurisdiktion) über ein größeres Kirchengebiet. Eine kirchenrechtlich-disziplinäre Abgrenzung ist möglich und vernünftig, eine theologisch-dogmatische ist ungerechtfertigt und unmöglich. Ursprünglich waren Episkopen und Presbyter entweder anders oder überhaupt nicht unterschieden, wie wir eben gezeigt haben. Die Drei-Ämter-Ordnung (Episkopen – Presbyter Diakone) findet sich nicht im Neuen Testament, sondern bei Ignatios von Antiochien und ist somit eine zunächst im syrischen Raum sich abspielende historische Entwicklung. Ein grundsätzlicher Unterschied zwischen der Bischofsordination, um deren Sakramentalität man sich auf dem Vatikanum II teilweise so sehr bemüht hat, und der Presbyterordination ist nicht ersichtlich. Ebensowenig ein Unterschied bezüglich der in der Weihe vermittelten Vollmacht: Während noch das Konzil von Trient Firmungs- und Ordinationsvollmacht unter Strafe der Exkommunikation ausschließlich dem Bischof zuschreibt (D 967), kann nach dem Vatikanum II auch der Presbyter ordentlicher Spender der Firmung sein (vgl. Art. 26), und die Frage nach der Ordinationsvollmacht wird ausdrücklich offengelassen.[19]

4. Es dürfte sich aufgrund der kurz skizzierten Entwicklung auch nicht beweisen lassen, daß die Bischöfe die einzigen (oder einzig «authentischen») Lehrer in der Kirche sind. Zur Wortverkündigung sind nach dem Neuen Testament alle berufen. Und wenn auch die Leitung der Gemeinde, die den Episkopen und Presbytern im Lauf der geschichtlichen Entwicklung zufiel, primär durch das Wort zu geschehen hat, so kann das auf keinen Fall die Absorption der anderen Charismen und Dienste der Verkündigung bedeuten. Paulus wehrt sich in 1 Kor 12 ausdrücklich gegen die Monopolisierungsgelüste Einzelner und nennt *neben* den Aposteln mit Nachdruck zwei

[18] Zur historischen Entwicklung des Bischofsamtes vgl. Die Kirche E II, 2a–b; damit wären die Ausführungen über das allgemeine Priestertum, das auch in Taufe, Eucharistiefeier und Sündenvergebung wirksam wird, zu vergleichen: D I, 2 und E II, 2.

[19] Vgl. zu dieser erstaunlichen Dogmen-Rückentwicklung die Anmerkungen der Glaubenskommission zum Schema Constitutionis De Ecclesia (Rom 1964) 87 und 99; ebenfalls Die Kirche E II, 2c und f.

andere Gruppen: «Zweitens die Propheten, drittens die Lehrer» (1 Kor 12, 28), denen noch in der Didache die Episkopen und Diakone für die Feier der Eucharistie nachgeordnet erscheinen. Neben einer besonderen Nachfolge der Apostel gibt es auch eine besondere Nachfolge der Propheten und Lehrer: Was dies in die heutige Zeit hinein übersetzt heißt, soll hier nicht ausgeführt, später aber im Zusammenhang mit dem dunklen Begriff des Lehramtes nochmals aufgegriffen werden.[20]

Manch einer, der diese konsequenzenreichen Fragen erkennt und abwägt, wird sich fragen, ob man denn auf dem Vatikanum II dieser Probleme überhaupt nicht ansichtig geworden sei. Darauf läßt sich antworten: Man hat sie, von ferne mindestens, gesichtet, hat aber praktisch von ihnen abgesehen. Immerhin hat man die apodiktische tridentinische Definition, daß die «durch *göttliche Anordnung* eingesetzte *Hierarchie*... aus Bischöfen, Presbytern und Diakonen *besteht*» (D 966; vgl. 960) korrigiert, so daß jetzt «der kirchliche *Dienst* (nicht Hierarchie = Heilige Herrschaft) in verschiedenen Ordnungen *ausgeübt* wird (nicht: besteht) von denen, die *von alters her* (nicht: aus göttlicher Anordnung, also von Anfang) Bischöfe, Presbyter und Diakone *genannt* werden (nicht: sind oder sein müssen)» (Art. 28). Aber aufs Ganze gesehen bot gerade das entscheidende Kapitel III über die «hierarchische Struktur der Kirche» nur eine am Status quo orientierte theologisch-pastorale Beschreibung der gegenwärtigen Ämterordnung. So vermißt man denn eine vom Ursprung her gedeckte, exegetisch und historisch solide begründete und damit zugleich kritisch-konstruktive Darlegung der wesentlichen Struktur des kirchlichen Dienstes und seiner geschichtlichen Entwicklung. «Wie immer es sich verhalten mag mit dem historischen Ursprung der Presbyter, Diakone oder anderer Dienste und auch mit dem genauen Sinn der Termini, die im Neuen Testament zu ihrer Bezeichnung gebraucht werden, wird behauptet...»: diese Anmerkung der theologischen Kommission zu dem eben angeführten zentralen Satz aus Artikel 28[21] ließe sich füglich als Untertitel über das ganze Kapitel III setzen!

Warum ist man dann aber auf diese doch wahrhaftig wichtigen Fragen nicht eingegangen? Antwort: 1. Im Grunde ist jedes Konzil, das im eigentlichen Sinn Theologie und nicht «nur» Verkündigung treiben will, überfordert.[22] 2. Insbesondere mußte eine Konzilskommission überfordert sein, die nicht nur einige wichtige Richtlinien für das heutige Kirchenverständnis,

[20] Vgl. zur Frage der Lehrer in der Kirche: Die Kirche E II, 2a und g.
[21] Schema Constitutionis De Ecclesia (Rom 1964) 101.
[22] Vgl. H. Küng, Kirche im Konzil (Freiburg-Basel-Wien 1963) D 3: Was ist und was ist nicht die theologische Aufgabe des Konzils?

sondern eine umfassende Konstitution über die Kirche ausarbeiten wollte. 3. Gerade die historisch-kritische Exegese war, obwohl primär zuständig für die oben aufgeworfenen und auch viele andere Fragen, in der theologischen Kommission des Vatikanum II praktisch kaum oder mindestens nicht effizient genug vertreten. 4. Wie alle Konzilsdokumente so war insbesondere die Kirchenkonstitution ein Kompromiß zwischen einer grundsätzlich fortschrittlichen konziliaren Mehrheit und einer reaktionären kurialen Minderheit. 5. Die den Konzilsapparat beherrschende kuriale Minderheit sorgte mit Hilfe des Papstes dafür, daß eine grundsätzliche Neufassung des im nachtridentinischen Geiste vorbereiteten Schemas nur in sehr bestimmten Grenzen möglich war, daß gewisse überlieferte Meinungen und Formulierungen unüberprüft auch in den neuen Entwurf übernommen und bestimmte wichtige Fragen und Probleme nicht aufgearbeitet wurden. «Neues» in die Konstitution hineinzubringen erwies sich dabei als einfacher, denn dogmatisch fixiertes Althergebrachtes ernsthaft zu überprüfen. Dies gilt auch für die Fragen um Episkopat und Unfehlbarkeit.

Als Resultat ist damit deutlich geworden: Auch wenn man die positive Neuorientierung der Kirchenkonstitution und ihre fruchtbaren Neuansätze ernsthaft in Rechnung stellt und wenn man im übrigen trotz aller kritischen Fragen in Theorie und Praxis die geschichtliche Legitimität und pastorale Zweckmäßigkeit einer presbyterial-episkopalen Kirchenverfassung durchaus bejaht,[23] so wird man sagen müssen: Die Aussagen über eine Unfehlbarkeit des Bischofskollegiums, die auf der traditionellen ungeschichtlichen Auffassung von einer direkten und exklusiven apostolischen Sukzession der Bischöfe gründet, stehen exegetisch, historisch, theologisch auf tönernen Füßen. Es sei denn, die Begründung würde von dem Konzil geliefert, auf welches sich das Vatikanum II im Artikel 25 über die Unfehlbarkeit von Papst und Bischöfen ständig bezieht: vom Vatikanum I!

Es wird also das Vatikanum I und seine Begründung der Unfehlbarkeit des Papstes zu untersuchen sein. Als Überleitung vom Zweiten zum Ersten Vatikanum mag die nicht unwichtige Frage dienen: Hätte das Vatikanum II die päpstliche Unfehlbarkeit definiert, wenn sie nicht schon vom Vatikanum I definiert worden wäre? Kaum. Zwei Gründe kann man dagegen anführen:

1. Das Vatikanum II zeigte eine Abneigung gegen den *Dogmatismus:* Unter dem Impuls von Johannes XXIII., der kein Pius IX. und kein Pius XII. war, richtete man das Konzil grundsätzlich nicht wie die Vorbereitungskommissionen doktrinär, sondern pastoral aus. Neue Dogmen waren

23 Vgl. Die Kirche E II, 2e–i.

grundsätzlich unerwünscht und selbst dogmatisierend klingende Formulierungen wurden ausgemerzt. Statt um Fixierung mühte man sich so weit als möglich um Erneuerung in Praxis und Theorie.

2. Das Vatikanum II zeigte eine Abneigung gegen den *Zentralismus:* Viele Bischöfe und Theologen hatten die ständige Überforderung der römischen Zentralautorität mehr als satt. Triumphalismus, Juridismus, Zentralismus waren die Parolen des frommen Kampfes um mehr Kollegialität, Solidarität, Gemeinschaft, Dialog in der Kirche. Johannes XXIII. wiederum war es gewesen, der ein neues Ideal eines unprätentiösen, ökumenisch und menschlich gesinnten Petrus*dienstes* an den Brüdern sichtbar gemacht hatte und der auf die ihm zugesprochene Unfehlbarkeit so wenig Gewicht legte, daß er einmal lachend äußern konnte: «Ich bin nicht unfehlbar. Unfehlbar bin ich nur, wenn ich ex cathedra spreche. Ich werde aber nie ex cathedra sprechen.» Und Johannes XXIII. hat nie ex cathedra gesprochen.

Wie merkwürdig: Das Konzil selbst, das in seiner Kirchenkonstitution so viel von der Unfehlbarkeit des Episkopates und auch des ökumenischen Konzils theoretisch auszusagen wußte, hat, Johannes XXIII. folgend und zum Ärger mancher Erbträger des Vatikanum I, diese Unfehlbarkeit formell kein einziges Mal in Anspruch genommen. Ja, das Vatikanum II war im Grunde so wenig an dieser Unfehlbarkeit interessiert, daß es nicht einmal ernsthaft darüber diskutiert hat. Sollte es vielleicht in der Kirche letztlich doch ohne solche Unfehlbarkeit gehen? Man ist an heiteren Frühlingstagen geneigt, einen trüben Herbst zu vergessen – bis er wiederkommt. Das Vatikanum II darf uns das Vatikanum I nicht vergessen lassen, wenn wir gerade bezüglich der Unfehlbarkeit nicht immer wieder dieselben Probleme und Sorgen haben wollen. Und dafür ist nun allerdings zum Leidwesen der Christenheit in der nachkonziliaren Zeit hinreichend gesorgt.

4. Das Interesse des Vatikanum I an Unfehlbarkeit

Wenn das Vatikanum II schon so erstaunlich wenig an unfehlbaren Definitionen interessiert war, wie kommt es dann, daß das Vatikanum I geradezu umgekehrt so erstaunlich heftig an einer unfehlbaren Definition der Unfehlbarkeit interessiert war? Es kann nicht unsere Absicht sein, hier eine Geschichte des Vatikanum I oder auch nur seiner Unfehlbarkeitsdebatte zu schreiben oder auch nur zu skizzieren.[24] Wollte man dies gründlich tun, müßte man noch sehr viel weiter zurückgehen.

[24] Neben den früheren tendenziösen Werken von J. Friedrich, Geschichte des Vatikanischen Konzils Bd. 1–3 (Bonn 1867–1887) aus alt-katholischer Sicht sowie Th. Granderath, Geschichte des Vatika-

Man müßte darstellen, wie Politik und Theologie der Kirche der römischen Reichshauptstadt und der beiden Hauptapostel Petrus und Paulus trotz allen Widerstandes und aller Gegenströmungen, trotz aller zeitweiligen Stagnation und harten Rückschläge, seit den frühen römischen Bischöfen Viktor und Stephan, Damasus, Siricius, Innozenz und besonders Leo, dann wiederum in neuem Vorstoß im 9. Jahrhundert mit Nikolaus und Johannes VIII. sowie programmatisch und entscheidend unter dem Einfluß der gefälschten Isidorischen Dekretalen seit der Gregorianischen Reform im 11. Jahrhundert auf eine straff juridisch organisierte Einheitskirche unter einem monarchischen römischen Universalepiskopat hinsteuerte, hinarbeitete. Es wäre weiter auszuführen, wie wesentlich aufgrund dieses Prozesses in derselben Zeit der Gregorianischen Reform die Einheit von Ost- und Westkirche endgültig zerbrochen ist, wie man nun im Westen erst recht die Kirche zentralisierte, juridisierte und romanisierte und im 13. Jahrhundert den unüberbietbaren Höhepunkt erreichte mit der religiös-politischen Universalmonarchie der Päpste, wie dann im Exil von Avignon und der Zeit der Reformkonzilien der politisch-religiöse Niedergang offenkundig wurde, das Renaissance-Papsttum sich jedoch absolutistischer und unkirchlicher denn je aufführte. Schließlich wäre darzulegen, wie an diesem Absolutismus schließlich auch die Einheit der Westkirche zerbrach und dadurch die Lage der Christenheit von Grund auf verändert wurde, wie Rom aber in der Zeit der Gegenreformation, nur allerdings in mehr geistlichen Formen, die Bastionen der Macht im Rest-Imperium nicht geschleift, sondern gegen alle Opposition von außen und innen selbst über die Französische Revolution hinaus bis ins 19. Jahrhundert hinein zielstrebig ausgebaut hat.

Könnte man dies darlegen, so würde klar werden, warum auch in katholischen Kirchengeschichtsbüchern unseres Jahrhunderts das Vatikanum I (und der Codex Iuris Canonici von 1918) als der glorreiche Gipfel einer tausendjährigen, ja fast zweitausendjährigen Geschichte der Kirche Christi gepriesen werden konnte. Es ließe sich in dieser Geschichte zweifellos genügend aufzeigen, wieviel römische Kirchenpolitik und Theologie besonders seit der Völkerwanderung für die Einheit und Freiheit der (West-) Kirche, so wie man sie in Rom verstand, getan hat: positive Aspekte, die aber die

nischen Konzils Bd. 1–3 (hrsg. von K. Kirch, Freiburg 1903–1906) aus kurialer Sicht vgl. besonders: die einen äußerst lebendigen Eindruck vom dramatischen Konzilsablauf und einzelner Interventionen liefernde Darstellung von C. Butler/H. Lang, Das Vatikanische Konzil (München [3]1933), und als neueste überlegen beurteilende Geschichte des Konzils die von R. Aubert, Vatikanum I (Paris 1964; dt. Mainz 1965), der wir hier in diesem Abschnitt vor allem für die Beschreibung der Lage am Vorabend des Konzils folgen. Vgl. auch vom selben Verfasser, Le Pontificat de Pie IX (Paris 1952).

negativen Aspekte dieser Geschichte mit ihren für die Einheit und Glaubwürdigkeit der Gesamtkirche verheerenden Folgen nicht auszulöschen vermögen. Weniger verständlich war jedoch, warum katholische Historiker und Theologen sich über die Legitimität dieses ganzen Prozesses so wenig Gedanken machten. Und was entscheidender ist: Diese Gedanken machte sich auch die Mehrheit des Ersten Vatikanischen Konzils nicht. Warum?

Man wird die Definition der päpstlichen Unfehlbarkeit nie verstehen, wenn man nur in Heinrich Denzingers Enchridion den Text der Konzilskonstitution analysiert und auch selbst dann nicht, wenn man in Mansis großer Sammlung die Akten des Vatikanum I studiert. Über die Definition der päpstlichen Unfehlbarkeit war schon weithin entschieden, bevor das Konzil entschieden hat. Wäre denn die päpstliche Unfehlbarkeit 1870 je definiert worden, wenn nicht die Mehrheit der Konzilsväter in der Zeit der politischen Restauration und der antiaufklärerischen und antirationalistischen Romantik der ersten Jahrhunderthälfte groß geworden wäre: wo die europäische Menschheit nach den Wirren und Exzessen der Großen Revolution und der Napoleonischen Zeit ein unwiderstehliches Verlangen nach Ruhe und Ordnung, nach der guten alten Zeit, ja nach dem «christlichen Mittelalter» packte und wo niemand besser als der Papst die religiöse Grundlage für die Aufrechterhaltung des politisch-religiösen Status quo, beziehungsweise Wiederherstellung des Status quo ante bieten konnte? Die Großzahl der führenden katholischen Kirchenmänner in den verschiedenen Ländern galten als Stützen der politisch-gesellschaftlichen Reaktion, manche standen der philosophischen Modeströmung des Traditionalismus (damals ein Ehrenname) nahe. Und wäre denn die päpstliche Unfehlbarkeit 1870 definiert worden, wenn nicht in der zweiten Jahrhunderthälfte dieses ganze Werk der Restauration erneut in den Grundlagen bedroht worden wäre von dem mit einer rasenden Industrialisierung sich schnell durchsetzenden Liberalismus (und seinem in vielem ähnlichen Gegenspieler, dem Sozialismus), der mit seinem Glauben an Fortschritt und Freiheit in Wirtschaft, Politik, Wissenschaft und Kultur alle religiöse Autorität und Tradition aufzuheben schien? Klerikalismus und Antiklerikalismus schaukelten sich gegenseitig hoch. Der aufklärerische Rationalismus war in Gestalt des antiidealistischen und antiromantischen Positivismus und der emporstrebenden empirischen Wissenschaften der Natur und der Geschichte zurückgekehrt. Das Festhalten der kirchlichen Autoritäten nicht nur am etablierten politischen System, sondern auch am überlieferten «biblischen» Weltbild trieb Politiker und Wissenschaftler vielfach in eine heftige Aggressivität gegen alles Religiöse hinein.

Aufgrund dieser geschichtlichen Konstellation, ja Zwangslage, in die sich eine die Zeichen der Zeit nicht mehr verstehende und ständig zu spät kommende Kirchenleitung weithin selbst hineinmanövriert hatte, war es kaum vermeidlich, daß das Erste Vatikanum so ganz anders als das Zweite von vornherein nicht als Konzil der Hoffnung, sondern der Angst, nicht der inneren Reform und Erneuerung, sondern der nach außen gerichteten Reaktion und Abkapselung, nicht des Aggiornamentos, sondern der Defensive und Polemik konzipiert worden war. Ganz im Sinne jenes Syllabus errorum also, jener Irrtümerliste von 1864, mit der Pius IX. ungefähr die gesamte moderne Entwicklung unter den Stichworten des Naturalismus, Sozialismus, Indifferentismus, Gallikanismus, der Freimaurerei usw. verurteilt und eine ungeheure Empörung unter den fortschrittlichen Gebildeten Europas provoziert hatte.

Aber die genannten beiden mehr allgemeinen Komponenten der Entwicklung reichen noch nicht aus, um das Interesse des Vatikanum I an einer Definition der Unfehlbarkeit zu motivieren, die ja nun – so ganz anders als frühere Konzilsdefinitionen – durch gar keine spezielle Häresie veranlaßt, sondern von der Kirchenleitung selbst vorangetrieben worden war. Mindestens zwei weitere Faktoren müssen genannt werden, um das Geschehen zu erklären.

Die Unfehlbarkeit des Papstes wäre 1870 nicht definiert worden, wenn nicht für Papst und Kurie die «Römische Frage» als das unmittelbarst bedrängende Problem gegolten hätte. Zwar hatte man noch andere Sorgen: in Frankreich die politisch-weltanschaulichen Auseinandersetzungen um Revolution und Antirevolution, zwischen kirchlicher Hierarchie und Antiklerikalen, zwischen den Republikanern und den Anhängern Napoleons III., der seine schützende Hand über die Kirche Frankreichs und – vorläufig – auch den Kirchenstaat hielt; in Deutschland die theologischen Auseinandersetzungen zwischen den den zeitgenössischen wissenschaftlichen Methoden verpflichteten Universitätstheologen und den in Rom ausgebildeten und von Rom unterstützten neuscholastischen Theologen und Priestererziehern, was dann schließlich auf dem Konzil selbst zu einer Polarisierung der katholischen Theologie führte zwischen der deutschen Universitätstheologie (ihr Führer Ignaz Döllinger war nicht eingeladen) einerseits und der Neuscholastik der römischen Jesuiten-Universität Gregoriana (Perrone, Schrader, Kleutgen) andererseits. Aber in Rom überschattete doch alles die römische Frage: ob nämlich der 1849 restaurierte, aber 1860 durch Intervention der piemontesischen Regierung bereits auf Rom und Umgebung zusammengeschrumpfte Kirchenstaat – allerorts bekannt durch seine Monsignori-Mißwirtschaft und soziale Rückständigkeit – aufzugeben sei, beziehungsweise ob er gegenüber der auf Rom als Hauptstadt zielenden italienischen Einigungsbewegung allein mit französischer Unterstützung auf die Dauer gehalten werden könne. Man betrachtete im Vatikan die Situation mit äußerster Besorgnis. Würde man aber auch noch wagen, gegen einen Papst vorzugehen, dessen Universalprimat und päpstliche Unfehlbarkeit ein ökumenisches Konzil in feierlicher und definitiver Form urbi et orbi verkündet hatte? Beinahe der einzige Hoffnungsstrahl für diejenigen, die – mit Berufung auf Mt 16,18 – für die Erhaltung des Kirchenstaates kämpften.

Die Unfehlbarkeit des Papstes wäre 1870 aber auch nicht definiert worden ohne diesen Papst selbst, der je länger desto offenkundiger eine Definition der päpstlichen Unfehlbarkeit als sein ureigenstes Anliegen vorantrieb. Als Liberaler und Reformer bei seiner Wahl 1846 begrüßt, hatte sich Pius IX. nach seinen politischen Mißerfolgen und seiner Vertreibung 1848 immer mehr zum politischen und theologischen Reaktionär gewandelt. Nicht nur verurteilte er listenweise ohne jeglichen Anflug kritischer kirchlich-theologischer Selbstbesinnung die sogenannten Zeitirrtümer, wobei er die Unterordnung des Staates und der wissenschaftlichen Forschung unter die Autorität der katholischen Kirche forderte – Verurteilungen, die noch dem Vatikanum II etwa in der Religions- und Gewissensfreiheit schwer zu schaffen machten. Auch der italienischen nationalen Einheitsbewegung schleuderte er sein mit stets erneuerten pathetischen Protesten wachgehaltenes «Non possumus» entgegen, was die ultramontane Presse und zahlreiche Bischöfe und Gläubige besonders in Frankreich zu einer heftigen Kampagne gegen Italien anfachte. Brachte Pius IX. auf diese Weise die italienischen Katholiken in unnötige schwere Gewissenskonflikte, so gewann er doch in der Rolle des von unchristlichen Mächten Verfolgten ungeheure Sympathien für seine Person und sein Amt. Die dogmatische Bindung der Katholiken an den Papst wurde nun sentimental aufgeladen. Es kam zum völlig neuen Phänomen einer gefühlsbetonten «Papstverehrung», die von den nun üblich werdenden Papstaudienzen und Massenpilgerschaften nach Rom wesentlich verstärkt wurde. Pius IX., eine menschenfreundliche, sehr beredte, stark ausstrahlende Persönlichkeit, aber gefährlich emotionell, theologisch oberflächlich gebildet und mit modernen wissenschaftlichen Methoden völlig unvertraut, dazu noch schlecht beraten von eifrigen, aber mittelmäßigen, weltfremden und dogmatistisch denkenden Mitarbeitern, sah gerade die Krise um den Kirchenstaat als eine Episode im weltgeschichtlichen Kampf zwischen Gott und Satan, die er mit einem geradezu mystischen Vertrauen auf den Sieg der göttlichen Vorsehung zu überwinden hoffte. Nur von dieser Grundhaltung her läßt sich der Wunsch des Papstes nach einer Dogmatisierung seiner eigenen Primatialgewalt und Unfehlbarkeit verstehen. Nur von der ihm entgegengebrachten Papstverehrung her läßt sich zugleich verstehen, inwiefern eine Unfehlbarkeitsdefinition in weiten Kreisen des Klerus und des Volkes auf eine günstige Stimmung stieß und inwiefern auch der von Rom nach anfänglich ängstlichem Zögern nach der Jahrhundertmitte rasch und systematisch vorangetriebene Prozeß der Indoktrinierung und administrativen Zentralisierung innerhalb der Kirche auf nicht mehr Widerstand stieß: nicht nur der Syllabus, die Verurteilung deutscher Theologen, die Indizierung sämtlicher Schriften gallikanischer und febronianischer Tendenz, sondern auch die wachsende Einflußnahme auf die Bischofswahlen und Einmischungen der Nuntiaturen in die inneren Angelegenheiten der Kirchen, die Aufforderung an die Bischöfe, die Kontakte mit Rom zu verstärken, die bewußte Förderung der die römischen Ideen propagierenden Priester oft gegen die eigenen Bischöfe, die ständig neue Unterweisung der Gläubigen über die Lehre vom Primat des Papstes...

So war denn alles gut vorbereitet, als der Papst zur Stärkung seiner eigenen Position und zur Formung der Kirche als acies ordinata unter dem Befehl Roms nach einer Pause von 300 Jahren für die Welt überraschend ein ökumenisches Konzil nach Rom – an einen anderen Ort konnte man schon gar nicht mehr denken – einberief. Allenfalls die auf höchsten Touren laufende und wiederum von der Kurie geförderte ultramontane Pressekampagne, die sich in ihren Forderungen nach Romanisierung der gesamten Kirche in Lehre, Liturgie, Disziplin und Bräuchen beinahe überschlug, ließ indessen unmittelbar vor dem Konzil unter manchen Bischöfen, Theologen und Laien in Deutschland und Frankreich den schon tot geglaubten «gallikanischen» Widerstand erneut anwachsen, so daß das Vatikanische Konzil doch nicht so rasch und reibungslos über die Bühne ging, wie die Veranstalter selbst und ihre eifrigsten Parteigänger es gehofft hatten.

Hier bleibt indessen nur noch zu bemerken: Die kurze Skizzierung des problematischen geschichtlichen Hintergrundes der Unfehlbarkeitsdefinition gehört nicht nur zur Vor-Geschichte der Definition, sondern zur Geschichte der Definition selbst. Es geht nicht an, diesen Hintergrund, wie das heute auch von katholischen Historikern geschieht, in aller kritischen Offenheit aufzudecken, die Definition selbst dann aber von aller kritischen Reflexion zu verschonen. Die hier sichtbar gewordene geschichtliche Problematik berührt nicht nur, wie man früher oft verharmlosend formulierte, die «Opportunität» der Unfehlbarkeitsdefinition, sondern ihre Wahrheit selbst.

5. *Die Definition der Unfehlbarkeit des Papstes*

Unsere ganze Aufmerksamkeit muß sich nun auf die Unfehlbarkeitsdefinition selbst und ihre Begründung durch das Vatikanum I konzentrieren, wo ja auch alle Aussagen des Vatikanum II über die Unfehlbarkeit gründen. Die Debatten auf dem Vatikanum I – so spannend ihre teilweise allerdings sehr peinlich berührende Geschichte ist – interessieren uns hier nur, sofern in ihnen Motivierungen und Präzisierungen der Definition selbst zum Ausdruck kommen.[25]

a. Die Definition der päpstlichen Unfehlbarkeit setzt die Definition des päpstlichen *Primates* voraus. Diese erfolgte in derselben dogmatischen Konstitution «Pastor aeternus» vom 18. Juli 1870 – die Kapitel über den Papst waren gegen die Einwände der Minorität in kühner Umkehr des ursprünglichen Kirchenschemas, das nie verabschiedet werden sollte, vorgezogen worden – und begründet in drei Schritten Petrinität, Perennität und Romanität eines Primates in der Kirche. Schon in der Einleitung wird die Stimmung deutlich, aus der heraus man zur Definition von Primat und Unfehlbarkeit geschritten ist: «Von Tag zu Tag stürmen die Pforten der Unterwelt mit größerem Haß von allen Seiten gegen die von Gott gelegte Grundmauer der Kirche, um sie, wenn es möglich wäre, zu zerstören. So halten Wir es mit Zustimmung der heiligen Kirchenversammlung zum Schutz der katholischen Herde, zu ihrer Unversehrtheit und Vermehrung für notwendig, die Lehre von der Einsetzung, der immerwährenden Dauer und der Natur des heiligen apostolischen Vorranges (Primates), in dem die Kraft und

[25] Zur Infallibilitätsfrage auf dem Vatikanum I vgl. neben älterer Literatur die am Vorabend des Vatikanum II entstandenen Arbeiten: R. Aubert, L'ecclésiologie au concile du Vatican, in: Le concile et les conciles (Paris 1960) 245–284; A. Chavasse, L'ecclésiologie au concile du Vatican. L'infaillibilité de l'Eglise, in: L'ecclésiologie au XIXe siècle (Paris 1960) 233–245; W. Caudron, Magistère ordinaire et infaillibilité pontificale d'après la constitution «Dei Filius», in: Ephemerides Theologicae Lovanienses 36 (1960) 393–431; O. Karrer, Das ökumenische Konzil in der römisch-katholischen Kirche der Gegenwart, in: Die ökumenischen Konzile der Christenheit, hrsg. von H. J. Margull (Stuttgart 1961) 237–284, bes. 241–264; C. Dejaifve, Pape et évêques au premier concile du Vatican (Paris 1961) 93–137; K. Rahner, Episkopat und Primat (Freiburg-Basel-Wien 1961) 86–93; G. Thils, Parlera-t-on des évêques au concile?, in: Nouvelle Revue Théologique 93 (1961) 785–804; J. P. Torrel, L'infaillibilité pontificale est-elle un privilège «personnel»?, in: Revue des sciences philosophiques et théologiques 45 (1961) 229–245; W. Kasper, Primat und Episkopat nach dem Vatikanum I, in: Tübinger Theologische Quartalschrift 142 (1962) 68–77.

Zur Infallibilitätsfrage überhaupt wichtig das Sammelwerk L'Infaillibilité de l'Eglise. Journées œcuméniques de Chevetogne 25–29 septembre 1961 (Chevetogne 1963) mit aufschlußreichen und weitsichtigen Beiträgen von J.-J. von Allmen (Über den Geist, der in alle Wahrheit einführt), B. Reyners (Irenäus), B.-D. Dupuy (Das Lehramt als Dienst am Wort), P. de Vooght (Das Wort «Infallibilität» in der Scholastik), G. Thils (Infallibilität auf dem Vatikanum I), N. Afanasieff (orthodoxer Standpunkt), H. Balmforth (anglikanischer Standpunkt), J. Bosc (reformierter Standpunkt), J. de Satgé (Tagungsbericht). – Neueste Literatur im folgenden Kapitel.

Festigkeit der ganzen Kirche beruht, allen Gläubigen gemäß dem alten, unwandelbaren Glauben der gesamten Kirche als Glaubenswahrheit vorzulegen und die entgegengesetzten Irrtümer, die der Herde des Herrn so verderblich sind, zu verwerfen und zu verurteilen» (D 1821).

Kapitel 1 handelt von der Einsetzung des apostolischen Primates in Petrus: Mit Berufung auf Jo 1,42; Mt 16,16ff und Jo 21,15ff wird aus der Kirche ausgeschlossen, wer sagt, «der heilige Apostel Petrus sei nicht von Christus, dem Herrn, zum Fürsten aller Apostel und zum sichtbaren Haupt der ganzen streitenden Kirche aufgestellt worden, oder er habe nur einen Vorrang der Ehre und nicht den Vorrang der wahren und eigentlichen Rechtsbefugnis von unserem Herrn Jesus Christus direkt und unmittelbar erhalten» (D 1823).

Kapitel 2 betrifft die Fortdauer des petrinischen Primates in den römischen Bischöfen: Mit Berufung auf eine Rede des römischen Legaten auf dem Konzil von Ephesos 431 und einer noch späteren Predigt Leos des Großen, zusammen mit je einem Satz aus Irenäus und Ambrosius, die aber nicht vom römischen Bischof, sondern von der römischen Kirche handeln, wird ausgeschlossen, wer sagt, «nicht auf Grund der Einsetzung von Christus dem Herrn selber, d.h. auf Grund göttlichen Rechts habe der heilige Petrus seine beständigen Nachfolger im Vorrang über die gesamte Kirche, oder: der Bischof von Rom sei nicht der Nachfolger Petri in diesem Vorrang» (D 1825).

Kapitel 3 bestimmt Inhalt und Wesen des Primats des römischen Bischofs: Unter allgemeiner Berufung auf frühere römische und konziliare Zeugen und nach Wiederholung einer Aussage aus dem Dekret für die Griechen auf dem Konzil von Florenz 1439, dann einer genaueren Umschreibung des Jurisdiktionsprimates und Ausführungen über die untergeordnete Jurisdiktion der Bischöfe, den freien und direkten Verkehr des Papstes mit allen Gläubigen und die ständige Rekursmöglichkeit auf sein letztes und inappellables Urteil, wird schließlich jedermann ausgeschlossen, der sagt, «der römische Bischof habe nur das Amt einer Aufsicht oder Leitung und nicht die volle und oberste Gewalt der Rechtsbefugnis über die ganze Kirche – und zwar nicht nur in Sachen des Glaubens und der Sitten, sondern auch in dem, was zur Ordnung und Regierung der über den ganzen Erdkreis verbreiteten Kirche gehört –; oder wer sagt, er habe nur einen größeren Anteil, nicht aber die ganze Fülle dieser höchsten Gewalt, oder diese seine Gewalt sei nicht ordentlich und unmittelbar, ebenso über die gesamten und die einzelnen Kirchen wie über die gesamten und einzelnen Hirten und Gläubigen» (D 1831).

Vielerlei braucht hier, insbesondere nachdem nicht der Primat, sondern die Unfehlbarkeit unser Thema ist, nicht wiederholt zu werden. Verweise genügen:

1. Obwohl die völlig einseitig zusammengesetzte und ganz unter kurialer Regie stehende Glaubensdeputation des Vatikanum I sich gegen jede Formulierung von Grenzen des päpstlichen Primates in der Konstitution selbst aus antigallikanischer Angst gewehrt hat, so hat ihr Referent vor dem Konzil, wie aus den Akten klar hervorgeht, solche Grenzen zugegeben, an die der Papst moralisch gebunden ist: Grenzen allgemein von seiten Christi und der Apostel, vom Naturrecht und vom göttlichen Recht her, Grenzen insbesondere gegeben durch die Existenz und die ordentliche Amtsausübung der Bischöfe sowie die Grenzen der Amtsausübung des Papstes selbst, insofern sie nicht in willkürlicher und maßloser Form, zur Auferbauung und nicht zur Zerstörung der Kirche zu geschehen hat.[26]

2. Die Geschichte der Kirche, der Theologie und des Kirchenrechtes machen deutlich, daß nur dann die Frage des päpstlichen Primates in ihrer ganzen Tragweite gesehen wird, wenn die seit dem Mittelalter diskutierte und bejahte, im Vatikanum I und II aber tendenziös übergangene Frage nach der Möglichkeit eines schismatischen, beziehungsweise häretischen Papstes einbezogen wird: die Möglichkeit eines Papstes also, der von sich aus die Gemeinschaft mit der Kirche durch Willkürherrschaft usw. aufgibt, deshalb sein Amt verliert und unter Umständen von einem repräsentativen Organ der Kirche (Konzil, Bischofssynode, Kardinalskollegium) zu richten ist.[27]

3. Der gesamten Argumentation des Vatikanum I bezüglich der Existenz eines petrinischen *Jurisdiktions*primates, noch mehr einer *Fortdauer* des petrinischen Primates und am meisten einer Fortdauer im *römischen Bischof* stehen vom Standpunkt heutiger (und zum Teil schon damaliger) Exegese und Historie schwerwiegende Schwierigkeiten entgegen, die bisher noch kein katholischer Theologe zu beantworten vermochte. Sie lassen die Möglichkeit eines überzeugenden Aufweises einer historischen Sukzession der römischen Bischöfe in einem Primat des Petrus als äußerst fragwürdig erscheinen.[28]

[26] Vgl. die Belege aus den Konzilsakten in: Strukturen der Kirche VII, 2.

[27] Vgl. die ständig aktuellen Ausführungen über den gar nicht so seltenen Konfliktsfall zwischen Papst und Kirche, den fragwürdigen Satz «Prima sedes a nemine iudicatur», die Papstabsetzungen des Mittelalters, die Antwort der heutigen Kanonistik über den Amtsverlust des Papstes, und schließlich die ekklesiologische Bedeutung des Konzils von Konstanz, das drei rivalisierende Päpste absetzte und mit seinen Dekreten einen Gegenpol zum Vatikanum I darstellt, in: Strukturen der Kirche VII, 3–5.

[28] Vgl. die Sichtung des Sicheren und Unsicheren in: Die Kirche E II, 3 b.

4. Die mögliche Unmöglichkeit eines exegetisch-historischen Aufweises einer Sukzessionsreihe schließt nicht aus, daß der Primat eines Einzelnen in der Kirche nicht nur nicht schriftwidrig ist, sondern sogar schriftgemäß sein kann: sofern es nämlich um eine (grundsätzlich auch auf charismatische Weise mögliche) Nachfolge im Geist, in der petrinischen Sendung und Aufgabe, im petrinischen Zeugnis und Geist geht. Also um die Nachfolge in einem wirklich gelebten Dienstprimat, der mehr wäre als nur ein Ehrenprimat oder nur ein Jurisdiktionsprimat, der vielmehr ein Pastoralprimat im Geiste des Evangeliums, im Sinne von Mt 16,18; Lk 22,23; Jo 21,15 bis 17, nach den Leitbildern nicht Leo des Großen, Innozenz' III., Pius' IX. oder Pius' XII., sondern Gregors des Großen und Johannes' XXIII.[29]

b. Im Vergleich zur absichtlich undifferenziert gehaltenen Definition des Primates zeichnet sich die Definition der päpstlichen *Unfehlbarkeit* durch klare Formulierung der Bedingungen aus. Ein Erfolg der letztlich allerdings erfolglosen Opposition auf dem Konzil! Es ist kein Zweifel, daß die schließlich beschlossene Formel in einem Zusatzkapitel zu den drei Primatskapiteln, auf die die ursprüngliche Kirchenkonstitution reduziert worden war, weit hinter den ursprünglichen Vorstellungen wohl auch des Papstes, jedenfalls aber der extremen Ultramontanen zurückblieb. Man vernehme zuerst einige charakteristische Zeugnisse der führenden Propagandisten der Infallibilitätsdefinition, die einen gewaltigen Einfluß auf den Klerus und die katholische Laienschaft hatten.

Für den Vorkämpfer der päpstlichen Unfehlbarkeit in England, den Konvertiten und Herausgeber der Dublin-Review W. G. Ward «sind alle direkt lehrhaften Unterweisungen aller Enzykliken, aller Briefe an einzelne Bischöfe und alle Ansprachen, die von den Päpsten ausgingen, *ex cathedra*-Aussprüche und *ipso facto* unfehlbar».[30] Der Herausgeber des «Univers», der gewandte und wenig skrupelhafte, aber jedenfalls höchst einflußreiche Publizist der päpstlichen Unfehlbarkeit in Frankreich, der Laie Louis Veuillot: «Wir alle wissen mit Gewißheit nur das eine, daß kein Mensch irgend etwas weiß, ausgenommen der Mann, mit dem Gott für immer ist, der Mann, der den Gedanken Gottes durchsetzt. Wir müssen seinen inspirierten Weisungen unbeirrbar folgen.» Oder noch während des Konzils: «Glaubt die Kirche oder glaubt sie es nicht, daß ihr Oberhaupt direkt von Gott inspiriert ist, das heißt, daß er in seinen Entscheidungen über Glauben und

[29] Vgl. die zahlreichen theoretischen und praktischen Implikationen und Konsequenzen einer solchen Wende vom Machtprimat zum Dienstprimat in: Die Kirche E II, 3 c.

[30] So faßt C. Butler Wards Auffassung zusammen in: Butler/Lang, ebd. 66.

Sitten unfehlbar ist?»[31] Veuillot zögerte nicht, im «Univers» Heilig-Geist-Hymnen wie das «Veni Sancte Spiritus» an Pius IX. in Person zu richten und den Hymnus «Rerum *Deus* tenax vigor» in «Rerum *Pius* tenax vigor» umzufunktionieren. Aber auch die von Theologen redigierte römische Jesuitenzeitschrift «La Civiltà Cattolica» ließ Sätze drucken wie die folgenden: «Die Unfehlbarkeit des Papstes ist die Unfehlbarkeit Jesu Christi selbst.» «Wenn der Papst denkt, so ist es Gott, der in ihm denkt.»[32] Der berühmt-berüchtigte Artikel dieser Zeitschrift vom 6. Februar 1869 hatte – unter der Tarnung «Französische Korrespondenz» – die durch einstimmige Akklamation des Konzils zu erfolgende Definition der «dogmatischen Unfehlbarkeit des Papstes» (wie auch der Himmelfahrt Mariens!) in den Vordergrund der Diskussion gespielt und damit eine ungeheure Aufregung verursacht.[33]

Auch unter den Konzilsvätern waren zum Teil seltsame Auffassungen vom Papst im Umlauf. Man sprach vom Papst als «Vize-Gott der Menschheit», und der Bischofsvikar von Genf Mermillod redete in einer Predigt von der «dreifachen Inkarnation des Gottessohnes»: im Schoß der Jungfrau, in der Eucharistie und in dem Greis im Vatikan.[34] Und, was für das Konzil bedeutender war, der starke Führer und vor Intrigen nicht zurückschreckende Einpeitscher der infallibilistischen Mehrheit, Erzbischof Manning von Westminster (der einzige Konvertit im Konzil, wie er sich rühmte), hatte schon 1865 eine Formel vorgeschlagen, die völlig undifferenziert von der Unfehlbarkeit jedes päpstlichen Ausspruches über Glauben und Sitten sprach: «Ein öffentlich vom obersten Pontifex geäußerter Spruch (oraculum) bezüglich des Glaubens, der Sitten oder der sogenannten dogmatischen Tatsachen, beziehungsweise der Wahrheiten, die sich um Glauben und Sitten drehen, ist unfehlbar.»[35]

Man halte nun gegen all dies die Formel, die im Zusatzkapitel 4 über das unfehlbare Lehramt des römischen Bischofs in derselben Konstitution «Pastor aeternus» am 18. Juli 1870 als von Gott gegebenes Dogma definiert wurde, wiederum mit dem bezeichnenden Motiv: «Da es aber gerade in dieser Zeit, wo die heilbringende Wirksamkeit des apostolischen Amts so dringend erfordert ist, nicht wenige gibt, die seiner Amtsgewalt entgegenarbeiten, halten wir es für unbedingt notwendig, den Vorzug, den der ein-

[31] Zitiert nach Butler/Lang, ebd. 67.
[32] Zitiert nach Butler/Lang, ebd. 68.
[33] Abgedruckt bei R. Aubert, Vaticanum I, 299–309.
[34] R. Aubert, ebd. 38.
[35] Den lateinischen Text siehe bei R. Aubert, L'ecclésiologie au concile du Vatican, in: Le concile et les conciles (Paris 1960) 280.

ziggeborene Sohn Gottes mit dem höchsten Hirtenamt zu verbinden sich gewürdigt hat, feierlich zu erklären» (D 1838). Und es folgt die Definition der Unfehlbarkeit des Papstes, die nach dem Text der Papst selbst «unter Zustimmung des heiligen Konzils» macht: «Wenn der römische Bischof in höchster Lehrgewalt (ex cathedra) spricht, das heißt, wenn er seines Amts als Hirt und Lehrer aller Christen waltend in höchster, apostolischer Amtsgewalt endgültig entscheidet, eine Lehre über Glauben oder Sitten sei von der ganzen Kirche festzuhalten, so besitzt er auf Grund des göttlichen Beistandes, der ihm im heiligen Petrus verheißen ist, jene Unfehlbarkeit, mit der der göttliche Erlöser seine Kirche bei endgültigen Entscheidungen in Glaubens- und Sittenlehren ausgerüstet haben wollte. Diese endgültigen Entscheidungen des römischen Bischofs sind daher aus sich und nicht auf Grund der Zustimmung der Kirche unabänderlich» (D 1839).

Diese endgültige Formel, vielleicht die achte oder neunte seit der Vorlage des Zusatzkapitels, war unzweideutig für Befürworter und Gegner. Man lese dazu das beinahe vierstündige Referat des Referenten der Glaubensdeputation Bischof Vinzenz Gasser, das allgemein als offizieller Kommentar der Unfehlbarkeitsdefinition gilt.[36] Wann also ist der römische Bischof unfehlbar? Wenn er ex cathedra, also aus seiner höchsten Lehrvollmacht spricht. Dafür müssen nach der Formel selbst folgende Bedingungen erfüllt sein:

1. Nicht als Privatperson und auch nicht nur als Papst, sondern als oberster Hirte und Lehrer der Christenheit kraft seiner höchsten apostolischen Autorität muß der römische Bischof definieren, also in erklärter Form abschließend entscheiden: nur so ist er Subjekt oder vielleicht besser *Organ* der kirchlichen Unfehlbarkeit.

2. Nicht irgendeine Lehre, sondern nur eine Glaubens- oder Sittenlehre kann *Objekt* einer unfehlbaren Definition sein, wozu allerdings nicht nur die formell geoffenbarte Wahrheit (credenda), sondern auch alle damit im Zusammenhang stehende Wahrheit (und deshalb tenenda) gehört.

3. Nicht aufgrund einer neuen Offenbarung (revelatio) oder einer Inspiration (die nur für die Heilige Schrift gilt), sondern aufgrund eines göttlichen Beistandes (assistentia) spricht der römische Bischof unfehlbar: also nicht eine ständige, sondern eine von Fall zu Fall wirkende, nur vor Irrtum bewahrende und deshalb «negativ» genannte Assistenz des Heiligen Geistes ist *Ursache* der päpstlichen Unfehlbarkeit.

[36] Mansi 52, 1204–1230; 1. Teil: Relatio generalis: a. Argumente aus Schrift und Tradition (1204–1212), b. Erklärungen der Definition selbst (1212–1218); 2. Teil: Emendationes Nr. 1–79 (1218–1230).

4. Nicht eine dem römischen Bischof exklusiv verliehene Unfehlbarkeit ist vorausgesetzt, sondern die Unfehlbarkeit der Kirche, mit der nämlich der Erlöser selbst seine Kirche bei endgültigen Entscheidungen in Glaubens- und Sittenlehren ausgestattet haben wollte: die Kirche erscheint hier als (primäres?) *Subjekt* der Unfehlbarkeit, deren Organ der Papst ist.

Der Definition hinzugefügt wurde der Satz: «Wenn sich jemand – was Gott verhüte – herausnehmen sollte, dieser Unserer endgültigen Entscheidung zu widersprechen, so sei er ausgeschlossen» (D 1840). Dieses Anathema hatte, wie man weiß, konkrete Folgen: nicht nur die Exkommunikation des führenden katholischen Theologen Deutschlands (und vielleicht Europas) Ignaz Döllinger, sondern eine neue Kirchenspaltung: die Abspaltung der alt- oder christkatholischen Kirche in Deutschland, Österreich, der Schweiz und den Niederlanden. Mußte das sein? Eine Spaltung, sogar unter Umständen noch eine größere war zu erwarten. Papst und Konzilsmajorität waren bereit, um dieser Definition willen alles in Kauf zu nehmen. Auch hierin, bis zur Behandlung der (in diesem Fall dann konservativen) Minorität, ist das Vatikanum II anders verfahren.

6. Papst gegen Kirche?

Das grundsätzliche Verhältnis von Unfehlbarkeit der Kirche und Unfehlbarkeit des Papstes bleibt in der Formel des Vatikanum I offen. Und es wird denn auch in der Folge bis zum Vatikanum II und darüber hinaus diskutiert, ob es ein oder zwei Subjekte der kirchlichen Unfehlbarkeit gibt: der Papst allein oder Papst und Episkopat, beziehungsweise Konzil. Doch ist dies ein Streit um Unwesentliches. Auch der Referent der Glaubensdeputation Gasser hatte keine Hemmung, die Auffassung abzulehnen, «als ob alle Unfehlbarkeit der Kirche allein beim Papst liege oder vom Papst auf die Kirche abgeleitet und ihr mitgeteilt werde».[37] Ihm und der Mehrheit kam es römisch-pragmatisch weniger auf solch abstrakt-theoretische Fragen als auf die realistisch-praktische Entscheidung an: daß nämlich der Papst jederzeit von sich aus ohne notwendige Einschaltung der Kirche oder des Episkopats die kirchliche Unfehlbarkeit in Anspruch nehmen und jede für die Kirche wichtige Frage der Theorie oder Praxis allein endgültig entscheiden kann. Und damit für irgendwelche gallikanischen Auswege nicht das kleinste Türchen offenbliebe, wurde in letzter Stunde, wie man vermutet auf Betreiben

[37] Mansi 52, 1261.

Mannings und des Regensburger Bischofs Senestrey, im letzten Satz der Definition ein verschärfender Zusatz eingefügt: «Deshalb sind solche Definitionen des römischen Bischofs aus sich, *nicht aber kraft der Zustimmung der Kirche* (non autem ex consensu Ecclesiae) unabänderlich (irreformabiles)» (D 1839). Diese für manche mißverständliche, aber doch für alle Kenner nur allzu verständliche Formel meint ganz klar: zur vollen Gültigkeit einer unfehlbaren Definition des Papstes ist keine – vorausgehende, gleichzeitige oder nachfolgende – Zustimmung der Kirche, ist insbesondere – und so meinten es die «Gallikaner» und manche Konzilsväter der Minorität – keine Befragung, Mitwirkung oder Ratifikation des Episkopates notwendig. Diese verschärfende Einfügung wurde gut verstanden. Sie gab den letzten Ausschlag für die vorzeitige Abreise der hervorragendsten Vertreter der Minderheit: darunter neben den Erzbischöfen von Mailand und St. Louis (Missouri) die Vertreter der wichtigsten Metropolitansitze in Frankreich, Deutschland, Österreich-Ungarn, deren Nachfolger im Zweiten Vatikanum den Kern der nun progressiven Mehrheit ausmachen sollten, die indessen bei all ihrem Kampf für Kollegialität und Einordnung des Papstes in das Volk Gottes das berüchtigte «non autem ex consensu Ecclesiae» nur repetierte und nicht korrigierte. Und wäre man damit aller Probleme ledig gewesen? Weder die papalistischen Infallibilisten noch die gallikanischen Anti-Infallibilisten dürften damals auf den Grund der Frage vorgedrungen sein. Doch sehen wir näher zu.

Schon Gasser hatte im Rapport der Glaubensdeputation unter vielem anderem zwei wichtige Präzisierungen bezüglich der päpstlichen Unfehlbarkeit vorgetragen, die der Minorität deutlicher als die Definition selbst entgegenzukommen schienen:

Einmal wird deutlich gemacht, daß für den Papst *keine absolute Unfehlbarkeit* in Anspruch genommen wird: «Ich antworte und bekenne freimütig: in keinem Sinn ist die päpstliche Unfehlbarkeit absolut; denn die absolute Unfehlbarkeit kommt allein Gott, der ersten und wesentlichen Wahrheit zu, der nie und nirgends täuschen oder sich täuschen kann.»[38] Die Unfehlbarkeit des Papstes dagegen ist, als für bestimmte Zwecke mitgeteilte, in dreifacher Weise beschränkt: restricta est ratione subiecti..., ratione obiecti..., ratione actus...[39]

Zugleich wird deutlich, daß der Papst nicht *von der Kirche getrennt* werden soll: «...deshalb trennen wir nicht den Papst von der wohlgeordneten Verbindung mit der Kirche. Der Papst ist nämlich nur dann unfehlbar, wenn

[38] Mansi 52, 1214.
[39] Ebd.

er in seinem Amt als Lehrer aller Christen, also die ganze Kirche repräsentierend, urteilt und bestimmt, was von allen zu glauben oder zu verwerfen ist.»[40] «Von der Gesamtkirche kann er so wenig getrennt werden wie das Fundament vom Gebäude, das zu tragen es bestimmt ist.»[41] Die Unfehlbarkeit des Papstes ist auf den Hirtendienst an der Gesamtkirche ausgerichtet: «Außerhalb dieses Bezuges zur Gesamtkirche verfügt Petrus auch in seinen Nachfolgern nicht über dieses Charisma der Wahrheit aus der sicheren Verheißung Christi.»[42]

So läßt sich denn aus dem Vatikanum I einiges zitieren, was auch der Mehrheit des Vatikanum II gefallen hätte. Und manche fortschrittlichen Theologen mochten denn auch auf solche Präzisierungen große Häuser bauen. Aber dies alles ändert doch am Grundproblem kaum etwas: das Problem bleibt der päpstliche Absolutismus, wie er sich seit dem 11. Jahrhundert herausgebildet hatte und wie er nicht nur in Mittelalter und Renaissance, sondern auch in der Neuzeit auf Kosten der Kirche und der Einheit der Christenheit ausgeübt wurde. Gegen diesen päpstlichen Absolutismus anzukommen ist ja auch selbst dem Zweiten Vatikanischen Konzil bei allem feierlichen und frommen Reden und Dekretieren über Kollegialität nicht gelungen. Man hätte allerdings auf dem Vatikanum II die nun progressive Mehrheit sehr viel anständiger und demokratischer und doch nicht weniger effektiv nutzen können, als dies die reichlich skrupellose (konservative) Mehrheit, beziehungsweise ihre Einpeitscher, auf dem Vatikanum I ihrerseits getan haben; die nachkonziliare Kirche hat jetzt die Folgen jener faulen Kompromisse mit der kurialen Minderheit zu tragen. Daß die Unfehlbarkeit auf der Linie des Vatikanum I auch noch in aller Form vom Episkopat ausgesagt wurde, stellt (da ganz vom Papst abhängig) kein echtes Gegengewicht dar und verschärft sogar, wie wir dies im Zusammenhang des Magisterium ordinarium sahen, die Problematik. Alle Bestimmungen auch des Vatikanum II hindern den Papst in keiner Weise, im Alleingang unfehlbare und natürlich erst recht fehlbare Proklamationen, wann und worüber er immer will, abzugeben. Ganz wie das Vatikanum I es gewollt und bestimmt hat. Denn sehen wir ohne alles (meist doch nicht in Erfüllung gehende) Wunschdenken, was das Vatikanum I bestimmt und das Vatikanum II halbherzig bestätigt hat, so wird deutlich, daß Paul VI. bezüglich «Humanae vitae» und anderem mit der Schultheologie und dem Vatikanum II auch selbstverständlich das Vatikanum I ganz auf seiner Seite hat. Ja, er hätte

[40] Mansi 52, 1213.
[41] Ebd.
[42] Mansi 52, 1214.

noch sehr viel unbekümmerter – mit noch geringerer Rücksicht auf Episkopat, Theologie, Kommissionen und öffentliche Meinung in der Kirche – vorgehen können. Denn wie sieht die nüchterne juristisch-dogmatisch abgesicherte Wirklichkeit aus?[43] Auch nach dem Vatikanum I soll der Papst sein unfehlbares Lehramt in Hinordnung auf die Kirche zur Auferbauung, zum Nutzen und Frommen der Gesamtkirche gebrauchen.[44] Aber er und er allein (zusammen natürlich mit seinem Hof) kann von Fall zu Fall bestimmen, was der Kirche nutzt und frommt. Auch nach dem Vatikanum I soll der Papst sorgfältig und überlegt vorgehen.[45] Aber niemand in der Kirche kann ihn hindern, wenn er eigensinnig und eigenmächtig vorgeht. Auch nach dem Vatikanum I soll der Papst für eine Definition (und natürlich auch für andere Lehräußerungen) die geeigneten Mittel (Konzilien, Synoden, Rat der Bischöfe, Kardinäle, Theologen usw.) nutzen, um die Wahrheit richtig zu erforschen und angemessen zu formulieren.[46] Aber er allein befindet ohne jede Kontrolle darüber, ob, wann und wie er nach dem Gewicht der Sache diese «Mittel» gebrauchen will. Auch nach dem Vatikanum I ist insbesondere eine Mitwirkung des Episkopates bei einer Definition nicht ausgeschlossen (und man hatte sich des Episkopats, wenn man seiner sicher war, schon 1854 wie dann auch 1950 nur zu gerne bedient).[47] Aber der Papst und der Papst allein entscheidet, ob er sich dieser Mitarbeit bedienen und ob und inwieweit er sich daran halten will.

Gegen derartige theoretisch-abstrakte Einschränkungen seiner Potestas hätte vermutlich selbst der Sonnenkönig nichts einzuwenden gehabt. Dies muß ohne alle Illusion gesehen werden: nach dem Vatikanum I (und II) kann niemand den Papst an einem willkürlichen selbstherrlichen Vorgehen in Lehrfragen – unfehlbar oder fehlbar – hindern. Natürlich ist er dabei an die Offenbarung und an den Glauben der Kirche gebunden; dies wird gerne betont. Aber der Papst bestimmt in eigener Entscheidung und mit den ihm geeignet scheinenden Mitteln, was diese Offenbarung sagen will und was der wahre Glaube der Kirche ist. Dies gilt für alle Glaubens- und Sittendinge und alles, was nach römischer Ansicht darunter fällt; und wieviel dies ist, lehrt die neuere und allerneueste Kirchengeschichte. Aber das ist nun einmal die Lehre des Vatikanum I: Wenn der Papst nur will, so kann er alles auch ohne die Kirche. Gerade daran war doch der infallibilistischen Mehr-

[43] Wir halten uns getreulich wie oben an Bischof Gassers und der Kommission authentischen Kommentar.

[44] Mansi 52, 1213.

[45] Mansi 52, 1214.

[46] Mansi 52, 1213.

[47] Ebd.

heit alles gelegen, daran scheiterte jeder vernünftige Kompromiß, dies galt es unbedingt durchzusetzen. Gerade deshalb wurde zur allerletzten Absicherung die Einfügung «nicht aber kraft der Zustimmung der Kirche» eingebracht. Hier also schieden sich in der Tat die Wege, wie es richtig vom Kommissionsreferenten formuliert wurde, für den eine Zustimmung der Kirche als «opportun» oder auch «relativ notwendig» oder wie immer, aber auf keinen Fall als «absolut notwendig» bezeichnet werden durfte: «In dieser strengen und bedingungslosen Notwendigkeit liegt der ganze Unterschied, der zwischen uns besteht, und nicht in einer Opportunität oder einer relativen Notwendigkeit, die völlig dem Urteil des römischen Bischofs, der die Umstände abwägt, zu überlassen ist.»[48]

Auch das Vatikanum II hat nichts daran geändert, daß der Papst im entscheidenden Fall Dogma und Recht (und das ist in diesem Fall gut römisch eins) auf seiner Seite hat. Und auf Dogma und Recht und nicht auf Moral und Gewissen, die des Papstes rein persönliche Angelegenheit bleiben, kommt es in diesem Fall den Römern an. Wie ja auch schon Gasser auf die Forderungen verschiedener Konzilsväter nach Angabe weiterer Bedingungen zur Ausübung der unfehlbaren Lehrgewalt («guter Glaube», «Sorgfalt» usw.) sanft antwortete, solche Bedingungen würden zwar des Papstes Gewissen binden, gehörten aber gerade deshalb nicht in eine Definition: «sie sind mehr der moralischen als der dogmatischen Sphäre zuzurechnen!»[49] Solches und ähnliches hätte Gasser vermutlich auch von allzu abstrakten Reden über Dialog und Kollegialität sagen können, solange man wenigstens nicht deutlicher und konkreter geworden wäre. Man hat sich ja in Rom auch nicht gescheut zu sagen, daß der Papst selbst dann, wenn er im Akt der Definition (etwa aus falschen Motiven) sündigte, er mit seiner Definition noch immer im Recht wäre. Seine Sünde, als Frage der Moral und des Gewissens, geht somit nur seinen Beichtvater, seine Definition aber die Kirche an. Auch der Sonnenkönig hielt sich für Moral und Gewissen einen Beichtvater, ohne daß ihn dies in seinem absolutistischen Regieren auch nur im geringsten behindert hätte.

Papst und Kurie können selbst abstrakte konziliare Lehräußerungen über Kollegialität und ähnliches sehr gut verkraften, wie *nach* dem Vatikanum II und seinen Beschlüssen nicht nur die eigenmächtigen Enzykliken und Dekrete des Papstes zeigen, sondern auch die ersten beiden «kollegialen», aber ganz von der Kurie manipulierten und so völlig ineffektiven Bischofssynoden und noch in gefährlicherer Weise der mit Formulierungen des

[48] Mansi 52, 1215.
[49] Mansi 52, 1214.

Vatikanum II vollgespickte, aber völlig absolutistisch konzipierte römische Geheimentwurf für ein «Grundgesetz der katholischen Kirche» (Lex fundamentalis Ecclesiae), das alle Fortschritte des Vatikanum II endgültig begraben dürfte, falls es je angenommen werden sollte. Kann man etwas gegen all dies tun? Nun, will man den Römern auf gleicher Ebene begegnen, dann müßte man eben auch die Kollegialität in der Kirche ebenso mit allen Künsten des kirchlichen Rechtes juristisch absichern, wie die Römer dies seit Jahrhunderten für den päpstlichen Primat gründlich besorgt haben. Ohne Einschränkung des auf dem Vatikanum I Gesagten ginge es allerdings kaum ab. Nur so würde aus dem absolutistischen Monarchen – dem einzigen aus dem Ancien Régime, der die Französische Revolution überstanden hat – wenigstens ein konstitutioneller Monarch, und aus dem römischen Empire so etwas wie ein katholisches Commonwealth.

In diesem Zusammenhang dürfte dann auch nicht mehr der auf dem Ersten und Zweiten Vatikanum aus Taktik, Ignoranz oder Angst und Feigheit verschwiegene, aber doch immer wieder mögliche Konfliktsfall zwischen Papst und Kirche und die in der katholischen Tradition immer wieder diskutierte Möglichkeit eines häretischen oder schismatischen Papstes umgangen werden. Denn was schon im Zusammenhang mit dem päpstlichen Jurisdiktionsprimat anzumerken war, ist bei Lehrentscheidungen ebenso möglich, und es gibt genug Päpste vom Altertum bis zur neuesten Zeit, die in Lehrfragen von der Kirche nachträglich desavouiert worden sind. Es wäre deshalb von vornherein zu fragen, und selbst das Vatikanum I läßt eine solche Frage zu: Kann der Papst, wenn vielleicht schon *ohne*, auch *gegen* die Kirche vorgehen? Wenn der Papst auch ohne den «Consensus Ecclesiae» definieren kann, kann er es – z. B. in einer für die römischen Ultras durchaus möglichen unfehlbaren Definition über die Unsittlichkeit der Geburtenregelung – auch *gegen* den «Consensus Ecclesiae» tun? So etwas wagte selbst das Vatikanum I nicht zu sagen, wiewohl es römische Theologen gibt, die für den Fall, daß der Papst gegen die ganze Kirche stünde, dem Papst allein Orthodoxie zubilligen und der gesamten Kirche die Heterodoxie zuschieben. Nach der klassischen katholischen Tradition selbst des Mittelalters und der Gegenreformation ist sicher, daß ein Papst, der die ganze Kirche zu exkommunizieren versuchte oder gegen den Konsens der Kirche zu einer Definition schreiten sollte, wenn schon nicht als Häretiker, so doch mindestens als Schismatiker zu behandeln wäre, weil «er nicht mit dem ganzen Leib der Kirche die Einheit und Verbindung aufrechterhalten will, die er muß».[50]

[50] F. Suarez, De charitate. Disputatio XII de schismate, sectio I (Opera omnia, Paris 1858) 12, 733f. Was in diesem Abschnitt als kritische Rückfragen bisher vorgebracht wurde, sind keine allzu späten

7. Kritische Rückfragen

Aber das bisher Gesagte reicht nicht aus. Grundlegendere Fragen müssen aufgeworfen werden: Nachdem sich der Lehrprimat des Papstes nach römischer Lehre aus seinem Jurisdiktionsprimat ergibt, fallen auf den Lehrprimat auch dieselben ungelösten Schwierigkeiten, die den Jurisdiktionsprimat belasten:[51] Schwierigkeiten gegen einen Lehrprimat des Petrus, noch mehr Schwierigkeiten gegen die Notwendigkeit einer Fortdauer eines solchen Primats und am meisten Schwierigkeiten gegen eine Fortdauer in den römischen Bischöfen. Man dürfte erwarten, daß einem hier die Konstitution des Vatikanum I über die päpstliche Unfehlbarkeit weiterhilft. Aber sowenig wie die Kapitel über den Primat, sowenig liefert das Kapitel über die Unfehlbarkeit eine mindestens für den heutigen Stand der Theologie ausreichende Begründung dieser weittragenden Definition. Und der Theologe kann sich zweifellos nicht mit der juristischen Auskunft begnügen, daß das Dekret auch abgesehen von seiner Begründung gilt. Nachdem – so das Erste Vatikanum selbst – dem Papst wie auch dem Konzil keine neue Offenbarung und keine Inspiration geschenkt sind, und nachdem das Vatikanum I seine unfehlbare Definition über die Unfehlbarkeit als von Gott geoffenbartes Dogma bezeichnet, so muß es ja auch nach der Auffassung des Konzils selbst in den Zeugnissen von dieser Offenbarung aufzufinden sein. Und so führt denn auch das Konzil durchaus solche Zeugnisse an. Nur geraten wir hier in wenn möglich noch größere Verlegenheit als im Zusammenhang mit dem Primat. Es kann der Kirche von heute nur helfen, wenn dies offen und ehrlich ausgesprochen wird.

a. Es fällt sogleich auf, daß – abgesehen von einem indirekten Zitat von Mt 16,18 – im ganzen Kapitel über die Unfehlbarkeit nur einmal die *Schrift* zitiert wird: «Ich habe für dich (Petrus) gebetet, daß dein Glaube nicht wanke; und du, wenn du dich einst bekehrt hast, stärke deine Brüder!» (Lk 22,32.)

Es sei von vornherein gesagt, daß selbst Christen außerhalb der katholischen Kirche sehr froh darum wären, wenn irgendeiner in der Christenheit diesen petrinischen Dienst in evangelischer Gesinnung und Haltung wahr-

nachkonziliaren Einsichten. Gleichsam «pro domo» darf darauf hingewiesen werden, daß unsere Analyse der vatikanischen Primats- und Infallibilitätsproblematik und des möglichen Konfliktsfalles zwischen Papst und Kirche bereits vor dem Vatikanum II in «Strukturen der Kirche» (1962) publiziert und während des Konzils mit einem römischen Inquisitionsverfahren belohnt worden war, daß man jedoch von seiten der progressiven Konzilsmehrheit nicht wagte, solche für die Kurie ernsthaft peinlichen Fragen offen auszusprechen und durchzudiskutieren.

[51] Vgl. Kap. II, 5.

nehmen würde: aus starkem Glauben heraus die Brüder zu stärken, zu trösten und zu ermutigen; Johannes XXIII. – er muß immer wieder genannt werden, weil er in neuerer Zeit das einzige unzweideutige Beispiel ist – hat dies getan, aber, wie gesagt, ohne irgendeine Berufung auf Unfehlbarkeit, ja unter ausdrücklichem Verzicht auf unfehlbare Äußerungen. Also nicht eine gelebte Nachfolge im Petrusdienst am Glauben der Brüder ist die Frage, sondern die historische und formalrechtliche Sukzession eines päpstlichen Lehramtes mit Berufung auf Unfehlbarkeit. Dafür wäre zu beweisen, was bisher auch mit allen scholastischen Spekulationen und logischen Schlußfolgerungen nicht überzeugend bewiesen worden ist:

1. daß in Lk 22,32 (und in Mt 16,18 und Jo 21,15) von einem Lehramt und dazu noch von einem unfehlbaren Lehramt die Rede ist: von Unfehlbarkeit steht kein Wort da; auch dessen Glaube nicht «aufhört» (dies ist die wörtliche Übersetzung), braucht von Irrtümern im einzelnen keineswegs verschont zu sein; und schließlich kann auch der durchaus nicht Unfehlbare (vgl. Petrus) seine Brüder im Glauben stärken;

2. daß in Lk 22,32 (und in Mt 16,18 und Jo 21,15) nicht nur Petrus, sondern auch irgendwelche Nachfolger angesprochen sind: von solchen ist hier wiederum keine Rede;

3. daß ein solcher allfälliger Nachfolger der Bischof von Rom sei: was in bezug auf ein unfehlbares Lehramt noch sehr viel mehr Schwierigkeiten bietet als in bezug auf einen Jurisdiktionsprimat.

Wer diese Frage beantworten kann (in den römischen Schulbüchern habe wenigstens ich sie nicht beantwortet gefunden): hic Rhodus, hic salta! Bisher scheint es jedoch keinem katholischen Theologen gelungen zu sein, auch Christen außerhalb der katholischen Kirche, bei denen man doch nach dem Vatikanum II nicht mehr nur Ignoranz oder bösen Willen voraussetzen darf, zu überzeugen. Und bei Durchschnittskatholiken und oft auch Durchschnittstheologen fragt man hier, wie die Erfahrung lehrt, besser nicht nach Begründungen.[52] Noch weniger ermutigend ist die Weise, wie selbst in den neuesten (wenn auch meist noch vorkonziliaren) katholischen Kommentaren selbst von als kritisch geltenden Exegeten mit der Schrift umgegangen wird. Zu Lk 22,32 schreibt z. B. J. Schmid[53] zunächst völlig eindeutig: «Über die Situation unmittelbar nach der Passion und über den

[52] Wie aus der Emnid-Umfrage vom Jahre 1967 hervorgeht, sind 55 % aller befragten Katholiken der Meinung, «der Papst kann nicht unfehlbar sein, denn er ist ein Mensch». Dabei ist es aufschlußreich, daß selbst 44 % der praktizierenden Katholiken dieser Meinung sind. In: Was glauben die Deutschen. Die Emnid-Umfrage. Ergebnisse, Kommentare. Hrsg. von W. Harenberg (München 1968) 42.

[53] J. Schmid, Das Evangelium nach Lukas (Regensburg 1960) 332.

Kreis der Jünger blickt das Wort Jesu nicht hinaus.» Eine solche Interpretation steht natürlich im Widerspruch zur Interpretation des Vatikanum I. Aber der katholische Verfasser fährt fort: «Sobald man aber» – ob er sich selber einbezieht, läßt er klug offen – «Mt 16,18 damit in Verbindung bringt» – mit welchem Recht und aufgrund welcher hermeneutischer Prinzipien wird nicht gesagt – «und anerkennt» – anscheinend weniger ein Akt der Einsicht als des Glaubens –, «daß dort dem Petrus ein nicht bloß für seine Person und Zeit geltendes Amt verheißen wird» – was bei Mt 16,18 ebenso fraglich ist wie bei Lk 22,32! Was dann? – «muß (!) man (!) auch anerkennen (!), daß die Aufgabe, den ‹Brüdern› Halt im Glauben zu geben, auch für alle die gilt, in denen Petrus als Haupt der Kirche (!) fortlebt (!)». Wenn «man» schon eine solche «exegetische» Argumentation für akzeptabel ansieht, wird man auch nicht mehr darüber erstaunt sein, daß der Exeget – zwischen Klammern – noch den dogmatischen Beleg für seine Argumentation beifügt: «Vatik. Konzil, 4. Sitzung, Kap. 4.»

Nur der naive Leser dürfte indessen übersehen haben, daß abgesehen von allen anderen Merkwürdigkeiten die Schützenhilfe des Exegeten zu kurz geraten ist: dem «Vatik. Konzil, 4. Sitzung, Kap. 4» ist ja nun gerade an dem gelegen, was bei dieser seltsamen Exegese trotz allem nicht herausgesprungen ist: daß Lk 22,32 nicht nur mit «Halt im Glauben», sondern mit «unfehlbaren Definitionen» zu tun hat.

Es darf in diesem Zusammenhang erinnert werden, daß die für die heutigen römischen Bischöfe so kapitale Stelle Mt 16,18f, die jetzt mit großen schwarzen Lettern auf goldenem Grund die Petersbasilika zieren, in der ganzen christlichen Literatur der ersten paar Jahrhunderte kein einziges Mal in vollem Wortlaut vorkommt; daß die Stelle zum erstenmal im zweiten Jahrhundert von Tertullian zitiert wird, jedoch nicht für Rom, sondern für Petrus, daß erst in der Mitte des dritten Jahrhunderts ein römischer Bischof Stephan II. – ein frühes Muster des vor allem mit Exkommunikationen arbeitenden römischen Autoritarismus, der den großen Cyprian als Pseudoapostel und Pseudochristen beschimpfte – sich für die bessere Tradition auf den Vorrang Petri berief; daß aber erst vom vierten Jahrhundert an Mt 16, 18f (besonders von den römischen Bischöfen Damasus und Leo) zur Stützung eines Primatsanspruches, allerdings ohne formellen Anspruch auf Unfehlbarkeit, gebraucht wurde; daß schließlich in der gesamten orientalischen Exegese bei Mt 16,18 bis ins achte Jahrhundert und darüber hinaus bestenfalls an einen persönlichen Primat Petri gedacht wird, ohne daß ein Bezug zu einem römischen Primat ernsthaft in Betracht gezogen wird. Und wie immer: weder im Westen noch im Osten wird mit Bezug auf Mt 16,18f oder Lk 22,32 je ein Anspruch auf die Unfehlbarkeit des Bischofs von Rom erhoben.

b. Von daher versteht sich nun auch, weswegen auf dem Vatikanum I die Definition auch gerade der Unfehlbarkeit mit so mageren *Traditionszeugnissen* belegt wird. Zu Beginn des Unfehlbarkeitskapitels wird für einen Lehrprimat des römischen Bischofs (eingeschlossen in seinen Jurisdiktionsprimat) generell behauptet: «Dies hielt dieser Heilige Stuhl immer, bestätigt der ständige Brauch der Kirche und dies erklärten auch die ökumenischen Konzilien» (D 1832). Hierbei ist – will man ein Zirkelargument vermeiden – von vornherein zu bedenken, daß keine kirchliche Tradition unbesehen hingenommen werden darf, sondern von der ursprünglichen christlichen Botschaft her kritisch zu beurteilen ist: ob nämlich diese Tradition eine Entwicklung gemäß dem Evangelium, gegen das Evangelium oder am Evangelium vorbei (secundum, contra, praeter evangelium) war. Faktizität und sehr oft auch juridische Legalität bedeuten theologisch, vom Evangelium her gesehen, noch keineswegs Legitimität. Aber für einen unfehlbaren Lehrprimat des römischen Bischofs wird man selbst bezüglich der Faktizität einige Zweifel haben.

Selbstverständlich wird niemand die in vielem heilsame und helfende Rolle der römischen Kirche in Frage stellen. Diese ebenso alte wie mächtige Kirche der Reichshauptstadt, die sich durch umfassende Liebestätigkeit auszeichnete und in verschiedenen Verfolgungen ihr Glaubenszeugnis ablegte, galt nicht zu Unrecht als Hort der Rechtgläubigkeit. Sie hatte sich im Kampf gegen Gnostiker, Marcioniten und Montanisten bewährt, der Gedanke der apostolischen Tradition und Sukzession hatte hier schon früh Fuß gefaßt, und bezüglich des Taufsymbols wie bezüglich des neutestamentlichen Kanons war der Einfluß Roms gewichtig gewesen. In Sachen der Lehre nahm die römische Kirche klug eine mittlere, vermittelnde Stellung ein, wobei sie in der Folge besonders von Alexandrien unterstützt wurde. Daß sich dabei das Ansehen der Gemeinde auf deren Bischof übertrug, ist nicht weiter verwunderlich.

Aber von einem Lehrprimat oder gar einer Unfehlbarkeit des römischen Bischofs oder auch nur der römischen Kirche konnte trotzdem keine Rede sein. Der römische Anspruch wurde sofort problematisch, wenn er, je länger desto mehr rechtlich verstanden, ohne Respekt vor der Eigenart und Selbständigkeit der anderen Kirchen in Lehre, Liturgie oder Kirchenordnung autoritär durchgesetzt werden sollte. So etwa wenn in diesem Bund von Bischofskirchen gegen Ende des zweiten Jahrhunderts der römische Bischof Viktor um eines neuen römischen Ostertermins willen ganz Kleinasien exkommunizierte (dagegen die Bischöfe des Westens, besonders Irenäus, und des Ostens), oder wenn um die Mitte des dritten Jahrhunderts Bischof Stephan wegen anderer Wertung der Ketzertaufe wiederum weite Kirchengebiete ausschließen wollte (dagegen Cyprian, die Kirchen Afrikas und die großen Kirchen des Ostens). Weder Viktor noch Stephan konnten sich mit ihrem Anspruch auf einen Primat in der Nachfolge Petri durchsetzen. Erst seit der Konstantinischen Zeit – bemerkenswert vor allem die westliche Rumpfsynode von Sardica (Sofia) 343 – wurde in der Kirche des Westens unter römischem Einfluß immer mehr eine monarchische Struktur verwirklicht: So wenn Bischof Damasus als erster für die römische Cathedra exklusiv den Titel Sedes Apostolica in Anspruch nahm, wenn dann Bischof Siricius (weit wichtiger sein Zeitgenosse Bischof Ambrosius von Mailand) sich zuerst «Papst» nannte, seine eigenen Statuta kurzerhand «apostolische» zu nennen begann, den imperialen Amtsstil übernahm und seine Amtsbefugnisse energisch nach allen Seiten ausweitete, wenn dann Bischof Innozenz I. jede wichtige Angelegenheit nach ihrer Behandlung auf Synoden dem römischen Bischof zur Entscheidung vorgelegt haben wollte und die liturgische Zentralisierung mit historischen Fiktionen durchzusetzen versuchte usw. Der weitere Machtausbau der römischen Sancta Sedes – besonders in Zusammenhang mit dem Kirchenstaat und der gefälschten «Konstantinischen Schenkung», der ebenso ungeheuerlichen wie einflußreichen Fälschung der Isidorischen Dekretalen und schließlich der Gregorianischen Reform – sind bekannt.

Erst seit der Gregorianischen Reform im Hochmittelalter beginnt sich die römische Macht in streng juristischer und zentralistischer Weise bis in die Lehre hinein auszuwirken. Gewiß war auch im arianischen Streit Roms Einfluß gewichtig gewesen und in Chalkedon hatte Leo einen großen Sieg errungen. Aber zur gleichen Zeit haben etwa die bedeutendsten Bischöfe und Theologen sogar der Westkirche, Ambrosius und Augustinus, aus dem Petruswort Mt 16,18 kein Vorrecht für den Bischof von Rom als Nachfolger Petri erschlossen, sondern im ganzen auf der Linie Cyprians gedacht. Und wenn nun die römischen Bischöfe von Damasus bis Leo versuchten, aus jenem Wort rechtliche Schlüsse für eine römische Jurisdiktion über andere Kirchen zu ziehen, so erhoben sie Ansprüche, die vorläufig weithin römische Postulate blieben, die in der Kirche weder akzeptiert noch verwirklicht wurden. Und gerade der große Römer und Jurist Leo, der sich als erster mit dem Titel des heidnischen Oberpriesters «Pontifex Maximus» zierte und mit Berufung auf das Petruswort Gehorsam und selbst eine Unterordnung des ökumenischen Konzils forderte, mußte erfahren, wie dasselbe Konzil von Chalkedon seinem großen Gegenspieler in Konstantinopel die gleiche Suprematiestellung als dem Patriarchen der Ostkirche zubilligte. Und wenn auch die ökumenischen Konzilien, wo außer in Chalkedon die römischen Bischöfe kaum einen Einfluß ausübten, keine Glaubensentscheidung ohne oder gegen den Papst – Patriarch der Westkirche und erster Patriarch der Reichskirche – fällen wollten, so fällten sie doch ihre Entscheidungen aus eigener Machtvollkommenheit, wie sie ja auch weder vom römischen Bischof einberufen, noch von ihm geleitet, noch von ihm notwendig bestätigt worden sind. Und wie wenig der römische Anspruch auf Rechtgläubigkeit als «Unfehlbarkeit» verstanden wurde, zeigten in drastischer Weise die Exkommunikation des Papstes Vigilius auf dem fünften ökumenischen Konzil in Konstantinopel 553, der daraufhin nachgab, und dann besonders die berühmte Verurteilung des Papstes Honorius I. auf dem sechsten ökumenischen Konzil in Konstantinopel 681, die durch die Trullanische Synode 692 sowie das siebte und achte ökumenische Konzil wiederholt und im übrigen auch vom Nachfolger des Honorius, Papst Leo II., akzeptiert und den nachfolgenden Päpsten erneut bestätigt wurde.

Bis ins zwölfte Jahrhundert versteht man außerhalb Roms die Bedeutung der römischen Kirche für die Lehre nicht als eigentliche Lehr-Autorität in juridischem Sinne, wie es neuestens noch, die gesamte Forschung zusammenfassend, Yves Congar in seinem bewundernswert reichen Band über die Ekklesiologie des Hochmittelalters ausführt: «Bei der Lehrtätigkeit, die man ausdrücklich dem Papst zuerkannte, handelt es sich mehr um eine religiöse Qualität, die Rom der Tatsache verdankt, daß es der Ort des Martyriums und des Grabes von Petrus und Paulus ist. Petrus, das ist der Glaube. Paulus, das ist der Verkünder des Glaubens. Man bejaht gerne, daß die römische Kirche nie im Glauben geirrt hat. Sie erscheint dabei als ein Vorbild, da sie die Kirche Petri ist, der als erster und beispielhaft Christus bekannt hat... Dies hieß aber nicht zugeben, was wir, in uneigentlicher Weise, die Unfehlbarkeit des Papstes oder, exakter, die Unfehlbarkeit der Urteile nennen, die er in letzter Instanz als allgemeiner und oberster Hirte fällen kann. Man bestreitet gelegentlich die Lehraussagen der Päpste.»[54] Und Congar beruft sich hier auf das Werk von J. Langen, der alles an Fakten und Texten zusammengesucht hat, um zu beweisen, daß man vom siebten bis zum zwölften Jahrhundert den Papst nicht für unfehlbar hielt.[55]

[54] Y. Congar, L'Ecclésiologie du Haut Moyen Age. De Saint Grégoire le Grand à la désunion entre Bycanze et Rome (Paris 1968) 159f.

[55] J. Langen, Das Vatikanische Dogma von dem Universal-Episcopat und der Unfehlbarkeit des Papstes in seinem Verhältnis zum Neuen Testament und der exegetischen Überlieferung, 4 Bde. (Bonn 1871–1876) II, 123f.

Der große Umbruch fand aber auch in bezug auf die Lehrautorität in Zusammenhang mit der Gregorianischen Reform statt, als die Verurteilungen jener Päpste bereits vergessen waren. Die ungeheuerlichen Fälschungen der Pseudo-Isidorischen Dekretalien aus dem neunten Jahrhundert (115 total gefälschte Dokumente von den römischen Bischöfen aus den ersten Jahrhunderten seit Clemens von Rom, 125 authentische Dokumente mit Interpolationen) kamen nun auch bezüglich der Lehrautorität des Papstes zur Auswirkung.[56] Diese Fälschungen zerstörten allen Sinn für die historische Entwicklung der Institutionen und erweckten den Eindruck, als ob schon die älteste Kirche bis ins Detail durch Dekrete von Päpsten regiert worden sei: ein Kirchenbild und Kirchenrecht, das ganz auf die römische Autorität konzentriert erscheint. Für Lehrfragen waren vor allem folgende Fälschungen von Bedeutung: daß die Abhaltung aller Konzilien, selbst der Provinzialkonzilien, an die Autorität des Papstes gebunden sei und daß alle wichtigeren Angelegenheiten in der Kirche dem Urteil des Papstes unterstünden. Der Papst erscheint aus sich als Quelle der Normativität für die ganze Kirche: «Pseudo-Isidor schreibt dem Lehramt und der disziplinären Autorität des Papstes einen autonomen Charakter zu, der nicht an die Normen der Tradition gebunden ist. Er schreibt einem Zeitgenossen des Cyprian, Papst Lucius, die Aussage zu, daß die römische Kirche, ‹Mutter aller Kirchen Christi›, nie geirrt hat.»[57]

Auf solche und ähnliche Aussagen stützte sich Gregor VII. in der zweiten Hälfte des elften Jahrhunderts für seine monarchische Konzeption der Kirche, die faktisch eine neue Kirchenverfassung darstellte, und dann in der ersten Hälfte des zwölften Jahrhunderts der Begründer der Kirchenrechtswissenschaft Gratian, in dessen für die gesamte Folgezeit, einschließlich des Codex Iuris Canonici von 1918, grundlegendem Gesetzbuch aus den Pseudo-Isidoren 324 Passagen von Päpsten aus den ersten vier Jahrhunderten zitiert sind, von denen 313 erwiesenerweise gefälscht sind. Mt 16,18 wird von nun an in Rom in genau diesem monarchisch-absolutistischen Sinne auf die römische Kirche und den römischen Bischof bezogen, und dies mit allen juristischen Konsequenzen, die die großen päpstlichen Gesetzgeber des zwölften und dreizehnten Jahrhunderts aus diesem Primat zu ziehen und mit Hilfe der Papstsynoden, päpstlicher Legaten und der von den lokalen Kirchenleitungen (Bischöfen und Pfarrern) ebenfalls unabhängigen

[56] Vgl. Strukturen der Kirche VII, 6; Y. Congar, ebd. 226–232. Vgl. dazu H. Fuhrmann, Päpstlicher Primat und Pseudoisidorische Dekretalen, in: Quellen und Forschungen aus italienischen Archiven und Bibliotheken 49 (1969) 313–339.

[57] Y. Congar, ebd. 230.

Bettelorden höchst praktisch durchzusetzen wußten. Sowohl das westlich-germanische wie erst recht das östliche Kaisertum waren in dieser Zeit schwach, und die Ostkirchen hatten sich infolge solcher Entwicklung völlig von Rom abgewandt; in dieser Zeit wurde das Schisma mit dem Osten endgültig. So stand nun auch der Entwicklung der päpstlichen Lehrautorität kein Hindernis mehr im Weg. Zwar hatte noch Gregor VII. im Dictatus Papae nur von der römischen *Kirche* behauptet, sie könne niemals im Glauben irren, und seine Behauptung einer persönlichen Heiligkeit des Papstes, aufgrund der Verdienste Petri ihm mitgeteilt, konnte sich nicht durchsetzen; vermutlich hätte sie sich allzu leicht gegen die Legitimität eines Papstes wenden können. Auch hielt selbst die kurial gesinnte Kanonistik die Lehre aufrecht, daß ein Papst häretisch werden und dann von der Kirche gerichtet werden kann. Aber trotzdem erreichte im dreizehnten Jahrhundert die päpstliche Macht nicht nur in der Weltpolitik und im Kirchenrecht ihren Höhepunkt, sondern setzte sich auch in der eher zurückhaltenden Theologie durch.

Thomas von Aquin, selber Angehöriger eines zentral geleiteten Bettelordens, war es vor allem, der die neue politisch-juristische Entwicklung in der zweiten Hälfte des dreizehnten Jahrhunderts in das dogmatische System einbaute. Dies muß bei allen unbestreitbaren Verdiensten des Thomas von Aquin um die sonstige Theologie klar gesehen werden. Besonders in seinem Opusculum «Contra errores Graecorum», das Thomas im Auftrag der Kurie 1263 für Papst Urban IV. und dessen Unionsverhandlungen mit Kaiser Michael VIII. Palaiologos geschrieben hatte, beweist er gegenüber den schwachen Griechen in exorbitanter Weise die römischen Rechte, was dann wiederum auf das Abendland zurückwirkte. In Zusammenhang mit den höchsten Fragen der Trinitätslehre wird gegen Ende des Werkes den Griechen in mehreren Kapiteln, die von Zitaten aus Fälschungen geradezu strotzen, «gezeigt», «daß der römische Papst der erste und größte unter allen Bischöfen ist», «daß derselbe Papst über die ganze Kirche Christi den Vorsitz hat», «daß derselbe in der Kirche die Fülle der Gewalt hat», «daß in derselben von Christus dem Petrus verliehenen Gewalt der römische Papst der Nachfolger Petri ist».[58] In bezug auf die päpstliche Lehrvollmacht demonstriert Thomas, «daß es Sache des Papstes ist, was Glaube ist, zu bestimmen», wobei alle diese Kapitel in dem anscheinend von Thomas

[58] Thomas von Aquin, Contra errores Graecorum, Pars II cap. 32–35; die Fälschungen werden auch in neueren katholischen Kommentaren, wie etwa in dem mit einer ausgezeichneten Einleitung versehenen von R.A. Verardo (Opuscula theologica, ed. Marietti 1954), freimütig behandelt und vermerkt. Grundlegend dafür sind die Forschungen von F.H. Reusch, Die Fälschungen in dem Tractat des heiligen Thomas von Aquin gegen die Griechen (München 1889).

zum erstenmal dogmatisch formulierten und dann von Bonifaz VIII. in der Bulle «Unam sanctam» in schroffer Weise definierten Satz gipfeln: «daß dem römischen Papst untergeordnet zu sein, zum Heile notwendig ist».[59] Auch in diesem für die päpstliche Lehrautorität grundlegenden Artikel stützt sich Thomas auf gefälschte Zitate aus Cyrills «Liber thesaurorum», die er einem anonymen «Libellus de processione Spiritus Sancti» entnahm: «Es ist erklärlich, daß Thomas aus dem Libellus gerade diejenigen Sätze exzerpiert hat, die für die Begründung seiner Sätze über den Primat geeignet waren; das sind aber nach dem Gesagten meist Sätze, die entweder gefälscht oder durch Fälschungen interpoliert sind.»[60]

Diese auf Fälschungen beruhenden Thesen übernimmt dann Thomas auch in die Summa theologiae, wo sie nun erst recht Geschichte machen. Grundlegend für unseren Kontext ist der Artikel, ob es Sache des Papstes sei, Glaubensbekenntnisse festzusetzen.[61] Die These wird wie üblich zunächst verneint mit dem historisch völlig richtigen Hinweis, «daß die Herausgabe eines Glaubensbekenntnisses im allgemeinen Konzil geschehen ist». Doch darauf antwortet Thomas mit einem Satz, den er nur aus einer Dekretalenstelle belegt, die ihrerseits wiederum auf den genannten pseudoisidorischen Fälschungen beruht und in keinem Fall der geschichtlichen Wahrheit entspricht[62]: «Doch ein derartiges Konzil kann allein durch die Autorität des Papstes versammelt werden. Also gehört die Herausgabe eines Glaubensbekenntnisses zur Autorität des Papstes.» Und dann die ausführliche Antwort von Thomas: «... Die neue Ausgabe eines Glaubensbekenntnisses ist notwendig, um sich erhebende Irrtümer zu meiden. Zu dessen Autorität jedoch gehört die Herausgabe eines Glaubensbekenntnisses, zu wessen Autorität es letztlich gehört, das durch eine Sentenz zu bestimmen, was Glaube ist, damit es von allen in unerschütterlichem Glauben festgehalten werde. Dies aber gehört zur Autorität des Papstes, dem die größeren und schwierigeren Fragen der Kirche übertragen werden (hier folgt wieder eine auf den Pseudo-Isidoren beruhende Dekretalenstelle). Deshalb sagt der Herr (Lk 22,32) dem Petrus, den er als Papst eingesetzt hat: ‹Ich habe für dich gebetet...› Und der Grund dafür ist, daß der Glaube der gesamten Kirche einer sein soll nach 1 Kor 1,10: ‹Dasselbe redet alle, und es seien keine Spaltungen unter euch!› Was nicht gewahrt werden könnte, wenn nicht eine aufgebrochene Frage durch den bestimmt würde, der der ganzen

59 Thomas von Aquin, ebd. cap. 36.
60 F. H. Reusch, ebd. 733.
61 Thomas von Aquin, Summa theologiae II–II q. 1, a. 10.
62 Vgl. Strukturen der Kirche VII, 6.

Kirche vorsteht, damit sein Urteil von der ganzen Kirche festgehalten werde. Und deshalb gehört die Herausgabe eines neuen Glaubensbekenntnisses allein zur Autorität des Papstes, wie auch alles andere, was die ganze Kirche angeht, wie das allgemeine Konzil versammeln und ähnliches.»

Es ist kein Zweifel, daß auf diese Weise Thomas von Aquin, sich, wie man annimmt, guten Glaubens auf Fälschungen gründend, die Grundlagen für die Unfehlbarkeitslehre des Vatikanum I gelegt hat. Nicht als ob sie sich sogleich allgemein durchgesetzt hätte. Kurze Zeit darauf ließen das Exil von Avignon, das Abendländische Schisma mit seinen zwei und dann drei sich widersprechenden Päpsten und schließlich die Konzilszeit die Übertreibungen der päpstlichen Lehrgewalt ebenso utopisch erscheinen wie die Übertreibungen der kirchlich-weltlichen Jurisdiktionsgewalt. Allerdings hat Kardinal Torquemada nach dem Konzil von Konstanz auf thomistischer Grundlage die umschriebene papalistische Ekklesiologie erneuert (die Möglichkeit eines häretischen Papstes gab er allerdings zu), gefolgt später, als die Kurie wiederum weithin die Oberhand gewonnen hatte, von Luthers Zeitgenossen Kardinal Cajetan und Jacobazzi. Aber es gab im fünfzehnten Jahrhundert und zur Zeit des Ausbruchs der Reformation – dies muß gerade zum Verständnis Luthers gesagt werden – keine einhellige Auffassung in der Kirche über den päpstlichen Primat (und sein Verhältnis zum Konzil) und über die Lehrautorität des Papstes. Selbst das Konzil von Trient wagte aus Furcht vor einem wiedererwachenden Konziliarismus keine Entscheidungen über diese Fragen. Kardinal Bellarmin allerdings nahm die Linie Thomas von Aquin – Torquemada – Cajetan wieder auf und wurde dann im neunzehnten Jahrhundert, als die Zeit zu einer Definition reif geworden war, mit Thomas von Aquin zusammen zum Kronzeugen der Unfehlbarkeit des Papstes. Nur am Rande sei bemerkt, daß die Verurteilung des Papstes Honorius durch mehrere ökumenische Konzilien und Päpste Thomas von Aquin unbekannt war, nach ihrer Entdeckung aber von Torquemada unverblümt als Irrtum der Griechen, dann von A. Pigge und Bellarmin in der Reformationszeit noch unverblümter als Fälschung der Konzilsakten durch die Griechen (gegen welche Fälschungshypothese schon der Trienter Konzilstheologe Melchior Cano scharf protestierte) ausgegeben wurde, und daß schließlich diese Verurteilung eines Papstes von den Infallibilisten auf dem Vatikanum I zwar in ihrer Historizität anerkannt, aber nun umgekehrt die Entscheidung des Honorius – eine jetzt üblich gewordene anachronistische Ausflucht – nicht als eine Ex-Cathedra-Erklärung interpretiert wurde.[63]

[63] Vgl. zur Honoriusfrage R. Bäumer, Artikel Honorius I., in: LThK V (Freiburg-Basel-Wien 1960) 474f (Lit.).

Aufgrund dieser kurz skizzierten Geschichte der päpstlichen Unfehlbarkeit wird man verstehen, weswegen sich das Vatikanum I für seine Begründung mit den kurzen allgemeinen Behauptungen «Dies hat der Heilige Stuhl immer gehalten» und «Dies bestätigt der ständige Brauch der Kirche» begnügt hat: die *geschichtliche Wirklichkeit* sieht anders aus! Die papalistischen Zuspitzungen der Lehrgewalt in Theorie und Praxis können sich zwar auf heute erwiesene Fälschungen und darauf gründende Dekretalen sowie wiederum auf die jene Dekretalen «beweisenden» Theologen, aber weder auf die Heilige Schrift noch auf die gemeinsame ökumenische Tradition der Kirche des ersten Jahrtausends gründen. Sie sind wesentlich mit schuld an der Aufrechterhaltung der Kirchenspaltung mit den Kirchen des Ostens, die eine solche Entwicklung nie akzeptiert haben, und mit den Kirchen der Reformation, die sich gegen diese Entwicklung im Namen der Freiheit des Evangeliums und des Christenmenschen gewandt haben.[64]

Falls es überhaupt noch einer weiteren Illustration bedarf für die aufgezeigte Problematik der Entwicklung, so nehme man, gleichsam als Gegenprobe, die im vierten Kapitel der Konstitution «Pastor aeternus» für die päpstliche Unfehlbarkeit zitierten Konzilstexte: keiner der drei erstaunlich ausführlichen Texte stammt von einem allgemein anerkannten ökumenischen Konzil. Daß man nicht gerade das Konzil von Chalkedon mit seinem berühmten 28. Kanon zitierte, der Neu-Rom (Konstantinopel) dieselben Ehrenrechte zuerkennt wie Alt-Rom, kann man dem Vatikanum I gewiß nicht verübeln; hier spricht eben eine andere, nicht-römische Tradition (Heinrich Denzinger, sonst peinlich genau im Aufspüren von Zitaten für Primat und Unfehlbarkeit aus zum Teil recht zweitrangigen Dokumenten, verschweigt wie so vieles auch diesen nicht ins System passenden Kanon eines ökumenischen Konzils). Aber was beweisen andererseits aufgrund der ganzen geschichtlichen Entwicklung im zweiten Jahrtausend die Zitate aus dem Konzil von Lyon (1274) und Florenz (1439): von Römern verfertigte römische Bekenntnisse zum römischen Primat, die man den politisch von den Türken sehr bedrängten Griechen – letztlich ohne Erfolg – aufzuoktroyieren versuchte. Dabei steht bei aller Hervorhebung der römischen Lehrautorität weder im Lyoner noch im Florentiner Text ein Wort über Unfehlbarkeit. Ähnliches gilt vom vierten Konzil von Konstantinopel (869 bis 870), das als erstes Zeugnis vom Vatikanum I angeführt wird: kein Wort über Unfehlbarkeit und auch keines über den römischen Bischof, sondern nur über die römische Sedes. Auch dieses Konzil indessen gehört

64 Zur Bewertung dieser Entwicklung sei nochmals verwiesen auf: Strukturen der Kirche VII, 3–6, und: Die Kirche E II, 3.

nicht zu den allgemein anerkannten ökumenischen Konzilien, im Gegenteil: Im Streit des Patriarchen Ignatios gegen den Patriarchen Photios gehalten, wurde es einige Jahre später förmlich annulliert, seine Originalakten gingen verloren, und in allen byzantinischen Sammlungen wird dieses Konzil völlig ignoriert. Selbst im Westen hatte es keinerlei Gewicht, bis man in der zweiten Hälfte des elften Jahrhunderts – wiederum bezeichnenderweise im Zusammenhang mit der Gregorianischen Reform und dem endgültigen Bruch mit Konstantinopel – anfing, dieses Konzil als achtes ökumenisches Konzil aufzuführen.[65]

c. Überblickt man nun endlich die offenkundig ebenso dürftige wie brüchige Begründung des Unfehlbarkeitsdogmas aus Schrift und Tradition, so wundert man sich, wie die übergroße Mehrheit der Bischöfe dieser Definition die Zustimmung geben konnte. Man hat denn auch die *Motive* eingehend untersucht.

Zweifellos haben zahlreiche außertheologische Motive mitgespielt: Wir haben schon auf die von der Restauration, der Romantik und dem Traditionalismus geprägte Mentalität der meisten Bischöfe und der damit verbundenen Abneigung gegen moderne liberale und demokratische Ideen gesprochen, die sie für eine verstärkte, ganz auf den Papst gebaute hierarchische Ordnung eintreten ließ. Wir haben von der neuartigen sentimentalen Verehrung für Pius IX. gesprochen, die ihm keinen ernsten Wunsch abzuschlagen vermochte und die in der Definition seiner Vorrechte einen Ausgleich für die ihm angetane Schmach erblickte. Es wäre noch mehr vom Wunsch vieler Bischöfe zu reden, den «Gallikanismus», der als Schwächung der einen katholischen Front empfunden wurde, endgültig zu erledigen, und auch vom Druck der Kurie, der insbesondere bei auch finanziell von der Kurie abhängigen Bischöfen zweifellos mitgespielt hat. Aber dies alles reicht zur Motivierung nicht aus.

Welche Motive waren denn für die Definition der päpstlichen Unfehlbarkeit schließlich entscheidend? Daß die päpstliche Unfehlbarkeit für die Mehrzahl der Bischöfe schon selbstverständlich feststand, bevor sie definiert wurde! Sie kamen zum größten Teil aus traditionell-katholischen Ländern; zu ihnen stießen die in Rom ausgebildeten Orientalen und beinahe alle Missionsbischöfe sowie einige, in deren Ländern der Kampf gegen Liberalismus oder Protestantismus besonders akut war. Für sie alle, die sich

65 Vgl. dazu übereinstimmend K. Baus, Art. Konstantinopel (V), in: LThK VI (Freiburg-Basel-Wien 1961) 495–497. J. Alberigo u. a., Conciliorum oecumenicorum decreta (Freiburg 1962) 133–135. H. Alevisatos (orthodox), Les conciles œcuméniques V^e^, VIe, VIIe et VIIIe, in: Le concile et les conciles (Paris 1960) 119–123.

über die in Frage stehenden immensen exegetischen, historischen und systematischen Schwierigkeiten keine großen Gedanken machten, war die Sache von vornherein klar, wie R. Aubert, der die verschiedenen Motive exakt analysiert hat, richtig darlegt: «Selbst wenn diese Prälaten durchaus nicht alle zentralistischen Tendenzen der Kurie guthießen, hatten sie nichts dagegen, daß das Konzil in feierlicher Weise die Unfehlbarkeit des Papstes anerkannte, welche, wenigstens in der Praxis, von der Gesamtheit ihrer Gläubigen und ihres Klerus längst anerkannt war und deren theologische Richtigkeit für sie feststand. In den gallikanischen oder febronianischen Thesen dagegen sahen sie einen Rückfall in überholte Theorien, während die alte Tradition durch mehrere Schriftstellen, die ihnen völlig eindeutig vorkamen, und von allen Lehrern der Scholastik, von Thomas bis Bellarmin, bezeugt wurde. Sie hielten es daher für durchaus naheliegend, daß man die Gelegenheit des Konzils benutzte, um kurzen Prozeß mit den wiederauflebenden, nach ihrer Überzeugung völlig unfruchtbaren Diskussionen über dieses Thema zu machen.»[66]

Andrerseits wird man jedoch nicht übersehen dürfen, daß auch bei der Minorität – vor allem deutsche, österreichisch-ungarische und etwa dreißig französische und zwanzig italienische Bischöfe sowie einige Orientalen – die Motive verschieden und die Sachlage keineswegs völlig geklärt war. Auch bei ihnen spielte die Erziehung und die politische Lage in ihren Ländern eine Rolle: man fürchtete eine erneute Verurteilung der modernen Ideen und eine Reaktion der Regierungen. Aber wichtiger waren die pastoralen und ökumenischen Motive: Man fürchtete – und wie sich zeigen sollte, leider sehr zu Recht – ein Schisma und eine Gefährdung der ökumenischen Bemühungen, beziehungsweise eine erneute Aggressivität protestantischer Kreise. Die Hauptgründe jedoch waren theologischer Natur, wie wiederum Aubert sehr gut herausstellt, freilich – das kann nicht ganz verschwiegen werden – unter der üblichen unreflektierten Benützung von theologisch abklassifizierenden Etiketten (wir markieren sie mit Fragezeichen), die nicht sehen lassen, daß hinter mancher dieser Tendenzen älteste und beste katholische Tradition steht: «An erster Stelle standen die theologischen Erwägungen: eine gallikanische (?) oder semi-gallikanische (?) Auffassung vom Lehramt in der Kirche, die bestritt, daß der Papst in ganz bestimmten Fällen Fragen der Glaubenslehre unabhängig von jeder bischöflichen Zustimmung entscheiden könne; der Einfluß der Tradition Bossuets; eine Neigung zum Episkopalismus (?), die von den febronianischen (?) Theologen des achtzehnten Jahrhunderts stammte; historische Schwierig-

[66] R. Aubert, Vaticanum I, 132.

keiten wie die Verurteilung des Papstes Honorius im Jahre 681; eine archaisierende (?) Auffassung von der Theologie, die allzu ausschließlich (?) auf die Quellen schaute und dabei den Sinn für die Realität einer dogmatischen Entwicklung (?) verloren hatte; das alles sind die Beweggründe, die sie zu dem Schluß geführt hatten, der Papst genieße nicht den Vorzug der päpstlichen Unfehlbarkeit oder die Frage sei noch nicht genügend durchleuchtet, und es sei daher verfrüht, sie zum gegenwärtigen Zeitpunkt entscheiden zu wollen. – Noch häufiger aber scheint unter den theologischen Motiven die zwar durchaus legitime, aber bisweilen etwas übertriebene (?) Sorge gewesen zu sein, das zweite Element, das nach göttlichem Recht die kirchliche Hierarchie mit konstituierte, zu retten: den Episkopat.»[67]

Und trotzdem hat Aubert mit vielen anderen Autoren doch nicht ganz unrecht, wenn er hier zu Etiketten wie «Gallikanismus», «Semi-Gallikanismus», «Episkopalismus», «Febronianismus» usw. greift. Denn auch aus theologischer Perspektive läßt sich nicht übersehen, daß selbst die Minorität weithin in überkommenen Fragestellungen verhaftet blieb. Dies lag nicht zuletzt daran, daß die Konzilsminderheit bei der Verschiedenheit der Motive und Positionen sich auf jene Frage konzentrierte, von der her die Opposition gegen eine Unfehlbarkeitsdefinition die breiteste Basis gewinnen konnte: die Frage der Opportunität. Die Opportunitätsfrage ließ die Sachfrage zu sehr zurücktreten. Man vermied es, die Frage der Unfehlbarkeit vom Zentrum her anzugehen. Aber dies eine dürfte durch das ganze Kapitel hindurch deutlich geworden sein: die traditionelle Lehre von der kirchlichen Unfehlbarkeit, so genau sie in der Schultheologie, im Vatikanum I und II umschrieben wurde, ruht auf Grundlagen, welche für die heutige Theologie und vielleicht schon damals nicht als sicher und unanfechtbar bezeichnet werden können.

[67] R. Aubert, ebd. 138f.

III. DAS ZENTRALPROBLEM

1. Negative Abgrenzungen

Wenn die Grundlagen neuscholastischer Unfehlbarkeitslehre schon so brüchig sind und ihre Ausgestaltung sowohl im Zusammenhang mit dem Papst (Vatikanum I) wie im Zusammenhang mit dem Episkopat (Vatikanum II) schon so viele ungelöste und vielleicht unlösbare Fragen aufwirft, wäre es dann nicht vielleicht das einfachste und beste, die ganze Lehre von einer kirchlichen Unfehlbarkeit überhaupt aufzugeben? Was soll dann aber, so wird man die Gegenfrage hören, aus jenen biblischen Verheißungen werden, auf die sich diese Unfehlbarkeitslehre beruft, die doch nach dem ursprünglichen christlichen Zeugnis der Kirche anders als irgendwelchen rein weltlichen Gemeinschaften und Gebilden gegeben und uns in verschiedenen Überlieferungen überkommen sind: daß der Herr bei seiner Jüngerschaft bleiben wird bis ans Ende der Welt, daß die Pforten der Hölle die Kirche nicht überwältigen werden, daß der Geist der Wahrheit sie in alle Wahrheit einführen wird, daß die Kirche Säule und Grundfeste der Wahrheit ist...?

Es geht in diesem Kapitel gerade darum, eine Kurzschlußlösung nach rechts oder links zu vermeiden, vielmehr die Fragestellung zu präzisieren und die Grundschwierigkeiten zu lokalisieren. Dies soll geschehen aufgrund des in den bisherigen Kapiteln Entwickelten und zugleich zur Bestätigung und Differenzierung aufgrund allerneuester Veröffentlichungen, die vor allem in Zusammenhang mit der Jahrhundertfeier des Vatikanum I und seiner Unfehlbarkeitsdefinition 1970 erfolgt sind. Dabei wird sich zeigen, daß zwar sehr viel Gutes und Richtiges präzisierend und korrigierend zur vatikanischen Definition gesagt, die zentrale Frage aber noch immer nicht mit ausreichender Schärfe gesichtet wird. Was macht eigentlich in der Problematik einer kirchlichen Unfehlbarkeit, wenn wir jetzt von den im vorausgehenden Kapitel behandelten ungenügenden, anfechtbaren und brüchigen Begründungen absehen, das *Zentralproblem* aus? Wir grenzen zunächst negativ ab, um dann eine positive Antwort zu geben.

a. Die mangelnde Freiheit des Vatikanum I?

1. Die Befangenheit der Konzilsmehrheit in der Geistigkeit der politisch-religiösen Restauration, des antiaufklärerischen Traditionalismus und des

absolutistischen Papalismus wird heute aus dem historischen Abstand von hundert Jahren auch von katholischen Autoren ebenso freimütig festgestellt wie das im Vergleich zum Vatikanum II bedrückende Konzilsklima und die autoritäre Konzilsbeeinflussung durch Pius IX. Dazu einige neuere katholische Zeugnisse.

Zur *ideologischen Bedingtheit und Beschränktheit* des Vatikanum I der Luxemburger Kirchenhistoriker Victor Conzemius, Herausgeber des Briefwechsels Ignaz von Döllingers mit Lord Acton: «Im Zeitalter der Restauration wurde das Papsttum zur unentbehrlichen Stütze rückwärtsgewandten legitimistisch-monarchistischen Denkens. Außerdem boten sich neue Möglichkeiten der Entfaltung spiritualistischer päpstlicher Autorität. Denn durch die Säkularisation waren die nationalen Kirchen Frankreichs, Österreichs, Deutschlands und Italiens weitgehend von weltlichen Aufgaben entlastet worden. In der Anlehnung an Rom suchten sie nunmehr Rückhalt gegen eine staatliche Politik, die die Kirche teils aus dem öffentlichen Leben zurückzudrängen, teils die von ihr neu gewonnene Freiheit bürokratisch zu domestizieren versuchte. Rom gab den um ihre Kirchenfreiheit kämpfenden nationalen Kirchen wie auch den im neunzehnten Jahrhundert rasch sich entfaltenden Missionskirchen in Amerika und Asien zuverlässigen Rückhalt. Als Gegenleistung fiel ihm eine stärkere Bindung dieser Kirchen an die römische Zentrale zu. – Daneben gab Rom auch progressiven katholischen Kräften, die gegen die staatliche Bevormundung der Kirche im Polizeistaat der Restaurationszeit agitierten, zeitweilig einen echten Spielraum. Das Papsttum wurde außerordentlich begünstigt durch eine ideologische Strömung, die unmittelbar auf eine Stärkung seines moralischen Prestiges hinauslief. Zwei Franzosen, de Maistre und Lamennais, beide ‹Konvertiten›, die erst nach langjähriger Entfremdung wieder zur Kirche hingefunden hatten, waren die Herolde dieser Bewegung. Für de Maistre und Lamennais war die katholische Kirche tragender Grundpfeiler europäischer Gesellschaftsordnung: wer sie angreife, vergreife sich an den Grundlagen der Gesellschaft.»[1]

Wichtig für das historische Verständnis dieser Ideologie ist die kurze Zusammenfassung der Ideen der beiden Väter des papalistischen Ultramontanismus, der erst in der zweiten Jahrhunderthälfte auch von Rom mit allen Mitteln unter das Kirchenvolk und den Klerus gebracht werden sollte: «Typisch für de Maistre ist seine logische Beweiskette, mit der er den französischen König Karl X. für seine Ideen zu gewinnen sucht: ‹Keine öffent-

[1] V. Conzemius, Das Konzil des Papstes. Vor 100 Jahren begann das Erste Vatikanum, in: Publik vom 5.12.1969.

liche Moral und kein nationaler Charakter ohne Religion, keine europäische Religion ohne das Christentum, kein Christentum ohne Katholizismus, kein Katholizismus ohne den Papst, kein Papst ohne den Supremat, der ihm zukommt.› Aus seiner Feder fließen lapidare Formulierungen wie diese: ‹Ohne den römischen Pontifex gibt es kein Christentum.› Oder: ‹Das Christentum beruht ausschließlich auf dem römischen Pontifex.› Eine Begründung für seine These hat de Maistre nicht gegeben. Er hat lediglich immer wieder in apodiktischer Manier den Parallelismus zwischen kirchlicher und weltlicher Gesellschaft eingehämmert. ‹Es kann keine menschliche Gesellschaft ohne Regierung geben, keine Regierung ohne Souveränität und keine Souveränität ohne Unfehlbarkeit.› De Maistre vollzieht hier eine Art kosmischer Ineinssetzung von Kirche und Gesellschaft. Beide sind der gleichen Gesetzmäßigkeit, dem gleichen Ethos unterworfen. Er steht unter einer Art Zwangsvorstellung, das Autoritätsprinzip betonen zu müssen. Die Flucht in die Autorität, die er zum mythischen Orakel verklärt, erscheint ihm als einziger Ausweg aus der gesellschaftlichen Krise seiner Zeit. Man tut gut daran, sich zu erinnern, daß dieser savoyische Graf in sehr bewußter Frontstellung gegen die Französische Revolution schrieb, und zwar im feudalistisch-autoritär regierten Rußland, wo er Gesandter am Zarenhofe war. Seine Lehren, die in Rom selber mit Zurückhaltung aufgenommen werden, machen alsbald Schule. Lamennais, großer Sämann zukunftsträchtiger Ideen, wird zu ihrem Vulgarisator. Er schleift ihre Härten ab, stellt sie in unmittelbaren Zusammenhang mit dem kirchlichen Leben und verleiht ihnen dadurch eine ungeheure Eingängigkeit.»[2]

In der Untergangsstimmung der Jahre vor dem Verlust des Kirchenstaates, da der Peterspfennig als freiwillige Spende für Papst und Kurie erneuert wird, reiche Geldmittel aus ganz Europa in die römischen Kassen fließen und junge Katholiken, darunter besonders Holländer (!) untereinander wetteifern, in die päpstliche Armee aufgenommen zu werden, war Pius IX. zum Symbol des katholischen Überlebenswillens geworden: «Das war das Klima, in dem die Auffassung heranreifte, in der eine Stärkung der päpstlichen Autorität als Alpha und Omega kirchlicher Weisheit erschien. Geistesgeschichtlich interessant ist, daß zu einem Zeitpunkt, wo die Sachautorität allmählich die Personautorität ablöst, die Kirche nicht bloß an der Personautorität festhält, sondern dieser eine neue, dogmatisch verbrämte Weihe gibt. In dieser Geisteshaltung wurde man durch den Generalangriff auf das Christentum bestätigt.»[3]

[2] Ebd.
[3] Ebd.

Zum *Klima* auf dem Konzil selbst bemerkt der Konzilienhistoriker Hubert Jedin: «Das Klima, in dem das Konzil sich vollzog, war spannungsgeladen. Aber es war nicht die freudige, erwartungsvolle Spannung, mit der man nach der ersten Ankündigung des Papstes Johannes das ‹Ökumenische› Konzil erwartete; die Befürchtungen überwogen die Erwartungen, zumal in den intellektuell führenden Schichten der deutschsprachigen Länder und Frankreichs. Papst Pius IX. hatte kurz zuvor im ‹Syllabus› dem modernen Denken und modernen Staatsauffassungen den Kampf angesagt.»[4] Und noch deutlicher bezüglich der Auswirkungen dieses zum Vatikanum II so unterschiedlichen Klimas auf die Definition des Konzils selbst der Dogmatiker Walter Kasper: «Die Unterschiede zwischen den beiden Konzilien drücken sich auch in einem sehr verschiedenen Konzilsklima aus. Scharfmacherische und geradezu fanatische Tendenzen haben auf dem I. Vatikanum zu teilweise äußerst zugespitzten und wenig ausgewogenen Aussagen über den Primat und die Unfehlbarkeit des Papstes geführt. Eine beträchtliche, sachlich sehr qualifizierte Minderheit von Bischöfen wurde dabei einfach übergangen. Noch vor dem offiziellen Abschluß des Konzils sind die meisten von ihnen verbittert aus Rom abgereist. Für das innerkirchliche Leben, für das Zusammenwachsen der getrennten Kirchen sowie für das Verhältnis zur modernen Welt sind damit Probleme geschaffen worden, die auch durch das Vatikanum II noch in keiner Weise ausgeräumt werden konnten. Der Primat des Papstes, der vom Vatikanum I als Zentrum, Zeichen und Prinzip der Einheit definiert wurde, ist faktisch zu einem Grund der Trennung zwischen den Kirchen und zum Anlaß vieler psychologischer Schismen innerhalb der Kirche geworden. Die durch das Vatikanum I gestellten Probleme sind also noch keineswegs erledigt.»[5]

Schließlich zur *Einflußnahme Pius' IX.* auf das Konzil wiederum W. Kasper: «Das Konzil des letzten Jahrhunderts wurde von Pius IX. einberufen, um die Irrtümer der Neuzeit zu verurteilen, so wie das Trienter Konzil die Irrlehren der Reformatoren im sechzehnten Jahrhundert zurückgewiesen hat. Als Heilmittel gegen die sich schon damals abzeichnende Krise der modernen Gesellschaft wollte man die unfehlbare Autorität des Papstes herausstellen. Johannes XXIII. dagegen wies in seiner denkwürdigen Eröffnungsrede vom 11. Oktober 1962 alle Unheilspropheten zurück, die meinen, es entwickle sich in der Gesellschaft und in der Kirche alles zum Schlechteren und die Welt stehe kurz vor dem Untergang. Er empfahl der Kirche

[4] H. Jedin, Das erste Vatikanische Konzil im Lichte des zweiten, in: Vaterland vom 17. 1. 1970.

[5] W. Kasper, Die Kirche in der modernen Gesellschaft. Der Weg vom Vatikanum I zum Vatikanum II, in: Publik vom 12. 12. 1969.

unter den heutigen Umständen nicht die Mittel der Strenge, sondern der Barmherzigkeit anzuwenden und die Fenster nach draußen weit zu öffnen.»[6] Und in bezug auf konkrete Vorgänge H. Jedin: «Man muß einräumen, daß in dem hochdramatischen Kampf um die Formulierung der Unfehlbarkeitsdefinition Pius IX. nicht die Zurückhaltung bewahrt hat, die sich sein Nachfolger während des II. Vatikanischen Konzils bei der Auseinandersetzung zum dritten Kapitel der Kirchenkonstitution angelegen sein ließ. Auf ihn ging schon die Herauslösung der Papstkapitel aus dem allgemeinen Entwurf über die Kirche im März 1870 zurück. Während der Debatte hat er, von seinen persönlichen Vorstellungen über die Ausdehnung der Unfehlbarkeit ausgehend, auf Konzilsteilnehmer in seinem Sinne einzuwirken versucht und zum Beispiel dem Kardinal Guidi von Bologna, der in der Generalkongregation vom 18. Juni einen der Minderheit entgegenkommenden Vermittlungsvorschlag gemacht hatte, noch am Abend des gleichen Tages bittere Vorwürfe gemacht und sich offenbar in einem Zornausbruch zu dem berüchtigten Ausspruch hinreißen lassen, der schon am andern Morgen auf dem Konzil kolportiert wurde: ‹Die Tradition – das bin ich.›»[7]

Dies alles ist – und wir haben im vorausgehenden Kapitel bereits darauf Gewicht gelegt – zur Beurteilung nicht nur des Konzils, sondern auch der Definitionen selbst in Anschlag zu bringen, die nur von dieser ideologischen Bedingtheit und diesem Klima des Konzils her verstanden werden können.

2. Aber trotz allem läßt sich die vielfach vorgebrachte Behauptung, das Konzil sei unfrei gewesen, nicht aufrechterhalten. Trotz aller oft skandalösen Manipulation des Konzils durch die Kurie, den Papst und die Führer der Majorität gab es Redefreiheit (und oft wurde deutlicher geredet als auf dem Vatikanum II) und Abstimmungsfreiheit. Entscheidend war: Die Mehrheit brauchte gar nicht gewaltsam zur Definition gedrängt zu werden, entsprach diese doch völlig ihrem Denken.

Auf den Vorwurf, das Konzil sei unfrei gewesen, antwortet Conzemius: «Das trifft nicht zu. Wohl hat die der Kurie ergebene Konzilsleitung bisweilen ungebührliche Pressionen ausgeübt. Auch hat der Papst in gelegentlichen Ausbrüchen seines leicht ungezügelten Temperaments sich allzusehr als Parteimann exponiert. Das Recht der freien Meinungsäußerung wurde dadurch nicht beschnitten, die Freiheit des Konzils in ihrem innersten Kern nicht angetastet. Die Mehrheit der Bischöfe brauchte gar nicht von der Kurie auf Vordermann gebracht zu werden: sie dachte, wie wir dargelegt haben, in Kategorien, die auf eine Stärkung der päpstlichen Prärogative hin-

[6] Ebd.
[7] H. Jedin, ebd.

ausliefen. Die resoluten Vorkämpfer dieses Trends waren auch keine Italiener oder Spanier, sondern Nordländer: Manning, der Erzbischof von Westminster, Senestrey, der Bischof von Regensburg, und Mermillod, der Apostolische Vikar von Genf.»[8] Treffend auch der katholische Publizist Walter Dirks: «Die Mehrheit der Väter – dasselbe gilt eindeutig von der des Kirchenvolkes – folgte nicht nur dem Druck des ebenso zähen wie zielstrebigen Papstes, sondern sie glaubte selbst mit ihm an die wichtigste Voraussetzung der Dogmatisierung: daß die christliche Kirche – auf die reformatorischen Ketzer kam es nicht an – jederzeit an die unfehlbare Lehrautorität des Petrus-Nachfolgers geglaubt habe. Dogmen sollen ja ihrer Idee nach nicht ‹neue› Wahrheiten schaffen, sondern genauer ‹definieren›, was immer und von allen geglaubt worden ist.»[9]

b. Die Primatsfrage?

1. Über einen Petrusdienst in der Kirche und die Primatsfrage wäre eine Verständigung nicht von vorneherein unmöglich. Der neueste Dialog etwa mit der durch die Definition des Vatikanum I von der katholischen Kirche abgetrennten alt-katholischen Kirche ist hier besonders aufschlußreich.

Schon die «Utrechter-Erklärung» der internationalen alt-katholischen Bischöfe vom 24. September 1889 hatte bei aller «Verwerfung der vatikanischen Dekrete vom 18. Juli 1870 über die Unfehlbarkeit und den Universal-Episkopat» nichts einzuwenden dagegen, einen «‹historischen Primat› anzuerkennen, wie denselben mehrere ökumenische Konzilien und die Väter der alten Kirche dem Bischof von Rom als dem ‹primus inter pares› (das heißt, dem Ersten unter Gleichen) zugesprochen haben, mit Zustimmung der ganzen Kirche des ersten Jahrtausends».[10] Die nun am 13. September 1969 von einer alt-katholischen Theologenkonferenz und unter gleichzeitiger Zustimmung der Internationalen Alt-katholischen Bischofskonferenz verabschiedeten sieben Thesen[11] präzisieren die Utrechter Erklärung (These 1) und bejahen eine «Sonderstellung des Petrus» im Neuen Testament, der «eine für die Kirche signifikative Bedeutung zukomme», so daß «die Petrus erteilten Aufträge auch in der Struktur der Kirche zur Geltung kommen» müssen (Thesen 2–4). Ohne allerdings «den Bereich dogmatischer Folge-

[8] V. Conzemius, ebd.
[9] W. Dirks, Das Dogma von den fehlbaren Päpsten. Die Wandlung der katholischen Kirche seit 1870, in: Deutsches Allgemeines Sonntagsblatt vom 11. 1. 1970.
[10] Zitiert in: Publik vom 23. 1. 1970.
[11] Text veröffentlicht in: Publik vom 23. 1. 1970.

rungen zu berühren» (vgl. These 6), kann andererseits «festgestellt werden, daß die Funktion, die Rom in der Geschichte der Kirche zuwuchs, im Zeichen der Aufnahme dieses Auftrages stand», wenn auch «oft stark verdunkelt» (These 5). Folgerung in These 7: «In Entsprechung zu der Funktion, die Petrus nach dem Zeugnis der Schrift erfüllte, müßte ein ‹Petrusamt› als Dienst an Christus, an seiner Kirche und an der Welt durch die Verpflichtung (nicht eine Rechtskompetenz) bestimmt sein, in allen Entscheidungssituationen mit einer Initiative voranzugehen, die es der Ganzheit der Kirche ermöglicht, sich zu entscheiden, ihren Glauben auszusprechen und ihre Einheit sichtbar darzustellen.»

Diese vom führenden alt-katholischen Theologen Werner Küppers erklärten erfreulich unpolemischen und zukunftsfrohen Thesen[12] bieten für den sehr kompetenten katholischen Gesprächspartner Heinrich Bacht «echte Chancen für eine Verständigung».[13] Dem kann der Verfasser aufgrund seiner eigenen Studien[14] nur zustimmen. Ebenfalls wenn Bacht schreibt: «Die heutige katholische Theologie weiß um die ‹Hierarchie der Wahrheiten› (Ökumenismusdekret n. 11); in dieser Rangordnung gehört aber die Frage nach dem päpstlichen Primat eindeutig auf den zweiten Platz. Ebenso weiß sie darum, daß in dem komplexen Phänomen ‹Papsttum› Elemente sehr verschiedener Herkunft und Dignität zusammengeflossen sind, und daß deren Entflechtung eine vordringliche Aufgabe ist. Sie weiß auch darum, daß keineswegs alle päpstlichen Vorrechte, von denen im Vatikanum I die Rede ist, göttlichen Rechtes sind; ferner darum, daß im Zuge der zum Vatikanum I führenden Theologie die Funktion des Papstes in ungebührlicher Weise aus dem Gesamt der Kirche herausgehoben worden ist und daß darum die Einbettung der Primatsfrage in das Ganze der Lehre von der Kirche vordringlich ist. Ferner hat schon längst vor dem Zweiten Vatikanum die ‹Entschärfung› der einseitig juridischen Fassung der kirchlichen Strukturen begonnen. Ebenso weiß man katholischerseits sehr wohl um die Tatsache, daß die Ausprägung der kirchlichen Verfassungslehre im Schatten der Gregorianischen Reform mit ihrer einseitigen Ausrichtung an der Frage nach der ‹Macht› und ‹Autorität› geschehen ist. Hinzu kommt die kritische Distanzierung von den mancherlei ‹Unzulänglichkeiten› und Verengungen auf dem Ersten Vatikanum (unfaire Agitation der Infallibilisten, mangelnde ökumenische Verantwortung, unnötige Verschärfung

[12] W. Küppers, Sieben Thesen der alt-katholischen Kirche, in: Publik vom 23.1.1970.
[13] H. Bacht, Dialog mit den Alt-Katholiken aufnehmen, in: Publik vom 23.1.1970.
[14] Bes. Die Kirche E II, 3.

durch das Anathema...).»[15] Bacht schließt mit dem Aufruf zur Verständigung: «Möchten die Verantwortlichen die Zeichen der Zeit wahrnehmen!»[16]

2. Aber mit einer Regelung der Primatsfrage ist die Frage der Unfehlbarkeit noch nicht erledigt, sondern erst recht gestellt.

Es ist auffällig, daß das Wort «Unfehlbarkeit» weder in den sieben Thesen der alt-katholischen Kirche noch in der Interpretation Küppers noch in der Antwort Bachts auftaucht. Das ist kaum ein Zufall. Man wird die altkatholische These 6 vor allem auf die Unfehlbarkeitsfrage beziehen müssen: «Trotz der zahlreichen fatalen Entwicklungen der Vergangenheit, die zu verschiedenen Schismen führten, darunter dem von Utrecht, wurde auf dem Ersten Vatikanischen Konzil von einem axiomatischen Vorverständnis her ein Autoritätsdenken dogmatisiert, das sich aus Schrift und Tradition nicht begründen läßt.» Und vor allem die Unfehlbarkeitsfrage dürfte auch von W. Küppers gemeint sein, wenn er in den Thesen eine «vollständige Zurückhaltung gegenüber dem gerade in der Papstfrage gewöhnlich dominierenden Bereich ‹dogmatischer Folgerungen›» feststellt: «Diese Zurückhaltung beruht auf der Einsicht, daß für die dogmatische Erörterung gerade hier bisher noch die gemeinsamen Voraussetzungen fehlen.»[17]

Damit ist deutlich geworden: Selbst für die Altkatholiken – von den Orthodoxen und Protestanten ganz zu schweigen – bedeutet eine allfällige Regelung der Primatsfrage noch keine Regelung der Unfehlbarkeitsfrage. Diese stellt wohl das schwerste Hindernis überhaupt auf dem Weg zur ökumenischen Verständigung dar.

c. Die Rechte des Gewissens?

1. Die Rechte des Gewissens bleiben auch dem Dogma gegenüber bestehen: Was hier in Kapitel I mit Bezug auf einen Abschnitt in «Strukturen der Kirche» ausgeführt wurde, bedarf keiner Wiederholung. Glücklicherweise hat in der nachkonziliaren Zeit die Enzyklika «Humanae vitae» der dringend notwendigen Gewissensbildung der Katholiken auch feierlichen päpstlichen Lehräußerungen gegenüber kräftig vorangeholfen.

Als neueres Zeugnis für die Freiheit als Moment des Glaubens selbst seien die klaren Worte von W. Kasper in seiner Reflexion über den «Weg der

[15] H. Bacht, ebd.
[16] Ebd.
[17] W. Küppers, ebd.

Kirche vom Vatikanum I zum Vatikanum II» angeführt: «Nur wenn sie (die Kirche) ihre eigene Freiheit wahrt, kann sie der Freiheit der anderen dienen. Ihre Autorität muß deshalb die ‹Autorität der Freiheit› sein. Der Glaube ist ja wesentlich ein Akt freier Zustimmung; als Akt, der auch voll und ganz menschlich ist, schließt er intellektuelle Verantwortung nicht aus, sondern ein. Diese Verantwortung kann und darf niemand in einem ‹blinden› Gehorsam gleichsam an die Amtskirche und ihr Lehramt delegieren. Ein Glaubensgehorsam gegen die eigene Einsicht wäre ein unsittlicher Akt.»[18] Ebenso W. Dirks: «Auch für Katholiken gilt die paulinische, von Thomas von Aquin bekräftigte Lehre, daß alles Sünde ist, was nicht ‹aus dem Gewissen›, aus der Überzeugung kommt. Zu den Voraussetzungen des Systems der katholischen Kirche gehört seine freie und freiwillige Glaubensannahme und deren Aufrechterhaltung.»[19]

2. Aber damit ist die Sachfrage einer päpstlichen oder auch bischöflichen Unfehlbarkeit nicht erledigt: Zwar ist es besonders in neuerer Zeit üblich geworden, dort, wo die Moraltheologie in den Sachfragen selbst nicht weiterkam, auf das Gewissen und überhaupt entschuldigend auf die subjektiven Momente zu rekurrieren. So konnte gerade in der verfahrenen katholischen Sexualmoral manches harte objektive Joch mindestens subjektiv erträglich gemacht werden (mangelndes Wissen oder mangelnder freier Wille entschuldigt von schwerer Schuld bei geschlechtlicher Selbstbefriedigung oder Geburtenregelung). Als Notwehr des Gewissens und seelsorgliche Abwehr gegen ein die Diskussion mit allen Mitteln verhinderndes autoritäres Lehramt war und bleibt dieser Rekurs auf die Subjektivität gerechtfertigt. Aber das darf keine Entschuldigung oder Ausflucht dafür werden, daß man nicht auch die Sachfragen selbst theologisch angeht. Beichtväter-Auskünfte sind kein Ersatz für ernsthafte theologische Kritik. Dies gilt in besonderer Weise für die Frage der Unfehlbarkeit: Einzelne Christen, Theologen, Bischöfe und Bischofskonferenzen haben sich etwa im Fall der Enzyklika «Humanae vitae» mit dem Rekurs auf das Gewissen geholfen, und zu Recht. Aber weder die Theologie noch die Kirchenleitungen sind damit entschuldigt, der Sache selbst auf den Grund zu gehen, und dies bedeutet im konkreten Fall, abgesehen von allen moraltheologischen Fragen, die Frage nach der Autorität des Lehramtes: Besteht – auch abgesehen von allen Rechten des Gewissens – der Anspruch des Lehramtes auf («ordentliche» oder «außerordentliche», päpstliche oder bischöfliche) Unfehlbarkeit zu Recht oder nicht? Wäre man dieser Sachfrage schon früher

[18] W. Kasper, ebd.
[19] W. Dirks, ebd.

mit der nötigen Ernsthaftigkeit nachgegangen, hätte sich mancher Gewissenskonflikt erübrigt.

d. Opportunität, Bedingungen und Grenzen der Unfehlbarkeitsdefinition?

1. Auch wenn man mit der damaligen Konzilsminorität die Opportunität der Unfehlbarkeitsdefinition verneint, ist, nachdem die Definition Faktum ist, die klare Einsicht in die Modalitäten und Begrenzungen der vatikanischen Definition Voraussetzung für eine sachliche Diskussion.

Nachdem wir uns schon unmittelbar vor dem Zweiten Vatikanum darum bemüht hatten, rafften wir im vorausgehenden Kapitel alles nochmals kurz zusammen: sowohl durch eine Analyse der Definition selbst wie durch eine Herausstellung der wichtigsten Präzisierungen von seiten der Glaubenskommission. Zum hundertjährigen «Jubiläum» des Vatikanum I hat Johann Finsterhölzl unter einem verheißungsvollen Titel «Überlegungen zur päpstlichen Unfehlbarkeitserklärung des Ersten Vatikanums»[20] angestellt. Richtig stellt der Verfasser heraus, daß das Konzil weniger definiert hat, als Anhänger der Definition gewünscht und Gegner gefürchtet hatten. Seine an Gassers Referat orientierten Ausführungen über Träger, Umfang, Gegenstand und Form der Unfehlbarkeit zielen überall «auf das Bedürfnis, deutlicher als es dort geschehen, den Papst als Organ der Kirche zu betrachten, die Unfehlbarkeit des Papstes als Vollzug der Unfehlbarkeit der Kirche zu erkennen»: «Das Konzil hat allzu ängstlich versäumt zu betonen, daß der Papst primär selbst zur gläubig hörenden Kirche gehört, der das Wort Gottes und seine in der Tradition erhobene Auslegung fordernd gegenübersteht. Selbst eine ‹Zustimmung› zu einer dogmatischen Definition ist nicht verwehrt, sondern im Gegenteil gefordert.»[21]

2. Aber die festgestellten Begrenzungen der päpstlichen Unfehlbarkeit und eine Einordnung des Papstes in die Kirche lösen das Problem der kirchlichen Unfehlbarkeit selbst in keiner Weise.

Wenn etwa W. Dirks unter dem schönen Titel «Das Dogma von den fehlbaren Päpsten» als das «Neue» der vatikanischen Definition «gerade die Einschränkung, die genaue und sehr präzise Fixierung der Grenzen und Bedingungen» bezeichnet, so ist das richtig. Dann aber schließt er unter Berufung auf die nur zweimalige Inanspruchnahme dieser päpstlichen Un-

[20] J. Finsterhölzl, Belastung oder Verheißung?, in: Publik vom 9. 1. 1970.
[21] Ebd.

fehlbarkeit im Zeitraum von hundert Jahren (1854 für Mariens unbefleckte Empfängnis – 1950 für ihre leibliche Aufnahme in den Himmel) auf die «These», «daß 1870 in der Praxis auch die Fehlbarkeit des Papstes dogmatisiert worden ist. Alle Theorie von abgestufter Autorität ändert nichts an der Tatsache, daß die vielen Enzykliken zum Teil sehr autoritärer Päpste im strengen Sinn des Dogmas seit 1870 als fehlbar charakterisiert werden können: Der Papst der ‹Humanae vitae› hat sich das sehr kräftig sagen lassen müssen.»[22] Dazu wird man jedoch zu bemerken haben, daß 1. faktisch und vielleicht leider die Fehlbarkeit gerade nicht *dogmatisiert* wurde, 2. ein einziges unfehlbares Dogma, ja sogar die Möglichkeit solchen unfehlbaren Dogmatisierens, ausreicht, um das Problem der Unfehlbarkeit in seiner ganzen Schärfe zu stellen, 3. gerade die Enzyklika «Humanae vitae» deutlich macht, daß es mit der Beschränkung der Unfehlbarkeit wegen der gleichzeitigen Unfehlbarkeit des ordentlichen Lehramtes nicht so weit her ist, wie man gerne wahrhaben möchte.

Oder wenn J. Finsterhölzl sagt: «Die Wahrheit, die der Kirche geschenkt ist, lebt wesentlich von der Treue Gottes, der sich selbst als Wahrheit ihr zuwendet»,[23] so ist das richtig. Wenn er aber daraus im Kurzschluß auf die «Unfehlbarkeit der Kirche, von der das Erste Vatikanum sagt, daß sie sich in feierlichen Definitionen des päpstlichen Lehramtes ausspricht», schließt, so überspringt er die entscheidende Frage, ob denn «die Wahrheit und Treue Gottes selbst» gerade in solchen Definitionen «in vorzüglicher Weise ihre geschichtliche Verwirklichung» findet und wie man das beweist. Oder wenn er meint, das Vatikanum II hätte in der Kirchenkonstitution Artikel 25 «eine präzise Interpretation» des Gegenstandes und Umfangs der Unfehlbarkeit gegeben, übersieht er, daß das Vatikanum II, wie wir aufgewiesen haben, bezüglich Gegenstand und Umfang der Unfehlbarkeit nicht mehr und nicht weniger als das Vatikanum I sagt, jedoch dieselbe Unfehlbarkeit des Vatikanum I nun auch noch in aller Form vom Episkopat aussagt. Oder wenn derselbe Verfasser mit Berufung auf den auch von uns zitierten Satz von Gasser meint feststellen zu dürfen: «Jeder Versuch, mit dem Hinweis auf die erklärte päpstliche Unfehlbarkeit einem Menschen, eben dem Papst, göttliche Eigenschaften zuzurechnen, scheidet also aus»[24], so hätte er dazu schon in einem «vorkonziliaren» Buch nachlesen können: «Oft allerdings lenken diese innerkatholischen Diskussionen von der eigentlichen Schwierigkeit der Irrtumsfreiheit ab und lassen die Bedeutung der besprochenen

[22] W. Dirks, ebd.
[23] J. Finsterhölzl, ebd.
[24] Ebd.

theologischen Präzisierung für das ökumenische Gespräch weit überschätzen. Man gebe sich keinen Illusionen hin: Ob der Papst allein oder in Verbindung mit dem Episkopat irrtumsfrei ist, ob er Hilfsmittel gebrauchen muß oder nicht, ob sich die Irrtumsfreiheit nur auf Glaubens- und Sittendinge oder weiter erstreckt, ob der irrtumsfrei definierende Papst für seine Definitionen die Zustimmung der Kirche benötigt oder nicht usw., dies alles sind für einen evangelischen Christen sehr sekundäre Fragen. Um es scharf zu formulieren: Es genügt, daß in einer Kirchengeschichte von Jahrtausenden auch nur ein Papst zu irgendeiner Stunde einen einzigen für die Kirche verbindlichen Glaubenssatz als ein von vorneherein irrtumsfreier Papst mit absoluter Sicherheit auszusprechen vermag, damit das Problem in seiner ganzen Schärfe gestellt ist: ein Mensch, der nicht Gott ist – irrtumsfrei? Was für *einen* Menschen gilt, gilt auch für *mehrere*, gilt auch für ein ökumenisches Konzil. Insofern geht es bei der Irrtumsfreiheit eines Konzils um genau dasselbe Problem wie bei der Unfehlbarkeit eines Papstes.»[25]

Aus diesen Differenzierungen ergibt sich: Wir kommen in der Diskussion nicht weiter, wenn wir uns, zwar jetzt mit höherer nachkonziliarer Apologetik und Dialektik, nur um die Interpretation der vatikanischen Definitionen bemühen. Dies wird auch langsam – langweilig. Es müssen vielmehr die Definitionen selbst kritisch hinterfragt werden: einerseits bezüglich der Stichhaltigkeit ihrer Begründungen, wie im vorausgehenden Kapitel geschehen, andererseits, wie in diesem Kapitel, bezüglich der Gültigkeit ihres Grundansatzes. Das Vatikanum I selbst (zusammen mit dem Vatikanum II) zwingt zu einer solchen radikaleren Fragestellung.

e. Der Terminus «Unfehlbarkeit»?

1. Die Mißverständlichkeit des Terminus wird heute weithin zugegeben: Schon der Kommissionsreferent Gasser bemerkte, daß das Wort «infallibilitas» mißverständlich sei, weil es «zum Beispiel in der deutschen Sprache leicht mit Fehlerlosigkeit (impeccabilitas: Sündelosigkeit, Makellosigkeit) verwechselt werden könnte».[26] Tatsächlich haben sich ja auch die feinen theologischen Unterscheidungen der vatikanischen Theologie weder in der außerkatholischen noch in der katholischen Öffentlichkeit je klar durchgesetzt.

25 Strukturen der Kirche VIII, 3.

26 Mansi 52, 1219

In neuester Zeit hat Heinrich Fries auf die Mißverständlichkeit der Worte «Unfehlbarkeit» und «Unveränderlichkeit» hingewiesen: «Beide Worte sind nicht unmißverständlich, und man fragt sich, warum sie noch weiter verwendet werden, obwohl sich mit ihrer Verwendung Assoziationen verbinden, die mit der Sache gar nicht gemeint sind. Mit Unfehlbarkeit verbindet sich die Vorstellung eines schlechthinnigen ‹non plus ultra›; faktisch gemeint ist die Aussage, daß die Kirche in einer solchen Entscheidung des Glaubens, wo es um die Wahrheit Jesu Christi geht, nicht dem Irrtum verfällt. Mit ‹irreformabilis› verbindet sich die Vorstellung einer schlechthinnigen Fixiertheit auf die Sache und ihre Ausdrucksgestalt, aber gerade das ist wiederum nicht gemeint. Das ‹irreformabilis› schließt zwar den Glaubensirrtum in der Definition aus, eröffnet aber zugleich die Möglichkeit einer anderen, vollständigeren Fassung, die zwar nicht in das Stadium einer neuen Unverbindlichkeit zurückfallen darf, aber das in einem Dogma Ausgesagte einem tieferen Verstehen eröffnen will und es unter das Wort Gottes stellt. Doch wer sieht das dem Wort ‹irreformabilis› an?»[27]

2. Aber auch eine bessere Übersetzung von «infallibilitas» löst die Sachfrage nicht: Nachdem das Vatikanum I «infallibilitas» im allgemeinen als «immunitas ab errore» verstanden hat,[28] wurde von mir früher die Ersetzung des Wortes «Unfehlbarkeit» durch «Irrtumsfreiheit» vorgeschlagen, das nicht denselben moralischen Beigeschmack von «Fehlerlosigkeit» hat – dies allerdings mit dem klaren Zugeständnis, daß damit «theologisch nicht allzuviel geklärt sei».[29]

Von der Wortwurzel «infallibilitas» her präziser und vielleicht auch glücklicher (fallere = ausgleiten machen, einen Fehltritt tun lassen, irreführen, täuschen, trügen) übersetzte ich später «infallibilitas» mit «Untrüglichkeit», das sicher einen mehr allgemeinen Sinn hat: «infallibilitas» kann dann als Teilhabe an der Wahrheit Gottes selbst verstanden werden, der nach dem Vatikanum I «weder trügen noch sich trügen kann» (Deus revelans, qui nec falli nec fallere potest. D 1789). «Infallibilitas» würde dann ein Freisein vom Trügerischen, von Lug und Trug bedeuten.[30]

Doch auch damit ist das Sachproblem nicht gelöst. Denn im Vatikanum I ist ja nicht nur von der Kirche eine Untrüglichkeit im allgemeinen ausgesagt. Die «immunitas ab errore» betrifft nicht nur die Kirche, sondern den Papst, meint nicht nur ein de facto, sondern ein de iure. Der Papst irrt in

[27] H. Fries, Das Lehramt als Dienst am Glauben, in: Catholica 23 (1969) 154–172 (Zitat 165f).
[28] Vgl. Mansi 52, 7. 14. 24 usw.; vgl. in der Konstitution selbst: «ab errore illibata» (D 1836).
[29] Strukturen der Kirche VIII, 2c.
[30] Vgl. Die Kirche D III, 2c.

Kathedral-Entscheidungen nicht nur faktisch nicht, sondern er kann in solchen Entscheidungen grundsätzlich a priori nicht irren. Diese Zuspitzung läßt sich nicht übergehen. Gerade sie fordert vielmehr die Reflexion heraus.

f. Die Wahrheit, Vollmacht, Autorität der Kirche an sich?

1. Die Gleichordnung der Wahrheit der Kirche mit der Wahrheit Gottes ist nicht zulässig: Wir kommen hier nicht daran vorbei, die ökumenische Tragweite unserer Frage, die an sich ständig gegeben ist, auch ausdrücklich, allerdings kritisch nach beiden Seiten hin, zur Sprache zu bringen.

Für den evangelischen Systematiker Karl Gerhard Steck ist im Rückblick nach hundert Jahren klar, «daß die beiden Konfessionen einander wohl niemals so entfremdet waren als gerade zur Zeit des Ersten Vatikanums».[31] Er sieht im Vatikanum I den schon durch Luther aufgebrochenen Konflikt um Kirche und Lehre: «Beide Konfessionen betonten ja eine Autorität auf Kosten der andern: im reformatorisch-protestantischen Bereich sollte die Lehre, kurz gesagt, die Heilige Schrift den Vorrang haben, im römisch-katholischen Bereich die Kirche. Das ist in den Aussagen von 1870 mit großer Schärfe wiederholt und nach der Seite der päpstlichen Autorität hin ausgebaut worden.»[32] Dieser Konflikt «ist auch durch die Lehrerklärungen des Zweiten Vatikanums keineswegs gemildert oder aus der Welt geschafft worden».[33]

Der Protestant lobt nun, daß das Vatikanum I wie Luther «das Ja des christlichen Glaubens letztlich mit der Anerkennung der Wahrheit Gottes» begründet, tadelt jedoch zugleich das «und»: daß «sich andere Begründungen, Verpflichtungen oder Aussprüche», eben die der Kirche, dazugesellen.[34] Der katholische Theologe wird dem evangelischen zustimmen müssen, wenn dieser gegen die Gleichordnung der Wahrheit der Kirche mit der Wahrheit Gottes protestiert: daß die zweideutige geschichtliche Wirklichkeit der Kirche als eindeutiges Zeichen der Glaubwürdigkeit der christlichen Wahrheit aufgerichtet, daß der Glaube bis zu den disziplinären Fragen des Kirchenein- und -austrittes an das selbstsichere Urteil der Kirche gebunden wird, daß ein kirchliches Herrschaftssystem über die Seelen und die Bibelauslegung aufgerichtet wird.

31 K.G. Steck, Die Autorität der Offenbarung. Das Erste Vatikanum im Urteil evangelischer Theologie, in: Publik vom 16.1.1970.

32 Ebd.

33 Ebd.

34 Ebd.

2. Aber die Wahrheit Gottes darf durch die Kirche vollmächtig und autoritativ bezeugt werden: Es ist gewiß ein großes Programm, «die Gewißheit und Verbindlichkeit der Glaubenserkenntnis allein auf die Autorität des offenbarenden Gottes zu gründen».[35] Aber ist denn der offenbarende Gott einfach vorfindlich und das Wort der Offenbarung in der Schrift anders denn im Menschenwort der glaubenden Zeugen und Gemeinden ergreifbar? Es scheint also, daß die Wahrheit Gottes, die «sich zu allen Zeiten selbst bezeugen und durchsetzen wird», geradezu der Bezeugung durch die Kirche als der Gemeinschaft der Glaubenden und Bekennenden bedarf und daß, richtig verstanden, gegen «die Autorität der Kirche» gar nichts einzuwenden ist, deren primäres Zeugnis ja nun gerade die Schrift ist.

Auch K. G. Steck muß trotz seiner Polemik gegen die Autorität der Kirche zugeben: «Das Wort Gottes ist nicht so eindeutig, wie Luther und die Seinen dachten; der Protestantismus läßt es an der wünschenswerten Einheit fehlen; ohne Vollmacht der Lehre ist weder die Gemeinde des Neuen Testaments noch die spätere Christenheit denkbar und wirklich. Die Reformatoren selbst waren keineswegs geneigt, die Kirche zum Sprechsaal aller möglichen Glaubensweisen werden zu lassen.»[36] Dies alles in seiner wenig erfreulichen Wirklichkeit gesehen, bildet für den katholischen Theologen den geschichtlichen Beleg dafür, daß die Alternative zum autoritären römischen Lehrsystem zweifellos auch nicht ein Protestantismus sein kann, der gegen alle – dort im übrigen weithin gar nicht existierende – Autorität der Kirche protestiert. In den letzten Zeilen seines Aufsatzes muß schließlich auch der evangelische Theologe selbst indirekt zugeben, daß «die Zuversicht auf die Selbstmacht des Evangeliums» eine «Autorität der Kirche» nicht nur nicht ausschließt, sondern sogar zu begründen vermag. Dies bedeutet, daß man auch hier mit einem exklusiven Allein nicht durchkommt, sondern – selbstverständlich in Unterordnung und Abhängigkeit – sich doch zu einem Und bekennen muß, welches in jenem Allein begründet bleibt.

Aus alldem läßt sich folgern: Nicht die richtig verstandene Autorität, Vollmacht, Wahrheit der Kirche an sich ist das Problem; da liegt ein protestantischer Kurzschluß vor. Das Problem ist vielmehr eine autoritäre kirchliche Autorität, eine autonom gehandhabte kirchliche Vollmacht, eine zum Besitz der Kirche gewordene Offenbarungswahrheit: alles doch schon für Luther zugespitzt in der Behauptung unfehlbarer kirchlicher Lehraussagen. Insofern müßte man eigentlich vom evangelischen Theologen zugriffigere Fragen erwarten: Fragen etwa bezüglich eines von der paulini-

[35] Ebd.
[36] Ebd.

schen Charismenlehre her kaum verständlichen, für Petrus und seine Nachfolger postulierten «Charismas der Wahrheit und des nie versagenden Glaubens» (D 1837), von dem man sich nur wundert, daß es in hundert Jahren nur zweimal gewirkt hat. Oder Fragen bezüglich der eschatologischen Endgültigkeit und Sieghaftigkeit der Wahrheit Gottes, die von neuerer katholischer Theologie doch wohl allzu kurzschlüssig für die Unfehlbarkeit bestimmter kirchlicher Lehrsätze in Anspruch genommen wird, ohne daß zugleich die eschatologische Vorläufigkeit und Bruchstückhaftigkeit der kirchlichen Wahrheit bis hin zu Irrtum und Sünde ernstgenommen wird.

Aber wir können nun diesen Abschnitt abschließen. Es ist gewiß klar geworden: Je präziser man das Problem faßt, je weniger man bei Sekundärem stehenbleibt, je mehr man sich selber leichte Auswege und kurzschlüssige Lösungen versagt, um so größer ist die Hoffnung, daß man der Frage beikommt und eine wirklich begründete Antwort zu geben vermag. Wo also, wir wollen unsere eigene Antwort nicht mehr länger aufschieben, liegt das Zentralproblem?

2. *Positive Bestimmung*

Das Zentralproblem läßt sich in folgender Weise positiv aussagen: Ist die Infallibilität der Kirche angewiesen auf infallible *Sätze?* Absichtlich wird hier wegen seiner größeren Unbestimmtheit der lateinische Terminus «Infallibilitas» gebraucht. Dabei soll weder dieser Begriff als geklärt noch überhaupt eine so formulierte Problemstellung als sinnvoll vorausgesetzt werden. Dies soll vielmehr im weiteren Gang unserer Ausführungen aufgewiesen werden.

a. Der Glaube der Kirche ist angewiesen auf Sätze des Glaubens

Das darf hier ohne allzu eingehende Erklärungen vorausgesetzt werden: Christlicher Glaube ist nicht stummer Glaube. Er erkennt, was er glaubt, und bekennt, was er erkennt. Kein Glaubensakt ohne einen wie immer bestimmten Glaubensinhalt, keine christliche fides qua creditur, die nicht in irgendeiner Weise zugleich fides quae creditur ist. Und insofern nun dieser erkennende und bekennende Glaube sich ausspricht, ist er auf Worte und Sätze des Glaubens angewiesen. Und insofern christlicher Glaube ja nie nur Glaube von abstrakten Einzelnen, sondern Glaube in oder in bezug zu einer Glaubensgemeinschaft ist, ist er für die Kommunikation innerhalb der Glaubensgemeinschaft auf Sprache angewiesen, die in Worten und Sätzen geschieht, auf Sätze des Glaubens also im weitesten Sinne des Wortes.

Unsere Aussage aber meint noch mehr als nur dieses Allgemeine. Sie meint, daß eine *Gemeinschaft* von Glaubenden auch auf *gemeinsame* Sätze des Glaubens angewiesen ist oder sich mindestens, mehr pragmatisch formuliert, auf solche gemeinsame Sätze des Glaubens angewiesen gezeigt hat. In diesem Sinne also reden wir vom Glauben der Kirche (als Gemeinschaft der Glaubenden), der auf Sätze des Glaubens (gemeinsame Glaubenssätze, Glaubensformeln, Glaubensformulierungen) angewiesen ist. Dies sei in dreifacher Richtung konkretisiert, wobei die ersten beiden Richtungen als richtig, die dritte als falsch erkannt werden sollen.

1. Der Glaube der Kirche ist angewiesen auf zusammenfassende Bekenntnisse des Christusglaubens: auf *abbreviativ-rekapitulierende* Sätze (Glaubensbekenntnisse oder Glaubenssymbole). Jedenfalls war dies der christliche Glaube von Anfang an, wie die neutestamentlichen Schriften bezeugen. Es kommt uns jetzt nicht darauf an, auf Detailfragen einzugehen: ob es im einzelnen mehr um das Wort der Verkündigung oder die Ant-Wort des Bekenntnisses geht; ob mehr der Gottesdienst, die Katechese oder die Kirchenordnung konkreter «Sitz im Leben» solcher Sätze ist; ob es im Einzelfall mehr liturgische, kerygmatische, katechetische, juridische oder erbauliche Sätze sind; ob es sich genauer um Akklamationen (gemeinsame Zurufe: Amen! Halleluja! Hosianna! Maranatha = Unser Herr ist da! Abba, Vater! Herr Jesus!), um Doxologien (Lob- und Danksprüche mit Nennung des Gottes- und dann auch des Christusnamens und späterer hymnischer Ausgestaltung), um Segenssprüche (im Sinne der jüdischen Grußformeln und Seligpreisungen), um sakramentales Formelgut (liturgische Formulare für Taufe und Abendmahl mit fester Terminologie) oder um im strengen Sinn Bekenntnisformeln oder Homologien handelt. Die Übergänge zwischen den einzelnen Formen und Formeln sind von vorneherein fließend: insbesondere die von der Akklamation zur Doxologie und zur eigentlichen Bekenntnisformel, wie wiederum diese im besonderen Zusammenhang gerade mit dem Taufunterricht und der Taufliturgie stehen können.[37] Nicht zu bestreiten ist jedenfalls, daß sich bereits in neutestamentlichen Gemeinden solche gemeinsamen Kurzformeln des Glaubens finden, die um das

[37] Vgl. E. Käsemann, Liturgische Formeln im NT, in RGG II (Tübingen 1958) 993–996; G. Bornkamm, Formen und Gattungen im NT, ebd. 999–1005. Für die Glaubensbekenntnisse: O. Cullmann, Die ersten christlichen Glaubensbekenntnisse (Zollikon-Zürich 1943, ^{4}1949); K. H. Schelkle, Die Passion Jesu in der Verkündigung des Neuen Testaments (Heidelberg 1949) 247–275; J. N. D. Kelly, Early Christian Creeds (London 1950).

Christusgeschehen kreisen. Die kürzesten dieser Glaubensformeln sind die zahlreichen eingliedrigen, die den Eigennamen Jesus mit einem bestimmten aus der jüdischen oder hellenistischen Welt entnommenen Würdetitel verbinden: «Messias ist Jesus», «Herr ist Jesus», «Gottes Sohn ist Jesus» (von den frühesten und bekanntesten 1 Kor 12,3). Zugleich findet man aber im Neuen Testament auch bereits zweigliedrige Bekenntnisformeln, die von Gott und Christus handeln (z. B. 1 Kor 8,6) und überhaupt schon weiter ausgeführte kleine Glaubensbekenntnisse, besonders bezüglich Tod und Auferstehung Christi (z. B. 1 Kor 15,3–5; Röm 1,3 f), schließlich ganz vereinzelt in liturgischen Stücken Bekenntnisse in triadischer Form (Mt 28,19; 2 Kor 13,13).

Es kann nicht übersehen werden, daß sich solche alte (neutestamentliche und spätere) Kurzformeln des Glaubens bis heute in den Kirchen durchgehalten haben. Weiterhin kann nicht bestritten werden, daß solche Kurzformeln, alte oder neue, auch heute einen Sinn haben können, sei es wie von Anfang an im Zusammenhang mit der Taufe, der Katechese oder sonst mit dem Leben der kirchlichen Gemeinschaft. Allerdings waren die ursprünglichen Glaubens- und Bekenntnisformeln nicht etwa die Fragmente eines einzigen Credos. Dafür sind sie bei all ihrer Konzentration auf das Christusgeschehen, auf die Bedeutsamkeit Jesu für die Gemeinde der Glaubenden, zu verschiedenartig: nach Inhalt und Form, mit diesem oder jenem Ehrentitel, nach dieser oder jener Motivreihe. Und nicht zuletzt um zur «Erbauung» der Gemeinde und vielleicht auch zur ökumenischen Verständigung zwischen den getrennten Kirchen wieder die Bildung neuer, für eine neue Zeit vielleicht verständlicherer Glaubensbekenntnisse zu ermöglichen, die ja nicht eine Abschaffung der alten zu bedeuten braucht, darf somit nicht vergessen werden, daß es sich bei diesen ursprünglichen Glaubensbekenntnissen keineswegs um Dogmen im heutigen Sinne handelte. Sie waren keine Lehrgesetze: spontan, variabel, vielfältig wollten und konnten sie nicht fixierte, unüberbietbare, undiskutable Sätze von definitivem und obligatorischem Charakter sein, die neue und andere Bildungen ausschließen. Der Glaube gründete sich nicht auf solchen Formeln, sondern drückte sich in solchen Formeln aus: Glaubenssätze nicht als gesetzliche Begründung, sondern als freier Ausdruck des Glaubens der Gemeinde.

2. Der Glaube der Kirche ist angewiesen auf polemische Abgrenzungen gegenüber dem Unchristlichen: auf *defensiv-definierende* Sätze (Glaubensdefinitionen oder Glaubensdogmata). Auch derartige Sätze gab es schon immer, insofern ja das positive Bekenntnis des Glaubens gegenüber jedem Ausdruck des Unglaubens oder Aberglaubens unvermittelt eine defensive oder

polemische Spitze bekommen konnte: *Jesus* ist der Messias, der Herr, der Gottessohn! Und wenn etwa Paulus auf der einen Seite positiv formuliert: «Niemand kann sagen: Herr ist Jesus, außer im Heiligen Geist», so formuliert er im selben Atemzug auch negativ abgrenzend: «Daher tue ich euch kund, daß niemand, der im Geist Gottes redet, sagt: Ein Fluch ist Jesus!» (1 Kor 12,3). Vermutlich entsprachen positiven Akklamationen negative Zurufe wie «Anathema», wie ja auch vom Alten Testament her den Segenssprüchen Fluchsprüche (vgl. 1 Kor 16,22; 5,4f) entsprachen. Als mit der Zeit immer mehr das Evangelium gegen Irrlehren abzugrenzen war, war dies der Anlaß zu auch negativ formulierten Glaubenssätzen (besonders deutlich in 1 Jo 2,22; 4,2f). Sehr oft bildete dazu die Verfolgung die Bewährungssituation für das Bekenntnis. Hierbei ist wiederum wichtig zu bemerken, daß es gerade Paulus offensichtlich nicht primär um die – positive oder negative – Formel ging, sondern um die Bejahung oder Verleugnung Jesu: nicht um einen *Satz*-Glauben, sondern einen *Glaubens*-Satz. Insofern wird man zurückhaltend sein müssen, wenn man schon überall im Neuen Testament «Dogmen», «dogmatisches Gut», «dogmatische Formeln» finden will.

Immerhin ist es verständlich, daß in der nachapostolischen Folgezeit, die sich an die apostolische Gründungszeit anschloß, als also die Gemeinden nicht mehr direkt auf die Urzeugen zurückgreifen konnten, die Überlieferung ein wesentlich stärkeres Gewicht bekam: mit den apostolischen (oder apostolisch geglaubten) Schriften und dem kirchlichen Amt natürlich auch die ursprünglichen Glaubensbekenntnisse. Sie halfen mit zu verhindern, daß die junge Kirche den Zusammenhang mit ihrem Ursprung verlor und sich in die alles absorbierende Welt des synkretistischen Hellenismus hinein auflöste. Insofern bekamen nun Glaubenssätze auch als De-finition, Ab-grenzung und De-fensio, Ab-stoßung einen sehr viel höheren Grad der Verbindlichkeit, im Streitfall sogar den Charakter einer für die Glaubensgemeinschaft definitiven und obligatorischen Formel, also eines Dogmas, das aber deshalb nicht als eine von vornherein irrtumsfreie und unverbesserliche, infallible und irreformable Formel verstanden zu werden brauchte.

Man wird nicht von vornherein ausschließen können, daß auch die Kirche heute zur Abgrenzung gegenüber dem Unchristlichen, dem Unglauben und Aberglauben solche defensiv definierende Formeln nötig haben kann. In einem totalitären Regime wie dem nationalsozialistischen, wo sich unter Umständen eine Gruppe in der Kirche mit der politischen Macht identifiziert, bleibt unter Umständen gar nichts anderes mehr übrig als eben gerade nur das sich abgrenzende Bekenntnis (z. B. die Barmer Erklärung von

1934). Hier ist dann der Status confessionis gegeben, der kein endloses Diskutieren und Differenzieren erlaubt, sondern ein endgültiges Ja oder Nein erfordert (z. B. zu Christus oder zum «Führer»). Aber einen solchen Status confessionis wird man nicht leichtfertig als gegeben ansehen. Bedingungen, die erfüllt sein müssen:

a. Es muß im Streit um den Glauben eine Causa maior auf dem Spiele stehen, bei der es in dieser oder jener Weise um Sein oder Nichtsein der Kirche geht (articulus stantis et cadentis Ecclesiae).

b. Andere Mittel (Gespräch, Mahnung, Herausforderung usw.) müssen erschöpft sein, so daß als äußerstes Mittel «in extremis» nur noch die Distanzierung im Glauben übrigbleibt.

c. Eine Definition darf nie als endgültiges Verdammungsurteil über Menschen verstanden werden, das Gott allein zusteht, sondern als eine Maßnahme auf Zeit im Hinblick auf die Wiederherstellung des Kirchenfriedens, eine Maßnahme, die auch nicht automatisch auf die unschuldigen Nachfahren der Betroffenen übertragen werden darf.[38]

Aus alldem ergibt sich, daß es bei diesen defensiv-definierenden Sätzen, selbst wenn sie einen für diese Situation definitiven und obligatorischen und insofern dogmatischen Charakter haben, um eine letztlich nicht für die Ewigkeit bestimmte grundsätzliche, sondern um eine situationsbedingte pragmatische Sprachregelung geht.[39]

3. Der Glaube ist *nicht* angewiesen auf bewußt intendierte Dogmen-Entwicklung: auf *tendenziös-explizierende* Sätze. Dies ergibt sich bereits aus dem eben Dargelegten. Zur Verkündigung des Evangeliums in stets wechselnder Situation ist die Kirche immer wieder neu aufgerufen, zur dogmatischen Definition jedoch nur in außerordentlichen Notfällen. Im Neuen Testament gibt es keine Grundlage für eine bewußt zu intendierende Produktion von Dogmen. Sowohl die alte Kirche des Westens und Ostens, sowohl die orthodoxen Kirchen der alten und der neuen Zeit wie auch die mittelalterliche westliche Kirche, sowohl die reformatorischen Kirchen wie die gegenreformatorische Kirche haben nicht definiert, was sie definieren *konnten*, sondern was sie definieren *mußten*: «der Not gehorchend, nicht dem eigenen Triebe». Sie definierten nicht aus Freude an Definitionen das mögliche Maximum, sondern, von außen gezwungen, das notwendige Minimum. Von dieser beinahe zweitausendjährigen gemeinsamen christlichen Tradi-

[38] Vgl. zum ganzen Problem Kirche, Häresie, Exkommunikation: Die Kirche C III, 4.

[39] Zum Begriff Dogma und zum Unterschied zwischen Dogma und Dogmatismus vgl. J. Nolte, Dogma in Geschichte. Versuch einer Kritik des Dogmatismus in der Glaubensdarstellung (erscheint voraussichtlich 1971 in der Reihe: Ökumenische Forschungen, 1. Abt.).

tion her gesehen, die vom Neuen Testament selbst gestützt wird, muß es, ganz abgesehen von der Frage der Wahrheit dieser Dogmen, als Abweg angesehen werden, wenn eine Kirche, ohne gezwungen zu sein, Dogmen produziert, sei es aus kirchen- und theologiepolitischen Gründen (die zwei vatikanischen Dogmen vom Papst), sei es aus pietistisch-propagandistischen Gründen (die zwei vatikanischen Dogmen von Maria), insbesondere wenn dies die Spaltung der Christenheit vertieft.

Durch bewußte Dogmen-Entwicklung werde der Glaube wachsen und entfaltet werden, es ginge um eine «lebendige Tradition»: so und ähnlich wird argumentiert. Worauf zu antworten ist:

a. Es wächst und entfaltet sich der Glaube keineswegs schon dadurch, daß man definiert. Ob der Glaube durch die vier aus der Reihe fallenden Dogmen schließlich und endlich gewachsen ist, werden manche, besonders nach dem Abflauen der extremistischen Marien- und Papstfrömmigkeit zugunsten einer Konzentrierung in der «Hierarchie der Wahrheiten», bezweifeln. Aber wie immer: Definitionen, selbst die berechtigten, können für den Glauben statt positiver durchaus auch negative Folgen haben: doktrinäre Erstarrung, neue und schlimmere Mißverständnisse, orthodoxe Überheblichkeit, theologische Unbelehrbarkeit und wachsende Ignoranz der beati possidentes.

b. Gemeinsame christliche Auffassung aller Kirchen war es zu allen Zeiten, daß der Glaube wachse und sich entfalte durch eine gute Verkündigung des Evangeliums, durch den richtigen Vollzug der Sakramente, durch Gebet, Liebe, Leiden, persönliche Erkenntnis. Erst seit dem 19. Jahrhundert haben römische Theologen den von den großen Tübingern (besonders Johann Adam Möhler) einerseits und von John Henry Newman andererseits in die katholische Theologie eingeführten Entwicklungsgedanken dahin intellektualistisch und legalistisch mißverstanden, daß sie zur Explikation des Glaubens statt der bewährten Mittel nun dogmatische Explikationen des Glaubens und verpflichtende Definitionen forderten. Dabei hätten sie selbst bei Thomas von Aquin nachlesen können, daß die Wahrheit des Glaubens durch die Verkündigung Christi und der Apostel genügend expliziert (sufficienter explicata) ist, so daß es an sich gar keine «Explikation» des Glaubens braucht, sondern nur wegen sich erhebender Irrtümer eine Erklärung des Glaubens notwendig sein kann.[40] Glücklicherweise ist unterdessen die römische Dogmatisierungssucht, wie sie sich noch in den

[40] Thomas von Aquin, Summa theologiae II–II q. 1 a. 10 ad 1–2; a. 9 ad 2; a. 10 co. Vgl. dazu vom Verfasser, Kirche im Konzil (Freiburg-Basel-Wien 1963) D, 3: Was ist und was ist nicht die theologische Aufgabe des Konzils?

Vorbereitungsarbeiten zum Vatikanum II äußerte, von Johannes XXIII. und vom Konzil selbst gestoppt worden.

b. Daß der Glaube auf infallible Sätze angewiesen sei, ist nicht bewiesen

Unter infalliblen Sätzen verstehen wir ganz im Sinne des Vatikanum I Aussagen, die aufgrund einer göttlichen Verheißung als von vornherein garantiert irrtumsfrei zu betrachten sind: Sätze, Propositionen, Definitionen, Formulierungen und Formeln, die nicht nur de facto nicht irrig sind, sondern grundsätzlich gar nicht irrig sein können.

Die Präzisierungen des vorausgehenden Abschnittes haben deutlich gemacht, daß man durchaus den Sinn, den Nutzen und unter Umständen sogar die Notwendigkeit von abkürzend zusammenfassenden Glaubenssätzen (Glaubensbekenntnissen oder Symbola) oder auch von abgrenzend definierenden Glaubenssätzen (Glaubensdefinitionen oder Dogmata) bejahen kann, ohne daß man deshalb auch schon unfehlbare und unveränderliche Glaubenssätze bejahen muß. Anders formuliert: Die *Verbindlichkeit* von Glaubenssätzen akzeptieren heißt noch nicht, auch ihre *Unfehlbarkeit* akzeptieren zu müssen.

Aber die Frage ist natürlich: Ist es nicht die christliche Botschaft selbst, die fordert, daß mit der Verbindlichkeit von Glaubenssätzen mindestens in bestimmten Fällen auch ihre Unfehlbarkeit zu akzeptieren ist? Allerdings kann dies nicht einfach präsumiert, sondern es muß begründet werden. Und selbst ein Konzil braucht für sich und andere eine Begründung, wenn es die Unfehlbarkeit bestimmter Sätze behaupten will. Unsere eingehende Untersuchung des Vatikanum I und II hat ergeben:

1. Die Gegebenheit von grundsätzlich unfehlbaren Sätzen ist weder vom Vatikanum II noch vom Vatikanum I überzeugend begründet worden: Das Vatikanum II zeigt sich in seinen Aussagen über Unfehlbarkeit vollkommen abhängig vom Vatikanum I und steht, soweit es seinerseits mit Hilfe einer ungeschichtlichen Konzeption von einer exklusiven apostolischen Sukzession der Bischöfe die Konzeption des Vatikanum I zu erweitern sucht, auf schwachen Füßen.[41] Das Vatikanum I aber führt weder Schriftzeugnisse an, die unfehlbare Sätze fordern, noch allgemeine ökumenische Traditionszeugnisse, die eine Unfehlbarkeit von Sätzen begründen könnten.[42]

[41] Vgl. Kap. II, 3.
[42] Vgl. Kap. II, 7.

2. Auch die neuscholastische Schultheologie vermag nicht, aus den Zeugnissen der Schrift und den Zeugnissen der ältesten ökumenischen Tradition die Notwendigkeit oder die Wirklichkeit oder auch nur die Möglichkeit von Sätzen, die von vornherein unfehlbar sein müssen, aufzuweisen. Sie behauptet auch nur, daß die Verheißungen, die nach der Schrift der Kirche geschenkt sind, unfehlbare Sätze notwendig *voraussetzen*, wobei jedoch die andere Möglichkeit nicht überzeugend ausgeschlossen erscheint, daß nämlich die der Kirche geschenkten Verheißungen auch ohne Voraussetzung unfehlbarer Sätze bestehen bleiben.[43]

3. Gerade diese Möglichkeit, ob die der Kirche (oder eventuell auch Petrus) geschenkten Verheißungen bestehen bleiben könnten ohne die Voraussetzung von vornherein unfehlbaren Sätzen, ist im Vatikanum I (und entsprechend dann auch im Vatikanum II) gar nicht diskutiert worden, wie sich aus dem Schweigen über diese Fragen sowohl in der Konstitution «Pastor aeternus» selbst wie auch in den Konzilsakten (insbesondere des Gasser-Referates) ergibt. Ähnlich wie das Konzil von Trient das ptolemäische Weltbild, so setzte das Vatikanum I ein bestimmtes Wahrheitsverständnis voraus und ging so von vornherein von der so gar nicht selbstverständlichen Voraussetzung aus, daß die der Kirche geschenkten Verheißungen oder eben die «Infallibilität» der Kirche ohne infallible Sätze gar nicht zum Tragen kommen könnte. Hat sich das Konzil somit geirrt? Besser wird man sagen: es war der Grundproblematik gegenüber blind. Statt die Grundproblematik aufzuarbeiten, überging es sie. Warum?

a. Man reflektierte statt auf die (vorausgesetzte) Unfehlbarkeit der Kirche auf die Unfehlbarkeit des Papstes.

b. Bei der Frage der päpstlichen Unfehlbarkeit konzentrierte sich die Aufmerksamkeit zunächst auf die Frage der pastoralen, ökumenischen, politischen Opportunität einer Definition, dann auf die Bedingungen und Einschränkungen der päpstlichen Unfehlbarkeit, schließlich auf die Frage einer Unfehlbarkeit des Papstes mit oder ohne Zustimmung der Kirche.

c. Befürworter wie Gegner, Majorität *und* Minorität setzten voraus, daß sich die der Kirche geschenkten Verheißungen auf unfehlbare Sätze beziehen. Zwar waren die Gegner einer Definition keineswegs alle nur, wie frühere katholische Historiographen die Gegensätze zu mildern versuchten, «Inopportunisten», die eine solche Definition zwar als wahr und nur als «ungelegen» betrachteten. Es standen sich vielmehr verschiedene ekklesiologische Konzeptionen bezüglich des Verhältnisses Papst – Kirche (Episkopat) gegenüber. Aber ob sie eine Definition der päpstlichen Unfehlbarkeit

43 Vgl. Kap. II, 1.

für inopportun (alle Gegner einer Definition) oder für opportun hielten (die Majorität); ob sie für die päpstliche Unfehlbarkeit die Zustimmung der Kirche, beziehungsweise des Episkopates verlangten (die gemäßigten «gallikanischen» Gegner einer Definition) oder sie für unnötig hielten (die Majorität); ob sie für die Unfehlbarkeit ökumenischer Konzilien, aber nicht für die des römischen Bischofs (die radikalen Gegner einer Definition wie Döllinger und verschiedene Bischöfe der Minorität) oder für die Unfehlbarkeit ökumenischer Konzilien *und* die des römischen Bischofs waren (die Majorität): sie alle setzten samt und sonders voraus, daß die der Kirche geschenkten Verheißungen oder eben die «Infallibilität» der Kirche an *unfehlbaren Sätze* (sei es des ökumenischen Konzils, sei es des Papstes; sei es des Papstes mit, sei es ohne Zustimmung der Kirche) hinge.

Gerade in dieser Perspektive gesehen, waren Majorität und Minorität nun letztlich doch näher, als dies scheinen mochte: «Ein Querschnitt durch das Pro und Kontra der Diskussionen zeigt, daß Gegner und Befürworter der Lehre vielfach die gleichen Argumente gebrauchten. Die einen meinten, man müsse etwas tun, um die Autorität des Papstes zu stärken und das Papsttum als Leuchtturm für die Rettung der schiffbrüchigen menschlichen Gesellschaft sichtbar zu machen. Weit gefehlt, antworteten die anderen, ein monarchisch-absolutistisch fixiertes Papsttum wird die getrennten Christen und die Ungläubigen gleicherweise abstoßen. Hinter dieser Argumentation standen somit Vorentscheide, die stark von abweichenden Vorstellungen von Kirche und Gesellschaft geprägt waren; im Vergleich dazu traten die eigentlichen theologischen Objektionen gegen die Lehre merklich zurück. Alles deutet darauf hin, daß eine Verständigung der beiden Parteien möglich gewesen wäre, hätte der Text des Unfehlbarkeitsdekrets stärker die Verbindung des Papstes mit der Gesamtkirche betont.»[44]

Die Gesamtkirche: *Beide* Parteien hätten, um eine wirkliche Klärung und Übereinstimmung zu erreichen, klären müssen, was *beide* fälschlicher- oder besser naiverweise als geklärt voraussetzten: die Unfehlbarkeit der Gesamtkirche und damit die Frage nach kirchlicher Unfehlbarkeit überhaupt. Diese fundamentale Frage also hat man, fasziniert und blockiert von sekundären theologisch-kirchenpolitischen Fragen, nicht diskutiert. Aber vielleicht war das zuviel verlangt!? Argumentiert man hier nicht vielleicht anachronistisch? Keineswegs. Dies hätte allerdings vorausgesetzt, daß das Vatikanum I die bereits von den Reformatoren des sechzehnten Jahrhunderts aufgeworfenen Fragen, die auch das Konzil von Trient nicht gelöst und nicht einmal diskutiert hatte, aufgegriffen hätte. Daran war nun allerdings im Vatikanum I nicht zu denken.

Was als protestantisch galt, galt für die Mehrheit des Konzils als von vornherein indiskutabel. Das von der Glaubensdeputation dem Konzil vorgelegte revidierte Schema «Über den katholischen Glauben» hatte schon im Vorwort dem Protestantismus alle Irrtümer des Tages, Rationalismus, Pantheismus, Materialismus und Atheismus zugeschrieben. Als Bischof Stroßmayer in einer berühmt gewordenen Rede[45] darauf hinwies, daß diese Irrtümer schon lange vor dem Protestantismus existiert hätten, daß auch unter den Protestanten viele bedeutende Männer gegen diese Irrtümer ankämpften und es inmitten des Protestantismus eine große Schar von Menschen in Deutschland, England und Amerika gebe, die den Herrn Jesus Christus lieben und es verdienen, daß man auf sie die Worte Augustins anwende: «Sie irren in der Tat, aber sie irren in gutem Glauben», verstärkte sich in der Versammlung der Peterskirche das Murren. Als Stroßmayer dann trotzdem mit dem Augustinus-Zitat weiterfuhr: «Sie sind Häretiker, aber niemand sieht in ihnen Häretiker», wurde er vom Konzilspräsidenten Kardinal De Angelis unterbrochen, er solle von ärgerniserregenden Worten Abstand nehmen, und als Stroßmayer weiterfuhr, vom anderen Konzilspräsidenten Kardinal Capalti: da nicht von den Protestanten als Personen die Rede sei, verstoße es nicht gegen die Liebe, wenn man sage, die Ungeheuer von modernen Irrtümern stammten vom Protestantismus her. Es folgte ein heftiger Wortwechsel zwischen Capalti und Stroßmayer, der zu einem förmlichen Sturm der Entrüstung führte, als Stroßmayer gegenüber dem Gemurr von allen Seiten sagte: «Ich schreibe dies den beklagenswerten Umständen bei diesem Konzil zu.» Und als dann Stroßmayer auch noch die Frage der für ihn notwendigen «moralischen Einstimmigkeit» bei Konzilsbeschlüssen (auf welche Anfrage die Minoritätsbischöfe seit einem Monat keine Antwort erhalten hatten) in die Debatte warf, wurde er förmlich niedergeschrien. Viele Väter rasten geradezu (obstrepunt, vix non fremunt) und riefen ihm zu, hinunterzusteigen. Erneuter wirrer Wortwechsel und gegenseitige Proteste. Und als Stroßmayer sich schließlich unter Protest anschickte, hinunterzusteigen, verließen die erbosten Väter ihre Sitze, man murmelte alles mögliche. Einige sagten: «Diese Leute wollen die Unfehlbarkeit des Papstes nicht haben; ist dieser Mann doch selber unfehlbar!» Andere: «Er ist Luzifer, anathema, anathema!» Wieder andere: «Er ist ein zweiter Luther, laßt ihn hinausjagen!» Und alle riefen laut: «Herunter! Herunter!» Er aber sagte in einem fort: «Ich protestiere, ich protestiere», und kam herunter.

[44] V. Conzemius, Das Konzil des Papstes, in: Publik vom 5.12.1969.
[45] Mansi 51, 72–77; vgl. zum Folgenden Butler/Lang, Das Vatikanische Konzil 216–219.

Man legt Wert darauf zu betonen, daß dies die einzige wirkliche «Szene» im Konzilsverlauf gewesen sei. Aber sie ist doch sehr decouvrierend sowohl für die Stimmung auf dem Konzil und dann insbesondere für die Haltung der Mehrheit gegenüber dem Protestantismus (und der Unfehlbarkeit). Immerhin wurde im endgültigen Vorwort die direkte Verbindung zwischen Protestantismus und den modernen Zeitirrtümern gelockert und einige direkt beleidigende Ausdrücke (wie impio ausu, opinionum monstra, impiissima doctrina, mysterium iniquitatis, impia pestis) weggelassen. Aber über die Protestanten (auch als Personen!) wurde kein gutes Wort gesagt, sondern vielmehr die gegenreformatorische Geschichtskonstruktion im wesentlichen beibehalten: «Denn jedermann weiß, daß die von den Tridentinischen Vätern verworfenen Irrlehren, weil nach Zurückweisung des göttlichen Lehramtes der Kirche die Religion betreffenden Sachen dem Urteile eines jeden Einzelnen anheimgegeben wurden, sich allmählich in viele Sekten zersplittert haben, und während sie in Uneinigkeit unter sich stritten, ward endlich bei vielen der Glaube an Christus erschüttert.» Und so weiter bis zum «Abgrund des Pantheismus, Materialismus...»[46] Als ob der nackte programmatische Materialismus und Atheismus nicht zuerst im katholischen Frankreich durchgebrochen wäre!

Weitere Worte über den «ökumenischen» Aspekt des Konzils dürften sich erübrigen: Noch weniger als auf dem Konzil von Trient stellt man auf dem Vatikanum I eine echte ökumenische Bereitschaft fest, auf die ernsten Fragen der Reformation bezüglich der Ansprüche des Lehramtes ebenso ernst einzutreten. Auf dem Zweiten Vatikanum hingegen war diese Bereitschaft mindestens bei der Mehrheit grundsätzlich da und ist in manchen Fragen auch zum Tragen gekommen: zum Beispiel in der Bekundung der Wichtigkeit der Bibel für Gottesdienst, Theologie und das ganze kirchliche Leben, im Eintreten für einen aktiven, vereinfachten und konzentrierten Volksgottesdienst in der Volkssprache, in der theoretischen und praktischen Aufwertung der Laienschaft als Volk Gottes und allgemeines Priestertum, in einer gewissen Dezentralisierung und Anpassung der Kirche an die Nationen, im Bekenntnis einer katholischen Mitschuld an der Kirchenspaltung, in der Anerkennung der anderen christlichen Gemeinschaften als kirchlicher Gemeinschaften oder Kirchen, in der Forderung einer ökumenischen Haltung und der praktischen Zusammenarbeit mit den anderen Christen und im Entgegenkommen besonders gegenüber den orthodoxen Kirchen bezüglich der Mischehen und der Interkommunion. Mit vielen anderen Fragen

[46] Mansi 51, 429f.

der Reformation aber ist die Frage der Unfehlbarkeit, so wie sie die Reformatoren radikal gestellt haben, nicht aufgegriffen worden. Was aber weder im Vatikanum I noch im Vatikanum II als Problem gesehen wurde, ist weder vom Vatikanum I noch vom Vatikanum II beantwortet worden! Die Theologie braucht deshalb nicht auf ein Vatikanum III zu warten. Denn das hat sich auch auf dem Vatikanum II gezeigt: Der Heilige Geist wirkt auf Konzilien offensichtlich nicht als Deus ex machina. Was für ein Konzil nicht theologisch aufbereitet wurde, wird auf dem Konzil normalerweise auch nicht verabschiedet.

IV. EINE ANTWORT

1. Die Problematik von Sätzen überhaupt

Es soll hier nicht der Versuch gewagt werden, *die* Antwort zu geben. Dafür ist die Frage zu komplex und der Implikationen sind zu viele. Aber *eine* Antwort, bei der es nicht so sehr auf die Darlegung sämtlicher Konsequenzen, sondern auf die Richtigkeit des Ansatzes ankommen wird, muß bei der gegenwärtigen kirchlichen Lage mit der gebotenen nüchternen Entschlossenheit versucht werden. Also nicht ex cathedra soll hier über Unfehlbarkeit geredet werden – vielen unfehlbaren Theologenpäpsten wäre ein einziger unfehlbarer Papst vorzuziehen –, wohl aber aus theologischer und pastoraler Verantwortlichkeit.

Glaubenssätze sind Sätze. Glaubensformeln, Glaubensbekenntnisse und Glaubensdefinitionen sind Sätze oder Satzgefüge und sind den Gesetzlichkeiten von Sätzen nicht von vornherein enthoben. Auch Glaubenssätze sind ja nie unmittelbares Gotteswort, sondern bestenfalls in und durch Menschenwort bezeugtes und vermitteltes Gotteswort: vernehmbar, tradierbar als Menschensätze. Als solche aber partizipieren Glaubenssätze an der Problematik von Menschensätzen überhaupt. Und es würde nun sehr reizen, unsere spezielle Frage vor dem Horizont heutiger Sprachphilosophie (M. Heidegger, H. G. Gadamer, H. Lipps, B. Liebrucks, K. Jaspers, M. Merleau-Ponty, L. Wittgenstein, G. Frege, Ch. W. Morris, H. Lefèbvre, N. Chomsky) zu behandeln. Aber eine breite Entfaltung des sprachphilosophischen Themas würde nicht nur den relativ raschen Rhythmus und Wechsel der Tempi in dieser notwendig gedrängten Arbeit stören, sondern darüber hinaus diesem Abschnitt, der im ganzen nur die Funktion eines Hilfsarguments hat, ein zu starkes Eigengewicht verleihen. Unser Hauptthema soll die Unfehlbarkeit bleiben, und die ist normalerweise nicht gerade ein Problem für Philosophen, obwohl de facto – darf man es sagen? – manchmal auch Philosophen gerne ex cathedra sprechen möchten.

Setzen wir also diesem Abschnitt nur ein ganz bescheidenes Ziel. Durch einige knappe, aber grundlegende und kaum zu bestreitende Bemerkungen soll deutlich gemacht werden, daß Sätze, deren sich auch der Glaube der Kirche bedienen muß, eine problematische Angelegenheit sind. Die von selbst sich daraus ergebende Konsequenz wird sein, daß auch eine Kirche, die ihren Glauben in Sätzen resümiert oder definiert, und vielleicht resümieren oder definieren muß, um die Problematik, die Sätzen überhaupt anhaftet, nicht herumkommt.[1]

1. Sätze bleiben hinter der Wirklichkeit zurück: Dies ist grundlegend. Weder durch ein Wort noch durch einen Satz noch durch ein Satzgefüge kann ich die Wirklichkeit je total einfangen. Es bleibt immer eine Differenz zwischen dem, was ich aussagen *will* und dem, was ich aussage, zwischen meiner Intention und meiner sprachlichen Aussage. Unsere Sprache ist reich und arm zugleich. Diese grundlegende Inadäquatheit und Unzulänglichkeit der Sprache hat die große Tradition der Sprachphilosophie von Heraklit, Platon und Aristoteles an über Augustin und Thomas bis zu den Modernen immer wieder neu beschäftigt.

Und nun als theologisches Exempel: Was wäre damit gesagt, wenn die Kirche den doch gewiß grundlegenden Satz definierte: «Gott existiert»? Alles – und doch so unendlich wenig und beinahe nichts im Vergleich zu dem, was zu diesem Satz zu sagen wäre.

2. Sätze sind mißdeutbar: Was immer ich sage, ist mißverständlich, und nicht nur bei bösem Willen. Worte haben verschiedene, oft schillernde und gleitende Bedeutungen. Und bestimme ich ihre Bedeutung, so haben auch diese Bestimmungen wieder verschiedene Bedeutungen, und oft ist das Oszillierende der Bedeutungen nicht einmal genau zu fassen. Auch wenn ich mich somit unmißverständlich ausdrücken und mich dem Anderen so verständlich machen will, daß er mich verstehen muß, so läßt doch das Unbedachte und Ungesagte, aber vom Anderen vielleicht Mitbedachte oder ebenfalls nicht Bedachte, noch immer Raum genug zu allen möglichen Mißverständnissen und Unverständnissen, wobei das Schlimmste vielleicht dies ist, wenn einer sich selbst nicht oder nicht mehr versteht. Sprachanalyse und Sprachkritik versuchen ständig neu sichtbar zu machen, was Sprache im konkreten wirklich zu leisten und nicht zu leisten vermag.

Und wiederum als theologische Applikation: «Gott existiert.» «Gott»: vielleicht das vornehmste, am höchsten greifende Wort der Menschensprache – und welches ist mehr verstanden *und* mißverstanden worden? «Existiert», «ist»: das vielleicht allgemeinste, umfassendste Wort der Menschensprache – und wie oszilliert es? Ungefähr soviel wie Theologen um das Wort «Gott», so streiten Philosophen um das Wort «Sein».

[1] Ich orientiere mich im Folgenden an den fünf Punkten, in die mein Schüler J. Nolte (Dogma in Geschichte. Versuch einer Kritik des Dogmatismus in der Glaubensdarstellung; erscheint voraussichtlich 1971 in den Ökumenischen Forschungen Abt. I) seine sprachphilosophischen Überlegungen kurz zusammenfaßt, um sie dann in eine sehr viel weitere philosophisch-theologische Problematik hineinzustellen.

3. Sätze sind nur bedingt übersetzbar: Jedes Instrument spielt auf seine Weise das hohe C, und doch tönt es auf der Geige anders als auf dem Cello; der Resonanzboden ist verschieden. Und in der Sprache ist es mehr als nur «le ton qui fait la musique». Für gewisse Worte scheint es überhaupt keine Übersetzung zu geben; unübersetzt werden sie in andere Sprachen übernommen. Wortspiele sind selten so zu übersetzen, daß das Spiel in den Worten bleibt. Und so manche Worte können nur dadurch übersetzt werden, daß man sie nicht wörtlich übersetzt. Umschreibung muß Übersetzung ersetzen. Hier liegen auch die Schwierigkeiten der immer wieder auftauchenden Idee einer Universalsprache (von R. Llull und Leibniz bis zu heutigen theoretisch-formalen oder auch esperanto-ähnlichen materialen Versuchen). Hier auch die Grenzen einer toten Sprache, für die man eine Universalität beansprucht, die weithin durch Unverständlichkeit erkauft wird (die Übersetzung der lateinischen Liturgie in die Volkssprache zeigt, daß eine Übersetzung nicht ausreicht).

Und selbst unser einfaches theologisches Satzexempel «Gott existiert», das in unseren gewohnten Sprachen leicht zu übersetzen ist, bietet immer wieder ungeahnte Schwierigkeiten, wenn es außerhalb des europäisch-amerikanischen Kulturraumes in bestimmte Sprachen Asiens oder Afrikas übersetzt werden soll, wo entsprechende Worte schon anders besetzt sind und der Inanspruchnahme für eine Übersetzung trotzen.

4. Sätze sind in Bewegung: Meine Sprache ist nicht nur meine Sprache. Sprache geschieht in Kommunikation. Sprache geschieht als Gespräch. Worte aber gibt man nicht weiter wie Ziegelsteine, aus dem einfachen Grund, weil sie nicht Stein, sondern Geist sind. Sprache ist kein statisches Gebilde, sondern dynamisches Ereignis, eingebettet in den Fluß der gesamten Geschichte von Mensch und Welt. Eine Sprache, die sich nicht verändert, stirbt ab zur toten Sprache. In einer lebendigen Sprache jedoch nehmen Worte und Sätze neue Impulse auf und geben auch neue Impulse ab. Worte und Sätze können in einer neuen Situation ihren Sinn völlig verändern. Umgekehrt können aber auch Worte und Sätze ihrerseits eine Situation völlig verändern; gibt es doch Worte, die Geschichte machen. So ist die Sprache immer auf dem Weg zur Wirklichkeit, ein Grundphänomen der Geschichtlichkeit des Menschen.

Und auch der Satz «Gott existiert» ist ein geschichtlicher Satz: anders verstanden von einem Griechen der perikleischen oder einem Juden der makkabäischen Zeit, anders von einem frühen hellenistischen Christen oder einem christlichen Franken, anders aber auch von einem mittelalterlichen Scholastiker oder einem romantischen Neuscholastiker des 19. Jahrhunderts, anders von Luther, von einem Vertreter der lutherischen Orthodoxie oder von einem Lutheraner des 20. Jahrhunderts...

5. Sätze sind ideologieanfällig: Worte und Sätze stehen zu Diensten. Sie können benützt, abgenützt und ausgenützt werden: zum Zweck der Reklame, der Propaganda, des Jargons, auch zu frommen Zwecken. Worte und Sätze sind dann einer Herrschaft unterworfen, die sie kaum noch abschütteln können: werden ganz, ausschließlich von einer bestimmten Idee, einer bestimmten Ideologie, einem bestimmten System in Beschlag genommen, so daß sie unter Umständen das Gegenteil von dem sagen müssen, was sie ursprünglich meinten («Demokratie», «Freiheit», «Ordnung»). Sie werden verdreht. Oder gar verdorben: kaum mehr zu gebrauchen, leere Hülsen ohne Inhalt. Es kann zu einem eigentlichen Sprachverfall kommen.

Auch der Satz «Gott existiert» ist ideologieanfällig: Mit Berufung auf diesen Satz (oder ähnlich: «Gott mit uns!») wurden Kriege geführt, wurden Arme vertröstet und unschuldige Menschen schikaniert und getötet. Der Satz kann mißbraucht werden von rechts und von links; konservative Ideologen des Status quo können ihn ebensosehr verdrehen wie schwärmerische Ideologen der Revolution. Oft hätte man besser von Gott geschwiegen.

Diese fünf Anmerkungen dürften für unsere Zwecke genügen, um die Problematik von Sätzen konkret deutlich zu machen. Und um dabei selbst Mißverständnisse soweit als möglich auszuschalten: Wir meinen nicht, daß Sätze Wahrheit nicht auszusagen vermögen, daß alle Sätze gleich wahr und falsch sind, daß sie nicht an der Wirklichkeit gemessen werden können, die auszusagen sie beanspruchen, daß Verständigung unmöglich ist. Wir meinen nur, daß Sätze keineswegs so klar sind, wie sie klar scheinen, daß sie vielmehr grundsätzlich vieldeutig sind und folglich von verschiedenen verschieden verstanden werden können, daß alle Mißverständnisse und Mißbräuche bei bestem Willen nicht von vornherein ausgeschaltet werden können.

Und insofern ist für den theologischen Bereich bereits deutlich geworden, wie problematisch es ist, wenn die Kirche ihren Glauben in bestimmten Sätzen rekapitulieren oder definieren will oder eventuell muß. Die Grenzen einer verpflichtenden abbreviativen oder defensiven Rede oder gar einer für die Ewigkeit bestimmten dogmatischen Sprachregelung sind unübersehbar und werden nicht ungestraft überschritten.

Mancher neuscholastische Theologe zur Zeit des Vatikanum I oder II könnte allerdings einwerfen, daß es trotz allem Sätze gebe, auch Glaubenssätze, die in sich klar genug seien, um alle Mißverständnisse auszuschließen, so klar beinahe wie es schließlich ja auch «$2 \times 2 = 4$» ist. Nun, mit «$2 \times 2 = 4$», nämlich mit der Mathematik, hat dieser Einwurf in der Tat etwas zu tun. Läßt sich doch nicht übersehen, daß die Sätze der Mathematik obigen Schwierigkeiten noch am wenigsten ausgesetzt sind, solange man mindestens nicht auf die Grundlagen der Mathematik zurückfragt, die ja ebenso umstritten sind wie manche ihrer Applikationen, etwa in der Statistik («Mit Zahlen kann man alles beweisen!»). Aber es ist begreiflich, daß besonders seit dem Beginn der Neuzeit die Mathematik (und immer mehr auch die auf ihr gründenden experimentellen, exakten Wissenschaften) auf die nach Klarheit strebenden Philosophen und Theologen eine starke Faszination ausgeübt hat. Und dieses Phänomen steht mit unserer Frage nach definierter Unfehlbarkeit tatsächlich in Verbindung.

2. Der rationalistische Ursprung des Erkenntnisideals von klaren Sätzen

Es ist kein Zweifel, daß auf dem Vatikanum I sehr viel intensiver als etwa auf dem Konzil von Trient die Tendenz sichtbar wird, nicht nur auf bestimmte Angriffe der Gegner bestimmt zu antworten, sondern darüber hinaus – wie schon im vorausgehenden umfassenden Syllabus errorum und der mit ihm verbundenen Enzyklika – eine Generalbereinigung anzustreben und zugleich möglichst grundsätzlich die offizielle kirchliche Lehre zu klären. Schon die Konstitution des Vatikanum I über den katholischen Glauben zeigt solche Züge, auch wenn sie zusammen mit der Konstitution über den Papst (ihrerseits nur der kleinste Teil der geplanten Konstitution über die Kirche) das einzige Schema blieb, das verabschiedet werden konnte. Wie viele Schemata aber waren von der kurialen Kommission vorbereitet und von der Zentralkommission vor dem Konzil als diskussionsreif bezeichnet worden? Die schöne Zahl von sechsundvierzig Schemata, von denen nur sieben überhaupt zur Diskussion auf dem Konzil gelangt sind, ohne allerdings, abgesehen von den zwei genannten Ausnahmen, verabschiedet zu werden. Bemerkenswert in diesem Zusammenhang einer umfassenden Klärung des Glaubens ist auch der auf dem Konzil lang diskutierte Vorstoß der Kurie für einen die ganze Kirche verpflichtenden Universalkatechismus. Bemerkenswert auch die im Anschluß an das Vatikanum I unter Leo XIII. einsetzende und mit allen Mitteln erfolgte Durchsetzung und praktische Absolutsetzung des Thomismus (faktisch sehr zu unterscheiden von Thomas!) als der katholischen Normaltheologie: Thomas-Enzyklika «Aeterni Patris» (1879) und Erklärung des Thomas zum authentischen Kirchenlehrer, dann eine durch Leo XIII. veranlaßte neue kritische Thomas-Ausgabe (seit 1882), dann 1914 die Promulgation von 24 thomistischen (wenn auch nicht unbedingt thomanischen) philosophischen (!) Grundthesen durch die römische Studienkongregation, die glücklicherweise sogleich in die Mühle der Rivalitäten der Ordensschulen gerieten, und schließlich als Krönung und spätes Gegengeschenk der römischen Kanonistik an jenen Theologen, der sich mehr als jeder andere um die Einführung des neuen Kirchenrechtes in die katholische Dogmatik verdient gemacht hat, 1918 im Codex Iuris Canonici jene Vorschrift, daß Philosophie und Theologie in den katholischen Seminarien «nach der Methode, Lehre und den Prinzipien» des Thomas von Aquin zu dozieren seien (can. 1366, § 2).

Es ist auch kein Zweifel, daß die kurialen Vorbereitungskommissionen des Vatikanum II weithin in derselben Richtung arbeiteten. Was dem Vatikanum I mißlungen war, sollte jetzt gelingen (man denke an die kurz vor dem Vatikanum II «gelungene» römische Diözesansynode): in Dogmatik und Moraltheologie wurde von den Grundlagen her eine weit ausholende systematische Klärung angestrebt und in Schemata vorbereitet. Und von prominenten Mitgliedern der theologischen Vorbereitungskommission konnte man vor dem Konzil hören, es müßten jetzt endlich die früher noch nicht geklärten Fragen von der Schöpfungslehre bis zur Eschatologie definitiv entschieden werden, damit in der katholischen Kirche endlich Gewißheit darüber bestünde, woran man sich zu halten habe, womit zweifellos die klaren Schulthesen der Neuscholastik gemeint waren.

Nun ist dieses Unternehmen auch noch ein zweites Mal gründlich, noch gründlicher, gescheitert, und die Neuscholastik im allgemeinen und der Neuthomismus im besonderen dürften sich von diesem Schicksalsschlag sobald nicht wieder erholen. Aber es lohnt sich in unserem Zusammenhang doch, diesem Zug zu klaren Sätzen und zu systematischer Klärung eine kurze Strecke nachzugehen. Dabei wäre es zweifellos interessant, des näheren die Frage zu untersuchen, inwiefern der griechische Intellektualismus in der mittelalterlichen Scholastik aufgenommen und mindestens in bestimmter Hinsicht überboten wurde, und wiederum inwiefern die Neuscholastik den Intellektualismus der mittelalterlichen Scholastik weitergeführt und ihn ihrerseits in bestimmter Hinsicht überboten hat. Aber wie wir uns im vorigen Abschnitt ausführlichen sprachphilosophischen Reflexionen versagen mußten, so jetzt ausführlichen philosophiegeschichtlichen. Ein kurzer philosophiegeschichtlicher Hinweis ist indessen notwendig, um hier einen Entwicklungsstrang sichtbar zu machen, der zu zeigen vermag, wie die Mentalität des Vatikanum I und der Neuscholastik mit den Bestimmungen Restauration, Romantik und Traditionalismus noch nicht genügend abgesteckt ist.

Es war auch – was in der Forschung oft übersehen wird – ein guter Schuß Rationalismus dabei.

Zwischen Scholastik und Neuscholastik, zwischen Thomas und Neuthomismus steht – Descartes. Descartes bedeutet nicht nur insofern einen Einschnitt, als man seit ihm die philosophische Tradition des Mittelalters in der neuzeitlichen Philosophie weithin vergessen hat. Descartes und nicht Thomas von Aquin ist es gewesen, der die Klarheit als Erkenntnisideal aufgestellt hat! Die berühmte Forderung Descartes, der im Gegensatz zu Thomas die sprachphilosophische Problematik ignorierte, nach klarer und deutlicher Erkenntnis aus den «Principia philosophiae» soll nicht unzitiert bleiben: «Sehr viele Menschen erfassen in ihrem ganzen Leben überhaupt nichts so richtig, daß sie ein sicheres Urteil darüber fällen könnten. Denn zu einer Erkenntnis (perceptio), auf die ein sicheres und unzweifelhaftes Urteil gestützt werden kann, gehört nicht bloß Klarheit, sondern auch Deutlichkeit. *Klar* (clara) nenne ich die Erkenntnis, welche dem aufmerkenden Geiste gegenwärtig und offenkundig ist, wie man das klar gesehen nennt, was dem schauenden Auge gegenwärtig ist und dasselbe hinreichend kräftig und offenkundig erregt. *Deutlich* (distincta) nenne ich aber die Erkenntnis, welche, bei vorauszusetzender Stufe der Klarheit, von allen übrigen so getrennt und unterschieden (seiuncta et praecisa) ist, daß sie gar keine anderen als klare Merkmale in sich enthält.»[2]

Dem gesunden Menschenverstand leuchtet das ein, so wie eben im Grunde auch die von Descartes übernommene ältere Abbildungstheorie einleuchtet, welche die Erkenntnis naiv als Abbildung versteht. Aber gerade dies ist keineswegs klar. Und man hat denn auch in der Folge gegen Descartes ins Feld geführt, daß eine solche Klarheit des Objekts nicht einfach verfügbar sei. Eine solche Forderung nach Klarheit setzt tatsächlich voraus, daß die Objekte selbst sich einem solchen Anspruch von Klarheit und Deutlichkeit fügen, daß sie im Grunde so unbeweglich statisch sind, daß sie das Auge schlicht festhalten kann, so statisch, wie im Grunde nur Zahlen und geometrische Figuren sind.

Aber gerade so sah Descartes schon die sinnlich-räumliche Welt, von der nach ihm das Auge die sinnliche Gewißheit und daher das Klarheitsideal abziehen soll: Diese Welt ist für ihn einfach Ausdehnung (res extensa im Gegensatz zum Denken) und somit identisch mit dem Gegenstand der Geometrie. Und an der Mathematik und Geometrie in ihrer Klarheit orientierte sich Descartes für seinen großen Entwurf einer universalen wissenschaft-

[2] R. Descartes, Principia philosophiae I,45 (dt. Ausg. Hamburg [7]1965, S. 15).

lichen Methode: das mathematische Erkenntnisideal auf alle Wissenschaften ausgedehnt, wobei die Evidenz, eben die klare und deutliche Einsicht in die Sache, zum Kriterium der Wahrheit gemacht und die Wahrheit mit Gewißheit identifiziert wird.

Die Kosten eines solchen Verfahrens sind indessen nicht gering: Nur wenn man nämlich den Gegenstand der Erkenntnis zurechtstutzt (auch räumliche Gegenstände lassen sich schließlich auf geometrische Figuren zurechtstutzen), wird die geforderte Norm der Klarheit erfüllt. Dagegen hatten jedoch schon Leibniz und Kant darauf aufmerksam gemacht, daß die konkrete Erkenntnis reicher ist, daß Klarheit und Unklarheit keineswegs so unzweideutig geschieden werden können, daß es vielmehr einen kontinuierlichen Übergang von der Dunkelheit bis zur Klarheit der Vorstellung mit unendlich vielen Graden und Stufen gibt.

Descartes ging von einer naiven Auffassung von Subjekt und Objekt aus. Weder die Dynamik des Objekts noch die Dynamik des Subjekts hatte er reflektiert. Und es war dann vor allem Hegel, der auf die Fragwürdigkeit einer solchen Statik und Trennung von Subjekt und Objekt aufmerksam gemacht und dagegen eine dialektische Erkenntnis der Wahrheit gefordert hat, die der Dynamik von Objekt und Subjekt, die ja in der Erkenntnis nicht getrennt werden können, gerecht zu werden versucht.[3] Die Dynamik des Objekts: Was ich erkenne, ist nicht etwas, das an mir wie auf einem Vehikel vorüberfährt, sondern bewegt sich in sich selbst und ist deshalb dem geometrisierten cartesianischen Gegenstand ganz unähnlich. Die Dynamik des Subjekts: Ich selber, der ich erkenne, bin nicht unbewegt, nicht statisch wie die Kamera auf dem Stativ, sondern im Erkennen bewege ich mich selbst in eins mit dem bewegten Gegenstand.

Nur diejenige Erkenntnis und Wissenschaft kann dieser Dynamik von Subjekt und Objekt gerecht werden, die die ganze Bewegung mitmacht und sich nicht an scheinbar evidente fixe Definitionen und klare Thesen hängt. Dies tut der Rationalismus, der dafür die Wirklichkeit in ihrer ganzen Lebendigkeit, Bewegtheit, Konkretheit und Fülle gar nicht zu Gesicht bekommt. Für Hegel war es deshalb keine Liebhaberei und kein Spiel mit der Zahl Drei, wenn sein kreisendes Denken so oft im kleinen wie im großen in Dreierschritten (oder in Dreiecken aus Dreiecken) voranging. Dahinter steckte die seither nicht mehr vergessene Grundeinsicht, daß ich mit *einem* Satz allein nicht wahrhaft die Wahrheit sagen kann, sondern daß ich dafür

[3] So Hegel grundlegend in seiner Phänomenologie des Geistes. Vgl. dazu H. Küng, Menschwerdung Gottes. Eine Einführung in Hegels theologisches Denken als Prolegomena zu einer künftigen Christologie (Freiburg-Basel-Wien 1970) bes. Kap. V, 1.

im Grunde – bestimmend, präzisierend, negierend und aufhebend – drei Sätze brauche: so ist es, aber doch nicht so, sondern so! Und so weiter. Wobei die Wahrheit nicht die einzelnen Schritte, Sätze, Momente, sondern das Ganze ist.

Aber schließen wir diesen kleinen philosophiegeschichtlichen Exkurs. Die Theologie konnte selbstverständlich den mathematischen Wissenschaftsbegriff Descartes' nicht unkritisch übernehmen. Man ließ sich denn auch in der Folge mehr von Leibniz und Christian Wolff inspirieren, die mit Descartes den Rationalismus freilich gemeinsam hatten. Wolff, ebenfalls zugleich Philosoph und Mathematiker und die Philosophie more mathematico betreibend, war mit Jesuiten befreundet, und sein klares, reiches und umfassendes rationalistisches System vor allem war es, das einerseits viele Einsichten der Scholastik aufnahm und andererseits viele rationalistische Impulse an die Neuscholastik weitervermittelte. Dies gilt, auch wenn sich kaum eine direkte Genealogie von Jesuiten des achtzehnten Jahrhunderts bis zu den Jesuiten des neunzehnten Jahrhunderts feststellen läßt, die dann mit ihrer Theologie das Erste Vatikanum bestimmten: die «römische Schule», G. Perrone, der an der Vorbereitung der Definition der Unbefleckten Empfängnis wie des Vatikanum I wesentlich beteiligt war, und seine Schüler und Kollegen J. Kleutgen, C. Schrader, J. B. Franzelin. Nicht unwichtig ist in diesem Zusammenhang, daß auch die eigentlichen Inspiratoren des italienischen Neothomismus, der zeitlich früher einsetzt als der deutsche, L. Taparelli († 1862) und M. Liberatore († 1892) teilweise unter dem Einfluß des Rationalismus standen.

Einzelheiten müßten hier untersucht werden. Es genügt für unseren Zusammenhang zu sehen, daß die Neuscholastik (und mit ihr auch das Vatikanum I) im Unterschied zur Hochscholastik vom Geist des Rationalismus, gegen den man im übrigen heftig protestierte, geprägt war. Nur so läßt sich verstehen, warum man so sehr an klaren und eindeutigen Sätzen, an möglichst weitgehender Definierung der offiziellen Kirchenlehre und einem möglichst «geschlossenen» System interessiert war. Nur daß die führende Philosophie der Zeit schon weit über einen solchen naiven Rationalismus hinausgeschritten war! Und wie klar, eindeutig und unproblematisch diese klaren und deutlichen Definitionen sein sollten, hat dann die Folgezeit und nicht zuletzt das Vatikanum II bewiesen. Oft kommt es einem beim Studium der Sätze des Vatikanum I, und nicht zuletzt der Konstitution über den katholischen Glauben, so vor, als ob man ein edles Tier in Bewegung, aber nicht unbedingt im günstigsten Moment, auf eine photographische Platte fixiert hätte. Was dann die Frage aufsteigen läßt: Und dies soll unser Glaube sein? Was, nach Hegel, vermutlich nur mit Ja *und* Nein beantwortet werden könnte.

Auch hier sei, um unnötige Mißverständnisse zu vermeiden, präzisiert: Die geäußerte Kritik gegenüber der Klarheit als Wissenschaftsideal will nichts sagen gegen ein kritisch reflektiertes *Bemühen* um Klarheit, ohne das auch die Theologie der Konfusion und Destruktion preisgegeben würde; auch in der Theologie kann etwa teutonischer Tiefsinn durch lateinische Klarheit nur gewinnen und umgekehrt, wie denn auch diese beiden Eigenschaften zum Glück nicht von vornherein nach Nationalitäten verteilt sind. Die Theologie wird sich somit um Klarheit bemühen, auch wenn sie nicht mit dieser Art von Klarheit wird aufwarten können, welche die Mathematik und die arbeitsteiligen Einzelwissenschaften bieten, solange sie sich wenigstens Gegenstand und Gegenstandsbereich vorgeben lassen, ohne sie zu hinterfragen.

Aber es ist ein Unterschied, ob sich die Theologie um Klarheit in ihren Sätzen bemüht, oder ob sie mit ihren Sätzen definitive Klarheit erreicht zu haben meint. Es ist ein Unterschied, ob sie ihre Sache an jedem Punkt genau zu treffen versucht oder ob sie sie in klaren Sätzen gefrieren läßt. Es ist ein Unterschied, ob sie die Dunkelheiten und Unfaßlichkeiten deutlich anzugeben und so auch das Unklare klar auszusprechen vermag oder ob sie Dunkelheiten und Unfaßlichkeiten nicht wahrhaben will und so das Unklare unklar wegzudistinguieren versucht. Es ist ein Unterschied, ob sie in allem Ringen um die Wahrheit offenbleibt für die immer größere Wahrheit oder ob sie die Wahrheit und sich selbst einschließt in den goldenen Käfig eines geschlossenen Systems. Kurz: es ist ein Unterschied, ob eine Theologie sich der Klarheit der Rationalität oder der Scheinklarheit des Rationalismus verpflichtet hat. Die Neuscholastik ist in diesem Sinn von Rationalismus nicht völlig freizusprechen, und die beiden letzten Konzilien mußten dafür bezahlen.

Damit ist die Problematik sogenannter klarer Sätze genügend expliziert worden. Und noch mehr als am Ende des vorausgehenden Abschnittes drängt sich die Frage auf: Wie wäre es um den Bestand einer Kirche bestellt, wenn sie ihren Glauben ganz von bestimmten klaren Sätzen abhängig machen würde? Eigentlich sollte gerade die Theologie sich und andere daran erinnern, daß Klarheit («doxa») ursprünglich nicht Sache der Methode und auch nicht Sache des Bewußtseins, sondern – Prädikat der Gottheit war!

Vom Irrtum ist in diesem Kapitel IV bisher kaum ein Wort gefallen. Aber nicht etwa, weil er in diesem Zusammenhang nichts zu suchen hätte, sondern weil er in diesem Zusammenhang als selbstverständliche Möglichkeit vorausgesetzt wird. Denn alles, was über diese Menschensätze, über diese immer hinter der Wirklichkeit zurückbleibenden, immer mißverständlichen, nur bedingt übersetzbaren, ständig in Bewegung begriffenen, so leicht ideologieanfälligen und eben auch nie restlos zu klärenden Sätze zu sagen war, schließt für jedermann das Selbstverständliche ein: Sätze sind anfällig wie für Zwiesinn so auch für Unsinn, wie für Wirrtum so auch für Irrtum. Und der Quellen für Irrtümer sind so viele, daß es sich kaum lohnt, sie in irgendeiner Form zu klassifizieren; man spricht von stillschweigender Identifizierung und Analogisierung, von der unvollständigen Disjunktion und Tendenz zur Konstruktion, von der Vertauschung der Seinsschichten und der Verfälschung der reinen Erkenntnis durch Gefühls- und Willensmomente und anderem als von besonderen Quellen des Irrtums. Wie immer, es scheint nur allzu selbstverständlich zu sein: Sätze können wahr *oder* falsch sein.

Ein spezielles Problem scheint der Irrtum eigentlich erst bei denjenigen Sätzen zu werden, bei denen man einen Irrtum von vornherein und grundsätzlich ausschließen will. Und dies ganz speziell dort, wo es nicht etwa um selbstevidente (was allerdings auch schon umstritten ist) erste philosophische Prinzipien (Identitäts-, Kontradiktions-, Kausalitätssatz) geht, sondern um Sätze, denen gerade nicht Evidenz im philosophischen Sinn, wohl aber Irrtumslosigkeit im theologischen Sinn zugesprochen wird. Ist da tiefste Skepsis nicht angebracht? Alles in den beiden vorausgehenden Abschnitten Dargelegte läßt es als wenig wahrscheinlich erscheinen, daß selbst Glaubenssätze der Kirche, die ja zugegebenermaßen Menschensätze sind, von vornherein von der ihnen eigenen Menschlichkeit, Unzulänglichkeit, Fragwürdigkeit und so eben auch Irrtumsfähigkeit befreit sein könnten. Ja, es läßt sich sogar darüber hinaus zeigen, wie gerade negativ definierende Glaubenssätze die Problematik von Sätzen besonders sichtbar machen, so daß eine von uns schon früher geübte Reflexion der Problematik kirchlicher Definitionen über die obige Feststellung – Sätze können wahr *oder* falsch sein – hinaus feststellen mußte: Sätze können wahr *und* falsch sein.[4] Dies ist auch hier etwas zu verdeutlichen.

[4] Vgl. Strukturen der Kirche VIII, 3c.

Wenn schon jede menschliche Wahrheitsaussage als menschlich begrenzte an Irrtum grenzt und leicht in Irrtum umschlägt, so gilt dies von polemischen kirchlichen Definitionen in besonderer Weise. Eine Definition ist ja in besonderer Weise gezielt gesprochen, sie will den anvisierten Irrtum treffen. Da es nun keinen Irrtum ohne irgendeinen Wahrheitskern gibt, besteht von vornherein die Gefahr, daß ein polemisch ausgerichteter Satz nicht nur den Irrtum, sondern auch des Irrtums Wahrheitskern trifft: nämlich des Irrtums wahres Anliegen, die Wahrheit im Irrtum. Solange zum Beispiel ein evangelischer Christ unpolemisch feststellt: «Der Gerechte lebt aus dem Glauben», tritt der Schatten des Irrtums, der dem Satz folgt, nicht hervor. Formuliert er aber polemisch gegen den die Werke übertreibenden Irrtum eines legalistischen Katholiken: «Der Gerechte lebt aus dem Glauben» so ist er in Gefahr, daß der Schatten des Irrtums die Wahrheit seiner Aussage verdunkelt mit der unausgesprochenen Nebenmeinung: «Der Gerechte lebt aus dem Glauben (und übt keine Werke).» Umgekehrt gilt das gleiche: Solange ein Katholik unpolemisch feststellt: «Der Gerechte übt Werke der Liebe», tritt der Schatten des Irrtums, der dem Satz folgt, nicht hervor. Formuliert er aber polemisch gegen einen den Glauben überziehenden Irrtum eines quietistischen Protestanten: «Der Gerechte übt Werke der Liebe», so ist er in Gefahr, daß der Schatten des Irrtums die Wahrheit seiner Aussage verdunkelt mit der unausgesprochenen Nebenmeinung: «Der Gerechte übt Werke der Liebe (und lebt nicht aus dem Glauben).»

Dieses klassische Beispiel aus der katholisch-evangelischen Kontroverse zeigt: eine polemisch definierte Wahrheitsaussage, von welcher Seite auch immer, ist in Gefahr, sich als bloße Verneinung eines Irrtums zu verstehen. So aber vernachlässigt sie notwendig den echten Wahrheitskern des Irrtums. Dann aber ist diese Wahrheitsaussage eine *halbe* Wahrheit: was sie aussagt, ist richtig; was sie nicht aussagt, ist auch richtig. Vom Sprechenden her gesehen trifft eine solche Aussage den Irrtum, vom Angesprochenen her die Wahrheit. Für den Sprechenden erscheint sie – mit Recht – als wahr, für den Betroffenen – nicht zu Unrecht – als falsch. Kurz, weil eine halbe Wahrheit auch ein halber Irrtum sein kann, versteht man sich nicht: jeder hält an *seiner* Wahrheit fest, jeder sieht den Irrtum beim Anderen. Während die Wahrheit des einen die des anderen einschließt, schließt jeder den anderen aufgrund eines Wahrheitsmangels aus.

Solches ereignete sich nur zu oft in der Kirchengeschichte. Die Definition traf den Irrtum, nahm aber die Wahrheit des Irrtums aus der Verurteilung nicht ausdrücklich aus. Dadurch erschien die wahre Verurteilung des Irrtums dem anderen als falsche Verurteilung der Wahrheit. So verurteilte etwa das Konzil von Trient eine Rechtfertigung «durch den Glauben allein», sofern dieser ein leerer, vermessener, rechthaberischer Rechtfertigungsglaube ist. Es definierte indessen nicht, was mit «durch den Glauben allein» richtig gemeint werden *kann* und was die Reformatoren gerade meinten: den wahren, guten Glauben, der sein ganzes Vertrauen allein auf den Herrn setzt. Die wahre Verurteilung des falschen «Sola fide» war somit für die Anderen die falsche Verurteilung des wahren «Sola fide».

Auf diese Weise ist deutlich gemacht, warum gerade eine Reflexion über kirchliche Definitionen zur Aussage vorstoßen mußte: Jeder Satz kann wahr *und* falsch sein – je nachdem nämlich, wie er gezielt, gelagert, gemeint ist. Wobei zu bedenken wäre: wie ein Satz gemeint ist, ist schwieriger zu entdecken, als wie er gesagt ist. Aufgabe der Theologie wäre es in jedem Fall, ernsthaft im Irrtum des Anderen die Wahrheit und in der eigenen Wahrheit den möglichen Irrtum zu sehen. Auf diese Weise geschähe in der Abkehr vom vermeintlichen Irrtum die Begegnung in der gemeinten Wahrheit.

Nimmt eine Theologie, nimmt eine Kirche diese Dialektik von Wahrheit und Irrtum nicht ernst, so ist sie unvermeidlich auf dem Weg vom Dogma zum Dogmatismus: die Funktionalität und Sachgebundenheit einer Definition wird dann übersehen, der Begriff des Dogmas überanstrengt, überfordert, überspannt, das Dogma gerät in eine undialektische und unkritische Isolierung und Verabsolutierung: in den Dogmatismus, der in der Übertreibung und Übersteigerung, in der Isolierung und Verabsolutierung des Dogmas besteht. Das Lehrhafte des Dogmas schlägt um in Doktrinalismus und seine Verbindlichkeit in Juridismus. Aus dem Partiellen des Dogmas wird das Partikularistische, aus dem Autoritativen das Autoritäre, aus dem Intellektuellen das Rationalistische, und der Zug zur Formulierung und Objektivierung führt schließlich zu einem die Wahrheit mit Wahrheiten erdrückenden Formalismus, Objektivismus und Positivismus. Dies genau ist der Dogmatismus, wie ihn neuerdings Josef Nolte in seiner eindringlichen Studie einer für manche vielleicht ärgerlich scharfen, aber bitter notwendigen vielschichtigen Kritik unterzogen hat, welchem Dogmatismus gegenüber er für die Theologie und die Kirche zu Recht einen «meta-dogmatischen» Denkstil vindiziert, der mit dem «Dogma in Geschichte» ernst macht.[5]

Nimmt eine Theologie, nimmt eine Kirche die Dialektik von Wahrheit und Irrtum ernst, so ist sie auch im Umgang mit Dogmen vor Dogmatis-

[5] Vgl. J. Nolte, Dogma in Geschichte. Versuch einer Kritik des Dogmatismus in der Glaubensdarstellung.

mus geschützt. Sie wird bescheiden und darin weise. Sie läßt sich tragen vom Glauben, für den jede Definition ein Wagnis bleibt: notwendig in extremis, aber nie ohne Risiko, eine Abgrenzung, bei der man nur zu leicht selbst neben die Grenze tritt, was nicht schlimm ist, solange man dabei nicht stehenbleibt. Der Glaube also des Homo viator, der weiß, daß er Erkenntnis und Verständnis nicht gepachtet hat, sondern stets neu darum ringen und beten darf. Der weiß, daß sein Weg von keiner Dunkelheit, weder der der Sünde noch der des Irrtums verschont bleibt. Der Glauben also der Ecclesia peregrinans, die weiß, daß unter allen Wirren ihrer Pilgerschaft das Irren nicht die schändlichste, sondern nur die menschlichste all ihrer Menschlichkeiten ist.

Und doch die nicht niederzuhaltende Frage: Sind damit für die Kirche die Verheißungen nicht dahin?

4. *Die Aporie und ihre Aufhebung*

Wo stehen wir jetzt? Wenn wir genau hinschauen – und ein kurzer, scharfer Blick genügt, nachdem wir der Sache so sehr nähergetreten sind –, so müssen wir sagen: in einer ziemlich ausweglosen Situation.

a. Die Aporie

Auf der einen Seite: die der Kirche gegebenen *Verheißungen* fordern Anerkennung! Kein glaubender Christ, der sich auf das Neue Testament gründet, kann dies bestreiten. Es seien hier nur nochmals die dafür immer wieder zitierten klassischen Schrifttexte kurz in Erinnerung gerufen. Mt 16,18: «Die Pforten der Hölle werden sie nicht überwältigen.» Mt 28,20: «Und siehe, ich bin bei euch alle Tage bis an das Ende der Welt.» Jo 14,16: «Und er (der Vater) wird euch einen anderen Beistand geben, damit er in Ewigkeit bei euch sei, den Geist der Wahrheit.» Jo 16,13: «Der Geist wird euch in die ganze Wahrheit einführen.» 1 Tim 3,15: «Die Kirche des lebendigen Gottes, die Säule und Grundfeste der Wahrheit.»

Auf der anderen Seite: die *Irrtümer* in der Kirche fordern Anerkennung! Dies kann kein kritisch denkender Mensch verkennen. Und es soll hier nun nicht mehr weit ausgeholt, sondern nur noch kurz zusammengefaßt werden:

1. Auch mit Irrtümern in kirchlichen Glaubenssätzen (im weitesten Sinne des Wortes) ist zu rechnen, insofern es bei ihnen um menschliche Sätze geht;

daß mindestens bei gewissen Amtsträgern und Gemeinden, bei gewissen Glaubenssätzen und Glaubensformeln Irrtümer nicht ausgeschlossen werden können (fallible Lehren), wird auch von der katholischen Theologie allgemein zugegeben.

2. Insbesondere ist mit Irrtümern in negativen Definitionen (im weitesten Sinne des Wortes) zu rechnen, insofern diese polemischen Sätze, auf den Irrtum zielend, leicht auch die Wahrheit verurteilen können; daß gerade auch bei negativen Definitionen, die ja von sehr verschiedenen Amtsträgern und Organen in der Kirche ausgesprochen werden können, Irrtümer möglich sind, wird auch von der katholischen Theologie grundsätzlich nicht bestritten.

3. Die Frage ist nur: Gibt es nicht vielleicht doch ausnahmsweise Sätze der Kirche, die von vornherein des Irrtums enthoben sind und gar nicht irrig sein können? Darauf ist zusammenfassend zu antworten:

(1) Schon unsere Ausgangsproblematik hatte gezeigt: mindestens *eine* Lehre, die nach dem ordentlichen Lehramt als unfehlbare kirchliche Lehre zu gelten hat (die Unsittlichkeit «künstlicher» Geburtenregelung), wird von einem Großteil der Kirche und der Theologie als falsch und irrig angesehen.

(2) Das Entscheidende: Es ist bisher von niemandem, weder vom Vatikanum I noch vom Vatikanum II noch von der Schultheologie begründet worden, was zu begründen wäre: daß die Kirche, ihre Leitung oder ihre Theologie, solche Sätze machen kann, die von vornherein gar nicht falsch sein können. Die Beweislast liegt bei dem, der solches behaupten sollte.

(3) Faktische Irrtümer des kirchlichen «Lehramtes», des ordentlichen wie des außerordentlichen, lassen sich ehrlicherweise nicht bestreiten. Alle Apologetik, so haben wir gesehen, führt nur noch tiefer in Schwierigkeiten hinein, sei es, daß sie geschichtliche Fakten zurechtbiegen oder gar leugnen, sei es, daß sie mit anachronistischen Distinktionen (dann eben nicht «ex cathedra» usw.) arbeiten muß.

Gibt es hier noch einen Ausweg? Mit den infalliblen Sätzen scheinen auch die der Kirche gegebenen Verheißungen, scheint auch die Infallibilität der Kirche selbst dahin! Aber ist mit den infalliblen Sätzen die Infallibilität der Kirche wirklich dahin? Dies ist die Frage, die, wie wir sahen, sich gerade das Vatikanum I nicht gestellt hat. Eine Frage allerdings, die nach Antwort heischt.

b. Aufhebung der Aporie

1. Eine Überwindung des Dilemmas ist nicht möglich durch einen, sei es ungläubigen oder abergläubischen, Entscheid für die eine oder andere Seite der Alternative:

Entweder: die Verheißung ist dahin! Das ist der Standpunkt einer ungläubigen Welt, den sich der Glaubende nicht zu eigen machen kann.

Oder: mindestens bestimmte Irrtümer dürfen nicht zugegeben werden! Das ist der Standpunkt einer triumphalistischen Kirche, den sich der Glaubende ebenfalls nicht zu eigen machen kann.

2. Eine Überwindung des Dilemmas ist auch nicht möglich durch eine verharmlosende Harmonisierung der einen Alternative auf Kosten der anderen:

Früher vertrat man praktisch weithin eine grundsätzliche Infallibilität des Lehramtes; Irrtümer galten als Ausnahme. Diese These ließ sich nicht durchhalten und fand trotz aller Bemühungen der extremistischen Ultramontanen ihr Ende mit dem Vatikanum II. Später vertrat man die grundsätzliche Fallibilität des Lehramtes außer bei bestimmten infalliblen Sätzen. Auch diese schon längst vor dem Vatikanum I vertretene These ließ sich, so zeigte sich, nicht durchhalten.

3. Eine Überwindung des Dilemmas ist nur möglich durch die *Aufhebung* der Alternativen auf einer höheren Ebene: *Die Kirche wird in der Wahrheit erhalten, trotz aller immer möglichen Irrtümer!*

Dazu ist zunächst sehr kurz zu sagen:

(1) Eine solche Auffassung läßt sich von der Schrift her verteidigen, die zwar ein Gehaltensein der Kirche in der Wahrheit bezeugt, aber in keiner Weise von irgendwelchen unfehlbaren Sätzen der Kirche spricht.

(2) Eine solche Auffassung wird auch den kirchengeschichtlichen Fakten gerecht: einerseits den zahlreichen Irrtümern des kirchlichen Lehramtes, andererseits dem Durchhalten und Bestehenbleiben der Kirche und ihrer Verkündigung durch zweitausend Jahre.

(3) Gerade diese Problemstellung und Lösung wurde nicht nur im Vatikanum I, sondern auch im Vatikanum II und in der neuscholastischen Schultheologie nicht beachtet.

(4) Schließlich ist eine solche Antwort auf die Schwierigkeiten auch im Zusammenhang mit all den Diskussionen vor der Enzyklika «Humanae vitae», unserer Ausgangsproblematik, nicht beachtet worden.

Zu diesem letzten Punkt drängt sich sogleich eine Anmerkung auf: nirgendwo deutlicher als im Zusammenhang dieser Enzyklika ist die Achillesferse der römischen Infallibilitätslehre offenbar geworden. In unserem ersten Kapitel haben wir der konservativen Minderheit der päpstlichen Kommission für Geburtenregelung viel – für manche vielleicht unerwartet viel – Recht gegeben. Aber an einem Punkt muß nun energischer Widerspruch erhoben werden. Das «Gutachten» der Minderheit, auf die sich der Papst bei seiner Entscheidung gestützt hat, gipfelt in folgenden Sätzen: «Was allerdings noch schwerer wiegt, ist, daß diese Änderung (bezüglich der Lehre von der Empfängnisverhütung) einen schweren Schlag gegen die Lehre vom Beistand des Heiligen Geistes mit sich brächte, der der Kirche für die Führung der Gläubigen auf dem rechten Weg zu deren Heil versprochen ist... Denn wenn die Kirche sich so schwerwiegend in ihrer ernsten Verantwortung der Seelenführung geirrt hätte, dann wäre das gleichbedeutend mit der ernsthaften Unterstellung, ihr habe der Beistand des Heiligen Geistes gefehlt.»[6]

Und da meinen wir nun sagen zu müssen: Die Achillesferse der römischen Unfehlbarkeitstheorie – entgegen der Absicht ihrer Vertreter, die so viel vom Glauben reden – ist letztlich ein Mangel an Glauben. Ist das nicht deutlich? Gerade wo der Glaube besonders herausgefordert ist, versagt und verzagt man: angesichts des Irrtums! Angesichts des Irrtums der *Kirche:* So sehr hat man sich nämlich an die Identifizierung der «Kirche» (besser: der «Hierarchie») mit dem Heiligen Geist gewöhnt, daß man bestimmte Irrtümer, Irrungen, Abirrungen und Verirrungen der Kirche, falls man sie zugeben müßte, meint dem Heiligen Geist anlasten zu müssen. Als ob die unbestreitbaren Irreführungen und Irreleitungen der Hierarchie (und der Theologie!) die des Heiligen Geistes, und die Irrwege, Abwege und Umwege der Kirche die Gottes selbst wären! Gewiß, im Geist handelt Gott selbst an der Kirche, bezeugt sich der Kirche, begründet, erhält und durchwaltet die Kirche: und dieser Gott ist der Deus qui nec fallere nec falli potest, der Gott, der nicht täuschen und sich nicht täuschen kann. Doch die Menschen selbst, die die Kirche bilden, können sich verzählen, verrechnen, versprechen und verschreiben, können sich versehen, verhören, vergreifen, verfahren, verfehlen und verirren: homines qui fallere et falli possunt. Damit wird der Glaube, der auf *Gott* setzt, nüchtern und vertrauensvoll rechnen müssen. Er wird Gottes Geist und Kirche nicht identifizieren, sondern unterscheiden. Er wird dann in befreiender Weise illusionslos zur Kenntnis nehmen können, daß die Entwicklung der Kirche immer auch Fehlentwicklung, ihr Fortschritt immer auch wieder Rückschritt einschließt. Der Glaube an Gottes Führung und Fügung in der Geschichte des Menschen

[6] In Herderkorrespondenz aaO. 438f.

und der Welt zweifelt nicht, auch wenn es im kleinen oder großen gründlich schiefgeht. Er bewährt sich gerade angesichts von Ungeschick und Mißgeschick, angesichts persönlicher Schicksalsschläge und weltgeschichtlicher Katastrophen. Und der Glaube an des Gottesgeistes besondere Präsenz und Assistenz in der Gemeinschaft der Glaubenden versagt und verzagt nicht, auch wenn auf allen Gebieten, bei allen Personen und in allen Fällen Fehler vorkommen können und oft auch vorkommen. Er bewährt sich vielmehr gerade angesichts von Fehlschlüssen, Fehlbewertungen und Fehlhaltungen in der Kirche, angesichts von Fehlgriffen, Fehltritten und Fehlschlägen ihrer Leiter und Lehrer.

Gerade wenn das Schiff der Kirche in den Sturm gerät, gibt es immer wieder verängstigte und zweifelnde Jünger, die meinen, den Herrn wecken zu müssen, weil sie zugrunde gehen. Die Antwort ist schon gegeben: «Warum seid ihr so furchtsam, ihr Kleingläubigen?» (Mt 8,26).

5. Die Kirche auf dem Weg zur Wahrheit

Die Kirche aus Menschen, und das sind alle Glaubenden einschließlich ihrer Leiter und Lehrer, möchte immer wieder gerne in Ruhe sitzenbleiben. Arriviert und assimiliert, zufrieden mit den Verhältnissen in Gesellschaft und Kirche, wie sie sind. Zufrieden auch mit der Wahrheit, die sie empfing und «besitzt», als «Glaubensdepositum». Als ob diese Wahrheit nicht wie der Geist, den die Kirche empfangen, nur ein «Angeld» wäre: die Wahrheit des Evangeliums Jesu Christi, das hinausruft, auf den Weg, in die Zukunft hinein, die erst die ganze Wahrheit, die volle Offenbarung, das Reich Gottes bringen wird.

Es ist die Wahrheit der Verheißung, die die Kirche, welche ja nie Selbstzweck und Selbstziel sein kann, aufruft zu stets erneutem Aufbruch und Auszug. Die Kirche als «Exodusgemeinde» (J. Moltmann), deren Weg mit nur vereinzelten Oasen durch die Wüste führt, ja, die nicht nur unter dem geheimnisvollen Zeichen der Wolke, sondern dem ausdrücklich aufgerichteten Zeichen des Kreuzes steht: «So lasset uns zu ihm vor das Lager hinausgehen und seine Schmach tragen! Denn wir haben hier keine bleibende Stadt, sondern die zukünftige suchen wir.» In dieser Aufforderung gipfelt der Hebräerbrief (13,13), der die Kirche so bildhaft eindrücklich als das «wandernde Gottesvolk» beschreibt.[7]

[7] Vgl. Die Kirche C I, 2d. Zum Gottesvolkgedanken in Hebr: E. Käsemann, Das wandernde Gottesvolk (Göttingen [4]1961); F. J. Schierse, Verheißung und Heilsvollendung. Zur theologischen Grundfrage des Hebräerbriefes (München 1955).

Unter der Wahrheit der Verheißung, die sie selbst verkündet und ankündet, muß, darf die Kirche immer wieder neu den Exodus wagen. Das durch die Wüste wandernde Israel bleibt das typologische Vor- und Gegenbild des neuen Bundesvolkes (vgl. besonders Hebr 3,3–4,13). Wie an das alte, so ist auch an das neue Gottesvolk das «Wort» der Offenbarung ergangen (4,12f): nicht damit es sich mit dem «Besitz» der Wahrheit zur Ruhe setze, sondern damit es, vom Wort der Wahrheit herausgerufen, sich gehorsam glaubend auf den Weg mache. Wie das alte, so ist auch das neue Gottesvolk keineswegs in Sicherheit. Es hat seinen Weg zu gehen durch Versuchung, Anfechtung, Schuld hindurch, von Müdigkeit, Glaubensschwäche und Hoffnungslosigkeit bedroht. Wie dem alten, so ist auch dem neuen Gottesvolk eine Verheißung geschenkt, die erst nach aller Mühe und Unrast eines langen Weges, die erst nach aller Bewährung im Glauben, Durchhalten und Beharren, in festem Vertrauen und unerschütterlicher Gewißheit durch Kampf, Leiden und Tod hindurch den Eingang in die Ruhe verspricht.

Nur den einen entscheidenden Unterschied gibt es: Das «Wort» der Offenbarung, das an das neue Gottesvolk ergangen ist, ist kein vorläufiges mehr; es ist das letzte und definitive. Die Gefährdung und Bedrohung kann deshalb das neue Gottesvolk nie in endgültiger Weise überkommen; ihm ist bei allem Schwachwerden das Heil gewiß. Die Verheißung, die dem neuen Gottesvolk gegeben ist, ist die eschatologische Verheißung, die nicht mehr außer Kraft gesetzt werden kann, die absolut sicher durch einen besseren Bund Gottes mit diesem Volk verbürgt ist und so eine letztlich getroste Wanderschaft gewährt. Aber es bleibt eine Wanderschaft mit allen Risiken und Gefahren, bei der der Einzelne – und allein Christus als der neue Moses und Führer des Gottesvolkes ist hier ausgenommen (vgl. 3,7 bis 4,11; 4,15) – sich isolieren, sich verirren und endgültig zurückbleiben kann in der Wüste dieser Welt, in der das Volk Gottes keine bleibende Stätte hat. Letztlich nur Gäste und Fremdlinge auf Erden, eine große Wolke glaubender Zeugen, sind sie alle auf dem Weg zur unverlierbaren Heimat (Kap. 11). Erst dort geht der Glaube, der «eine Zuversicht auf das ist, was man hofft, eine Überzeugung von Dingen, die man nicht sieht» (11,1), über in das Schauen und Feiern der «Stadt des lebendigen Gottes» (12,22). Bis dann aber bleibt alles «Geschaffene» der Vergänglichkeit, der Fallibilität anheimgegeben: «der Erschütterung unterworfen» (12,27). Erst in der Ruhe der Vollendung werden die Glaubenden das infallible, das «unerschütterliche Reich» empfangen (12,28).

So sieht der Hebräerbrief die Kirche als die in allen ihren Gliedern der Versuchung, der Anfechtung, der Verirrung, der Erschütterung ausgesetzte pilgernde Gemeinschaft der Glaubenden, welche die Wahrheit nur als die in Christus offenbar gewordene große Verheißung besitzt. Die Mahnung ist deutlich und nimmt niemand in der Kirche aus, auch nicht die Vorsteher, deren Glaube als Vorbild hingestellt wird (13,7): «Darum richtet die erschlafften Hände und die ermüdeten Knie wieder auf und gehet gerade Pfade mit euren Füßen, damit das Lahme nicht vom Wege abkommt, sondern vielmehr geheilt wird. Jaget dem Frieden mit jedermann nach und der Heiligung, ohne die niemand den Herrn schauen wird. Und sehet zu, daß nicht jemand hinter der Gnade Gottes zurückbleibt, daß nicht eine bittere Wurzel aufwächst und Schaden anrichtet und durch diese die große Mehrzahl befleckt wird, daß nicht jemand ein Abtrünniger ist oder ein niedrig Gesinnter wie Esau, der für eine einzige Speise seine Erstgeburt verkaufte» (Hebr 12,12–16).

Das großartige Fresko des wandernden Gottesvolkes im Hebräerbrief stammt nicht vom Apostel Paulus, steht aber in vielfacher Hinsicht in paulinischer Tradition. Paulus selbst hat sich noch deutlicher als der Verfasser des Hebräerbriefes über die Vorläufigkeit all unserer Glaubenserkenntnis ausgesprochen. Und von jedem menschlichen Wort in der Kirche, auch vom feierlichsten gilt, was der Apostel sagt: «Stückwerk ist unser Erkennen und Stückwerk unser Prophezeien. Und wenn das Vollkommene kommt, dann wird das Stückwerk ein Ende haben... Denn jetzt sehen wir nur mittels eines Spiegels in rätselhafter Gestalt, dann aber von Angesicht zu Angesicht. Jetzt ist mein Erkennen Stückwerk. Dann aber werde ich ganz erkennen, wie auch ich ganz erkannt worden bin» (1 Kor 13,9f. 12).

Wenn es jedoch so steht um die Unvollkommenheit, Unvollendetheit, Rätselhaftigkeit, Bruchstückhaftigkeit all unserer Glaubensformulierungen, wenn die Vollendung, das wirkliche Sehen, die ungetrübte Wahrheit noch aussteht, ist es dann gut, von einer «Infallibilität» der Kirche zu sprechen?

6. Infallibilität oder Indefektibilität?

Man *kann* von «Infallibilität» der Kirche sprechen. Und wir halten in vollem Umfang an der nun kritisch sehr viel gründlicher abgesicherten Aussage über die «Infallibilität» oder «Untrüglichkeit» der Kirche fest, die wir bei früherer Gelegenheit gemacht haben[8]: *Soweit* die Kirche demütig Gottes Wort und Willen gehorsam ist, hat sie teil an der Wahrheit Gottes (des Deus

[8] Vgl. Die Kirche D III, 2c.

revelans) selbst, der weder trügen (fallere) noch betrogen werden (falli) kann; dann ist Lug und Trug (omnis fallacia) und alles Trügerische (omne fallax) fern von ihr. Infallibilität, Untrüglichkeit in diesem radikalen Sinn besagt somit ein *grundlegendes Bleiben der Kirche in der Wahrheit, das auch von Irrtümern im einzelnen nicht aufgehoben wird.*

Gemeint ist hier: Mag auch das Abirren der Kirche von der Wahrheit im einzelnen noch so bedrohlich sein, mag die Kirche wie schon Israel immer wieder schwanken und zweifeln und manchmal auch irren und entgleisen: «...er wird in Ewigkeit bei euch bleiben, der Geist der Wahrheit» (Jo 14, 16f). Die Kirche wird der Macht der Lüge nicht erliegen. Aufgrund der Verheißung wissen wir im Glauben: sie ist untrüglich; ihr ist auf Grund von Gottes Verheißung Infallibilität, Untrüglichkeit geschenkt. Sie wird trotz allem Irren und Mißverstehen von Gott in der Wahrheit gehalten.

Aber dennoch ist die Frage unabweisbar, ob man gerade von «Infallibilität» der Kirche sprechen *muß*, oder ob es für die hier gemeinte Sache nicht vielleicht doch ein besseres Wort gibt. Wir haben oben darauf hingewiesen, daß heute weithin die Mißverständlichkeit des Wortes «Infallibilität» zugegeben wird, ja, daß sie schon auf dem Vatikanum I vom Referenten der Glaubensdeputation zugegeben wurde. Sollte man daraus nicht Konsequenzen ziehen? Wäre es bei Mißverständnissen nicht besser, das Wort zu opfern, um die Sache zu retten, statt das Wort zu retten und die Sache zu opfern?

Zwei Gründe sind es vor allem, die mindestens heute das Wort «Infallibilität» zu einem mißverständlichen und vielfach irreführenden Terminus machen. *Erstens:* das Wort hat einen moralischen Unterton, besonders in gewissen Übersetzungen, im Sinn von Fehlerlosigkeit, den es einfach nicht losbekommen kann; von einem Menschen ausgesagt, hat es heute meist einen tadelnd-negativen Sinn («Der meint, er sei unfehlbar»). *Zweitens:* das Wort ist gewohnheitsmäßig allzusehr auf bestimmte infallible Sätze ausgerichtet. Und gerade dieses, wie wir sahen, naive Mißverständnis gilt es zu verhindern, als ob nämlich die Infallibilität der Kirche an infallible Sätze gebunden sei.

Wir möchten deshalb gegenüber einer «Infallibilität» dem Begriff «*Indefektibilität oder Perennität in der Wahrheit*» den Vorzug geben. Der Begriff «Indefektibilität» (Unzerrüttbarkeit, Beständigkeit) und der positive Begriff «Perennität» (Unzerstörbarkeit, Fortdauer) sind in der Ekklesiologie ebenso traditionelle Begriffe wie «Infallibilität». Praktisch können sie oft kaum unterschieden werden. Und wenn Perennität oder Indefektibilität in der Schultheologie teilweise mehr mit dem Sein der Kirche als mit der Wahrheit der Kirche in Verbindung gebracht wurden, so ist zu bedenken: Sein und

Wahrsein der Kirche können gar nicht voneinander getrennt werden. Ist die Kirche nicht mehr in der Wahrheit, so ist sie überhaupt nicht mehr Kirche. Nur hängt das Wahrsein der Kirche nicht unbedingt an ganz bestimmten infalliblen Sätzen, sondern an ihrem In-der-Wahrheit-Bleiben durch alle auch irrtümlichen Sätze hindurch. Um indessen bezüglich des Seins der Kirche insbesondere das Wahrsein der Kirche zu betonen, sprechen wir verdeutlichend nicht von der Indefektibilität oder Perennität der Kirche, sondern von ihrer Indefektibilität oder Perennität *in der Wahrheit*. Gemeint ist hier somit das Bleiben der Kirche in der Wahrheit, das von allen Irrtümern im einzelnen nicht aufgehoben wird. Womit deutlich gemacht ist, daß wir an der *Sache* der Infallibilität festhalten, auch wenn wir für dieselbe Sache aus den genannten Gründen die Worte Indefektibilität oder Perennität vorziehen.

Das Wort «Infallibilität» bliebe auf diese Weise letztlich dem reserviert, dem es ursprünglich reserviert war: Gott, seinem Wort und seiner Wahrheit, dem Deus qui nec fallere nec falli potest und der im strikten Sinn der Solus infallibilis ist.

Eine historische Bestätigung sei hier angefügt; Yves Congar hat sich vor kurzem erneut mit dem Schicksal des Begriffs «Infallibilität» im Mittelalter intensiv auseinandergesetzt: «Die allgemein geteilte Grundüberzeugung ist, daß die Ecclesia selbst nicht irren kann (Albert der Große, Thomas von Aquin, Bonaventura, Dekretisten). Man versteht darunter: die Kirche in ihrer Gesamtheit genommen, als Congregatio oder Universitas fidelium. Dieser oder jener Teil der Kirche kann irren, selbst die Bischöfe, selbst der Papst; die Kirche kann geschüttelt werden durch Stürme: sie bleibt schließlich treu. Man zitiert in diesem Sinne besonders Mt 28,20 und sogar 16,18; Lk 22,32; Jo 16,13. Von dieser Grundüberzeugung aus bezüglich der Ecclesia formen sich andere Aussagen bezüglich dieser oder jener hierarchischen Instanz.»[9]

Aufgrund insbesondere des Decretum Gratiani nahm man an, daß die «römische Kirche» nie im Glauben geirrt hat. Aber man meinte in diesem Zusammenhang nicht die römische Ortskirche, die durchaus irren kann und geirrt hat, sondern die Universalkirche, die als inerrabilis oder mindestens indefectibilis anzusehen ist. Bezüglich des Papstes aber gilt: «Man nimmt allgemein an, daß der Papst irren und in Häresie fallen kann, auch wenn einige heute Skrupel haben, es zu sagen. Manchmal macht man die Unterscheidung zwischen dem nicht irrenden Stuhl, der Sedes, und dem Sedens, dem-

[9] Y. Congar, L'Eglise de Saint Augustin à l'époque moderne (Paris 1970) 244–248; Zitat 244f.

jenigen, der den Stuhl einnimmt; manchmal unterscheidet man zwischen dem Papst als Privatperson und dem Papst als Haupt der Kirche, aber man nutzt diese Distinktion nicht. Man zieht vor zu sagen, daß der in Häresie gefallene Papst ipso facto aufhört, Haupt der Kirche zu sein, weil er aufgehört hat, ein Glied der Kirche zu sein...»[10] In der Folge kommt es – weniger als bei den Kanonisten bei den Theologen – zu einer gewissen Bindung der Infallibilität einerseits an das ökumenische Konzil und andererseits an den Papst, dessen Infallibilität aber immer nur im Zusammenhang der Kirche, sofern er ihr Haupt ist und bleibt, gesehen wird. Neben dem Lehramt des Papstes gibt es ein paralleles Lehramt der Doctores, der Theologen.

Congars Schlußfolgerung für das Hochmittelalter: «Man kann nicht sagen, daß das Dogma von 1870 in unserer Epoche anders denn in seinem Keim angenommen ist. Man legt wesentlich Wert auf die Infallibilität oder vielmehr Indefektibilität der Kirche. Man hat noch nicht völlig bestimmt, welcher hierarchischen Person diese Unfehlbarkeit garantiert ist, aber man ist auf dem Weg und auf dem Sprung, es zu tun. Es wird indessen noch notwendig sein, daß die Frage der Oberhoheit des Papstes über das Konzil gestellt und gelöst ist. Im dreizehnten Jahrhundert werden die beiden Autoritäten nicht als konkurrierend betrachtet.»[11]

Ist es nicht erstaunlich, daß man also durch das ganze so tief vom päpstlichen Absolutismus geprägte Mittelalter hindurch in Übereinstimmung und Ausdrücklichkeit allein die Infallibilität oder besser Indefektibilität der Kirche als solcher gelehrt hat? Und auch bezüglich der Neuzeit stellt Congar fest: «Die Zeugnisse über die Ungewißheit zahlreicher Geister zu Beginn des sechzehnten Jahrhunderts über den Primat des Papstes als göttliches Recht und insbesondere seine Unfehlbarkeit sind überreich. Die Kirche war infallibel, aber was war genau das Subjekt dieser Infallibilität? Über diesen Punkt der Unsicherheit setzen sich die Ungewißheit, ja die Bestreitungen bis zur Mitte des neunzehnten Jahrhunderts fort. Es existierte eine sichere Tradition, die der Infallibilität *der Kirche*. Man hält sie auch weiterhin fest.»[12] Die Betonung der päpstlichen Infallibilität im dreizehnten Jahrhundert insbesondere durch Thomas von Aquin aber war im 15. Jahrhundert nach der konziliaren Epoche durch Torquemada und andere wiederaufgenommen worden und wurde dann in der gegenreformatorischen Zeit vor allem durch Bellarmin und Suarez und natürlich vor allem durch die Päpste selbst (besonders Innozenz XI. und definitiv Pius IX.) weiterverfolgt: «Im Klima der

[10] Ebd. 245f.
[11] Ebd. 248.
[12] Ebd. 385.

überstarken Betonung von Autorität und Gehorsam gegen die Reformation tendiert die Infallibilität der Kirche in einer dominierenden und beinahe ausschließlichen Weise darauf hin, die Infallibilität der Hirten und besonders des Papstes zu werden.»[13]

Unsere eigene Schlußfolgerung: Wenn wir wieder erneut gegenüber der Infallibilität der Hirten und besonders des Papstes die Infallibilität oder besser Indefektibilität und Perennität der Kirche in der Wahrheit betonen, so tun wir im Grunde nichts anderes, als daß wir zu einer guten alten und glücklicherweise nie ganz erloschenen Tradition zurückkehren.

7. Das Bleiben der Kirche in der Wahrheit

Die Grundfrage nach der kirchlichen Unfehlbarkeit darf nun als beantwortet gelten. Im strengen Sinn des Wortes ist allein Gott unfehlbar: Er allein ist von vornherein (a priori) im einzelnen und sogar in jedem Fall frei von Irrtum (immunis ab errore), ist somit der, der von vornherein weder täuschen noch getäuscht werden kann. Die Kirche aus Menschen aber, die nicht Gott ist und nie Gott wird, kann auf allen Stufen und auf allen Gebieten immer wieder sich und andere sehr menschlich täuschen. Ihr wird deshalb zur Vermeidung aller Mißverständnisse besser nicht «Infallibilität», sondern aufgrund des Glaubens an die Verheißung «Indefektibilität» oder «Perennität» zugeschrieben: eine Unzerrüttbarkeit und Unzerstörbarkeit, kurz: ein grundlegendes *Bleiben* in der Wahrheit trotz aller immer möglichen Irrtümer.

Es ist im Rahmen dieser Studie nicht möglich, alle Voraussetzungen und Folgerungen einer solchen Antwort abzuschreiten. Aber es soll mindestens auf einige naheliegende Nachfragen kurz geantwortet werden.

a. Ist eine solchermaßen irrende Kirche nicht allen menschlichen Organisationen gleich? Darauf ist zu antworten: Die Kirche Christi – und wir schließen hier alle Kirchen mit ein, die Kirche Christi sein wollen – unterscheidet sich gewiß nicht darin von anderen menschlichen Organisationen, daß es in ihr keinen Irrtum oder daß es in ihr weniger oder weniger großen Irrtum oder daß es mindestens auf bestimmten Gebieten, bei bestimmten Personen oder in bestimmten Fällen keinen Irrtum gäbe. Man gehe nur noch einmal die kurze exemplarische Irrtümerliste durch, mit der wir unser erstes Kapitel eingeleitet haben oder auch den Index der verbotenen Bücher... Irren ist

[13] Ebd. 386.

menschlich, Irren ist auch kirchlich, Irren ist – so hat man neuerdings hinzugefügt – päpstlich: weil eben auch Kirche und Papst menschlich sind und menschlich bleiben. Weil wir dies in der Kirche so oft vergessen hatten, wurden wir sehr nachdrücklich daran erinnert.

Nur darin unterscheidet sich die Kirche von anderen menschlichen Organisationen – und dieser Unterschied ist nun allerdings entscheidend –, daß ihr als der Gemeinschaft der an Christus Glaubenden die Verheißung geschenkt ist: daß sie alle Fehlbeschlüsse und Fehlschläge und auch alle Sünden und Laster überstehen, daß bei allen Erschütterungen ihre Wahrheit nie einfach zerrüttet und zerstört, daß sich in ihr die Botschaft Jesu Christi durchhalten wird, daß so Jesus Christus selbst im Geiste bei ihr bleiben und sie so durch alle Irrtümer und Wirrtümer hindurch in der Wahrheit Christi erhalten wird. Diese Verheißung macht es für den Glaubenden überflüssig, darüber nachzugrübeln, was wäre, wenn es keine Gemeinschaft der Glaubenden mehr gäbe. Die Verheißung meint: Gott sorgt dafür, daß es immer wieder Glaube und Kirche gibt und daß die Kirche bei allem Abirren und Herumirren letztlich doch die Richtung behält und die Wahrheit Christi weiterträgt. Schwach ist so oft ihr Glaube, lau ihre Liebe, flackernd ihre Hoffnung. Aber das, worauf ihr Glaube gründet, worin ihre Liebe wurzelt, worauf ihre Hoffnung baut, das bleibt bestehen. Und so bleibt auch sie bestehen, nicht aus eigener Kraft, aber aus Gottes Kraft, die unzerrüttbare und unzerstörbare «Säule und Grundfeste der Wahrheit» (1 Tim 3,15). Ihre Indefektibilität hat sie sich nicht selbst gegeben, es kann sie ihr auch niemand nehmen. Die Kirche mag von ihrem Gott lassen, er wird nicht von ihr lassen. Auf ihrem Weg durch die Zeit mag sie danebentreten, mag sie straucheln und sehr oft auch fallen, sie mag unter die Räuber geraten und halb tot liegenbleiben. Doch ihr Gott wird nicht an ihr vorübergehen, sondern wird Öl in ihre Wunden gießen, sie aufheben und zu ihrer Heilung auch noch das bezahlen, was nicht vorhersehbar war. So wird die Kirche immer weitergehen können, lebend aus der Vergebung, der Heilung und Stärkung ihres Herrn.[14]

Diese Verheißung also und alles, was mit ihr an Wahrheit, Leben, Kraft schon für die Gegenwart gegeben ist, unterscheidet die Kirche als die Gemeinschaft der an Christus Glaubenden von anderen menschlichen Organisationen. Bleibt nur die Frage: Ist das alles nicht eine Wahrheit, allzu schön, um wahr zu sein?

b. Ist diese Indefektibilität nicht doch nur eine unwirkliche, verbale Theorie? Dar-

[14] Vgl. Die Kirche D III, 2 c.

auf ist zu antworten: Diese Indefektibilität ist eine Glaubenswahrheit. Sie beruht nicht auf Evidenz, die ich als persönlich Unbeteiligter zur Kenntnis nehmen kann. Sie beruht auf der Verheißung, die mein vertrauendes Wagnis und Engagement herausfordert. Wer sich glaubend darauf einläßt, der erkennt. Was die Gemeinschaft der Glaubenden eigentlich ist, kann nur der Glaubende erkennen. Wie auch nur der Liebende erkennt, was eigentlich Liebe ist. Die Kirche, obwohl gewiß nicht unsichtbar, ist doch nur bedingt sichtbar. Bei aller oft nur zu massiven Sichtbarkeit ist das, woher, worin und woraufhin sie lebt, verborgen. Und deshalb fordert die Verheißung des Bleibens in der Wahrheit Glauben heraus. Und wer sich im Glauben darauf einläßt, hat zugleich teil an der Wahrheit.

Das heißt nicht, daß die Indefektibilität der Kirche völlig unverifizierbar ist. Ist es doch eine unübersehbare Tatsache, daß die Kirche Christi eine Geschichte von zwanzig Jahrhunderten hinter sich hat. Diese Geschichte ist eine Geschichte mit vielen, allzu vielen Schatten: zahllos sind die Fehler, Sünden und Laster in dieser langen Geschichte. Und schaut man auf bestimmte Jahrhunderte der Kirchengeschichte – etwa das zehnte, jenes Saeculum obscurum, oder das fünfzehnte des Renaissance-Papsttums –, so kann man den Eindruck bekommen, daß in dieser Zeit ungefähr alles getan wurde, um die Kirche und ihre Wahrheit zu korrumpieren. Und doch erwies sie sich als letztlich nicht korrumpierbar. Auch das Imperium Romanum weist eine lange, imponierende Geschichte auf, und so viel Wahrheit war in ihm investiert (die Idee des Rechtes, des Gesetzes, der Ordnung, des Friedens). Aber die Menschen, von zuoberst angefangen bis zuunterst, korrumpierten das Imperium, und es zerfiel, mehr von innen als von außen. Die alten Ideen zogen und trugen nicht mehr, es war um die Wahrheit des Reiches geschehen. In sich zerrüttet und schließlich zerstört, kam es nicht wieder.

Und was soll uns garantieren, daß mit der Kirche Christi nichts Ähnliches geschieht? Darauf läßt sich antworten: keine Institution und keine Konstitution. Nur bis jetzt jedenfalls ist es nicht geschehen. Und die zweitausend Jahre Christenheit sind eine nicht zu verachtende Illustration (nicht Argumentation) für unsere Antwort: daß trotz allem Irrtum und aller Schuld die Kirche Christi letztlich doch nicht korrumpiert wurde, sondern in der Wahrheit erhalten blieb. Alle die zahlreichen Propheten eines Unterganges der Kirche erwiesen sich bis heute als falsche Propheten. Auch nach dem zehnten und nach dem fünfzehnten Jahrhundert ging es weiter, bei allen Rückschlägen nach dem Abstieg doch wieder ein Aufstieg, nach aller Dekadenz wieder ein neues, erneuertes Erkennen der Wahrheit.

Für die Zukunft läßt sich allerdings aus der Geschichte nichts extrapolieren. Wie in der Vergangenheit, so hängt auch in der Zukunft Sein und Wahrsein der Kirche an der Verheißung, und diese läßt sich nicht erschließen, sondern nur vertrauensvoll ergreifen. Wie in der Vergangenheit, so hängt auch in der Zukunft Sein und Wahrsein der Kirche zugleich am gelebten Glauben und Lieben der Christen. Wer ist es denn, der dafür sorgt, daß die Indefektibilität der Kirche nicht nur eine unwirkliche Theorie bleibt oder auch nur eine leere göttliche Verheißung, sondern vielmehr eine in dieser Gemeinschaft wirkliche Wirklichkeit? Wo geschah denn die Manifestation der Indefektibilität der Kirche gerade in ihren dunkelsten Zeiten?

Geschah sie durch die «Hierarchie», die sich auf ihre apostolische Sukzession und ihre Rechte verließ? In solchen Zeiten mußte man mehr an den Untergang der Kirche glauben als an ihre Unzerstörbarkeit, wenn man das Treiben der Päpste und Bischöfe betrachtete; und Päpste wie Alexander VI. sind nun einmal – Sukzession hin oder her – nicht gerade Zeugen für die Wahrheit Christi. Oder geschah die Manifestation durch die Theologie, die auf ihre Klugheit und Wissenschaft vertraute? In solchen Zeiten hat die Theologie sehr oft ebenso versagt wie die «Hierarchie» und nur zu oft, wenn die Bischöfe um Macht, Geld und Genuß buhlten, schwiegen oder schliefen die Theologen oder entschuldigten und rechtfertigten gar das Tun und Lassen der Hierarchen durch ihre Apologien; auch sie waren dann kaum – Wissenschaft hin oder her – Zeugen der Wahrheit Christi.

Wo also manifestierte sich in diesen dunklen Epochen wirklich die Indefektibilität der Kirche? Nicht in der Hierarchie und nicht in der Theologie, sondern unter jenen zahllosen meist unbekannten Christen – und es waren auch immer einige Bischöfe und Theologen darunter –, die auch in den schlimmsten Zeiten der Kirche die christliche Botschaft hörten und nach ihr in Glaube, Liebe, Hoffnung zu leben versuchten. Meist waren es nicht jene Hohen und Mächtigen, Klugen und Weisen, sondern ganz nach dem Neuen Testament die «kleinen Leute», die «Geringen», die die wahrhaft Großen im Himmelreich sind. Sie waren die wahren Zeugen der Wahrheit Christi und manifestierten durch ihr christliches Leben und ihre Orthopraxis die Indefektibilität der Kirche in der Wahrheit.

Wenn es in diesem Sinn differenziert und nicht mechanisch verstanden wird, so läßt sich mit dem Vatikanum II vom Volke Gottes sagen: «Das heilige Gottesvolk nimmt auch teil an dem prophetischen Amt Christi, in der Verbreitung seines lebendigen Zeugnisses vor allem durch ein Leben in Glauben und Liebe, in der Darbringung des Lobopfers an Gott als Frucht der Lippen, die seinen Namen bekennen (vgl. Hebr 13,15). Die Gesamtheit der Gläubigen, welche die Salbung von dem Heiligen haben (vgl. 1 Jo 2, 20.27), kann im Glauben nicht irren» (Konstitution über die Kirche, Art. 12). Wenn dies allerdings wiederum auf bestimmte Sätze bezogen und der «Glaubenssinn des ganzen Volkes... von den Bischöfen bis zu den letzten gläubigen Laien» unkritisch und undifferenziert als die Offenbarung des «Geistes der Wahrheit» gehalten wird, so hätte man in den verschiedenen Jahrhunderten oft recht merkwürdige Dinge für die Offenbarung des Geistes halten müssen. Hier ist zu bedenken: Nie kann «der Glaubenssinn des Gottesvolkes unter der Leitung des heiligen Lehramtes» Quelle und Norm für die Offenbarung des Geistes werden. Vielmehr umgekehrt: Immer ist und bleibt die Offenbarung des Geistes Quelle und Norm für den Glaubenssinn der Kirche. Das bedeutet: Wer wissen will, was christliche Offenbarung ist, der kann nicht nur gleichsam statistisch durch Meinungsforschung den «Glaubenssinn» des Volkes feststellen – der Glaube des Volkes (und eventuell auch des «Lehramtes») ist erfahrungsgemäß vermischt mit Aberglauben und oft auch Unglauben –, sondern er muß diesen «Glaubenssinn» des Volkes von der ursprünglichen christlichen Botschaft her kritisch sichten. Das Evangelium bleibt in jedem Fall die Quelle, Norm und Kraft für den Glauben und für die Perennität und Indefektibilität der Kirche in der Wahrheit.

c. Ist bei dieser Indefektibilität noch Gewißheit möglich? Gewißheit ist für den Glauben wesentlich. Glaube soll Gewißheit schenken. Kann die «Hierarchie» oder die Theologie Glaubensgewißheit verschaffen? *Beide* würden ihre Möglichkeit überschätzen, beanspruchten sie, Glauben oder Glaubensgewißheit zu verschaffen. Glaubensgewißheit schenkt nur die christliche Botschaft selbst, von wem immer sie verkündet wird. Glauben schenkt der in der christlichen Verkündigung zur Sprache kommende Jesus Christus. Er in seiner Person ist die Einladung, die Herausforderung, die Ermutigung zum Glauben, so daß der Einzelne durch seine Person in unerhört kritischer und verheißungsvoller Weise vor Gott selbst gestellt wird, um vor Gott sein Ja für sein Leben und Sterben zu sagen. «Hierarchie» wie Theologie dürfen – auf ihre je eigene Weise, die noch zu zeigen sein wird – der allen zukommenden Verkündigung der christlichen Botschaft *dienen*. Dienend können sie *indirekt* zum Glauben bereiten, den die christliche Botschaft, den Jesus Christus selbst im Geist erweckt und schenkt.

Die christliche Botschaft also, der in ihr zur Sprache Gebrachte, verschafft Glaubensgewißheit. Insofern hängt die Gewißheit des Glaubens an der *Wahrheit* der christlichen Botschaft. Aber diese Wahrheit ist weder mit Evidenz noch mit Infallibilität zu verwechseln. Die Wahrheit der christlichen

Botschaft ist nicht ein System von evidenten Propositionen, die im Sinne Descartes' Gewißheit verschaffen könnten; die Wirklichkeit Gottes ist nicht in dieser Weise offenbar. Die Wahrheit der christlichen Botschaft ist aber auch nicht ein System von infalliblen Definitionen, die im Sinn der Neuscholastik Gewißheit mindestens versichern könnten. Die Wirklichkeit Gottes läßt sich auch nicht auf diese Weise vereinnahmen. Glaubensgewißheit gab es ja schon mindestens tausend Jahre, bevor überhaupt von infalliblen Sätzen die Rede war, gab es beinahe zweitausend Jahre, bevor die Infallibilität definiert wurde. Von vornherein infallible Sätze aber, so sahen wir, sind weder einem einzelnen Glaubenden noch bestimmten Glaubenden gegeben. Der einzelne Glaubende wie die Glaubensgemeinschaft soll sich in der Verkündigung gewiß um *wahre* Sätze bemühen, auch wenn eine letzte Ambivalenz selbst bei Sätzen des Glaubens nie ausgeschaltet werden kann und alle Sprache auch im Glauben auf Gespräch angewiesen bleibt. Gewißheit – anderer Art als die der Mathematik, aber keine geringere – stellt sich indessen nicht durch diese wahren Sätze ein. Sie stellt sich erst dann ein, wenn sich der Angesprochene, mag nun der einzelne Satz mehr oder weniger wahr, mehr oder weniger der Botschaft adäquat sein, auf diese Botschaft einläßt: wenn er sich auf den einläßt, der in dieser Botschaft verkündigt wird.

Glauben in diesem Sinne heißt nicht, wahre oder gar infallible Sätze annehmen: dies oder das glauben; heißt auch nicht, die Vertrauenswürdigkeit einer Person annehmen: diesem oder jenem glauben; sondern heißt durch alle vielleicht zweideutigen und vielleicht im einzelnen auch falschen Sätze hindurch sich in seiner ganzen Existenz auf die Botschaft, auf die verkündete Person einlassen: *an* Jesus Christus glauben. Nur dieser Glaube vermag Gewißheit zu schenken, den Frieden, der alle Vernunft übersteigt. Wie soll ich der Liebe eines anderen Menschen gewiß werden? Indem ich von ihm Liebeserklärungen erwarte? Solche braucht es, aber gibt es unfehlbare Liebeserklärungen und würden solche helfen? Oder indem ich von ihm evidente Zeichen der Liebe verlange? Auch solche braucht es, aber gibt es unfehlbare Liebeszeichen und verschaffen sie aus sich unzweideutige Gewißheit? Der Liebe kann ich nur dadurch letztlich gewiß werden, daß ich mich – unter Umständen trotz unbeholfener Liebeserklärungen oder mißlungener Liebeszeichen – darauf einlasse und so Liebe erfahre. Auch der Liebe Gottes werde ich nur gewiß, wenn ich selber liebe.

Damit soll der einzelne Gläubige keineswegs isoliert werden. Der Einzelne ist zum Glauben gerufen. Aber ohne die Gemeinschaft, die glaubt und den Glauben bekennt und verkündet, kommt auch der Einzelne nicht zum

Glauben. Er hat den Glauben weder aus sich noch direkt von Gott, sondern durch die Gemeinschaft, die ihn zum Glauben anregt, einlädt, herausfordert und die denn auch – wenn sie wirklich eine Gemeinschaft des Glaubens und der Liebe ist! – seinen Glauben immer wieder umfängt und mitträgt. Der Glaube des Einzelnen darf so am Glauben der Gemeinschaft und an der gemeinsamen Wahrheit teilnehmen. Und gerade der heutige Mensch, der auch in seinem Glauben seiner geschichtlichen Bedingtheit, Vereinzelung und Einsamkeit sich nur zu sehr bewußt geworden ist, wird es nicht nur immer wieder als Last, sondern auch immer wieder als Befreiung erfahren können, daß sein Glaube bei aller Eigenverantwortlichkeit im umfassenderen und vielfältigeren, alten und jungen Glauben der Glaubensgemeinschaft geborgen ist, die die Kirche ist. Als Ausdruck dieses Glaubens der Glaubensgemeinschaft können, wie dargelegt, auch Glaubensbekenntnisse und Glaubensdefinitionen, Glaubenssymbola und Glaubensdogmata ihren tiefen Sinn und ihre bedeutsame Funktion haben, ohne daß man für ihre einzelnen Sätze Infallibilität beansprucht.

8. Ökumenische Perspektiven

Die Frage der Infallibilität scheidet die Christenheit. Seit dem Ausbruch der Reformation harrt diese Frage einer grundsätzlichen Antwort von seiten der katholischen Theologie. Die frühere Berufung auf die gerade an diesem Punkt fragwürdige Tradition hat die anderen Christen und Kirchen offensichtlich ebensowenig zu überzeugen vermocht wie die späteren Aussagen der beiden Vatikanischen Konzilien. Doch um nicht falsche Schlachten an falschen Punkten zu schlagen, müssen wir hier, wenn auch in gebotener Kürze, genauer hinsehen, worin die reformatorische Position eigentlich besteht. Die Problematik hat zwei Seiten.

a. Es war zweifellos bequemer, Luther statt in den entscheidenden theologischen Sachfragen (insbesondere der Rechtfertigungslehre) in der formalen Frage der *Irrtumsfähigkeit des Papstes und der Konzilien* festzulegen. Schon 1518 hatte Luther in seiner Antwort an Prierias offen zugegeben, daß sowohl der Papst wie das Konzil irren können.[15] Und 1519 in der berühmten Leipziger Disputation wurde er von Johann Eck geschickt bei der Aussage behaftet, daß Konzilien – konkret das Konzil von Konstanz, welches hundert Jahre früher Hus verurteilt und gegen alle Zusage des freien Geleites

[15] M. Luther zitiert nach der kritischen Gesamtausgabe (Weimar 1883ff): WA 1, 656. Literatur zur Auffassung des Konzils bei Luther und den Reformatoren in: Strukturen der Kirche V, 1.

verbrannt hatte – auch tatsächlich geirrt haben.[16] Und schließlich war im Entscheidungsjahr 1521 auf dem Reichstag zu Worms Luthers Festhalten an der Irrtumsfähigkeit der Konzilien der Hauptgrund dafür, weswegen Luther von Kaiser Karl V. fallengelassen und mit der Reichsacht bestraft wurde.[17] Auf die Aufforderung des kaiserlichen Sprechers, er möge die Irrtumslosigkeit der Konzilien zugeben und die von Konstanz verurteilten Sätze widerrufen, antwortete Luther eindeutig: «Wenn ich nicht überzeugt werde durch die Zeugnisse der Schrift oder evidente Vernunftgründe – denn weder dem Papst noch den Konzilien allein glaube ich, da es feststeht, daß sie öfters geirrt wie sich selbst widersprochen haben –, so bin ich gebunden durch die von mir angeführten Schriftzeugnisse, und da mein Gewissen in Gottes Wort gefangen ist, so kann und will ich nichts widerrufen, da gegen das Gewissen zu handeln weder sicher noch lauter ist.»[18] In diesem Zusammenhang soll Luther das berühmte Wort gesagt haben: «Ich kann nicht anders, hier stehe ich, Gott helfe mir. Amen!»[19]

An diesem Bekenntnis hielt Luther sein Leben lang fest.[20] Und daß Konzilien und natürlich erst recht die Päpste irren können und geirrt haben, das wurde die gemeinsame Auffassung aller reformatorischen Kirchen. Calvin weist in seiner Institutio mit einem erstaunlich wachen historischen Sinn nach, wie es wahre, von der Kirche später anerkannte, und falsche, von der Kirche nicht anerkannte Konzilien gab, wie oft Konzil gegen Konzil stand, wie die Wahrheit auch gegen die Konzilien stehen kann und wie ein blinder Gehorsam gegenüber Konzilien unverantwortbar wäre.[21] Auch Calvin verwirft so in aller Form die Auffassung, «daß Konzilien nicht irren oder daß es, sofern sie irren, doch unerlaubt ist, die Wahrheit zu sehen oder den Irrtümern nicht zuzustimmen».[22] Und bezüglich der reformierten Bekenntnisschriften stellt Benno Gaßmann in seiner eingehenden Untersuchung fest: «Für die Bekenntnisschriften ist jedoch die Kirche nur so lange und insofern irrtumslos, als sie sich stützt auf Christus und auf ‹das Fundament der Propheten und Apostel›, d.h. auf die Schrift. Irrtumslosigkeit bildet nicht einen unangefochtenen Besitz der Kirche; jede Kirche kann von der Wahr-

[16] WA 2, 303; vgl. WA 5, 451.

[17] Vgl. J. Kolde, Luthers Stellung zu Concil und Kirche bis zum Wormser Reichstag 1521 (Gütersloh 1876). Zur Theologie des Konzils bei Luther vgl. Strukturen der Kirche VI, 1.

[18] WA 7, 838.

[19] Ebd.

[20] Vgl. vor allem seine Disputationsthesen «De potestate concilii» 1536 (WA 39/I, 181–197) wie auch seine Kampfschrift «Von den Konziliis und Kirchen» 1539 (WA 50, 509–653).

[21] J. Calvin, Institutio christianae religionis (1559), bes. IV. Buch Kapitel 8 und 9, zitiert nach Corpus Reformatorum 30, 846–867 (= CR). Vgl. die dt. Ausgabe von O. Weber (Neukirchen 1955).

[22] CR 30, 864.

heit abfallen, genauso, wie sie sich von der Schrift entfernen kann. Der Gemeinde steht die Schrift gegenüber als Maßstab und Norm. Irrtumslosigkeit ist eine Beziehungsgröße, die zwischen diesen beiden Polen liegt.»[23]

Schließlich wird auch in den neununddreißig Artikeln, auf die sich die anglikanische Kirche gründet, nüchtern festgestellt: «Wie die Kirchen von Jerusalem, Alexandrien und Antiochien geirrt haben, so hat auch die Kirche von Rom geirrt und zwar nicht nur in ihrem Leben und ihren gottesdienstlichen Gebräuchen, sondern auch in Glaubenssachen.»[24] Bezüglich der Autorität allgemeiner Konzilien wird festgestellt: «Und wenn sie versammelt sind – insofern sie eine Versammlung von Menschen sind, von denen nicht alle vom Geist und Worte Gottes geleitet sind –, so können sie irren und haben auch manchmal geirrt, selbst in Dingen, die sich auf Gott bezogen.»[25]

b. Sosehr die reformatorischen Kirchen die Infallibilität des Papstes und der Konzilien ablehnen, sosehr bejahen sie die *Infallibilität oder Indefektibilität und Perennität der Kirche*. Auch für Luther haben die Konzilien Autorität, gewiß nicht aus sich selbst aufgrund einer formalen Repräsentation der Kirche, sondern faktisch aufgrund der Wahrheit ihrer Beschlüsse: wenn sie nämlich die Wahrheit des Evangeliums selbst hinter sich haben. Die kirchliche Legitimität muß von der geistlichen Legitimität getragen sein. Auch Luther glaubt an die Führung der Kirche durch den Heiligen Geist. Und er kann deshalb der Kirche ausdrücklich Infallibilität zusprechen: Niemandem darf nach den Aposteln zugeschrieben werden, «er könne im Glauben nicht irren, außer allein der allgemeinen Kirche».[26] Nur ist diese Kirche nicht einfach mit der offiziellen Kirche, mit Papst und Bischöfen gleichzusetzen. Es ist vielmehr die verborgene, aber durchaus wirkliche Kirche der wahrhaft Gläubigen, die nicht irren kann, weil Christus nach seiner Verheißung bei ihr bleibt bis zum Ende der Welten; sie ist die «Säule und Grundfeste der Wahrheit» (1 Tim 3, 15).[27] Insofern ist die Kirche auch unter einem irrenden und versagenden Papsttum erhalten geblieben. Luther «sieht in der wirklichen Geschichte der Kirche trotz allem eine Wahrheitslinie, in der die Verheißung, daß der Heilige Geist die Kirche leiten wolle, immer aufs neue erfüllt wurde. Die wahre Kirche ist in diesem Sinne also Gegenstand nicht nur des Dennoch-Glaubens, sondern auch der geschichtlichen

[23] B. Gaßmann, Ecclesia Reformata. Die Kirche in den reformierten Bekenntnisschriften (Freiburg-Basel-Wien 1968) 355.
[24] Art. 19.
[25] Art. 21.
[26] WA 39/I, 48.
[27] Vgl. WA 18, 649f; 51, 511.

Erfahrung, in einer offenkundigen Kontinuität, zu der Luther sich immer wieder bekannt hat. Aber diese Kontinuität der Geistesleitung, der Bewahrung der wahren Kirche ist nun gerade nicht identisch mit der offiziellen Tradition und angeblichen apostolischen Sukzession des Kirchentums und wird durch sie nicht garantiert. Gott wählt sich seine Wahrheitszeugen zu jeder Zeit, wie und wo er will... Man darf also die Leitung durch den Heiligen Geist nicht hierarchisch oder supranatural-evolutionistisch verstehen. Gott läßt die offizielle Kirche auch irren, um ihr immer wieder so naheliegendes Vertrauen auf Menschen statt des Vertrauens auf sein Wort allein zu zerbrechen. Aber dann sendet er ihr wieder Zeugen seiner Wahrheit.»[28]

Vor diesem theologischen Hintergrund ist der berühmte Artikel VII des Augsburgischen Bekenntnisses zu sehen: «Es wird auch gelehrt, daß allezeit müsse eine heilige christliche Kirche sein und bleiben (perpetuo mansura sit), welche ist die Versammlung aller Gläubigen, bei welchen das Evangelium rein gepredigt und die heiligen Sakramente entsprechend dem Evangelium gereicht werden.»[29] Die Perennität und Indefektibilität der Kirche ist hier nachdrücklich bejaht. Und dies wird von Melanchthon in der Apologie des Augsburgischen Bekenntnisses so gedeutet: «Dagegen daß wir gewiß sein mögen, nicht zweifeln, sondern fest und gänzlich glauben, daß eigentlich eine christliche Kirche bis an das Ende der Welt auf Erden sein und bleiben werde, daß wir auch gar nicht zweifeln, daß eine christliche Kirche auf Erden lebe und sei, welche Christi Braut sei, obwohl der gottlose Haufe mehr und größer ist, daß auch der Herr Christus hier auf Erden in dem Haufen, welcher Kirche heißt, täglich wirke, Sünde vergebe, täglich das Gebet erhöre, täglich in Anfechtungen mit reichem starkem Trost die Seinen erquicke und immer wieder aufrichte, so ist der tröstliche Artikel im Glauben gesetzt: ‹ich glaube eine katholische, allgemeine, christliche Kirche›, damit niemand denken möge, die Kirche sei, wie ein anderes äußerliches Staatswesen, an dieses oder jenes Land, Königreich oder Stand gebunden, wie von Rom der Papst sagen will; sondern dies gewiß wahr bleibt, daß der Haufe und die Menschen die rechte Kirche sind, welche hin und wieder in der Welt, vom Aufgang der Sonne bis zum Niedergang, an Christus wirklich glauben, welche denn ein Evangelium, einen Christum, einerlei Taufe und Sakramente haben, durch einen Heiligen Geist regiert werden, obwohl sie ungleiche Zeremonien haben.»[30]

Auch Calvin bejaht eine Infallibilität oder Indefektibilität der Kirche, die

[28] P. Althaus, Die Theologie Martin Luthers (Gütersloh ²1963) 296.
[29] Die Bekenntnisschriften der evangelisch-lutherischen Kirche (Göttingen ⁴1959) 61.
[30] Ebd. 235f.

nach ihm allerdings im Gegensatz zu seinen katholischen Gegnern an das Wort gebunden bleibt: «Wenn sie behaupten, die Kirche könne nicht irren, so geht das auf folgendes hinaus, und sie legen es folgendermaßen aus: da die Kirche durch den *Geist Gottes* geleitet wird, so kann sie mit Sicherheit *ohne das Wort* ihren Weg gehen; wohin sie auch gehen mag, so kann sie nichts denken oder reden als die Wahrheit; wenn sie also außerhalb des Wortes Gottes oder über dasselbe hinaus etwas festsetzt, so ist das für nichts anderes anzusehen als für einen untrüglichen Offenbarungsspruch Gottes. – Wenn wir ihnen nun jenen ersten Satz zugeben, nämlich daß die Kirche in solchen Dingen, die zum Heil notwendig sind, nicht irren kann, so ist unsere Meinung die, daß dies darum gilt, weil sie aller eigenen Weisheit den Abschied gibt und sich vom Heiligen Geist durch das Wort Gottes unterweisen läßt. Der Unterschied besteht also in folgendem: unsere Widersacher stellen die Autorität der Kirche *außerhalb des Wortes Gottes*, wir dagegen wollen, daß sie *an das Wort gebunden* sei, und wir dulden es nicht, daß sie von ihm getrennt wird.»[31] Das Bleiben der Kirche in der Wahrheit wird durch Irrtümer von Konzilien nicht aufgehoben. «Ich stelle nämlich grundsätzlich fest: die Wahrheit geht in der Kirche nicht davon unter, daß sie wohl auch einmal von einem Konzil unterdrückt wird, sondern sie wird von dem Herrn wunderbar erhalten, so daß sie zu ihrer Zeit wieder hervorbricht und den Sieg behält. Dagegen *bestreite* ich, daß es *fort und fort* so wäre, daß die Auslegung der Schrift, die durch die *Abstimmung eines Konzils* angenommen ist, die *wahre und sichere* darstellte.»[32]

Die neununddreißig Artikel der anglikanischen Kirche nehmen zu dieser Frage nicht des näheren Stellung, liegen aber bezüglich der Kirche als der Gemeinschaft der Glaubenden, in der das reine Wort Gottes, die Predigt und die Sakramente entsprechend Christi Auftrag gespendet werden,[33] ebenso auf der gleichen Linie wie bezüglich der Autorität der Konzilien, deren Beschlüsse nur dann Kraft und Autorität haben, wenn sie «aus der Heiligen Schrift entnommen sind».[34]

c. Was folgt aus alldem? Daß eine *ökumenische Verständigung* über diesen vielleicht schwierigsten Punkt der katholisch-protestantischen Kontroverse durchaus möglich ist, ja, daß, *wenn* der in diesem Buch vorgetragene kritische Neuansatz der katholischen Lehre sich als akzeptabel erweisen sollte,

[31] CR 30, 855.
[32] CR 30, 866; Calvin entwirft eine ausführliche Lehre vom Konzil: vgl. dazu Strukturen der Kirche VIII, 1; zu Calvins Kirchen- und Amtsauffassung im allgemeinen A. Ganoczy, Ecclesia ministrans. Dienende Kirche und kirchlicher Dienst (Freiburg-Basel-Wien 1968).
[33] Art. 19.
[34] Art. 21.

eine ökumenische Verständigung in der grundsätzlichen Frage *erreicht* sein dürfte. Denn es bedarf keiner langen Ausführungen, um deutlich zu machen, daß die Reformatoren aufgrund ihrer eigenen Voraussetzungen der hier vorgetragenen Auffassung einer Indefektibilität oder Perennität der Kirche zustimmen könnten, die an der Präsenz des Geistes, an der Verkündigung des Wortes, an der Gemeinschaft der Glaubenden, nicht aber an infalliblen Sätzen hängt.

Daß sich die hier vorgetragene Auffassung in der katholischen Kirche durchsetzen wird, liegt durchaus im Bereich des Möglichen. Unter den neueren katholischen Veröffentlichungen zur Problematik fällt auf: Auch wenn das Problem Infallibilität von Sätzen – Infallibilität der Kirche nicht grundsätzlich angegangen wird, so ist doch in zweifacher Hinsicht eine Entwicklung auf eine Klärung hin zu beobachten:

1. Die Infallibilität des Papstes wird oft über das Vatikanum I hinaus restriktiv interpretiert und an die Infallibilität der Kirche gebunden;[35]

2. die Infallibilität der Gemeinschaft der Glaubenden wird gegenüber einer Infallibilität des Amtes in den Vordergrund gestellt.[36]

Direkt bestritten wurde die Unfehlbarkeit des kirchlichen Lehramtes von Francis Simons, katholischer Missionsbischof von Indore (Indien).[37] Wenn man auch die allzusehr von einer neuscholastischen Fundamentaltheologie bestimmten Ansichten des bewundernswert mutigen Holländers über Glauben, Evidenz, Wunder ebensowenig teilen kann wie seine Beurteilung der modernen Exegese, insbesondere der Formgeschichte, so wird man doch seiner Hauptthese zustimmen müssen, daß die Unfehlbarkeit des kirchlichen Lehramtes erstens aus der Schrift bewiesen werden müßte, aber zweitens offensichtlich nicht bewiesen werden kann. Doch geht auch Simons selbstverständlich von der Voraussetzung aus, daß die Infallibilität der Kirche mit infalliblen Sätzen zusammenfällt, der er den allzu einfach konzipierten Gegenentwurf einer «Evidenz» gegenüberstellt.

Ganz identifizieren kann sich der Verfasser dieses Buches mit den Aussagen, mit denen W. Kasper seinen Artikel über den Weg vom Vatikanum I zum Vatikanum II beschließt: «Die Überwindung des kirchlichen Trium-

[35] Vgl. die neueste sehr anregende Veröffentlichung von G. Thils, L'Infaillibilité pontificale. Source-Conditions-Limites (Gembloux 1969).

[36] Vgl. den vorstoßenden Beitrag von R. Murray, Who or what is infallible? in: Infallibility in the Church. An Anglican-Catholic Dialogue (London 1968) 24–46. Hier auch die wichtige Kritik von A. Farrer, wie die Beiträge von J. C. Dickinson (Papal Authority) und C. S. Dessain (Newman in Manning's Church). Für den früheren katholisch-anglikanischen Dialog bezeichnend und wichtig: B. C. Butler, The Church and Infallibility (1954. Neuauflage London 1969).

[37] F. Simons, Infallibility and the Evidence (Springfield 1968).

phalismus durch das Vatikanum II betrifft also auch das Wahrheitsverständnis der Kirche und fordert eine neue, tiefere Interpretation des so mißverständlichen Begriffs der Unfehlbarkeit. Dieser Begriff gehört wie kein anderer zu der noch unbewältigten Vergangenheit des Vatikanum I. Versteht man ihn recht, dann bedeutet er das Vertrauen des Glaubens, daß die Kirche durch den Geist Gottes trotz mancher Irrtümer im einzelnen grundlegend in der Wahrheit des Evangeliums gehalten wird. Unfehlbarkeit wäre dann dynamisch und nicht statisch zu verstehen: in und durch die Kirche vollzieht sich beständig der eschatologische Konflikt mit den Mächten der Unwahrheit, des Irrtums und der Lüge; nach der Überzeugung des Glaubens wird sich dabei die Wahrheit immer wieder durchsetzen und nie endgültig verlorengehen. So kann die Kirche aufgrund ihres Glaubens gerade im Konflikt um die rechte Erkenntnis der Wahrheit ein Zeichen der Hoffnung sein für die menschliche Gesellschaft. Sie muß durch ihr eigenes Beispiel bezeugen, daß es niemals sinnlos, wohl aber beständig notwendig ist, weiterzusuchen und weiterzugehen in der Gewißheit, daß die Wahrheit sich bewähren wird. Der Weg, den die Kirche selbst vom Vatikanum I zum Vatikanum II gegangen ist, ist ein Zeugnis dieser Hoffnung.»[38]

Die Enzyklika «Humanae vitae» war in verschiedenster Hinsicht ein Unglück für die katholische Kirche. Erwiese sie sich jedoch als Katalysator, die kritische Reflexion auf die kirchliche Unfehlbarkeit zu beschleunigen, so wäre sie trotzdem, und gerade auch für die Ökumene, nicht umsonst gewesen.

9. Die Wahrheit der Konzilien

Es gibt keine ökumenisch belangreiche Frage an die katholische Kirche, die nicht ihre Rückfrage in sich trüge. Die eben durchgeführte kritische Reflexion der katholischen Lehre in Konfrontation mit der reformatorischen dürfte nicht den Eindruck aufkommen lassen, als ob mit dem Thema der

[38] Publik vom 12.12.1969. Während der Drucklegung erreicht mich der von Enrico Castelli herausgegebene gewichtige Band «L'infaillibilité. Son aspect philosophique et théologique» (Paris 1970), der die Akten des im Januar 1970 in Rom gehaltenen Kolloquium über dieses Thema enthält. Zweifellos wird man ihm manches entnehmen können, was unsere Analysen bestätigen dürfte. Hingewiesen sei besonders auf folgende Beiträge: unter philosophisch-theologischem Gesichtspunkt K. Rahner, C. Bruaire, E. Jüngel, J.-L. Leuba, E. Agazzi, R. Marlé, G. Pattaro, E. Grassi, A. de Waelhens, G. Vahanian, R. Panikkar, J. Lotz, G. Girardi, L. Alonso-Schökel; unter historischem Aspekt R. Aubert, R. Manselli, P. de Vooght, K. Kerényi, G.C. Anawati; unter ökumenischem Gesichtspunkt R. Bertalot, B. Ulianich, A. Scrima.

Unfehlbarkeit nur die katholische Theologie herausgefordert wäre. Dies wird sofort deutlich, wenn wir hier einige *Rückfragen* aufwerfen, nicht nur an die evangelische, sondern zunächst auch an die orthodoxe Theologie der Ostkirchen.

Es ist fraglich, ob es eine einheitliche *orthodoxe* Lehre von der kirchlichen Unfehlbarkeit gibt, die von allen christlichen Kirchen des Ostens geteilt würde. Offensichtlich ist die Frage der kirchlichen Unfehlbarkeit im Osten nicht in der gleichen Intensität reflektiert oder überhaupt als gleich dringend angesehen worden wie im Westen, was keineswegs ein schlechtes Zeichen zu sein braucht. Immerhin dürfte sich die orthodoxe Theologie dem eben festgestellten ökumenischen Konsens wenigstens insofern anschließen, als sie die «Infallibilität» – wenn sie es überhaupt für notwendig ansieht, davon zu sprechen – in der *Kirche* als dem gesamten Volk Gottes grundgelegt sieht. Während Rom sich auf die Infallibilität des Papstes fixierte, blieb die Orthodoxie auf die Infallibilität der gesamten Kirche konzentriert: eine infallible Kirche, nicht infallible Personen. So antworteten die orthodoxen Patriarchen 1848 Pius IX., der sich dadurch allerdings weder von der Definition der Unbefleckten Empfängnis Mariens noch von der der eigenen Infallibilität abhalten ließ: «Weder ein Patriarch noch ein Konzil könnten unter uns eine neue Lehre einführen; denn Hüterin der Religion ist das Corpus der Kirche selbst, das heißt das Volk.»[39] Diese Ausführungen kommentierend schrieb damals der bedeutende russische Theologe Alexej Chomjakov: «Der Papst täuscht sich schwer, wenn er glaubt, daß wir die kirchliche Hierarchie als die Hüterin der Dogmen ansehen. Die Wirklichkeit ist völlig anders. Die unveränderliche Treue und die unfehlbare Wahrheit der christlichen Dogmen hängen nicht von der hierarchischen Ordnung ab; sie werden bewahrt durch die Totalität, durch alle Gläubigen der Kirche, die der Leib Christi ist.»[40]

Inwiefern die Infallibilität der Kirche infallibler Sätze bedarf, dürfte orthodoxerseits nicht überall gesichtet worden sein. Dies wird deutlich aus einer neueren Darstellung von Johannes Karmiris, die aber, wie wir noch sehen werden, nicht als repräsentativ für die gesamte Orthodoxie angesehen werden kann: «Angesichts der hier erwähnten Unfehlbarkeit der Kirche erscheint es erforderlich, von vornherein zu erklären, daß die Kirche unfehlbar ist als ein Ganzes, als Pleroma, das aus allen orthodoxen Gläubigen, Klerikern und Laien, besteht. Als Organ ihrer Unfehlbarkeit gebraucht sie

39 Angeführt bei T. Ware, The Orthodox Church; hier zitiert nach der korrigierten französischen Ausgabe: L'Orthodoxie. L'Eglise des sept conciles (Paris 1968) 337.

40 Ebd.

nur die Ökumenische Synode, welche allein das Recht hat, die Dogmen unfehlbar zu formulieren, und deren höchster Leitung und Autorität alle unterstehen. Dabei sind die Patriarchen selbst wie die Päpste und die übrigen Hierarchen mit einbegriffen, wie auch die Apostel alle samt Petrus der Apostolischen Synode unterstanden. Das Ganze also, das Pleroma, oder der Leib der Kirche, gilt in der Orthodoxie als Träger der Unfehlbarkeit, während die Ökumenische Synode als Organ und gleichsam als Mund der Kirche dient. Auf der Ökumenischen Synode wird das kirchliche Pleroma durch seine Bischöfe vertreten, die unter Inspiration des Heiligen Geistes die Dogmen festlegen. ‹Die Kirche ist danach unfehlbar, nicht nur, wenn sie auf Ökumenischen Synoden zusammenkommt, sondern auch unabhängig von den Synoden als Ganzes, so daß aus der Unfehlbarkeit der Kirche als eines Ganzen die Unfehlbarkeit der Ökumenischen Synoden folgt und nicht umgekehrt aus der Unfehlbarkeit der Ökumenischen Synoden die Unfehlbarkeit der Kirche› (K. Dyovouniotis). Es ist zu bemerken, daß weder das kirchliche Pleroma, noch seine beiden großen Teile, die Kleriker und die Laien, je für sich allein, noch, was viel schlimmer wäre, eine Person, ein Bischof, Patriarch oder Papst autoritativ dogmatisieren könnten, da dies, wie wir sagten, das alleinige und ausschließliche Recht und Werk der Ökumenischen Synoden und der an ihnen teilnehmenden Bischöfe ist.»[41]

Identifiziert man auf diese Weise von vornherein die Infallibilität der Kirche mit der Infallibilität von Sätzen wenn auch zwar nicht des Papstes, so doch der Ökumenischen Konzilien, so setzt man sich grundsätzlich bei aller Opposition zu Rom den gleichen Schwierigkeiten aus, unter denen die römische Lehre leidet: Schwierigkeiten bezüglich der forcierten Einengung der apostolischen Sukzession auf die Bischöfe, Schwierigkeiten bezüglich der Legitimität des Schlusses von der Infallibilität der Kirche auf die Infallibilität eines ökumenischen Konzils und Schwierigkeiten schließlich bezüglich der Möglichkeit von infalliblen Sätzen überhaupt. Auch hier dürfte ein Theologe nicht nur behaupten, er müßte theologisch begründen. Obige Argumentation für die Infallibilität der ökumenischen Konzilien scheint aber über das Ziel hinauszuschießen: wenn schon hundert Amtsträger die Kirche infallibel repräsentieren können, warum grundsätzlich nicht auch ein einziger? Tatsächlich aber richten sich alle Bedenken gegen eine Satz-Infallibilität des römischen Bischofs auch gegen die Satz-Infallibilität jeder Bischofsversammlung, der, wie wir sehen, nirgendwo in der Schrift Infallibilität verheißen worden ist.

[41] J. N. Karmiris, Abriß der dogmatischen Lehre der orthodoxen katholischen Kirche, in: Die Orthodoxe Kirche in griechischer Sicht, hrsg. von P. Bratsiotis (Stuttgart 1959) I, 18f.

Es ist indessen mehr als fraglich, ob eine Fixierung der Infallibilität der Kirche auf die Sätze eines ökumenischen Konzils wirklich *die* orthodoxe Interpretation der kirchlichen Unfehlbarkeit ist. Der Nachdruck gewisser orientalischer Theologen auf der Infallibilität des Konzils scheint zuweilen weniger durch die eigene alte Tradition als durch die Opposition gegen den römischen Bischof, dem gegenüber man an Infallibilität nicht zurückstehen möchte, bestimmt zu sein.[42] Dadurch übernimmt eine solche orthodoxe Theologie aber die oberflächliche Fragestellung des Gegners und setzt dabei noch allzu selbstverständlich ihre Identität mit der Kirche des Neuen Testaments und mit der alten Kirche überhaupt voraus. Sehr viel differenzierter unter den neueren orthodoxen Theologen Timothy Ware, der mindestens die Schwierigkeit klar formuliert: «Aber ein Konzil von Bischöfen kann sich irren oder kann mißbraucht werden.»[43] Damit stellt sich jenes Problem, das Karmiris kurz abtut, wie man überhaupt sicher sein kann, ob eine bestimmte Bischofsversammlung ein ökumenisches Konzil ist oder nicht.

Es seien hier von der alten orthodoxen und zugleich gemeinsamen christlichen Tradition her zwei Fragekomplexe angeführt, die nahelegen, daß von einer a priori gegebenen automatischen Infallibilität eines ökumenischen Konzils nicht die Rede sein kann.

1. Die *Ökumenizität* eines Konzils ist *nicht von vornherein gegeben:* Seit dem Ersten Ökumenischen Konzil von Nikaia 325 wurde die Anerkennung durch die gesamte Kirche – und dessen Vorkämpfer Athanasios zählte oft alle die einzelnen Kirchen auf – als grundlegend hingestellt.[44] Die neuere auf Chomjakov zurückgehende und von vielen slawischen Theologen (in unserem Jahrhundert besonders von Sergij Bulgakov) vertretene Sobornost-Theorie sieht hier zweifellos etwas Richtiges und Wichtiges. Gewiß darf die Anerkennung eines ökumenischen Konzils durch die einzelnen Kirchen nicht als eine Art nachträglicher Volksabstimmung verstanden und von daher dem ökumenischen Konzil das Recht abgesprochen werden, bindende Entscheidungen in Glaubensfragen zu fällen.[45] Aber die in der Geschichte feststellbare Notwendigkeit der Anerkennung oder Rezeption

[42] Man vergleiche den durch keine Argumente gestützten Protest von Karmiris gegen die nicht unbegründete Behauptung des Reformierten W. Niesel, daß nämlich «die orthodoxe Christenheit kein unfehlbares Lehramt kennt» (ebd. 19).

[43] T. Ware ebd. 337.

[44] Vgl. die Belege zu diesem Abschnitt, in: Strukturen der Kirche IV, 2.

[45] Vgl. P. Johannes Chrysostomus, Das ökumenische Konzil und die Orthodoxie, in: Una Sancta 14 (1959) 177–186; P. Leskovec, Il Concilio Ecumenico nel pensiero teologico degli Ortodossi, in: La Civilità Cattolica 111 (1960) 140–152; B. Schultze, Die Glaubenswelt der orthodoxen Kirche (Salzburg 1961) 149–153.

eines Konzils durch die Gesamtkirche impliziert mindestens dies eine: dadurch, daß ein Konzil als ökumenisches zusammengerufen und durchgeführt worden ist, hat es keineswegs von vornherein die Wahrheit für sich. Daß es die Wahrheit für sich gehabt hat, wird erst dadurch offenbar, daß sich seine Sätze in der Kirche durchsetzen, daß nämlich die Kirche in diesen Sätzen ihre eigene Glaubenserfahrung wiedererkennt.

Tatsächlich gibt es Konzilien, die nicht als ökumenische einberufen und durchgeführt worden sind und die sich doch als ökumenische durchgesetzt haben: das zweite Ökumenische Konzil (Konstantinopel 381) und das fünfte (Konstantinopel 553). Auch die Kanones kleinerer Synoden des Ostens wie die von Ankyra 314, Neokaisereia (Pontus) um 320, Antiochien 329 (?), Gangra (Paphlagonien) 342 und Laodikeia (Phrygien) um 350 haben auf dem Weg der Rezeption auch für den Westen Bedeutung gewonnen. Jedoch auch umgekehrt: Konzilien, die als ökumenische berufen wurden, konnten sich nicht als ökumenische durchsetzen: das Konzil von Sardika, das Zweite Konzil von Ephesos 449, die Zweite Trullanische Synode, aber auch die westlichen Generalsynoden von Arles 314 und Rom 341.

Richtig stellt der Historiker H. Jedin fest: «Für den ökumenischen Charakter eines Konzils ist über das erste Jahrtausend hinaus nicht maßgebend die Absicht und der Wille der Einberufer, ein solches Konzil zu veranstalten, und auch die Anerkennung der Beschlüsse durch den Papst hat in diesem Zeitraum noch nicht von Anfang an den Charakter einer formalen Bestätigung wie eindeutig bei den späteren ökumenischen Konzilien. Die Anerkennung gerade dieser zwanzig Konzilien als ökumenischer geht nicht auf einen sie alle gemeinsam umfassenden Gesetzgebungsakt der Päpste zurück, sondern hat sich in der kirchlichen Wissenschaft und in der Praxis durchgesetzt.»[46]

Wenn somit die Ökumenizität eines Konzils nicht von vornherein gegeben ist, so erst recht nicht eine Infallibilität des Konzils. Nicht der Wille, unfehlbare Definitionen zu machen, ist hier ausschlaggebend, sondern die innere Wahrheit der Konzilsbeschlüsse selbst, die sich als solche dem Glaubensbewußtsein der Kirche aufdrängen muß.

2. Konzilien haben sich gegenseitig *korrigiert:* Zu Beginn der ökumenischen Konzilien fühlte man sich keineswegs so wie später an den gleichsam inspirierten Buchstaben des Konzils gebunden. Es gibt einen mannigfachen Wechsel in Terminologie und Begrifflichkeit gerade auch in den

[46] H. Jedin, Kleine Konziliengeschichte (Freiburg-Basel-Wien 1961) 10; daß die päpstliche Einberufung, Leitung und Bestätigung eines Konzils nur eine Frage des menschlichen Rechtes ist, wurde aufgewiesen in: Strukturen der Kirche VII, 6.

alten christologischen Konzilien: Die Konzilien von Nikaia und Sardika setzten mit vielen Vätern voraus, daß in Gott nur *eine* Hypostase sei; das Erste Konzil von Konstantinopel und das Konzil von Chalkedon setzten mit vielen anderen voraus, daß in Gott *drei* Hypostasen seien. Darüber hinaus gibt es die ausdrückliche Verwerfung eines vorausgegangenen Konzils: So verwarf das Konzil von Chalkedon 451 die Beschlüsse des als ökumenisches Konzil einberufenen Zweiten Konzils von Ephesos 449, dessen Ökumenizität sich somit nicht durchsetzen konnte; das Konzil von Konstantinopel 754 hat die Bilderverehrung verworfen, das Zweite Konzil von Nikaia 787 hat sie bestätigt. Schließlich gibt es die faktische Korrektur eines ökumenischen Konzils durch ein späteres ökumenisches Konzil: So korrigierte das Konzil von Chalkedon 451 faktisch das als ökumenisch anerkannte Erste Konzil von Ephesos 431, das unter Führung Kyrills von Alexandrien den Antiochener Nestorios verurteilt und exkommuniziert hatte. Wenn auch Chalkedon Kyrill pries und an der Verurteilung des Nestorios festhielt, so anerkannte es durch seine neue Glaubensformulierung faktisch doch die Anliegen der antiochenischen Theologie und verwarf ausdrücklich die zentrale Lehre der alexandrinischen Christologie, welche die beiden Konzilien von Ephesos beherrscht hatte: die Idee von der *einen* Natur in Christus. So hätte denn der Patriarch Nestorios, in Ephesos 431 und 449 verurteilt, jene Glaubensformel von Chalkedon 451 durchaus unterschreiben können, die der Führer von Ephesos I, Kyrill, nur mit offenen oder geheimen Vorbehalten und der Führer von Ephesos II, Dioskur (von Chalkedon exkommmuniziert), überhaupt nicht hätte unterschreiben können (Ephesos II ging als «Räubersynode» in die Geschichte ein).

Augustinus sagt an einer klassischen Stelle: «Wer aber wüßte nicht, daß die *kanonischen Schriften* des Alten wie des Neuen Testamentes... vor allen nachfolgenden Schriften von Bischöfen einen derartigen Vorrang haben, daß man an ihnen nicht rütteln kann, ob ihr Inhalt wahr und echt ist; daß dagegen *die Schriften von Bischöfen*, die nach der Festlegung des Kanons geschrieben wurden, durch das weisere Wort irgendeines anderen, in dieser Sache Erfahreneren, durch die höhere Autorität anderer Bischöfe, durch eine gelehrtere Klugheit und durch Konzilien zurückgewiesen werden können, wenn in ihnen etwa in einem Punkt von der Wahrheit abgewichen ist; daß sogar *Konzilien*, die in einzelnen Gegenden oder Provinzen gehalten werden, der Autorität der Plenarkonzilien, die vom gesamten Erdkreis ausgehen, ohne alle Umschweife weichen (sine ullis ambagibus cedere); und daß selbst frühere Plenarkonzilien oft (saepe) von späteren verbessert werden (emendari), wenn durch irgendeine sachliche Erfahrung (cum aliquo experimento rerum) eröffnet wird, was verschlossen war, und erkannt wird, was verborgen war?»[47]

Wenn aber ökumenische Konzilien in dieser Weise voneinander abweichen, sich gegenseitig desavouieren, ausdrücklich verwerfen oder faktisch korrigieren können, so ist es nicht nur, wie aufgezeigt, von der biblischen Botschaft, sondern auch von der Geschichte der Konzilien her unmöglich, eine a priori gegebene Infallibilität des ökumenischen Konzils im Sinne infallibler Sätze anzunehmen. Das Zweite Vatikanische Konzil tat somit auch insofern gut daran, unter dem Einfluß Johannes' XXIII. bewußt, wenn auch nicht theologisch durchreflektiert, auf alle infalliblen Definitionen zu verzichten.

Summa summarum: Ökumenische Konzilien *können* Ausdruck der Infallibilität oder Indefektibilität der Kirche sein. Aber sie sind es nicht von vornherein kraft des Willens der Einberufenden oder Teilnehmenden, denen a priori vom Geist Gottes Infallibilität nach Wunsch und Gebet geschenkt wäre; gerade dies läßt sich von nirgendwoher begründen. Sie sind es vielmehr im nachhinein, *wenn* und *insofern* sie nämlich die Wahrheit des Evangeliums Jesu Christi authentisch bezeugen. So gibt es zwar nicht von vornherein infallible, wohl aber faktisch *wahre* Konzilsaussagen, solche nämlich, die mit der ursprünglichen christlichen Botschaft übereinstimmen und als übereinstimmend auch von der Kirche anerkannt werden. Konzilien können nicht über die Wahrheit Christi verfügen. Sie können und dürfen sich um die Wahrheit Christi bemühen. Dazu ist den Bischöfen und allen Teilnehmern, wie jedem Christen auch, der Geist Christi verheißen, gegeben.

«Ist es nicht erstaunlich zu sehen, wie viele Theologen die Unfehlbarkeit der Konzilien in Frage stellen?» So ruft der katholische Theologe M.-J. Le Guillou der orthodoxen Theologie beinahe empört zu und zitiert dafür die Namen St. Zankow, B. Zenkowsky, N. Arseniev, N. Milasch, «selbst bei Bratsiotis wird dieser Einfluß sichtbar... und sogar noch erstaunlicher, bei V. Lossky».[48] Ist ein solcher recht weittragender Konsens wirklich so erstaunlich? Doch wohl nur für den katholischen Theologen, der sich nicht selbst von der orthodoxen Theologie ernsthaft in Frage stellen läßt und statt

[47] Augustinus, De bapt. contra Donatistas; CSEL 51, 178; zit. nach F. Hofmann, Die Bedeutung der Konzilien für die kirchliche Lehrentwicklung nach dem heiligen Augustinus, in: Kirche und Überlieferung (Festschrift J. R. Geiselmann. Freiburg-Basel-Wien 1960) 82; zur weiteren Interpretation vgl. 83–89.

[48] M.-J. Le Guillou, Mission et Unité; dt. Ausgabe: Sendung und Einheit der Kirche. Das Erfordernis der Theologie der communio (Mainz 1964) 574; weiter zitiert Le Guillou S. 579 für ein «Mißtrauen dem Konzil gegenüber» die bedeutenden Namen von P. Afanasieff, A. Schmemann und J. Meyendorff.

dessen meint, dieses Problem mit einem Verweis auf den bösen Luther und die Leipziger Disputation und überhaupt die verderblichen Einflüsse des Protestantismus auf die orthodoxe Theologie abtun zu können.

Tritt man der orthodoxen Theologie *und* der orthodoxen Tradition unbefangen ohne Vorurteile gegenüber, so sieht man hier einen durchaus erfreulichen ökumenischen Konsens bezüglich der *wahren* Infallibilität oder besser Indefektibilität der Kirche sich abzeichnen. J. Meyendorff – «vielleicht ist der folgende Text noch repräsentativer für die gegenwärtige orthodoxe Ekklesiologie»[49] – findet deshalb unsere volle Zustimmung, wenn er sagt: «Nicht die ‹Ökumenizität›, sondern die Wahrhaftigkeit der Konzilien macht ihre Entscheidungen für uns verpflichtend. Wir rühren hier an das Grundgeheimnis der orthodoxen Lehre über die Kirche: Die Kirche ist das Wunder der Gegenwart Gottes bei den Menschen jenseits jeden formalen ‹Kriteriums› und jeder formalen ‹Unfehlbarkeit›. Es genügt nicht, ein ökumenisches Konzil einzuberufen, damit es die Wahrheit verkünde, welche historische Wirklichkeit man auch immer unter diesem Begriff des Konzils versteht; es muß vielmehr inmitten derer, die sich versammeln, auch noch jener gegenwärtig sein, der gesagt hat: ‹Ich bin der Weg, die Wahrheit und das Leben!› Ohne diese Gegenwart steht die Versammlung, so zahlreich und repräsentativ sie auch sein mag, nicht in der Wahrheit. Die Protestanten und die Katholiken haben gewöhnlich Mühe, diese Grundwahrheit der Orthodoxie zu begreifen; die einen wie die anderen materialisieren die Gegenwart Gottes in der Kirche – die einen im *Buchstaben* der Schrift, die anderen in der *Person* des Papstes: Sie weichen damit nicht dem Wunder aus, geben ihm aber eine konkrete Form. Das einzige ‹Wahrheitskriterium› bleibt für die Orthodoxie Gott selbst, der geheimnisvoll in der Kirche lebt, sie auf dem Wege der Wahrheit führt und seinen Willen in der Unversehrtheit (‹Katholizität›) ihres Lebens kundtut; die Konzilien – insbesondere die ‹ökumenischen› Konzilien – sind innerhalb der Geschichte nur Mittel zur Bekundung der Wahrheit gewesen; denn es ist ganz offensichtlich, daß der orthodoxe Glaube nicht in erschöpfender Weise in den Entscheidungen der sieben Konzilien enthalten ist, die nur einige Grundwahrheiten über Gott und über Christus festgestellt haben. Die Totalität des orthodoxen Glaubens bleibt in fortdauernder Weise in der Kirche: Sie findet ihren Ausdruck in Lokalkonzilien (zum Beispiel in den Konzilien von Konstantinopel im vierzehnten Jahrhundert, welche die orthodoxe Lehre von der Gnade definiert haben) und in den Schriften der verschiedenen Theologen, er wird ebenfalls immer und überall bekannt in der orthodoxen Liturgie, in den Sakramenten

[49] M.-J. Le Guillou ebd. 581.

und im *Leben* der Heiligen. Dieses Leben ist nicht mit dem letzten ökumenischen Konzil stehengeblieben (787): Die Wahrheit lebt und wirkt immer und überall in der Kirche. Sie kann sich auch noch in einem neuen ‹ökumenischen› Konzil kundtun, das nicht nur die orthodoxen Kirchen, sondern auch die westlichen Christen versammelt.»[50]

Damit ist nun aber vom orthodoxen Theologen auch die Frage formuliert, die hier als katholische Rückfrage an den Protestantismus zu richten ist: die Frage nach der Infallibilität der Bibel!

10. Die Wahrheit der Schrift

Die Rückfrage an die *protestantische* Theologie muß sein: Genügt es, die Infallibilität des kirchlichen Lehramts durch die *Infallibilität* der Bibel zu ersetzen: statt der Infallibilität des römischen Bischofs oder des ökumenischen Konzils nun die Infallibilität eines «papierenen Papstes»?

Jener katholischen Betonung der Tradition und der Infallibilität bestimmter Sätze kirchlicher Lehre hat man im Protestantismus schon früh ein Schriftprinzip (sola scriptura) und eine Infallibilität der Sätze der Bibel entgegengestellt. Aus der Polemik heraus übernahm man auch hier eine schiefe Problemstellung. Die Reformatoren selbst hatten zwar gegen die überkommenen Traditionen in Kirche, Theologie und Frömmigkeit nicht die Infallibilität der Schrift, sondern das inhaltliche Zeugnis der Schrift ins Feld geführt, und während Calvin philologische und historische Kritik betrieb, hatte schon Luther gelegentlich (am Jakobusbrief oder an der Apokalypse) Sachkritik geübt. Doch die lutherische und reformierte Orthodoxie – in Defensive gegenüber dem in Trient erneut bekräftigten Geltungsanspruch der Kirche – baute nun die von den Reformatoren wie Trient geteilte, aber nicht forcierte Inspirationsauffassung systematisch im Sinn einer *Verbalinspiration* aus: und dies bis ins kleinste Detail sowohl nach der subjektiven (wie sich die Inspiration im Hagiographen abspielt) wie nach der objektiven Seite hin (wie sich die Inspiration im Buch verobjektiviert).

Die Offenbarung wurde auf diese Weise identifiziert mit der damaligen, einmaligen, im biblischen Autor durch den Heiligen Geist sich ereignenden Bewirkung des Schriftwortes. Die Verfasser der biblischen Bücher erscheinen dabei als die ungeschichtlich-schemenhaften Wesen, durch die unmittelbar der Heilige Geist alles bewirkt. In gleichförmiger Einheitlichkeit hat in

[50] J. Meyendorff, Was ist ein ökumenisches Konzil?, in: Vestnik I, 1959, russisch.

einer solchen Konzeption jedes Wort der Schrift teil an der Vollkommenheit und Irrtumslosigkeit Gottes selbst. Menschliche Unvollkommenheit und Irrtumsfähigkeit müssen deshalb bei den menschlichen Verfassern der Schriften gänzlich ausgeschaltet sein; die kleinste Unvollkommenheit und der geringste Irrtum müßte ja dem Geiste Gottes selbst, der nicht täuschen und sich nicht täuschen kann, angelastet werden. So wird die «Inspiration» und die aus einer solchen Konzeption abgeleitete Irrtumslosigkeit in rigoroser Systematik auf alle einzelnen Worte der Bibel ausgedehnt (Verbalinspiration und Verbalinerranz), so daß von manchen sogar die hebräischen Vokalzeichen des Urtextes (nicht aber die Übersetzungen!) als inspiriert angesehen werden. Die Bibel ist damit zu dem in jeder Hinsicht – sprachlich, stilistisch, logisch, historisch – vollkommenen und unfehlbaren heiligen Buch erklärt. Ihrem Wort als solchem kommt a priori Infallibilität, volle Irrtumslosigkeit zu.

Die Theorie einer Verbalinspiration und Verbalinerranz ist durch die Aufklärung zutiefst erschüttert worden. In der Folge hat die historisch-kritische Exegese die echte Menschlichkeit und Geschichtlichkeit der biblischen Autoren in einer ungeahnten Weise ans Licht gebracht. Damit ist zugleich die Irrtumsfähigkeit der biblischen Verfasser mehr als deutlich geworden. Doch ist der Biblizismus eine ständige Gefahr der evangelischen Theologie geblieben. Und die Idee einer Verbalinspiration hat sich nicht nur in zahlreichen Sekten, sondern auch in manchen protestantischen Kirchen, vor allem im modernen amerikanischen Fundamentalismus und in manchen Strömungen des europäischen Pietismus, durchgehalten. Nicht mehr die christliche Botschaft, nicht mehr der verkündigte Christus selber ist der eigentliche Grund des Glaubens, sondern das infallible Bibelwort als solches. Wie manche Katholiken weniger an Gott und seinen Christus als vielmehr an die Kirche glauben (Verwechslung von credere *in* Deum und credere ecclesiam), so glauben viele Protestanten *an* die Bibel. Die lebendige, verkündigte christliche Botschaft ist wie für die ersten in die infalliblen Sätze des kirchlichen Lehramtes so für die zweiten in die infalliblen Sätze des Bibelbuches aufgegangen. Und der Apotheose der Kirche entspricht genau die Apotheose der Heiligen Schrift, wie auch dem in einem circulus vitiosus sich bewegenden Köhlerglauben («ich glaube, weil es der Pfarrer gesagt hat»), der ebenfalls in einem Zirkel denkende Bibelglaube («ich glaube, weil es geschrieben steht») entspricht. Selbst in der wissenschaftlichen protestantischen Theologie wurde bis in unser Jahrhundert hinein manches Merkwürdige und Unkontrollierbare über die «Personalinspiration» der Apostel oder biblischen Schriftsteller, den in ihnen wirkenden

«Verfassergeist», ihre geistgesteigerte «Erinnerungskraft», ekstatische «Ergriffenheit» und charismatische «Begeisterung» gemutmaßt und geschrieben.

Nun läßt sich allerdings nicht übersehen, daß sich schon in der alten Kirche eine Inspirationslehre herausgebildet hatte, die unter mannigfachen außerchristlichen Einflüssen stand und Anlaß zu Mißverständnissen bot. Während das palästinensische Judentum zwar Gott selbst in den biblischen Autoren am Werke sah, aber deren menschliche und geschichtliche Eigenart ganz im Sinne des Alten Testamentes ernst nahm, so versuchte man im hellenistischen Judentum (besonders Philon) diese Eigenart auszuschalten, da das menschliche Eigensein in der Ekstase unter der göttlichen Manie ausgelöscht ist. Frühchristliche Theologen sahen dann in den biblischen Autoren Werkzeuge, die unter der «Eingebung» oder dem «Diktat» des Geistes (in der Art von Sekretären oder gar wie die Flöte als Instrument des Flötenspielers) geschrieben haben. Es war schließlich vor allem Augustin, der von den hellenistischen Inspirationstheorien beeinflußt, den Menschen nur als Werkzeug des Heiligen Geistes sah: der Geist allein bestimmt Inhalt und Form der biblischen Schriften, so daß die ganze Bibel von allen Widersprüchlichkeiten, Fehlern und Irrtümern frei sein, beziehungsweise vom Interpreten durch Harmonisierung, Allegorese oder Mystifizierung frei gehalten werden muß.[51] Der Einfluß Augustins blieb bezüglich Inspiration und Inerranz durch das Mittelalter hindurch bis in die Neuzeit hinein bestimmend. Auch das Konzil von Trient erklärte die Bücher der Bibel und die Traditionen als «entweder mündlich von Christus oder vom Heiligen Geiste diktiert» (D 783).

Doch ist es bezeichnend, daß im Trienter Dekret von der Irrtumslosigkeit der Bibel als Folge der Inspiration gar nicht die Rede ist. Die Verbalinspiration wird nur im Protestantismus mit rigoroser systematischer Konsequenz behauptet und durchgedacht. Erst gegen Ende des neunzehnten Jahrhunderts ist die von der protestantischen Orthodoxie ausgearbeitete Theorie der Verbalinspiration unter dem Eindruck einer destruktiven kritischen Exegese von den Päpsten in einer bemerkenswerten Phasenverschiebung übernommen worden. Noch das Vatikanum I, das eine ausdrückliche Aussage über die Inspiration der biblischen Schriften macht («unter der Inspiration des Heiligen Geistes geschrieben, haben sie Gott als Urheber»), macht bei dieser Gelegenheit nur die indirekte und zurückhaltende Anmerkung, daß die biblischen Schriften «die Offenbarung (!) ohne Irrtum enthalten (!)»

[51] Vgl. H. Sasse, Sacra Scriptura – Bemerkungen zur Inspirationslehre Augustins, in: Festschrift Franz Dornseiff (Leipzig 1953) 262–273.

(D 1787). Doch seit Leo XIII. und besonders in den Modernismuswirren wird in päpstlichen Enzykliken die völlige und absolute Irrtumslosigkeit der Schrift immer wieder explizit und programmatisch verteidigt (D 1951f. 2011. 2102. 2186–2188. 2315). Gegen die bedrohlichen rationalistischen Auflösungsversuche meint man nur dadurch angehen zu können, daß man wie im Falle der kirchlichen Infallibilität den rationalistischen (cartesianisch bestimmten) Wahrheitsbegriff übernimmt und eine satzhafte Irrtumslosigkeit nun auch der Schrift sogar in naturwissenschaftlichen und historischen Dingen behauptet. Auch dem Zweiten Vatikanischen Konzil sollte durch die kuriale Vorbereitungskommission im Schema über die Offenbarung eine solche Auffassung aufgedrängt werden.[52] Ganz im Stil der Apologetik des neunzehnten Jahrhunderts wird hier aus der universalen Ausdehnung der göttlichen Inspiration «direkt und notwendig» eine «absolute Irrtumslosigkeit der ganzen Heiligen Schrift» deduziert, und zwar ausdrücklich für den ganzen religiösen und profanen Bereich, wobei dies noch als alte und konstante Überzeugung der Kirche bezeichnet wird. Das gesamte Schema wurde indessen vom Konzil in der ersten Session 1962 mit überwältigender Mehrheit abgelehnt und entgegen einem kurialen Abstimmungstrick von Johannes XXIII. in einer persönlichen Intervention von der Tagesordnung abgesetzt. Zur allgemeinen Überraschung hat dann Paul VI. die erneute Diskussion über die Offenbarung auf die Tagesordnung der dritten Session gesetzt.

Aber gerade die Diskussionen in der dritten Konzilssession sollten in der Frage der Irrtumslosigkeit einen Wendepunkt bedeuten. Die langen sechs Artikel waren im neuen Schema in einen einzigen kurzen Artikel (unter der Kapitelüberschrift nicht der Inerranz, sondern der Inspiration) zusammengezogen worden.[53] Der Hagiograph wird nicht mehr als «Instrument» Gottes, sondern als «wahrer Autor» bezeichnet, Gott nicht mehr als der «hauptsächliche Autor», sondern einfachhin als «Autor». «Inspiration besagt nicht Ausschaltung, Hemmung oder Ersetzung der menschlichen Aktivität der Hagiographen. Jegliche Erinnerung an alte Theorien einer *Verbalinspiration* sollte ausgeschaltet werden, damit auch jede Form einer unpersonalen, mechanistischen Deutung der Entstehung der Schrift.»[54]

In der Frage der Irrtumslosigkeit der Schrift – der negative Ausdruck

[52] Schema Constitutionis dogmaticae de fontibus revelationis (Rom 1962) Art. 12.

[53] Vgl. den ausgezeichneten Kommentar zum 3. Kapitel der Offenbarungskonstitution von A. Grillmeier, in: Das Zweite Vatikanische Konzil. Konstitutionen, Dekrete und Erklärungen (Ergänzungsbände zum LThK) Teil II (Freiburg-Basel-Wien 1967) 528–557.

[54] A. Grillmeier, ebd. 531.

«Irrtumslosigkeit» war unterdessen durch den positiven «Wahrheit» ersetzt worden – erwies sich als grundlegend die Rede des Wiener Kardinals F. König über die Irrtümer in der Heiligen Schrift, die von verschiedenen weiteren Rednern positiv kommentiert wurde. Die Orientalistik beweise, «daß in der Heiligen Schrift die historischen und naturwissenschaftlichen Angaben bisweilen von der Wahrheit abweichen (a veritate quandoque deficere)». Nach Mk 2,26 zum Beispiel hätte David unter dem Hohenpriester Abiathar das Haus Gottes betreten und die Schaubrote gegessen; in Wahrheit geschah es jedoch nach 1 Sam 21,1 ff nicht unter Abiathar, sondern unter seinem Vater Abimelech. In Mt 27,9 wird die Erfüllung einer Prophetie «Jeremias» berichtet, die in Wahrheit eine Prophetie Zacharias (11,13) ist usw. Es sollte somit nach dem Kardinal in der Frage der Irrtumslosigkeit «aufrichtig, unzweideutig, ungekünstelt und furchtlos geredet werden». Eine ungeschichtliche Einstellung in diesen Dingen rette die Autorität der Bibel nicht, sondern mache nur die Exegese unglaubwürdig. Ein Abweichen von der Wahrheit in historischen und naturwissenschaftlichen Fragen gefährde die Autorität der Schrift heute in keiner Weise. Hier würde theologisch vielmehr die Herablassung Gottes (condescensio Dei) sichtbar. Gott nimmt den menschlichen Autor mit allen seinen Schwächen und seinen Versehen an – und kommt damit doch zu seinem Ziel: den Menschen die «Wahrheit» der Offenbarung zu lehren. «Damit gibt der Kardinal von Wien auch implizit jene aus aprioristischem und ungeschichtlichem Denken stammende Prämisse auf, die in der Inerranzlehre seit der Väterzeit eine Rolle gespielt hat: Wer bei einem Hagiographen irgendeinen Irrtum zugibt, gibt notwendig einen Irrtum Gottes selber zu.»[55]

Auf dem Konzil reichte es allerdings, wie in manchen anderen wichtigen Fragen, nur zu einem Kompromiß. Abgesehen vom ständigen kurialen Druck auf dem Konzil und der theologischen Kommission war die «neue Sicht und Motivation der Inspirations- und Inerranzlehre... leider im theologischen Schrifttum zu wenig vorbereitet und daher für die Mehrzahl der Väter ungewohnt».[56] Die klare Lösung wäre gewesen, den Ausdruck «ohne jeden Irrtum» (sine ullo errore) *wegzulassen* und dafür positiv zu formulieren, daß die biblischen Bücher «die Wahrheit unversehrt und unerschütterlich (integre et inconcusse) lehren». Genauso hatte es Kardinal König – man sollte dies in Kommentaren nicht verschweigen – vorgeschlagen. Aber was geschah? Die Kommission nahm zwei positive Worte (firmiter und fideliter) auf und ließ das «ohne jeden Irrtum» zugleich stehen! Nur daß man statt

[55] A. Grillmeier, ebd. 553.
[56] Ebd.

«ohne jeden Irrtum» jetzt nur noch «ohne Irrtum» sagte! Diese Lösung hatte mit Politik viel und mit Theologie wenig zu tun. Der zweideutige Text (Unterstreichungen vom Verfasser) heißt nun: «Da also alles, was die inspirierten Verfasser oder Hagiographen aussagen, als vom Heiligen Geist ausgesagt zu gelten hat, ist von den Büchern der Schrift zu bekennen, daß sie *sicher, getreu und ohne Irrtum* die Wahrheit lehren, die Gott um unseres Heiles willen in heiligen Schriften aufgezeichnet haben wollte» (Art. 11). Damit war das Problem der Inerranz zugleich mit dem der Inspiration und dem der Verhältnisbestimmung von Schrift und Tradition – nach einer ganzen Reihe kurialer Manöver und massiver Interventionen Pauls VI. bei der theologischen Kommission – an die nachkonziliare Theologie abgeschoben worden: «Die Entwicklung des Textes hat uns gezeigt, daß der ‹Monophysitismus› im Verständnis von Inspiration und Inerranz aufzugeben ist, wie er in der These von der Verbalinspiration, aber auch in der Fassung der Inerranz in der Form von 1962 (und der Bibelenzykliken) vertreten ist. Soviel kann zunächst von Artikel 11 her gesagt werden. Es bleibt der Theologie überlassen, von dem neuen Ansatz aus die Inerranz voller durchzudenken.»[57]

Wir haben hier nicht die Absicht, alle auftauchenden Fragen insbesondere im Zusammenhang mit der Inspirationstheorie zu klären. Eine «Entmythologisierung» und «Entpsychologisierung» (Grillmeier) der Inspirationslehre erscheint jedenfalls dringend.[58] Zwei Gesichtspunkte scheinen dabei für das Problemfeld der Infallibilität besondere Bedeutung zu haben; über sie müßte unter katholischen, orthodoxen und evangelischen Christen eigentlich Einmütigkeit bestehen:

1. Gott selber handelt durch das Menschenwort der biblischen Schriften mit uns und an uns, insofern er dadurch zum Glauben bewegt und das Menschenwort in der Verkündigung Werkzeug seines Geistes sein läßt: dies dürfte hinter allen mythologischen Vorstellungen und oft irreführenden Begrifflichkeiten als das wahre *Anliegen* der Inspirationstheorie stehen.

2. Die biblischen Schriften sind zugleich ganz und gar menschliche Schriften von menschlichen Verfassern mit ihren Gaben und Beschränktheiten, Erkenntnis- und Irrtumsmöglichkeiten, so daß Irrtümer verschiedenster Art nicht von vornherein ausgeschlossen werden können: Dies dürfte bei

[57] A. Grillmeier, ebd. 549.

[58] Man vgl. die verschiedenen Auffassungen der Inspiration in den Lexikon-Artikeln von A. Bea, in: LThK V (Freiburg-Basel-Wien ²1960) 703–711; von G. Lanczkowski/O. Weber/W. Philipp, in: RGG III (Tübingen ³1959) 773–782 ebenso wie in den verschiedenen dogmatischen Handbüchern auf katholischer Seite etwa S. Tromp, M. Nicolau, L. Ott, M. Schmaus; auf evangelischer K. Barth, E. Brunner, O. Weber, H. Diem, P. Althaus.

allen positiven Aussagen über die Wirksamkeit des Geistes die wahre *Grenze* der Inspirationstheorie sein.

Aber wie soll beides in eins gehen? Wie bei der Kirche aus Menschen, so geschieht es auch bei der Bibel von Menschen, daß Gott sein Ziel ohne alle Vergewaltigung der Menschen durch die Menschlichkeit und Geschichtlichkeit *hindurch* erreicht! Durch alle menschliche Gebrechlichkeit und die ganze geschichtliche Bedingtheit und Beschränktheit der biblischen Verfasser, die oft nur in stammelnder Sprache und mit unzureichenden Begriffsmitteln zu reden vermögen, geschieht es, daß Gottes Anruf, wie er schließlich in Jesus laut geworden ist, wahrhaft gehört, geglaubt, verstanden und verwirklicht wird.

Wie es bei der Kirche falsch ist, die Wirkung des Gottesgeistes (im Sinn einer «assistentia») auf irgendwelche bestimmte Definitionsakte eines Papstes oder Konzils zu fixieren, so ist es bei der Heiligen Schrift falsch, die Wirkung des Gottesgeistes (im Sinn einer «inspiratio») auf irgendwelche bestimmte Schreibakte eines Apostels oder biblischen Schriftstellers zu limitieren. Nein, der gesamte Ablauf der Entstehung, Sammlung und Überlieferung des Wortes, der gesamte Vorgang der gläubigen Aufnahme und der verkündigenden Weitergabe der Botschaft steht unter der Führung und Fügung des Geistes. Nicht nur die Geschichte der Niederschrift, sondern die gesamte Vorgeschichte und Nachgeschichte der Schrift überhaupt ist in diesem Sinne vom Geiste «inspiriert»: nicht vom Geist diktiert, sondern geistdurchwirkt und geisterfüllt. Es geht also hier nicht um ein Mirakel wie etwa beim Koran, der als ein heiliges, irrtumsfreies Buch mit lauter infalliblen Sätzen vom Himmel (durch Engel) dem Propheten direkt geoffenbart wurde: ein Buch, das somit wörtlich akzeptiert werden muß und deshalb nicht einmal interpretiert und kommentiert werden darf. Bevor man die Bibel in die Hände nimmt, muß man nicht die Hände waschen. Nirgendwo beanspruchen die Schriften des Neuen Testaments, direkt vom Himmel gefallen zu sein, vielmehr betonen sie des öfteren ganz unbefangen ihre menschliche Herkunft (besonders aufschlußreich bezüglich der Entstehung der Evangelien Lk 1,2). Und wenn sich die Zeugen schon vom Heiligen Geist bewegt wissen, dann wird den Hörern oder Lesern gegenüber nicht etwa ein anzuerkennender Inspirationsakt geltend gemacht, sondern es wird schlicht vorausgesetzt, daß jedes Empfangen und Verkündigen des Evangeliums von vornherein «im Heiligen Geist» geschieht (1 Pt 1,12; 1 Kor 7, 40).

Die Offenbarung des Alten und Neuen Testaments kann also auf keinen Fall einfach mit der Schrift identifiziert werden: die Schrift *ist* nicht Offenbarung, sie bezeugt Offenbarung. Nur in Indirektheit und in Verborgenheit ist hier Gott am Werk. Nur im Glauben wird das verkündigte Evangelium als in Wahrheit Gottes eigenes Wort an die Menschen erfahren (vgl. 1 Thess 2,13). So bleibt die Menschlichkeit, Eigenständigkeit und Geschichtlichkeit der biblischen Schriftsteller voll gewahrt. In keinem Moment werden sie zu irrtumslosen, beinahe übermenschlichen, aber im Grunde unmenschlichen, weil willenlosen und verantwortungslosen Werkzeugen gemacht. Die Wirkung des Geistes schließt weder Mängel noch Fehler, schließt weder Verhüllung noch Vermischung, weder Beschränktheit noch Irrtum aus. Die neutestamentlichen Zeugnisse, sosehr sie alle den durch Jesus Christus an uns handelnden Gott verkünden, sind weder gleichmäßig noch gleichwertig; da sind hellere und dunklere, deutlichere und undeutlichere, stärkere und schwächere, ursprünglichere und abgeleitete Zeugnisse; alles in allem höchst vielfältige Zeugnisse, die divergieren, kontrastieren und sich teilweise widersprechen können.

Es geht somit in der Schrift um eine Geistgewirktheit in uneingeschränkter menschlicher Geschichtlichkeit, die eine Bibelkritik nicht nur ermöglicht, sondern erfordert: Text- und Literarkritik, historische und theologische Kritik. Ernsthafte Bibelkritik kann nur dazu helfen, daß die frohe Botschaft nicht in einem Buche beschlossen bleibt, sondern in jeder Zeit wieder neu lebendig verkündigt wird. Diese Botschaft kann und soll ja nie einfach in der damaligen zeitgebundenen Gestalt weitertradiert werden. Wie die ersten Zeugen – und als solche bleiben sie grundlegend – das Evangelium nicht als fixe Formel oder starre Doktrin diktiert bekommen und sklavisch weitergegeben haben, wie sie es vielmehr an ihrem besonderen Platz mit ihrer besonderen Eigenart aufgenommen und in ihrer eigenen Interpretation und Theologie verkündigt haben, so dürfen und sollen auch die heutigen Verkündiger an ihrem Platz zu ihrer Stunde auf ihre Weise das Evangelium in neuer Gestalt weitergeben. Gewiß, die Schrift ist und bleibt der von der Kirche anerkannte Niederschlag des ursprünglichen Zeugnisses. Als solcher hat sie eine bleibende normative Autorität und Bedeutung, die von keinem späteren Zeugnis abgelöst werden kann; sie bleibt der Maßstab, an dem alle spätere kirchliche Verkündigung und Theologie stets zu messen ist. Aber die Freiheit, Mannigfaltigkeit und Verschiedenheit des Zeugnisses damals rechtfertigt die Freiheit, Mannigfaltigkeit und Verschiedenheit des Zeugnisses heute, das in der Botschaft vom Heilshandeln Gottes in Jesus an den Menschen seine Einheit und Einfalt hat.

An was glauben wir eigentlich? Was ist der Grund des christlichen Glaubens? Ist es die Kirche oder die Bibel? Das ist eine falsche Alternative. Es ist weder die Kirche noch die Bibel. Der Grund des Glaubens ist Gott selbst in Jesus, ist somit dieser Jesus Christus selbst, der in der Bibel ursprünglich bezeugt und von der Kirche immer wieder neu verkündet wird. Wie der Christ nicht an die Kirche glaubt, so nicht an die Bibel, vielmehr glaubt er an Gott in Jesus Christus. Er glaubt nicht an die Evangelien, sondern an das Evangelium und an den, der im Evangelium zur Sprache kommt. So bleibt Jesus Christus der Herr auch der Schrift: als Quelle und Maß ihrer Autorität ist er selbst die letzte Autorität auch für Glaube und Theologie. Er macht selbst die Geistesmacht der Schrift aus, so daß diese sich durch alle Bibelkritik hindurch, wie die Geschichte der Exegese bezeugt, immer wieder neu Geltung und Anerkennung zu verschaffen vermag. Ich glaube also nicht etwa *zuerst* an die Schrift oder gar zuerst an die Inspiriertheit des Buches und *dann* an die Wahrheit des Evangeliums, an Jesus Christus. Sondern ich glaube an den in der Schrift ursprünglich bezeugten Jesus Christus, und indem ich so die Schrift als Evangelium im Glauben erfahre, werde ich der Geistdurchwirktheit und Geisterfülltheit der Schrift gewiß. Mein Glaube an Jesus Christus entsteht an der Schrift, weil diese Zeugnis von Jesus ist. Aber mein Glaube ruht nicht auf der Schrift: Jesus Christus, nicht das inspirierte Buch, ist der Grund des Glaubens.

Wem also kommt Infallibilität zu: der Kirche oder der Bibel? Wie nicht der Kirche, so nicht der Bibel, sondern im strengen Sinn Gott allein und seinem Wort; seinem Wort, das in Jesus Fleisch geworden ist; dem Evangelium, das von diesem Heilsgeschehen das untrüglich treue Zeugnis ist. Die Heilige Schrift – für Christen in erster Linie das Neue Testament und als dessen Vorgeschichte auch das Alte – ist der schriftliche Niederschlag dieses ursprünglichen untrüglichen treuen Zeugnisses: in sich nicht unfehlbar, wohl aber durch alles Menschliche und Allzumenschliche, alle Unvollkommenheiten und Irrtümer hindurch «die Wahrheit» des Evangeliums ankündigend, die Jesus Christus selber ist. Wie naturwissenschaftliche und historische Irrtümer in einem Königsdrama Shakespeares unter Umständen sogar helfen können, Intention und Aussage des Dramas durch alle Zeitbedingtheit hindurch nicht schlechter, sondern besser zu vernehmen, so die naturwissenschaftlichen und historischen Irrtümer der Bibel: noch ganz anders als Shakespeare schreibt Gott selbst gerade auch auf krummen Zeilen! Das Sechs-Tage-Werk in Genesis 1 als wörtlich infallible Satzwahrheit genommen, ließ die große Botschaft dieser ersten Seite der Schrift vom guten Gott und seiner guten Welt vielfach übersehen. Seitdem wir verzichtet haben, jeden Satz dieses Kapitels mit einer vertuschenden Apologetik zu umgeben, eine falsche Konkordanz mit den Naturwissenschaften zu suchen und naturwissenschaftlich falsche Vorstellungen zu eskamotieren, sind wir fähig gemacht worden, mit ganz neuen Augen zu sehen, um was es in diesem Text eigentlich geht. Ähnliches gilt etwa von der Ursünde in Genesis 3, den widersprüchlichen Traditionen der Auferstehung Christi, den mythischen Beschreibungen des Endes der Menschheitsgeschichte.

Wie kein a priori unfehlbares Lehr-Amt, so gibt es in der Christenheit kein a priori unfehlbares Lehr-Buch. Der Kirche als der Gemeinschaft der Glaubenden kommt keine satzhafte Infallibilität, wohl aber eine grundlegende Indefektibilität in der Wahrheit zu. Der Schrift als dem Niederschlag des ursprünglichen Christusglaubens kommt keine zuständliche satzhafte Inerranz zu. Damit ist jedoch der Schrift ihr einzigartiger Vorrang im Glauben der Christen keineswegs genommen. Im Gegenteil: Die Wirkung, die sie ausübt, kommt ja von dem, den sie ankündigt. Indem sie von ihm redet, übt sie eine lebendige, inhaltlich bestimmte *Autorität* (Wahrheitsmacht) aus, durch die der Glaube immer wieder neu überwältigt wird. Dem, der ihre Botschaft verkündigt, wie dem, der sie hört, wird sie im Entscheidenden immer erneut deutlich und zugänglich *(Perspikuität)*. Zustimmung und Ablehnung fordert sie heraus und wird so auf völlig unmagische und unverfügbare Weise wahrhaft wirksam *(Effikazität)*. Und gerade jenes in Jesus ergangene Heilshandeln Gottes läßt ihre Einheit im Zusammenhang verstehen *(Unität)*. Nicht kleiner, größer erscheint so verstanden dieses für die gesamte Christenheit aller Zeiten grundlegende Zeugnis des ursprünglichen christlichen Glaubens.

In diesem umfassenden, aber bedingten Sinne können wir von der *Wahrheit* der Schrift reden. Nicht im Sinne einer von vornherein gegebenen Inerranz ihrer Sätze, wohl aber im Sinn eines durch alle Mängel im Detail hindurch im ganzen guten und getreuen Zeugnisses von Jesus Christus. Und wenn es auch keine von vornherein irrtumsfreien Sätze in der Bibel gibt, so doch faktisch das Evangelium bezeugende *wahre* Sätze. Wahrheit der Schrift meint also mehr als nur die Wahrheit als jene adaequatio intellectus et rei, wie Wahrheit von den Griechen her seit dem Mittelalter philosophisch bestimmt wird. Die neuere Inerranz-Lehre ist ebenso wie die Inspirationslehre der protestantischen Orthodoxie ein Produkt des Rationalismus, der eine Göttlichkeit der Schrift in ihren Sätzen klar und distinkt, einleuchtend und evident machen wollte, was jedoch früher oder später in eine Herrschaft der Vernunft über die Schrift umschlagen mußte.

Wahrheit der Schrift meint hier letztlich über alle wahren Sätze hinaus die Wahrheit, wie sie im Alten und Neuen Testament mit diesem Terminus angesprochen wird: «Wahrheit» («emet», «alétheia») meint über die Wahrheit der Worte und Sätze hinaus die *Treue*, die Beständigkeit, die Zuverlässigkeit: die Treue also des Bundesgottes zu seinem Wort und zu seiner Verheißung. Keine einzige Stelle der Schrift spricht davon, daß die Schrift keinen Irrtum enthalte. Jede Stelle der Schrift aber zeugt in ihrem näheren oder weiteren Kontext von dieser Treue Gottes, der nie zum Lügner wird, der sich und seinem Wort und so auch den Menschen treu bleibt, der schließlich sein Wort endgültig wahrgemacht hat, indem er alle Worte Gottes in dem einen Wort erfüllte: in dem, der «das Wort» und «die Wahrheit» (Jo 1,1f; 14,6) ist. In diesem Sinn bezeugt die keineswegs irrtumsfreie Schrift uneingeschränkt *die* Wahrheit als die immerwährende Treue Gottes, der nicht trügen und betrogen werden kann. In diesem Sinn bezeugt die Schrift die Infallibilität Gottes selbst.

11. *Ein Lehramt?*

Die Frage ist naheliegend: Infallible Sätze der Schrift, der Konzilien, der Bischöfe und des Papstes können theologisch nicht begründet werden – wie steht es dann überhaupt mit einem Lehramt? Zu diesem Thema, weit und komplex, sollen hier nur einige Anregungen zur Diskussion geboten werden. Es ist vielleicht überhaupt gut, gegen Ende unserer Studie es nochmals deutlich zu sagen: Das ganze Buch will offen sein für das Gespräch, offen für die Diskussion. Es soll als Frage, mehr noch – der Untertitel sagt es deutlich – als *Anfrage* verstanden werden. Eine Anfrage ist allerdings eine bewußte, dringliche Frage, eine Frage, die Antwort heischt. Wer eine bessere Antwort weiß als der, der die Frage stellt, wird die Antwort nicht zurückhalten. Wer keine oder mindestens keine bessere Antwort weiß, wird nicht die Frage selbst in Abrede stellen.

a. Der Ausdruck «*Lehramt*» wird heute in der katholischen Kirche viel gebraucht. Bei allen möglichen Gelegenheiten beruft man sich auf «das Lehramt». Aber «das Lehramt» ist ein zeitlich spät eingeführter und ein inhaltlich ungeklärter Begriff.

1. Ein *später* Begriff:[59] «Das Lehramt» im modernen kirchlichen Sinn – als das Kollegium der Prälaten, die öffentliche Lehrautorität haben – setzt die Einführung der Unterscheidung zwischen lehrender Kirche (Ecclesia docens) und lernender Kirche (Ecclesia discens) voraus. Diese Unterscheidung wiederum, sooft sie heute gebraucht wird, wurde erst in der Neuzeit

[59] Vgl. zum Folgenden die Belege bei Y.Congar, L'Eglise de Saint Augustin à l'époque moderne, 389, 446.

eingeführt: am Ende des siebzehnten und am Anfang des achtzehnten Jahrhunderts, beziehungsweise im Zusammenhang der uns bereits bekannten Unterscheidung zwischen aktiver Infallibilität (des Papstes, beziehungsweise der Hirten) und der passiven Infallibilität (der Kirche, beziehungsweise des Kirchenvolkes). Erst seit Beginn des neunzehnten Jahrhunderts aber tritt die Unterscheidung zwischen lehrender und lernender Kirche häufiger auf, wird dann aber bald im theologischen Lehrbetrieb geläufig, wofür ein besonders wichtiger Zeuge einer der theologischen «Väter» der Definitionen der Unbefleckten Empfängnis und der päpstlichen Unfehlbarkeit ist, der römische Jesuit G. Perrone. Der im modernen kirchlichen Sinn technische Ausdruck «Magisterium» selbst aber tritt erst in den Diskussionen und Texten des Vatikanum I mit einer ungewohnten Häufigkeit auf: «Er hat den Sinn manchmal der Lehre, manchmal der Lehrfunktion und Lehrkompetenz, manchmal endlich – und dies ist neu – des Corpus der Prälaten, die öffentliche Lehrautorität haben: das Lehramt.»[60]

Damit ist klar: Der Terminus «Lehramt» gründet weder in der Schrift noch in der alten Tradition, sondern wurde neu eingeführt im Zusammenhang mit der Infallibilitätsdoktrin des Vatikanum I und der von uns bereits kritisierten, weil in dieser Exklusivität völlig unbiblischen Unterscheidung zwischen lehrender und lernender Kirche.

2. Ein *dunkler* Begriff: Das lateinische «Magisterium» hat als griechische Äquivalente zugleich «hegemonía» (Leitung) und «didaskalía» (Lehre). Auch das lateinische «Magisterium» hat ja des öfteren eine Affinität zum «Magistratus». Und dies schwingt im modernen kirchlichen Sinn von «Magisterium» durchaus mit: die Bischöfe, die die Leiter der Kirchen sind, sollen demnach auch ihre Lehrer sein. Dabei wird anscheinend vorausgesetzt, daß die Lehre durch ein Amt oder eine Behörde geschieht («Lehr-Amt» ähnlich wie «Auswärtiges Amt», «Teaching Office» ähnlich wie «Foreign Office»).

Damit ist nun aber auch das Problem gestellt: Ist es denn so selbstverständlich, daß es in der Kirche ein Lehramt als eine Behörde gibt, daß es *ein* Lehramt gibt, daß die Bischöfe, und besonders der römische Bischof, in Personalunion Leiter der Kirche und Lehrer der Kirche sind? Man wird nicht bestreiten, daß die Bischöfe – darin allerdings nicht dogmatisch von den Presbytern unterschieden – Leiter der Kirche sind. Aber es dürfte nicht gleich sicher sein, daß sie auch Lehrer der Kirche oder gar, wie die Schultheologie sagt, die einzigen authentischen Lehrer in ihren Diözesen und zu-

[60] Ebd. 446.

sammen mit dem Papst in der Gesamtkirche sind. Was wir früher[61] über die apostolische Sukzession der Bischöfe und insbesondere des römischen Bischofs anzumerken hatten, läßt daran zweifeln. Aber sehen wir des genaueren zu.

b. Es stellt sich hier die Grundfrage: Wer kann und soll eigentlich in der Kirche lehren? Es kommt darauf an, was man unter «Lehren» versteht. Versteht man unter «Lehren» das für die Kirche im kleinen und großen immer wieder grundlegende «*Verkündigen*» der Botschaft, dann wird man sagen müssen: *Jedes* Glied der Kirche, *jeder* Christ darf und soll verkündigen.[62] Insofern gibt es keine Unterscheidung zwischen lehrender und nur lernender oder hörender Kirche.

Zum allgemeinen Priestertum gehört das ausdrückliche Zeugnis des Wortes (vgl. Hebr 13,15). Die Verkündigung des Wortes ist nicht nur einigen wenigen, sondern allen aufgetragen: «Ihr aber seid... eine königliche Priesterschaft..., damit ihr die Machttaten Gottes verkündet, der euch aus der Dunkelheit in sein wunderbares Licht berufen hat» (1 Pt 2,9; vgl. 3, 15). Das Wort vom Dunkel und vom Licht erinnert an das Logion Jesu Mt 5,14, das ebenfalls von allen Glaubenden gesagt ist: «Ihr seid das Licht der Welt!» Deshalb: «Was ich im Dunklen sage, das sollt ihr im Licht sagen. Und was ihr in das Ohr geflüstert hört, das sollt ihr auf den Dächern predigen!» (Mt 10,27). Die Verkündigung der Botschaft ist der primäre Auftrag Jesu an alle seine Jünger (Mk 1,35–38; 16,15; Mt 28,18–20; Apg 1,8; 1 Kor 1,17). Im Neuen Testament gibt es deshalb geradezu eine Überfülle von Worten, gegen dreißig verschiedene Termini, um Predigt und Verkündigung zu bezeichnen: verkünden, ausrufen, predigen, lehren, erklären, darlegen, sprechen, sagen, bezeugen, überzeugen, bekennen, überführen, mahnen, tadeln... Die Fülle der verschiedenen Formen der Verkündigung läßt einen jeden seinen besonderen Beitrag zur Verkündigung leisten.

Das Wort ist es, das die Kirche schafft und immer wieder neu sammelt, indem es Glauben und Gehorsam weckt; von den Glaubenden soll das Wort immer wieder neu ausgehen (vgl. Röm 10,14–17). Gerade als die durch das Wort «Berufenen» (Röm 1,6; 1 Kor 1,24; Hebr 9,15) sollen die Glaubenden um das Wort besorgt sein. Alle sollen nicht nur das Wort der Apostel anhören, vor der Welt ein Zeugnis der Tat ablegen und für den Erfolg der Wortverkündigung beten (vgl. 2 Thess 3,1). Sie sollen auch selbst verkündigen, ja sogar auch im Gottesdienst zu Worte kommen, je

[61] Vgl. Kap. II, 3.
[62] Vgl. dazu Die Kirche E I, 2 b.

nach dem Charisma, das dem Einzelnen verliehen ist: «Sooft ihr zusammenkommt, hat jeder einen Psalm, eine Lehre, eine Offenbarung, eine Zungenrede, eine Deutung. Alles soll zur Erbauung geschehen» (1 Kor 14, 26). Und gerade dadurch, daß alle Glaubenden die Möglichkeit und das Recht des Wortes in irgendeiner Form wahrnehmen, legen sie alle zusammen ein mächtiges Zeugnis des Glaubens ab, das auch Ungläubige zu bezwingen vermag (vgl. 1 Kor 14, 24f).

Nur deshalb konnte sich die christliche Botschaft von Anfang an so rasch ausbreiten, weil sie nicht nur von einigen wenigen besonders beauftragten Missionaren, sondern von allen je nach Gabe und Gelegenheit weiterverkündigt wurde: nicht nur von Aposteln und Evangelisten, sondern auch von Kaufleuten, Soldaten, Seeleuten... Auch die Apostelgeschichte legt darauf Gewicht, daß «alle, mit Geist erfüllt, das Wort Gottes freimütig verkündigten» (4, 31; vgl. 8, 4; 11, 19). Und Paulus bestätigt dies vielfach (vgl. 1 Thess 1, 8; Phil 1, 12–18). Wenn Paulus den Frauen in der neutestamentlichen Zeit für die Gemeindeversammlungen Schweigen geboten hat (1 Kor 14, 33–35; vgl. 1 Tim 2, 12), so ist dies zeitgeschichtlich und nicht grundsätzlich für alle Zeiten zu verstehen. Nach Hebr 5, 12 sollte man allen Christen nicht nur Milch, sondern feste Speise geben können, sollten sie nicht noch in die Anfangsgründe des christlichen Glaubens eingeführt werden müssen, sondern selber Lehrer sein.

Wenn aber für Paulus in 1 Thess 4, 9 die Glaubenden «von Gott belehrt sind», so wird dieser Gedanke im ersten Johannesbrief ungemein verschärft. Den echten Christen gibt die «Salbung» des Heiligen Geistes das volle Wissen in bezug auf alles, was zum Heile entscheidend ist: «Und ihr wißt alle» (1 Jo 2, 20; vgl. Jo 14, 26; andere Lesart: «Ihr wißt alles»). Und weil der Geist in den Glaubenden bleibt, so gilt: «Ihr habt nicht nötig, daß euch jemand belehrt» (1 Jo 2, 27; vgl. 2, 21). Dies bedeutet nicht, daß die Glaubenden das von Menschen überlieferte Zeugnis nicht brauchen (vgl. vielmehr 1, 5; 2, 7. 24; 3, 11). Aber der Geist ist die in ihnen innerlich wirkende und von Menschen unabhängige Macht, die ihnen die wahrhaft überzeugende Belehrung und letzte Gewißheit gibt.

Es ist somit deutlich geworden: Nur wer durch Menschenzeugnis hindurch von Gott, vom Heiligen Geist belehrt ist, kann die Botschaft bevollmächtigt weitergeben. Dies aber ist nach dem Zeugnis des Neuen Testamentes jeder Christ. Jeder Glaubende kann und soll grundsätzlich als von Gott belehrt die anderen belehren, kann und soll als Empfänger des Wortes Gottes auch dessen Verkünder in irgendeiner Form sein.

Jeder Christ ist somit zur Wortverkündigung im weitesten Sinn berufen, auch wenn bei der Verschiedenheit der Gaben keineswegs jeder alles tun kann und soll. Hier ist mindestens kurz die *Laienpredigt* zu erwähnen, die, wie wir eben sahen, in den stark charismatisch bestimmten Gemeinden der Urchristenheit durchaus üblich war, aber schon vom zweiten und besonders vom dritten Jahrhundert an zugunsten der Predigt der Amtsträger zurückgedrängt wurde.[63] Aber Laienpredigten wurden trotz aller Verbote immer wieder geübt und geduldet, seit dem zwölften Jahrhundert für bestimmte Erneuerungsbewegungen sogar wieder ausdrücklich bejaht. Vom Konzil von Trient her jedoch, das die Predigten im strengen Sinn den Bischöfen und ihren Mitarbeitern vorbehalten hat, kam es dann auch zu einem allgemeinen Verbot der Laienpredigt im Codex Iuris Canonici von 1918.

Für die heutige Zeit ist eine sinnvoll angepaßte und geordnete Erneuerung der Laienpredigt eine seelsorgliche Notwendigkeit: nicht nur grundsätzlich vom Neuen Testament her berechtigt und wünschenswert, sondern auch von der gegenwärtigen Situation der Gesellschaft (Entkirchlichung, bzw. mündig gewordene säkulare Welt) und der Kirche (Mangel an Predigern einerseits, Mündigkeit der Laien andererseits) dringend gefordert. Insofern hat ja das Vatikanum II vorgesehen, daß der vom Konzil wieder erneuerte Wortgottesdienst auch von Laien geleitet werden kann. In diesem Zusammenhang müssen auch die soziologischen und psychologischen Hemmungen überwunden werden, die das Predigen der Männerwelt vorbehalten wollen. Gegen Predigten von Frauen (man vergesse dabei auch nicht Rundfunk und Fernsehen) gibt es keine dogmatischen Gründe! Der Diffamierung der Frau in der Kirche, im kirchlichen Recht und im kirchlichen Gottesdienst muß ein Ende bereitet werden.

Dies alles bedeutet keineswegs, daß jeder Beliebige oder jede Beliebige am Sonntag auf die Kanzel steigen soll. Wenn auch jeder Christ, der als Christ zur Wortverkündigung und zum christlichen Zeugnis berufen ist, auch zum Predigen grundsätzlich ermächtigt ist, so heißt dies nicht, daß er nun auch zum Predigen in dieser bestimmten Gemeinde berufen ist: die Charismen sind nach Paulus verschieden! Und gerade wer zu Hause und sonstwo gerne «predigt», wird nicht immer der geeignete Prediger auf der Kanzel sein. Zur Predigt im strengen Sinn als der Verkündigung des Evangeliums in der Gemeindeversammlung muß einer in der Gemeinde *berufen* sein. Bischöfe und Pfarrer dürfen und sollen die auch Laien geschenkten Charismen zum Predigen dankbar anerkennen und zur Wirkung kommen lassen. Gerade so wird dann die öffentliche Predigt der Laien nicht ohne

[63] Vgl. den Exkurs über die Laienpredigt in: Die Kirche ebd.

kirchliche Beauftragung und eventuell auch Schulung geschehen. Bleibt nur noch anzumerken, daß die Laienpredigt wie das allgemeine Priestertum selbst im Protestantismus weithin theoretisches Programmwort geblieben ist (anders der Methodismus und die Freikirchen). Auch die orthodoxen Kirchen gestatten theoretisch den Laien, in der Kirche zu predigen.

c. Doch wir müssen fragen: Wenn auch *jeder* Christ zur Wortverkündigung berufen und zur Predigt mindestens grundsätzlich bevollmächtigt ist, ist er damit auch zur Lehre im eigentlichen technischen Sinn des Lehrers in der Kirche berufen? Ist der *Kirchenvorsteher* automatisch auch *Kirchenlehrer?*

Es ist für jede vom Neuen Testament inspirierte Kirchenordnung wesentlich, daß sie nicht eine uniforme, eingestaltige kirchliche «Hierarchie» («heilige Herrschaft», Ausdruck eingeführt erst im fünften oder sechsten Jahrhundert durch Pseudo-Dionysios) aufweist, sondern eine multiforme, vielgestaltige kirchliche «Diakonie» («Dienst» im durchaus alltäglichen Sinn): eine «Vielfalt der Kirche in der Vielfalt der Jünger, Zeugen und Diener».[64] Die Stellung der «Hirten» oder *Kirchenvorsteher* – in der Kirche heute normalerweise die Bischöfe und Presbyter – wird in einer solchen biblisch-pluralistischen Sicht in keiner Weise geschmälert, vielmehr gestützt.

Zwar läßt sich weder exegetisch noch historisch noch theologisch beweisen, daß die Bischöfe in dem oft beanspruchten direkten und exklusiven Sinn die Nachfolger der Apostel (und gar noch des Zwölferkollegiums) sind; die heutige Drei-Ämter-Ordnung der Bischöfe, Presbyter und Diakone ist eine – in sich durchaus sinnvolle – spätere historische Entwicklung.[65] Die apostolische Nachfolge ist primär eine Sache der gesamten Ecclesia apostolica, insofern *jeder* Christ sich um die Übereinstimmung mit dem grundlegenden apostolischen Zeugnis (Heilige Schrift: Nachfolge im apostolischen Glauben und Bekennen) und den Zusammenhang mit dem apostolischen Dienst (missionarischer Vorstoß in die Welt und Auferbauung der Gemeinde: Nachfolge im apostolischen Dienen und Leben) bemühen soll. Aber innerhalb der apostolischen Nachfolge der gesamten Kirche gibt es eine besondere apostolische Nachfolge der Kirchenvorsteher oder Hirten,

[64] Vgl. zur charismatischen Struktur neben Die Kirche C II, 3 und E II, 2 als neueste umfassende und eindringliche Arbeiten: P. V. Dias, Vielfalt der Kirche in der Vielfalt der Jünger, Zeugen und Diener (Freiburg-Basel-Wien 1968), und G. Hasenhüttl, Charisma. Ordnungsprinzip der Kirche (Freiburg-Basel-Wien 1969), wo von der jesuanischen Verkündigung her die freiheitliche Vollmacht in der charismatischen Grundstruktur der Gemeinde ebenso wie die Reduktion der Charismen bis zur Entwicklung einer Gemeindestruktur ohne Charismen untersucht wird, was die Grundlage bildet für eine Wiederbesinnung auf die charismatische Struktur der Gemeinde heute. Zu den «charismatischen Ständen» (Hasenhüttl) der Apostel, Propheten, Lehrer, Evangelisten Hirten vgl. ebenfalls P. V. Dias, B IV–IX, und G. Hasenhüttl, B III.

[65] Vgl. die Ausführungen in Kap. II, 3.

insofern sie, ohne selber Apostel zu sein, die besondere apostolische Funktion der Kirchengründung oder Kirchenleitung weiterführen. Als solche sind sie zwar keine Führungsschicht mit einseitiger Befehlsgewalt, der gegenüber blinder Gehorsam je angebracht wäre. Aber von ihrem besonderen Dienst her haben sie auch besondere Autorität, und sie dürfen, wenn sie ihren Dienst im Geiste des Evangeliums erfüllen, auf Mitarbeit und Unterordnung rechnen.

Gewiß wäre es eine unbiblische Klerikalisierung der Kirche, wenn man die Vollmacht der Gemeinde, des allgemeinen Priestertums einfach aus dem Vorsteherdienst ableitete. Umgekehrt wäre es eine ebenfalls unbiblische Säkularisierung der Kirche, wenn die Vollmacht der Vorsteherdienste einfach aus der Vollmacht der Gemeinde, des allgemeinen Priestertums, abgeleitet würde. Alle Vollmacht in der Kirche kommt nach dem Neuen Testament vom Herrn der Kirche kraft des Geistes. Vorsteher und Gemeinde müssen deshalb in ihrer Zusammengehörigkeit und in ihrer Unterscheidung gesehen werden. Etwas anderes ist die allgemeine Ermächtigung eines jeden einzelnen Christen zur Wortverkündigung und Teilnahme an den Sakramenten, etwas anderes die besondere Vollmacht Einzelner, die berufen sind – normalerweise durch Handauflegung oder Ordination – zum öffentlichen Dienst an der Gemeinde als solcher: in der Verkündigung des Wortes, der Verwaltung der Sakramente, der vielförmigen Sorge für die Gemeindeglieder. Es soll hier also bei aller notwendigen und in Freimut geäußerten Kritik an der gegenwärtigen Kirchenleitung in der katholischen Kirche nichts gegen eine Kirchenleitung an sich gesagt sein: Wir brauchen nicht keine, wir brauchen eine dem Evangelium gemäße Kirchenleitung; wir brauchen nicht weniger, wir brauchen qualifiziertere Autorität. Autorität, die aus dem Dienst kommt und die sich auch dem Untergeordneten unterzuordnen vermag, wenn dieser das Evangelium und die Vernunft für sich hat. Die Dienstträger, Bischöfe und Presbyter, sind ja für die Kirche da, und nicht die Kirche für sie. Bischöfe und Presbyter sollen bei ihrer Wahl und in ihrer ganzen Amtsführung von ihrer Gemeinde getragen und auch immer wieder geprüft werden. Bei all ihrer (relativen) Selbständigkeit sollen die Vorsteher das Mitspracherecht der Gemeinde in Gemeindedingen achten und die aktive Mitwirkung aller in jeder Weise fördern.

Eine Kirchenleitung ist nur dann wahrhaft dem Evangelium gemäß, wenn sie nicht mit geistlicher Gewalt und verschleiertem Zwang, wenn sie nicht mit aufoktroyierten Gesetzen und autoritären Mitteln «regiert», sondern wenn sie die Kirche und die Gemeinden durch das helfende, ermutigende, mahnende und tröstende Wort des Evangeliums leitet. Dies gilt für alle Stufen der Kirchenleitung und besonders für die Bischöfe. Erste (und zeitlich vorrangige) Aufgabe der Bischöfe dürften nicht Firmreisen, Glokkenweihen, geistlich-weltliche Repräsentation aller Art sein: alles Dinge, die entweder auch andere machen können oder die überhaupt überflüssig sind. Erste Aufgabe der Bischöfe müßte die Verkündigung des Evangeliums (was durch Hirtenbriefe und Firmansprachen nicht zu erledigen sein dürfte) sein und daraus folgend in praxi die helfende und stärkende Visitation der Gemeinden und ihrer Seelsorger.

Also ein Lehramt der Bischöfe (und des Papstes)? Sofern damit die (so vielgestaltig mögliche!) Verkündigung des Evangeliums gemeint ist, spricht nichts dagegen, vielmehr alles dafür. Würde es nur mehr geschehen! So hätte die Kirche jene geistige Führung, jene wahre Leadership, deren sie so sehr bedarf. Allerdings würde man hier besser nicht von «Lehramt», sondern von «Leitungsamt» oder besser «Leitungsdienst» oder einfach kurz von «Kirchenleitung» sprechen.

Sollte aber mit dem «Lehramt» der Bischöfe (und des Papstes) nicht die Verkündigung des Evangeliums gemeint sein, sondern die behördliche Regelung aller Lehre, so daß die Kirchenvorsteher die einzige Autorität für die Lehre und somit die Kirchenleiter auch die Kirchenlehrer wären, so ist dagegen einzuwenden, daß eine derartige Limitierung, Kanalisierung und Monopolisierung der Charismen in einer Hierokratie der Hirten der neutestamentlichen Botschaft und Kirche klar widerspricht. Niemand hat das Recht, sich allein ursprünglich im Geistbesitz zu wähnen und den Geistbesitz der anderen zu dämpfen. «Sind etwa alle Lehrer?» (1 Kor 12,29). Eine unbiblische Verabsolutierung des Dienstes ist es, wenn ein Vorsteher sich zugleich als Apostel, Prophet und Lehrer betrachtet und so alles in einem sein will, auch wenn er sich dafür auf das dreifache (königliche, prophetische und priesterliche) Amt Christi berufen sollte. Das Neue Testament kennt kein Ein-Mann-System. Jeder hat *sein* Charisma! Der eine hat diese und der andere jene Gabe (vgl. 1 Kor 7,7.17). Keiner, auch nicht ein Bischof, auch nicht ein Papst, kann – nach Paulus – alles sein: «Sind etwa alle Apostel? Sind etwa alle Propheten? Sind etwa alle Lehrer?» (1 Kor 12, 29).

d. Die «Lehrer» (didáskaloi, doctores) bilden für Paulus nach den Aposteln und Propheten die dritte Gruppe der öffentlichen charismatischen Gemeindefunktionen, die ständig und regelmäßig ausgeübt werden. Während die Apostel die Urzeugen und Urboten des lebendigen Herrn sind, so sind es die Propheten – in Eph 2,20 zusammen mit den Aposteln Fundament der Kirche genannt –, in denen der Geist unmittelbar zu Worte kommt und die aus dem Bewußtsein der Berufung und Verantwortung heraus in einer bestimmten Situation der Kirche den Weg in Gegenwart und Zukunft durchleuchten. Die Lehrer aber sind diejenigen, die in endloser Mühe sich um die Überlieferung, die Unterweisung und richtige Interpretation der ursprünglichen christlichen Botschaft mühen dürfen. Beide, Propheten und Lehrer reden vom apostolischen Urzeugnis her für Gegenwart und Zukunft der Gemeinde, aber während der Prophet mehr intuitiv kündet, wird der Lehrer mehr theologisch-systematisch reflektieren und entwickeln.

Es ist in diesem unserem Zusammenhang nicht so wichtig zu analysieren, welche Funktion die Lehrer – besonders für die Auslegung des Alten Testaments, die Glaubenssätze und Weisungen der jungen Kirche – ursprünglich hatten. Wichtiger ist: Wenn man mit Recht von einer besonderen Nachfolge der Apostel in den verschiedenen Hirtendiensten redet, so mit ebensolchem Recht von einer Nachfolge der Propheten und der Lehrer. Auch in der nachapostolischen Zeit erwiesen sich die Lehrer als unentbehrlich, wenn sich auch ihre Stellung und Gestalt wie die der Hirten stark gewandelt hat. Nur wo es in einer Gemeinde nicht genügend Propheten und Lehrer gibt, soll die Gemeinde nach der Didache Bischöfe und Diakone wählen, die «den heiligen Dienst (leiturgía, wohl Eucharistie) der Propheten und Lehrer versehen» (15,1). «So wäre von der Schrift her zu fragen, ob sich nicht eine unbiblische Strukturverschiebung in einer Kirche ereignet hat, die auf eine Sukzession der Bischöfe höchsten Wert zu legen scheint, von den Nachfolgern und von einem eigenen, bleibenden Stand der charismatischen Lehrer aber nicht spricht.»[66]

Hier kann der Verfasser nur sagen, was er schon anderwärts[67] in systematischer Explikation formulierte: Was wird aus einer Kirche, in der die Lehrer schweigen? Man wird die Frage besser verstehen, wenn wir – nach heutigem Sprachgebrauch – statt von Lehrern von Theologen reden. Was wird aus einer Kirche, wo sich niemand mehr die Mühe der wissenschaftlichen Reflexion und Interpretation auf die ursprüngliche christliche Botschaft, die echte Überlieferung, die Übersetzung der Botschaft von damals ins Heute hinein macht? Eine Kirche, in der die Theologen schweigen müssen, wird zu einer unwahrhaftigen Kirche werden, in welcher die Lehre vielleicht recht korrekt, recht unverändert, recht sicher weitergegeben wird, in welcher der Glaube anscheinend ohne Zweifel und die Lehre ohne ernsthafte Probleme durchkommen; in welcher aber sehr oft gerade den entscheidenden Fragen der Menschen ausgewichen wird, in welcher man gar

[66] G. Hasenhüttl, ebd. 207.
[67] Die Kirche E II, 2g.

nicht merkt, wie weit man einem recht zeitbedingten theologischen System verhaftet ist, wie weit man überkommene Meinungen und traditionelle Begriffshülsen als Wahrheit weitertradiert und wie weit man sich in Lehre und Leben von der ursprünglichen Botschaft entfernt hat. Die Vorsteher aber, die die Theologen in der Kirche nicht hören wollen, weil sie für fundierte Theologie wenig Interesse und Zeit haben, weil sie, vielleicht furchtsam, in ihrem Glauben nicht beunruhigt werden wollen oder auch weil sie naiv alles Wesentliche bereits zu wissen vermeinen, diese Vorsteher werden in ihrer Unkenntnis um so sicherer ihre persönliche Lehre als Lehre der Kirche ausgeben, werden um so eher ihre überkommenen Ideen mit der echten Tradition verwechseln, werden sich um so mehr der Belehrung verschließen und als Inkompetente über Kompetente urteilen wollen. Sie werden dann, obwohl die Gaben verschieden sind, beanspruchen, nicht nur Nachfolger der Apostel, sondern auch noch Nachfolger der Lehrer zu sein. Es *kann* Hirten geben, die auch Lehrer sind, aber die Regel ist dies nach Paulus nicht.

Wie fruchtbar aber kann es für die Kirche und ihre Leiter sein, wenn sie, wie es nun doch die besten unter ihnen immer getan haben, auf die Theologen hören, die durch ihre kritische Überprüfung der gängigen Lehre und die Rückbesinnung auf die ursprüngliche Botschaft der Kirche helfen wollen; die ihre theologische Kunst schließlich nicht um ihrer selbst willen, sondern um der Menschen, um der Kirche, um der Welt willen üben; die durch kritische Überprüfung der kirchlichen Verkündigung vom Evangelium her wahrhaftig nicht zerstören, sondern aufbauen, zum besseren Verkündigen und Handeln anregen und anleiten wollen. Dadurch, daß die Theologie von der ursprünglichen Botschaft her die Wahrheitsfrage stellt, leistet sie den für Predigt, Unterricht und Seelsorge Verantwortlichen einen immensen Dienst. Sie hilft ihnen und der Kirche, vom Ursprung her die große, echte, bleibende, wahre Tradition von all dem Mittradierten, all den falschen und schiefen Traditiönchen in Lehre und Leben zu unterscheiden, um die Botschaft wieder in ihrer Reinheit zu vernehmen und weiterzuverkünden. Von dieser immer wieder mit allen Mitteln der Wissenschaft und Forschung neu durchdachten Botschaft her ist die Theologie fähig, der Kirche verlegte Schlüssel wiederzufinden und im Laufe der Jahrhunderte eingerostete Schlösser wiederzuöffnen, um ihr so den Weg zur Erneuerung, zu einem treueren Lehren nach dem Evangelium freizumachen. Was wäre die Kirche ohne Origenes, ohne Augustin, Thomas von Aquin, aber doch auch ohne Luther und Calvin und weiter ohne die vielen großen und kleinen Lehrer der Kirche? Nie war die Kirche ohne Lehrer! Paulus war der Überzeugung, daß jede Gemeinde ihre Lehrer hat. Und wenn man die Lehrer der

Kirche in der Kirche hören will, dann werden sie auch reden. Auch hier soll man den Geist nicht auslöschen, sondern zu Worte kommen lassen.

Wir sprechen von wahren Propheten und guten Lehrern – es gibt auch falsche Propheten und schlechte Lehrer, es gibt trügerische Prophetie und sterile Theologie. Propheten und Lehrer müssen wie die Vorsteher von der ganzen Gemeinde geprüft werden, ob sie wirklich das sind, was sie sein sollen: ein unprätentiöser und doch mutiger, ein bescheidener und doch entschlossener, ein verpflichteter und doch freier Dienst, der der Kirche immer wieder zu neuer Wachheit, neuer Bereitschaft und neuer Lebendigkeit verhelfen kann. Durch den Dienst der Propheten und Lehrer sind die Leiter in ihrer schweren und verantwortungsvollen Hirtenaufgabe, welche ihnen weder Propheten noch Lehrer abnehmen können, nicht allein gelassen. Sie werden dann im gegenseitigen Dienst gestützt.

e. Hirten und Lehrer in der Kirche, Vorsteher und Theologen haben ihr eigenes Charisma, ihre je eigene Berufung, ihre je eigene Funktion. In dieser Funktionalität müssen Leitungsdienst und Lehrdienst gesehen werden: nicht als hypostasiertes und dann ja auch weithin bürokratisch-anonymes und an der Erhaltung der eigenen Autorität und Macht primär interessiertes «Amt» (oder gar «Sanctum Officium Sanctissimae Inquisitionis»!), sondern als verschiedene und zugleich aufeinander angewiesene, im gleichen Grund und Ziel sich findende «Dienste» von mit verschiedenen Gaben begabten glaubenden Menschen.

Gewiß haben manche Päpste der neuesten Zeit – nicht Johannes XXIII.! – immer wieder versucht, in absolutistischer Exklusivität sich selbst (und, falls nützlich, auch den Bischöfen) die «authentische» Erklärung des «Glaubensdepositums» vorzubehalten.[68] Lassen wir hier die zitierten Beispiele beiseite, die genügend belegen, wie die juristisch sich für authentisch erklärende Lehrbehörde sich faktisch in allzu vielen Fällen als inauthentisch erwiesen hat. Nach alldem, was in diesem Buch von Anfang bis Ende zum Ausdruck kommen sollte, ist der Heilige Geist in authentischer Weise zum Heil der Kirche nicht nur Papst und Bischöfen gegeben, ist die Kirche mit den Kirchenleitern keineswegs identisch, ist die Wahrheit des christlichen Glaubens nicht in römischen Büros und bischöflichen Ordinariaten «deponiert», ist die «authentische» Verkündigung und Erklärung der christlichen Botschaft niemandem «reserviert». Der Geist Gottes weht, wo er will, er

[68] Vgl. dazu die scharfsinnige und in ihrer Dokumentation gewiß manchen die Augen öffnende Analyse von M. Seckler, Die Theologie als kirchliche Wissenschaft nach Pius XII. und Paul VI., in: Tübinger Theologische Quartalschrift 149 (1969) 209–234. Besonders revelatorisch die Ansprache Pius' XII. «Si diligis» zur Heiligsprechung Pius' X. vom 31. 5. 1954.

ist größer als die Kirche, und die Kirche ist größer als ihre Leitung. Von der ursprünglichen christlichen Botschaft her, aber auch von der ältesten und besten Tradition der katholischen Kirche her, die noch im Mittelalter das «Lehramt» den Theologen (praktisch, wenn auch nicht immer glücklich, der Sorbonne) überlassen hatte, kann keine Rede davon sein, daß statt des Evangeliums die Kirchenleitung (dann «Lehramt» genannt) formale und materiale Norm für die Wahrheit der Theologie und der Theologen sein könnte, und daß nicht dem Herrn der Kirche, sondern den Kirchenvorstehern die Herrschaft über Theologie und Theologen (und dies dann im Sinne rechtlicher Überwachung und die Menschenrechte verachtender Inquisition) zukäme. Es kann keine Rede davon sein, daß die Theologen die Theologie nur aus der Delegation der Kirchenleitung treiben könnten, was notwendigerweise – wie die Erfahrung lehrt – zu einer Verrechtlichung der Lehre auf Kosten der Freiheit und zu ihrer Verschulung auf Kosten der Forschung führen muß. Es kann somit auch keine Rede davon sein, daß sich die Theologie in der Kirche mit einer der Kirchenleitung bequemen Privatheit zufriedengeben und der Kirchenleitung den Raum der Öffentlichkeit und Offizialität überlassen könnte oder daß gar, wie etwa von Pius IX. gewünscht, ihre «vornehmste Aufgabe» darin bestehen könnte, das durch das «Lehramt» Definierte aus den Quellen zu begründen.

Es darf nach so vielen schlechten Erfahrungen bis in die neueste Zeit hinein in diesem Punkt heute nichts mehr verwischt werden, wenn es zu einer Besserung kommen soll. Man wird nur nachdrücklich unterstützen können, wenn Max Seckler die Aporie der von ihm präzise analysierten römischen Konzeption von theologischer Wissenschaft und «Lehramt» so klar ausspricht: «Auf der einen Seite ein Kirchenamt von absoluter Autonomie, Souveränität und Selbstgenügsamkeit, das sich in diesen Eigenschaften zugleich als ‹Amt für Lehre› versteht und gottunmittelbar, geistunmittelbar, wahrheitsunmittelbar sein will. Auf der anderen Seite das Bild einer Theologie als kirchlicher Wissenschaft, die ein Geschöpf der Hierarchie ist, im Gewissen verpflichtet, im Denken genormt, im Hörsaal überwacht, der Sprachregelung unterworfen, der drohenden Gefahr von Maßregelungen jeder Art ausgesetzt, und Liebe und Achtung nur findet als eine dem Willen des Souveräns, ‹in dem sie lebt, sich bewegt und ist›, sich unterwerfende. Sind das gottgewollte Strukturen? – Man mag einwenden, so schlimm seien die Dinge, so ängstlich die Theologen und so groß die Gefahren nicht. Das ist gewiß wahr. Die Wirklichkeit ist weithin anders. Aber ist nicht gerade dies die Aporie, daß das, was zu guter Letzt zu rühmen ist, nämlich die *clementia Caesaris* auf der einen Seite und das kritische wissenschaftliche Wahrheitsgewissen von Theologen auf der anderen Seite, gleichsam im fahlen Licht des Regelwidrigen erscheint? – Die Theologie wird sich im Interesse des Dienstes, den sie in der Kirche und für die Kirche tun muß, mit diesem Modell auseinandersetzen müssen. In erster Linie muß der *theologische Verbindlichkeitsgrad* dieser imposanten Konstruktion durch historische, kanonistische und systematische Untersuchungen geklärt werden. Nach den Ereignissen um ‹*Humanae vitae*›, aber nicht nur deswegen, kommt diesen Aufgaben eine besondere Dringlichkeit zu.»[69]

Wir hoffen, in diesem Buch einen kritisch-konstruktiven Beitrag zur Klärung dieser Frage geleistet zu haben, wiewohl eine Klärung in der Theorie nur die eine Seite der Problematik ist, wie sich aus der an die römischen Autoritäten gerichteten, berühmt gewordenen Erklärung der 40 und dann 1360 Theologieprofessoren aus aller Welt zur Freiheit der Theologie ergibt, die ihre konkreten Forderungen zur Reform der römischen Lehrüberwachung und Überwachungspraxis mit folgenden Worten einleitet: «In voller Loyalität und eindeutiger Treue zur katholischen Kirche sehen sich die unterzeichneten Theologen veranlaßt und verpflichtet, mit großem Ernst öffentlich darauf hinzuweisen: die durch das Zweite Vatikanische Konzil wiedergewonnene Freiheit der Theologen und der Theologie zum Dienst an der Kirche darf heute nicht erneut gefährdet werden. Diese Freiheit ist eine Frucht und Forderung der befreienden Botschaft Jesu selbst und bleibt ein wesentlicher Aspekt der von Paulus verkündeten und verteidigten Freiheit der Kinder Gottes in der Kirche. Daher obliegt es allen Lehrern in der Kirche, das Wort zu verkünden opportune importune, gelegen oder ungelegen.»

Daß bei alldem, was hier über Theologie und Theologen gesagt wurde, auch in der katholischen Kirche heute nicht nur die Kleriker-Theologen, sondern auch die Laien-Theologen gemeint sind, bedarf wohl keiner langen Erklärung mehr. Auch die Kirchenleitung anerkennt heute, wenn auch noch immer mit zahlreichen Reserven (besonders bezüglich der theologischen Hochschulen) die Theologie der Laien, Männer und Frauen. Es sei nur auch hier darauf hingewiesen,[70] daß die ersten großen christlichen

[69] M. Seckler, ebd. 233. Vgl. in derselben Nummer der Quartalschrift die für den gesamten Problemkomplex Theologie – «Lehramt» wichtigen Beiträge von P. Touilleux, Kritische Theologie (235–258); J. Neumann, Zur Problematik lehramtlicher Beanstandungsverfahren (259–281); H. Kümmeringer, Es ist Sache der Kirche, «iudicare de vero sensu et interpretatione scripturarum sanctarum» (282–296). – Grundlegend für die Bewältigung der gerade durch das Erscheinen der Enzyklika «Humanae vitae» sichtbar gewordenen Krise der vom «Lehramt» gestützten traditionellen Moraltheologie ist die Tübinger Antrittsvorlesung von A. Auer, Die Erfahrung der Geschichtlichkeit und die Krise der Moral, in: Tübinger Theologische Quartalschrift 149 (1969) 1–22.

[70] Vgl. dazu den Exkurs über Laientheologie in: Die Kirche E I, 2b.

Theologen meist Laien waren: Justin, Tertullian, Clemens von Alexandrien, Origenes und später noch viele andere. Eine große Menge von Theologen haben ihr theologisches Werk mindestens als Laien begonnen (und wurden zum Teil gegen ihren Willen zur Ordination gedrängt): Cyprian, Basilios, Gregor von Nazianz, Hieronymus, Augustin, Paulinus von Nola, Diodor von Tarsus. Ganz starben die Laientheologen in der Kirche nie aus. Erst in unserem Jahrhundert aber, besonders im Zusammenhang des Zweiten Vatikanischen Konzils, ist die Laientheologie wieder zu einer weitverbreiteten Erscheinung geworden, so daß das mittelalterliche Bildungsmonopol der Kleriker nun auch noch auf diesem Gebiet als überholt angesehen werden kann. Die im Grunde selbstverständliche Konsequenz aus dieser Entwicklung müßte sein, daß den durch akademische Grade ausgewiesenen Laientheologen und Laientheologinnen der Zugang zu allen Lehrstellen in den theologischen Fakultäten grundsätzlich geöffnet wird. Auch bezüglich der Theologie soll gewiß nicht jeder meinen, jederzeit jedes in der Kirche tun zu können; Theologe ist man nicht von Geburt, sondern wird man durch seriöse Ausbildung. Auch hier aber sind die geschenkten Charismen – und die Laientheologie unserer Tage ist eine der erfreulichsten Wirkungen der kirchlichen Erneuerung – anzuerkennen und in Dienst zu nehmen.

f. Das Negativ-Kritische über das weithin im argen liegende Verhältnis von Leitungsdiensten und Lehrdiensten wurde nur deshalb so deutlich ausgesprochen, um damit der positiven Zusammenarbeit freie Bahn zu schaffen. Auf die schon oben angesprochene *vertrauensvolle Zusammenarbeit* kommt heute gerade in der katholischen Kirche alles an. Und sollte sie denn wirklich so schwierig sein?

Gewiß, Vorsteher und Lehrer in der Kirche haben ihre spezielle Aufgabe: Bischöfe und Pfarrer die Leitung (Leadership), die Theologen die Lehre (Scholarship). Aber beide kommen nicht von verschiedenen Fronten; eine Klassenkampf-Ideologie wäre auch hier ganz unangebracht. Beide gründen in ein und demselben Ursprung: im Evangelium Jesu Christi, das sie den Menschen näherbringen wollen. Durch das Wort sollen die Vorsteher die Kirche wirksam leiten: Leadership by proclamation. Über das Wort sollen die Theologen wissenschaftlich nachdenken: Scholarship by investigation. Die Vorsteher sollen nicht als Theologen agieren wollen, indem sie sich in die komplexen Probleme der theologischen Wissenschaft einmischen. Die Theologen aber sollen nicht Bischof spielen wollen, indem sie die schwierigen Fragen der Kirchenleitung selber entscheiden. Beide Seiten haben allen Grund, einander zu hören, zu informieren, zu kritisieren, zu inspirieren. Beide kommen ja schließlich nicht nur vom einen und selben Evangelium her und stehen unter dem einen und selben Herrn, sondern beide gehen auch auf die einen und selben Menschen zu: die Menschen in all ihrer Not und Hoffnung, die zahllosen «armen Teufel» aller Art in aller Welt (sie sind die «Armen» des Neuen Testaments). Für sie dürfen Kirchenleiter und Kirchenlehrer da sein: die einen durch geistliche Führung, die anderen durch geistige Wissenschaft, beide im selben Geist. Dem Theoretiker wird es helfen, wenn er die Sorgen und Wünsche des Praktikers kennt, dem Praktiker helfen, wenn er die Einsichten und Aussichten des Theoretikers fruchtbar machen kann. Gespräch ist nirgendwo in der Kirche notwendiger denn hier.

Um die Menschen geht es, um deretwillen der Sabbat, alle Verbote und Gebote, Institutionen und Konstitutionen, alle Führungskraft und Wissenschaft da sind. Um die Menschen geht es, wenn in der Not auch einmal die einen die Funktionen der anderen wahrnehmen: wenn Kirchenvorsteher für die Theologen oder Theologen für die Kirchenvorsteher reden und handeln müssen.

Es gibt eine Not der *Theologie:* wenn die Theologen mit ihren eigenen Problemen nicht mehr fertig werden, wenn wegen eines heillosen theologischen Wirrwarrs und heilloser theologischer Wirrköpfe die Verkündigung des Evangeliums kaum mehr gewährleistet ist, wenn Häresie die Kirche bis auf den Grund erschüttert und sich vielleicht sogar mit dem politischen System verbindet, wenn es also um Sein oder Nichtsein der Kirche des Evangeliums geht. Dann ist der Status confessionis gegeben, und die Kirchenvorsteher können sich nicht mit Zusehen begnügen. Dann werden sie, gewiß in Zusammenarbeit mit allen gutwilligen Theologen, zusammenkommen und im Vertrauen auf Gottes Geist ein klares Wort sprechen, was da christlicher Glaube ist und was nicht. So ist es in der Vergangenheit immer wieder geschehen, so kann es auch in Zukunft sein: in extremis, und nur dann, nicht endlose Diskussion, sondern entschlossene, wenn auch unprätentiöse Definition im Dienst am Glauben und an den Glaubenden. Definition – wie des breiten ausgeführt – in kirchlicher Verbindlichkeit *und* situationsbedingter Vorläufigkeit und im klaren Bewußtsein: nemo infallibilis nisi Deus ipse!

Aber es gibt auch eine Not der *Kirchenleitung:* Wenn die Kirchenvorsteher mit ihren eigenen Problemen nicht mehr fertig werden, wenn sie die Augen vor den erdrückenden Problemen der Menschen ängstlich oder träge, ignorant oder arrogant geschlossen halten, wenn sie nicht sehen wollen oder nicht sehen können, wenn sie durch Passivität oder Aggressivität die Einheit der Kirche gefährden, wenn sie die Erneuerung blockieren und das

Vergangene restaurieren wollen, wenn das Evangelium und die Menschen zugleich verraten oder vergessen werden, wenn es also auch hier um Sein oder Nichtsein der Kirche des Evangeliums geht. Dann ist der Status confessionis für den Theologen gegeben, dann darf er nicht schweigen oder sich in die Esoterik seiner Wissenschaft zurückziehen. Dann muß er reden, deutlich und klar, opportune importune, ohne Rücksicht auf welche hohen Personen auch immer. Dann muß er um des Evangeliums und um der Menschen willen Zeugnis ablegen, die Wahrheit herausstellen und auch vor konkreten praktischen Weisungen nicht zurückschrecken. Alles in Bescheidenheit und Sachlichkeit, und auch er im klaren Bewußtsein: nemo infallibilis nisi Deus ipse!

Damit hat sich der Kreis unserer Gedanken geschlossen und das im Vorwort gesagte dürfte aus einer tieferen Sicht heraus eingeholt sein.

Dokument I

DER NEUE STAND DER UNFEHLBARKEITSDEBATTE

(1979)

Kann eine große öffentliche Frage zur Ruhe kommen, bevor sie ihre Antwort gefunden hat? Die alte Unfehlbarkeit der von Gottes Gnade Regierenden, Könige, Kaiser und Zaren, ist seit langem keine Frage mehr. Und die neuere Unfehlbarkeit der aus eigener Kraft Regierenden, Autokraten und Diktatoren, der Duces, Führer, Caudillos, Generalsekretäre, ist – nach einem Zweiten Weltkrieg, Auschwitz, Archipel Gulag, Demokratisierung in Spanien und beginnender Entmaoisierung in China – brüchig geworden. Freilich: Die Frage der Unfehlbarkeit von *Parteien*, die »immer recht haben«, und ihrer gegenwärtigen Repräsentanten wird nach wie vor – von Moskau bis Havanna – mit allen oppressiven und repressiven Methoden niedergehalten. Und – so fragen dann viele zurück – die Unfehlbarkeit von *Kirchen*, die »immer recht haben«? Ihrer früheren oder gegenwärtigen Repräsentanten, die sich auf den Heiligen Geist berufen? Nun, zumindest dies eine, von allen übrigen Unterschieden abgesehen, ist klargeworden: Die Frage nach dieser Unfehlbarkeit kann seit dem Zweiten Vatikanischen Konzil auch in der katholischen Kirche nicht mehr einfach unterdrückt werden.

Zur Hundertjahrfeier der Definition der päpstlichen Unfehlbarkeit auf dem Ersten Vatikanischen Konzil von 1870 hatte die weitverbreitete vage Frage nach der Unfehlbarkeit die Form einer präzise formulierten »Anfrage« angenommen: »Unfehlbar? Eine Anfrage« (1970), so etwas wie eine parlamentarische »Interpellation« der loyalen Opposition Ihrer Majestät in einem freien Gemeinwesen. Die römische Glaubensbehörde versuchte mit Hilfe von Bischofskonferenzen die plötzlich wieder so lebendig gewordene Frage auf dem Dekretweg zum Verstummen zu bringen und die Diskussion ein für allemal aus der Welt zu schaffen. Aber die zum Tode verurteilte Frage blieb lebendig, und die Diskussion in der Glaubensgemeinschaft ließ sich nicht niederhalten.

Auch die unvoreingenommenen unter den römischen Beobachtern haben sicher nicht erwartet, die Anfrage »Unfehlbar?« könnte noch in unserem Jahrzehnt definitiv beantwortet werden mit der Wiederholung von Konzilsbeschlüssen, deren Unfehlbarkeit von Anfang an fragwürdig war und nun neu in Frage gestellt wurde. Ähnlich versuchten schon früher die Könige und

Generäle, die Väter, Lehrer und oft auch Professoren ihre in Frage gestellte Unfehlbarkeit zu retten: Wir sind unfehlbar, weil wir gesagt haben, daß wir unfehlbar sind!

Aber die Nachfrage war nie zu vermeiden: Mit welchem Recht habt ihr, haben eure Vorfahren gesagt, daß ihr unfehlbar seid? Und erst recht in der Kirche: Mit welchem Recht nehmt ihr die Unfehlbarkeit des Heiligen Geistes Gottes in Anspruch, der weht, wo und wie er will, ihr, die ihr Menschen seid und nicht Gott? Ist nicht auch für euch Irren menschlich? Oder hat Gott euch irgendwo seine eigene Unfehlbarkeit zugesprochen? Das müßte völlig unzweideutig bezeugt sein! Die Menschen in der Bibel und auch in der neutestamentlichen Kirche – von Petrus, dem »Felsen«, angefangen – erwecken ja nun nicht gerade den Eindruck von Unfehlbarkeit. Nicht nur für Petrus – den der Herr einmal »Satan« nannte, der den Herrn dreimal verleugnete, der sich noch nach Ostern und erst recht in Antiochien im Streit mit Paulus als fehlbar erwies – krähte der Hahn. Und so war denn auch lange Jahrzehnte von einer Unfehlbarkeit des römischen Bischofs (und zunächst auch der ökumenischen Konzilien) nicht die Rede gewesen, so daß dem Historiker bei genauerem Zusehen die Unfehlbarkeit als Neuerung des zweiten Jahrtausends, im Grunde erst des vergangenen Jahrhunderts erscheinen muß. Wie also steht es mit der Begründung der Unfehlbarkeit von Papst und Konzilien in Schrift und alter katholischer Tradition?

Oder darf man das gar nicht fragen? Sollte schon das Fragen Sünde sein und eine Anfrage Todsünde? Nein, das kann man in Rom – nach begreiflichem ersten Schock – im Ernst doch nicht mehr meinen. Das wäre ein Zeichen der Angst – und provozierte erst recht die Frage des Kindes nach des Kaisers neuen Kleidern. Nein, in einer Kirche, die von der Wahrheit nichts zu fürchten hat, die nichts mehr zu fürchten hat als die Unwahrheit, die »Säule und Grundfeste der Wahrheit« zu sein beansprucht: in einer solchen Kirche muß ein geradezu vitales Interesse daran bestehen, daß die Wahrheit nicht »niedergehalten«, sondern immer wieder neu »offenbar« wird. Zuviel steht hier auf dem Spiel, als daß hier auf Dauer Schweigen erlaubt wäre. Denn ist es nicht gerade die Unfehlbarkeitsproblematik, die nach wie vor die innerkatholische Erneuerung auf weite Strecken blockiert? Ist es nicht die Unfehlbarkeitslehre, die für die ökumenische Verständigung das schwerstwiegende Hindernis darstellt? Ist es nicht der Unfehlbarkeitsanspruch, der die katholische Kirche, bei allen ihren unbestreitbaren positiven Beiträgen und ihren noch sehr viel größeren Möglichkeiten in der heutigen Gesellschaft, immer wieder unglaubwürdig und ineffizient erscheinen läßt? Armut und Unterentwicklung in der Dritten Welt – Bevölkerungsexplosion – Geburtenregelung – Enzyklika »Humanae vitae« – Unfehlbarkeit der traditionellen kirchlichen Lehre: Dies alles hängt nun einmal so eng zusammen, daß eigentlich auch diejenigen, die nach außen so laut rufen, nach innen, statt in dieser Frage zu schweigen, erst recht schreien müßten.

Gewiß, wer in solcher Frage das Notwendige unüberhörbar gesagt und wiederholt hat, braucht nicht ständig neu zu reden. Das könnte, besonders in aufgeheizter Atmosphäre, die selbstkritische Überlegung und praktische Besinnung – auf beiden Seiten! – mehr hindern als fördern. Ständige Diskussionsbereitschaft war ebenso geboten wie vielfältige Rücksicht um der betreffenden Menschen willen – alles ohne Kompromisse in der Sache selbst! Ein kritisch-selbstkritisches Überlegen ließ sich so jederzeit versprechen. Aber ein »Stillhalte-Abkommen« läßt sich in solch fundamentaler Frage auf keinen Fall schließen und ist auch nie geschlossen worden. Nicht nur, weil sich die römische Glaubensbehörde auf solches »partnerschaftliches« Tun bisher nie eingelassen hat, sondern weil sich die Anfragenden auf Dauer zu einem Schweigen verpflichten würden, das gegen ihr Gewissen, gegen die Freiheit wissenschaftlicher Forschung und auch gegen das wahre Interesse der Kirche und ihrer Leitung ginge.

In der Tat, die katholische Kirche und ihre Leitung sollten es nicht als Angriff von außen, sondern als Hilfe von innen erkennen, wenn in dieser Sache angefragt und nachgefragt wird. Katholische Kirche und Kirchenleitung haben doch selber das allergrößte Interesse daran,

daß die mit Johannes XXIII. und dem Vatikanum II einsetzende Entideologisierung der absolutistisch-autoritären Lehrautorität zu Ende geführt wird zugunsten einer echten geistlichen Autorität, damit die Kirche befreit werde von allen Anmaßungen, Zwängen, ja Unehrlichkeiten kurialistischer Theologie und Administration;

daß bewußt Konsequenzen gezogen werden aus den neuen Ansätzen des Vatikanum II, das unter der Inspiration Johannes' XXIII. auf unfehlbare Definitionen bewußt verzichtet und gegen den traditionellen Dogmatismus eine konstruktive Weise der christlichen Verkündigung heute gefordert und zum Teil auch geübt hat;

daß die Geschichtlichkeit der Wahrheit und ihrer Formulierungen in der Kirche neu erkannt und so eine bessere Begründung des christlichen Glaubens ermöglicht, die zeitgemäße Erneuerung der katholischen Kirche weitergeführt und in alldem der Sache Jesu Christi selber erneut zum Durchbruch verholfen wird in einem »kirchlichen« System, das vielfach der Botschaft dessen widerspricht, auf den es sich beruft.

Die neueste Phase der Unfehlbarkeitsdebatte – eine bisher unwidersprochene »Bilanz« zeigte es schon im Jahre 1973[1] – hat vieles in erfreulicher Weise bereits deutlich gemacht:

1. Die Berechtigung der Anfrage: Die unbequemen Texte des Vatikanum I und II – darin stimmen die kritisch Anfragenden und die römischen Autoritäten überein – sind in ihrem Wortsinn zu nehmen. Sie dürfen nicht gegen ihren ursprünglichen Sinn aufgeweicht und verharmlost werden, wie dies katholische Theologen aus durchsichtigen Gründen bis in die neueste Zeit hinein immer wieder versucht haben. Opportunistische Umdeutung bis hin zur Kontradiktion statt genauer Interpretation – in allen autoritären Systemen üblich – verschleiert die Problematik, verstößt gegen die intellektuelle Redlichkeit, verzögert die umfassende Lösung. Werden die Unfehlbarkeitstexte beim heutigen Wissensstand so genommen, wie sie ursprünglich gemeint sind, stellen sie freilich für jeden Katholiken eine noch größere Herausforderung dar als vor hundert Jahren. Doch theologische Vogel-Strauß-Politik führt zu nichts, theologische Aufklärung ist hier so unabweisbar wie weiland in der Galilei-Frage. Katholischer Glaube darf nicht zum Glauben des Köhlers degenerieren, der nur glaubt, weil es der Pfarrer gesagt hat. Zu prüfen ist dabei nicht nur die (»außerordentliche«) Unfehlbarkeit des definierenden Papstes (»wie der Papst unfehlbar wurde«). Die andere Frage, die schon von der anti-infallibilistischen Minorität auf dem Vatikanum I zu sehr vernachlässigt wurde, ist die (ebenfalls »außerordentliche«) Unfehlbarkeit des definierenden ökumenischen Konzils. Eine dritte Frage ist erst recht brisant: die (tagtägliche, gewöhnliche, »ordentliche«) Unfehlbarkeit des über die Welt zerstreuten Gesamtepiskopats, der auch nach dem Vatikanum II unfehlbar sein soll, wenn Bischöfe und Papst übereinstimmend lehren, eine bestimmte Glaubens- oder Sittenlehre (zum Beispiel die Unsittlichkeit »künstlicher« Empfängnisverhütung) sei definitiv verpflichtend. Die Frage also nach der für »Humanae vitae« ausschlaggebenden Lehrübereinstimmung von Papst und Bischöfen, der auch ohne eine ausgesprochene Defini-

[1] H. Küng (Hrsg.), Fehlbar? Eine Bilanz. Mit Beiträgen von Anton Antweiler, Franz Böckle, Andrew M. Greeley, Hermann Häring, Hubertus Halbfas, Hans-Eduard Hengstenberg, Dorothy Irvin, Annie Jaubert, Walter Kasper, Hans Küng, Claude Langlois, Walther von Loewenich, Magnus Löhrer, Josef Nolte, Otto Hermann Pesch, Raymund Schwager, Brian Tierney (Benziger Verlag, Zürich Einsiedeln Köln 1973, 525 S.). Dort auch eine Bibliographie der internationalen Unfehlbarkeitsdebatte bis 1973. Eine weitere Bibliographie zur Unfehlbarkeitsdebatte von 1970–1980, zusammengestellt von Andreas Goebel, befindet sich im Institut für ökumenische Forschung, ebenso in der Universitätsbibliothek und in der Bibliothek des Katholischen-theologischen Seminars in Tübingen.

tion Unfehlbarkeit garantiert ist (Vatikanum II: »so verkündigen sie auf unfehlbare Weise die Lehre Christi«!), erwies und erweist sich somit immer wieder als Katalysator, der die Unfehlbarkeitsfrage nicht zur Ruhe kommen läßt. Traditionell gesonnene Theologen sehen diese Zusammenhänge oft klarer als fortschrittlich genannte. Freilich tritt so die Ratlosigkeit über die Unfehlbarkeit gerade dieses tagtäglichen, »ordentlichen« Lehramtes nur noch deutlicher hervor.

2. *Der gegenwärtige katholische Konsens:* Eine grundlegende Übereinstimmung zeigte sich in drei wichtigen Punkten:

a. Das irrende Lehramt ist ein Faktum: In der katholischen Theologie gibt man heute mit einer früher ungewohnten Offenheit zu, daß auch die Organe »unfehlbarer« Lehrentscheidungen zumindest grundsätzlich (wenn auch vielleicht nicht in bestimmten definierten Situationen) irren können und vielfach geirrt haben. »Einmal kann keiner, der objektiv die Geschichte der Kirche betrachtet, leugnen, daß sie als Ganze und daß auch jene Instanzen in ihr, die nach ihrem Selbstverständnis als Organe unfehlbarer Lehrentscheidungen gelten, nämlich der Papst und die ökumenischen Konzilien, sowie der Gesamtepiskopat in der tagtäglichen Ausübung der Glaubensverkündigung, soweit sie einheitlich geschieht, im Laufe der Geschichte oft genug Irrtümer verkündigt haben« (O. Semmelroth).

b. Gegenüber Begriff und Praxis der Unfehlbarkeit ist Skepsis angebracht: Selbst konservative Theologen halten den Begriff für mißverständlich, ja für heute weithin unverständlich. Unübersehbar ist: Das Wort »unfehlbar« ist seit der jüngsten Debatte weithin aus dem theologischen und auch dem offiziell-kirchlichen Sprachgebrauch verschwunden. Unfehlbare Definitionen wünscht heute niemand mehr, weder zur Kultivierung der Frömmigkeit noch zur Klärung der gegenwärtigen komplexen Probleme. Die Unfehlbarkeit des Papstes würde heute sicher nicht mehr definiert, wenn sie nicht schon definiert wäre! Die Plausibilitätsstrukturen, die politischen, sozialen, kulturellen, theologischen Voraussetzungen, die im 19. Jahrhundert für die vatikanischen Definitionen bestanden haben, bestehen heute nicht mehr, so daß dem katholischen Volk nur die Definition selber geblieben ist, mit der praktisch weder die einfachen Gläubigen noch die Theologen, noch die Päpste selbst viel anzufangen wissen. Die »Übertreibungen« und der »Mißbrauch« des päpstlichen Lehramtes in den vergangenen hundert Jahren werden oft beklagt. Freilich gibt man weniger gern zu, daß die negativen Entwicklungen in den vatikanischen Definitionen selber mit grundgelegt sind. Die Linie von Pius IX. und dem Vatikanum I über die Antimodernisten-

Kampagne unter Pius X. zur »Humani generis«-Säuberung unter Pius XII. wird jedoch nicht mehr übersehen. Diese »pianische« Epoche der neueren Kirchengeschichte endete mit Johannes XXIII.

c. Die Kirche bleibt in der Wahrheit trotz aller Irrtümer erhalten: Auch für die konservativen Verteidiger von unfehlbaren Aussagen ist die Unzerstörbarkeit (Indefektibilität) der Kirche in der Wahrheit grundlegender als die Unfehlbarkeit (Infallibilität) bestimmter Aussagen. Und nachdem Irrtümer des kirchlichen Lehramtes im allgemeinen nicht bestreitbar sind, stimmt man der positiven These wenigstens grundsätzlich und allgemein zu: Die Kirche wird in der Wahrheit des Evangeliums erhalten – trotz aller Irrtümer. Doch wird weiterhin darüber zu reden sein, wie dies konkret zu verstehen ist.

3. Die entscheidende Frage: Gibt es aber nicht vielleicht doch – über diese grundlegende Indefektibilität hinaus – Urteile, Aussagen, Definitionen, Dogmen, *Sätze des Glaubens*, die nicht nur faktisch wahr sind (was unbestritten ist), sondern die *unfehlbar wahr* sind: weil nämlich bestimmte Subjekte (Amtsträger oder Instanzen) wegen eines besonderen Beistandes des Heiligen Geistes (!) in einer bestimmten Situation von vornherein nicht irren können? So lautet in der Tat die klare und präzise Fragestellung nach dem Vatikanum I, für das ja die Instanzen (Papst und Bischöfe) nicht ständig, sondern nur in sehr bestimmten Urteilen, Aussagen, Sentenzen, Definitionen, »Sätzen« unfehlbar sind. Genau auf diese unfehlbaren Glaubenssätze, die nicht nur faktisch nicht falsch sind, sondern wegen des Beistandes des Heiligen Geistes überhaupt nicht falsch sein können (Beispiel: Mariendogmen), zielte die bisherige Debatte. Und was war ihr Resultat? Es kann kurz gesagt werden: Kein einziger Theologe und keine einzige offizielle Instanz haben bisher einen Beweis für die Möglichkeit solcher durch den Heiligen Geist garantierter unfehlbarer Glaubenssätze (und der dahinter stehenden Instanzen) zu führen vermocht. Es gibt nach der bisher recht erschöpfend geführten Diskussion in der Schrift und in der großen katholischen Tradition keine soliden Fundamente für die Annahme solcher unfehlbar wahren Sätze oder Instanzen. Gegenbehauptungen sind noch keine Gegenargumente. Und eine leicht zu durchschauende petitio principii ist es, als Beweis diejenigen lehramtlichen Texte des Vatikanum I und II anzuführen, die gerade in Frage stehen. Was im übrigen weder im Vatikanum I noch im Vatikanum II als Problem gesehen wurde, ist weder vom Vatikanum I noch vom Vatikanum II beantwortet worden.

4. Die unerwarteten Bestätigungen: Die neuere (de facto ältere) katholische Position hat dagegen gerade von katholischer Seite unerwartete Bestätigungen erfahren:

a. bezüglich *Petrus*: In den neuesten exegetischen Untersuchungen haben auch Katholiken die echte, aber fehlbare Autorität des Petrus und die Problematik einer Nachfolge in einem »Petrusdienst« neu herausgearbeitet. So wichtig die Symbolfigur Petri auch für die Kirche der Folgezeit blieb, so wenig Anhalt gibt es im Neuen Testament und in den ersten drei Jahrhunderten für eine Unfehlbarkeit Petri (die biblischen Zeugnisse verbinden in charakteristischer Weise immer positive *und* negative Züge), so wenig erst recht für eine Unfehlbarkeit der römischen Bischöfe. Der biblische Hauptbeleg des Vatikanum I für die päpstliche Unfehlbarkeit Luk 22,32 (»Ich habe für dich gebetet, daß dein Glaube nicht wanke«) dient selbst noch der mittelalterlichen Kanonistik nie als Beleg für eine päpstliche Unfehlbarkeit: Nicht Irrtumslosigkeit wird dem Petrus hier versprochen, sondern die Gnade der Bewahrung des Glaubens bis zum Ende. Und selbst dies wird von den mittelalterlichen Kanonisten noch nicht auf die römischen Bischöfe, sondern auf den Glauben der gesamten Kirche angewendet. Luk 22,32 auf eine Unfehlbarkeit des Bischofs von Rom zu beziehen erweist sich als Neuerung, die keinen Anhalt im Text hat.

b. bezüglich der *ökumenischen Konzilien*: Das erste ökumenische Konzil von Nikaia (325) kam ohne Unfehlbarkeitsanspruch aus. Die neueste historische Forschung hat herausgestellt, wie der führende Mann dieses Konzils, Athanasios, und mit ihm viele griechische Kirchenväter und auch Augustin die wahre, wenn auch keineswegs unfehlbare Autorität des Konzils begründen: Das Konzil sagt die Wahrheit, nicht weil es juristisch einwandfrei einberufen wurde, nicht weil der Großteil der Bischöfe der Welt versammelt war, nicht weil es von irgendwelchen menschlichen Autoritäten bestätigt wurde, nicht weil es einen außerordentlichen Beistand des Heiligen Geistes besaß, nicht weil es sich also von vornherein nicht täuschen konnte. Sondern weil es trotz neuer Worte nichts Neues sagt, weil es in neuer Sprache die alte Tradition überliefert, weil es die ursprüngliche Botschaft bezeugt, weil es die Schrift atmet, weil es das Evangelium hinter sich hat. Diese klassische katholische Konzilsauffassung ist zu unterscheiden im Osten von den späteren mystischen oder juristischen *byzantinischen* »Konzilsaufwertungen« wie andererseits im Westen – besonders in bezug auf die Autorität des Papsttums – von den seit den Päpsten des 5. Jahrhunderts sich deutlich abzeichnenden *spezifisch römischen* und dann mit der Gregorianischen Reform sich durchsetzenden und im Vatikanum I dogmatisierten *römisch-katholischen* Ausprägungen.

c. bezüglich des *Ursprungs der römischen Unfehlbarkeitslehre:* Neueste historische Untersuchungen – vielleicht die größte Überraschung in der Debatte – haben die unorthodoxen Ursprünge der römischen Unfehlbarkeitslehre am Ende des 13. Jahrhunderts aufgedeckt. Die Forschung verdankt diese Entdeckung dem amerikanischen Historiker Brian Tierney: Es gibt keine langsame »Entwicklung« und »Entfaltung« der Lehre von der päpstlichen Unfehlbarkeit, sondern eine eher plötzliche Kreation am Ende des 13. Jahrhunderts. Die »Erfinder« der päpstlichen Infallibilität und Irreformabilität – beides gehört von Anfang an zusammen! – waren also gerade nicht, wie bisher vermutet, die orthodoxen papalistischen Theologen und Kanonisten-Päpste des Hochmittelalters, sondern es war ein vielfach der Häresie angeklagter exzentrischer Franziskaner, Petrus Olivi (gestorben 1298). Olivis Auffassung wird zunächst gar nicht ernst genommen und 1324 von Johannes XXII. als ein Werk des Teufels, des Vaters der Lüge, verurteilt. Noch die Päpste der Reformationszeit konnten sich nicht auf eine allgemein anerkannte Unfehlbarkeit berufen, wie ja auch das Konzil von Trient bemerkenswerterweise keine Unfehlbarkeit des Papstes definierte. Es sind die Ideologen der Gegen-Revolution und Restauration, de Lamennais und vor allem de Maistre, die geistesgeschichtlich in erster Linie für die Unfehlbarkeitsdefinition des Vatikanum I verantwortlich sind: die Unfehlbarkeit ist im wesentlichen eine »neue Idee des 19. Jahrhunderts« (C. Langlois). Noch die mittelalterlichen Kanonisten – und die Lehre von der Kirche war damals Sache der Kanonisten – hatten nicht behauptet, daß ein unfehlbares Haupt zur Bewahrung des Glaubens der Kirche notwendig sei. Sie behaupteten vielmehr, die göttliche Vorsehung werde dafür sorgen, daß die gesamte Kirche nicht irregeführt wird, wie sehr auch ihr Haupt irren mag.

Aufgrund der bisherigen exegetischen, historischen und systematischen Forschungen läßt sich kaum bestreiten: Mehr als zu erwarten war, ist die grundsätzliche Kritik an der neueren römischen Unfehlbarkeitslehre gedeckt durch die Schrift und die große katholische Tradition. In vielfacher Hinsicht wird dies nun auch bestätigt durch das neue Buch eines Insiders, katholischen Theologen, Historikers und langjährigen Mitarbeiters des Vatikanischen Einheitssekretariats, *August Bernhard Hasler*.[2] Der Bitte dieses meines Landsmannes um ein Geleitwort konnte ich mich nicht versagen. Was bringt sein Buch in Sachen Unfehlbarkeit Neues?

[2] A. B. Hasler, Wie der Papst unfehlbar wurde. Macht und Ohnmacht eines Dogmas (Piper Verlag, München-Zürich 1979).

1. Haslers Buch erzählt die Geschichte, wie es zur Unfehlbarkeitsdefinition kam: Wer Butler-Langs Geschichte des Ersten Vatikanischen Konzils oder des katholischen Löwener Historikers Roger Auberts Arbeiten über Pius IX. und das Vatikanum I gelesen hat, weiß im wesentlichen, was seiner wartet. Hasler freilich berichtet – was die Unfehlbarkeitsfrage angeht – systematischer, detaillierter, anschaulicher, auch schonungsloser. Nicht am erzählenden Historiker, sondern an der erzählten Geschichte selber liegt es: Es ist nun einmal weithin eine »chronique scandaleuse«, was da von Hasler ohne alle Beschönigung und Beschwichtigung ausgebreitet wird über die Manipulation der Unfehlbarkeitsdebatte, über Vorbereitung, Durchführung und Durchsetzung der Unfehlbarkeitsdefinition und immer wieder über Pius IX. Endlich ein katholischer Historiker, der auch die damals Besiegten und ihre in der Zwischenzeit vielfach bestätigten Argumente ganz ernst nimmt, der die (noch greifbaren) Aufzeichnungen der bischöflichen Unfehlbarkeitsgegner, aber auch die der härtesten Unfehlbarkeitsbefürworter – oft ebenso unbequem für harmonisierende Interpreten – ganz ausschöpft, sie ohne jegliche Entschärfung, Verharmlosung und Uminterpretation zur Sprache bringt und so durch eine verständliche Einseitigkeit die bisherigen einseitigen historischen Darstellungen aufgrund auch neuer Quellen korrigiert und ausgleicht.

Wo die »Anfrage« ein Tabu verletzte, scheint Hasler in der offenen Wunde zu bohren, was vereinzelte eher diffamierende als argumentierende katholische Reaktionen auf seine vorausgegangene wissenschaftliche Veröffentlichung erklären mag; alle möglichen psychologischen Abwehrmechanismen, Bewußtseinssperren, Verdrängungen, Ängste und ideologischen Interessen erschweren nun einmal in dieser Frage das rationale Eingehen auf rationale Argumente. Aber daß bei aller Betrachtung vorausliegender geschichtlicher Tendenzen, Entwicklungen und Strukturen besonders die Gestalt Pius' IX. wie andere welthistorische Persönlichkeiten historisch und auch psychologisch durchleuchtet wird, ist normal für eine Geschichte, die von niemandem mehr als diesem einen Mann bestimmt wurde; ohne ihn wäre das Unfehlbarkeitsdogma des Vatikanum I nie definiert worden. Wie das, was Hasler über Pius IX. und das Vatikanum I zu erzählten hat, aus den Quellen belegt werden kann, zeigt indessen besser seine frühere fachhistorische Arbeit, die diesem neuen Buch zugrunde liegt: »Pius IX. (1846–1878), päpstliche Unfehlbarkeit und 1. Vatikanisches Konzil. Dogmatisierung und Durchsetzung einer Ideologie«. Angesichts der Überfülle konvergierender Zeugnisse von Konzilsteilnehmern und Konzilsbeobachtern fragt man sich: ob all das Fragwürdige, was da von der Genese und Durchsetzung der Unfehlbarkeitsdefinition berichtet wird, keinen Einfluß haben soll auf die Frage nach der *Wahrheit* dieser Definition.

2. *Haslers Buch verschärft die Anfrage nach der Begründetheit der Unfehlbarkeitsdefinition:* Man würde dieses Buch verharmlosen, wenn man in ihm nur die – jetzt für eine breitere Öffentlichkeit aufbereitete – Geschichte erzählt sähe, wie es zu dieser späten römischen Sonderentwicklung kam. Nein, sehr konkret werden hier grundlegende Fragen herausgearbeitet, die sich aus der Historie selber ergeben und die zuallermeist schon während oder unmittelbar nach dem Vatikanum I diskutiert wurden, dann aber zurücktraten und nun vor dem Hintergrund der jüngsten Unfehlbarkeitsdebatte eine neue Brisanz entwickeln. Über die Beurteilung einzelner Quellen, über die Einordnung bestimmter Details und ähnliches mögen die Historiker diskutieren. Aber man müßte schon mit dogmatischen Scheuklappen durch die Geschichte traben, wenn man sich bei der Quantität und Qualität des angehäuften bedenklichen Materials nicht Fragen stellte wie die vier folgenden:

a. War das Vatikanum I ein *wirklich freies Konzil*? Freiheit ist gewiß ein geschichtlich sehr relativer Begriff. Aber wenn sich nachweislich schon damals ein höchst relevanter Teil des Konzils selbst nicht frei gefühlt hat? Wer die Frage nach der Freiheit des Vatikanum I abwehren möchte mit dem Hinweis auf die mangelnde Freiheit auch anderer Konzilien (etwa Ephesos 431), verschärft nur die Frage. Die nichtkatholische Kirchengeschichtsschreibung bestreitet einhellig die Freiheit des Vatikanum I in der Unfehlbarkeitsdebatte (und nur um diese geht es hier!). Aber auch die neuere katholische Kirchenhistorie gibt eine starke Einschränkung der Freiheit zu. Sie verharmlost sie jedoch meist mit der mehr apologetisch-dogmatischen als historisch begründeten Behauptung, zumindest die für die Gültigkeit der Dekrete notwendige Freiheit sei gegeben gewesen.

Nun war dem Konzil aber schon damals von zahlreichen prominenten Konzilsteilnehmern und Konzilsbeobachtern in der Unfehlbarkeitsdebatte die notwendige Freiheit abgesprochen worden, so daß diese Frage heute einer Überprüfung bedarf. In der Tat: Wie steht es um die Freiheit eines Konzils, dessen Diskussion schon von vornherein völlig präjudiziert war, dessen Geschäftsordnung nur eine beschränkte Redefreiheit ohne reale Auswirkungen zuließ, dessen Gang von Anfang bis Ende unter dem übermächtigen Einfluß des Papstes stand, um dessen ureigenen Herrschafts- und Machtanspruch die ganze Diskussion ging? So repressiv waren nun einmal Geschäftsordnung und Geschäftsführung, so einseitig und parteiisch Auswahl der führenden theologischen Experten und Zusammensetzung der

Konzilskommissionen wie des Konzilspräsidiums, so zahlreich waren die Druckmittel (moralische, psychologische, kirchenpolitische, publizistische, finanzielle, polizeiliche), denen die Bischöfe der antiinfallibilistischen Minderheit *und* der infallibilistischen Mehrheit ausgesetzt waren, so vielfältig waren die Manipulationen, mit denen auf Betreiben des Papstes selber vor dem Konzil, im Konzil und nach dem Konzil die Unfehlbarkeitsdefinition durchgesetzt worden ist, daß man sich nicht wundern sollte, wenn die alte, aber dann verdrängte Frage nach der Freiheit des Konzils heute, von der neuesten Unfehlbarkeitsdebatte angestoßen, wiederkehrt. So peinlich und schmerzlich es ist: In vielem glich dieses Konzil mehr einem gut organisierten und manipulierten totalitären Parteikongreß als einer freien Versammlung freier Christenmenschen.

b. War das Vatikanum I ein *wirklich ökumenisches Konzil*? Auch Ökumenizität ist ein geschichtlich relativer Begriff. Aber aus der Kirchenhistorie steht auch fest, daß nicht jedes Konzil, das sich als ökumenisch ausgab, von der gesamten Kirche als ökumenisch angenommen, »rezipiert« worden ist. Und daß mit der fraglichen Freiheit des Vatikanum I auch seine Ökumenizität fraglich wird, sollte von einer erneuten objektiven Untersuchung nicht abhalten.

Was der französische Bischof François Lecourtier damals schrieb, wird durch zahllose ähnliche Zeugnisse von Bischöfen und Konzilsbeobachtern bestätigt: »Unsere Schwäche kommt in diesem Zeitpunkt weder von den Schriften noch von der Tradition der Väter, noch von den Zeugnissen der allgemeinen Konzilien und der Geschichte. Sie kommt von unserem Mangel an Freiheit, der radikal ist. Eine imposante Minorität, welche den Glauben von mehr als 100 Millionen Katholiken vertritt, das heißt fast die Hälfte der gesamten Kirche, ist erdrückt durch das Joch restriktiver Geschäftsordnungen, die den konziliaren Traditionen widersprechen; sie ist erdrückt durch Deputationen, die nicht wirklich gewählt wurden und die es wagen, in den diskutierten Text nichtdiskutierte Paragraphen einzufügen; sie ist erdrückt durch eine Kommission für die Postulate, die durch die Autorität aufoktroyiert wurde; sie ist erdrückt durch den absoluten Mangel an Diskussion, Replik, Einwänden, der Möglichkeit, Erklärungen zu verlangen; durch Zeitungen, die aufgefordert werden, eine Treibjagd auf die Bischöfe zu veranstalten und den Klerus gegen sie aufzuwiegeln; durch die Nuntiaturen, die zu Hilfe kommen, wenn die Zeitungen nicht mehr genügen, um alles durcheinanderzubringen, und die versuchen, die Priester gegen die Bischöfe zu Zeugen des Glaubens zu erheben, den wirklich göttlichen Zeugen hingegen nur noch die Rolle von Delegierten des niederen Klerus zu belassen, ja sie zu tadeln, wenn sie sich nicht entsprechend verhalten. Die Minorität wird vor allem erdrückt durch das ganze Gewicht der obersten Autorität, die auf ihr die Lobsprüche und Ermunterungen lasten läßt, die sie in Form von Breven an die Priester richtet. Sie ist erdrückt durch die Manifestationen zu Gunsten von Dom Guéranger und gegen M. de Montalembert und andere.«

Die Fragen, die sich aus dieser Lage ergeben, können nicht umgangen werden: Ist die andere »Hälfte« der katholischen Kirche genügend zu Worte gekommen? Waren die Repräsentanten dieser Hälfte gegenüber der Überzahl von italienischen Stadtbischöfen und der Übermacht von Papst und kurialem Apparat nicht von vornherein in einer hoffnungslosen Situation? War dieses Konzil in seiner quantitativen Mehrheit wirklich repräsentativ für die ganze katholische Kirche – von der ganzen christlichen Ökumene zu schweigen? Und ist die Unfehlbarkeitsdefinition dieses Konzils wenigstens nachträglich mit Freiheit von der ganzen katholischen Kirche angenommen, »rezipiert« worden?

Das Drama des genannten Bischofs Lecourtier, der schließlich in Verzweiflung die Konzilsdokumente in den Tiber warf, vorzeitig abreiste und dafür nach dem Konzil als Bischof von Montpellier abgesetzt wurde, steht stellvertretend für das Gewissensdrama so vieler der bedeutendsten und gebildetsten Bischöfe, die vor der entscheidenden Abstimmung abreisten und nachher nur unter unbeschreiblichem Druck von oben und unten – oft nur um der Einheit der Kirche willen, mit verwässernder Interpretation und ohne innere Überzeugung – dem Dogma schließlich zustimmten. Alle die Indizierungen und Absetzungen, Sanktionen und Exkommunikationen, alle die von Kurie und Nuntien angewandten Mittel der Manipulation und Repression, der Drohung, Überwachung und Denunziation, schließlich das altkatholische Schisma und die innere Emigration so vieler Katholiken, besonders von Theologen und Gebildeten: Dies alles läßt die Frage als völlig gerechtfertigt erscheinen, ob denn die Unfehlbarkeitsdefinition dieses Konzils von der gesamten Kirche überhaupt frei angenommen, »rezipiert« worden sei.

c. Lohnten sich *die Opfer*? Die Unfehlbarkeitsdefinition bildete die Krone des insbesondere seit der Gregorianischen Reform im 11. Jahrhundert ausgebildeten römischen Systems. Das Unfehlbarkeitsdogma hatte die Funktion eines Meta-Dogmas, das alle anderen Dogmen (und damit verbunden zahllose Doktrinen und Praktiken) abdeckte und absicherte. Mit der Unfehlbarkeit – und die Unfehlbarkeitsaura des »ordentlichen«, tagtäglichen Lehramtes ist manchmal wichtiger als die verhältnismäßig seltenen unfehlbaren Definitionen – schien den Gläubigen eine übermenschliche Sicherheit und

Geborgenheit gegeben, die alle Angst vor menschlicher Ungewißheit, Freiheit und dem Wagnis des Glaubens vergessen ließ. Insofern hat das Unfehlbarkeitsdogma zweifellos integrierend und psychologisch entlastend gewirkt und die Einheit, Geschlossenheit und Schlagkraft des römischen Katholizismus, der sich selber in der Welt zunehmend als »Bollwerk« (Kardinal Ottaviani: »Il baluardo«) verstand, höchst wirksam gefördert. Konnte es etwas geben, was besser dieses System legitimierte, stabilisierte und gegen Kritik immunisierte als das Dogma von der Unfehlbarkeit seines (seiner) höchsten Repräsentanten? Blieb nur die Frage, ob das Unfehlbarkeitsdogma selber wirklich legitimiert, stabilisiert und immunisiert war: ob seine *Wahrheit* gesichert war!

Bis zu Pius XII. schien das System intakt; erst unter Johannes XXIII. brach sich das lange gewaltsam Aufgestaute und Unterdrückte Bahn und führte in verhältnismäßig kurzer Zeit – für den Großteil der Menschheit überraschend – zu einer neuen Einstellung der katholischen Kirche zu sich selber, zu den anderen christlichen Kirchen, zu den Juden und den Weltreligionen und zur modernen Gesellschaft überhaupt. Was unter Pius IX. verpönt und verurteilt war – etwa religiöse Freiheit und Toleranz, Ökumenismus und Menschenrechte –, wurde jetzt laut als katholische Lehre verkündet. Die Unfehlbarkeit, mit der traditionelle Positionen gegenüber allen modernen Strömungen ein ganzes Jahrhundert lang verteidigt worden waren, schien schon in der Konzilszeit vielen in Rom und anderswo in gefährlicher Weise erschüttert.

Aber – darüber hatte man sich seit Johannes XXIII. und dem Vatikanum II neu Rechenschaft gegeben – mit welchen Opfern war die alte Autorität, Kontinuität, Infallibilität erkauft worden! Einige der früher verurteilten Theologen hatte Johannes XXIII. zu offiziellen Konzilsexperten ernannt, was viele Konzilsväter nachdenklich machte. Auch traditionellere Theologen fragten sich in der Folge: War die Unfehlbarkeitsdefinition des Vatikanum I nicht vielleicht doch so etwas wie ein »gigantischer Unfall« (H. U. von Balthasar)? Waren jenes altkatholische Schisma und die innere Emigration gerade auch vieler Gebildeter, die sich in dieser autoritären und nun oft totalitären Kirche nicht mehr heimisch fühlten, wirklich nötig gewesen? Hatte sich die Abwertung der Bischöfe zu römischen Befehlsempfängern, hatten sich die Theologensäuberungen unter Pius IX., Pius X. (Enzyklika »Pascendi« und Antimodernismus) und Pius XII. (Enzyklika »Humani generis« und Arbeiterpriester) und auch noch unter Paul VI. (Enzyklika »Humanae vitae«) wirklich gelohnt? Und alle die Rede- und Schreibverbote, die Vorzensur und Selbstzensur, die Verurteilungen und Bücherverbote, die Exkommunikationen und Suspensionen, die restriktive Archivpolitik und die auf Parteilinie ausgerichtete Personalpolitik (Kurie, Episkopat) und mit alldem schließlich die Selbstisolierung des – in vielfacher Hinsicht – »Gefangenen im Vatikan«? Hatte Ignaz von Döllinger ganz unrecht, wenn er 1887 an den Erzbischof von München schrieb, die Papstdogmen seien mit Zwang und Gewalt zustande gekommen, und mit Zwang und Gewalt müßten sie fort und fort bezahlt werden?

Ja, es ist nicht abzusehen: Was hatten katholische Kirchenhistorie, Exegese, Dogmatik, Moraltheologie und Verkündigung überhaupt seit dem Vatikanum I zu bezahlen für diese Infallibilität und Irreformabilität, die keine echten Korrekturen und Reformen, sondern bestenfalls »Interpretationen« und Anpassungen zuließ! Ein ständiger Konflikt mit der Geschichte und mit der modernen Welt, der die Glaubwürdigkeit der katholischen Kirche zutiefst erschütterte. Eine ständige Apologetik gegenüber neuen Informationen und Erfahrungen, gegenüber aller wissenschaftlichen Kritik, gegenüber allen möglichen echten oder vermeintlichen Feinden. Eine Kluft zwischen Kirche und moderner Wissenschaft, zwischen Theologie und historischer Forschung, aber auch zunehmend innerhalb der Theologie zwischen Dogmenhistorie und Dogmatik, Exegese und Dogmatik. Ungeheure Opfer wurden indirekt gerade auch den »kleinen Leuten« im Interesse der Autorität, Kontinuität und Infallibilität der Lehre abgefordert; das Verbot der Empfängnisverhütung ist nur ein besonders eklatantes Beispiel für alles das, was den Gewissen der Menschen in Katechismen und Beichtspiegeln, Religionsunterricht und Predigten als faktisch unfehlbare Lehre aufgebürdet wurde. Exodus zahlloser Intellektueller, innere Distanzierung vieler Gläubiger, Mangel an schöpferischen Menschen und Initiativen in der Kirche, Verdrängungsprozesse, Verhärtungs- und Erstarrungssymptome, Bewußtseinsstörungen, Wirklichkeitsverlust, sehr oft ein nur äußerlich funktionierender geistlicher Machtapparat ohne inneres Leben... Die Klage soll nicht fortgeführt werden, die Frage aber drängt sich auf: War das alles notwendig, hat sich das alles gelohnt?

d. Soll *Pius IX. heiliggesprochen* werden? Starke restaurative Kräfte betreiben in Rom gerade jetzt wieder intensiv die Kanonisation des »unfehlbaren Glaubenslehrers« – aus durchsichtigen ideologischen und machtpolitischen Gründen (mit Pius IX. und dem Vatikanum I gegen Johannes XXIII. und das Vatikanum II und so gegen alle Öffnung der katholischen Kirche gegenüber Christenheit und moderner Welt)! Die negativen Äußerungen so vieler zeitgenössischer Bischöfe und anderer Zeitgenossen über Pius IX. sind aber so gewichtig und so zahlreich, daß sie doch wohl nur schwer mit dem geforderten »heroischen Grad« nicht nur der theologischen Tugenden (Glaube, Hoffnung, Liebe), sondern auch der vier Kardinaltugenden (Klugheit, Gerechtigkeit, Tapferkeit, Maß) vereinbart werden können: überzogenes Sendungsbewußtsein, Doppelzüngigkeit, gestörte Psyche und Amtsmißbrauch. Alles Negativa, die wohl nicht mit Berufung auf eine angeblich providentielle, besondere kirchliche Sendung dieses Papstes ins Positive gewendet werden können. Dazu kommen – neben der notorisch schwachen theologischen Bildung des Papstes – auch seine antijüdische, antiökumenische, überhaupt antidemokratische Einstellung. Ein Heiliger für das 20. Jahrhundert? Die Diskussion sollte sich hier weniger auf hypothetisch-spekulative Fragen (Nachwirkungen der epileptischen Krankheit, Kardinal Guidi illegitimer Sohn des Papstes und ähnliches) als vielmehr auf die unbestreitbaren Fakten konzentrieren, die einer Heiligsprechung des Mastai-Papstes entgegenstehen und die freilich eine möglichst baldige Einstellung dieses Verfahrens geraten sein lassen, wenn die Problematik solcher Heiligsprechungen (und besonders die Heiligsprechung päpstlicher Vorgänger durch ihre päpstlichen Nachfolger) nicht noch mehr offenbar werden soll.

Das Verlangen der Kirchenhistoriker nach einer umfassenden Öffnung der vatikanischen Archive erhält von daher seine besondere Dringlichkeit. Was nützt die große Ankündigung, das vatikanische Geheimarchiv werde für den ganzen Pontifikat Pius' IX. (und allerneuestens auch den seines Nachfolgers Leos XIII.) geöffnet, wenn gerade das Archivmaterial des 1. Vatikanischen Konzils und auch andere wichtige Dokumente der Forschung nach wie vor vorenthalten bleiben? Von einer wirklichen Öffnung des vatikanischen Geheimarchivs kann man von vornherein nur bedingt reden, solange gerade die wichtigsten Archive – die der Kongregation für die außerordentlichen Angelegenheiten der Kirche und die der Glaubenskongregation (früher Heiliges Offizium, noch früher Heilige Inquisition, sowie die frühere Indexkongregation) verschlossen bleiben. Wenn die Kirche nach Leo XIII., der das vatikanische Geheimarchiv zum erstenmal öffnen ließ, die Wahrheit nicht zu fürchten hat, warum dann weiterhin auch hier eine repressive Politik?

Die Fragen, die sich aus Haslers historischer Arbeit ergeben, sind – wer könnte es übersehen – höchst unbequeme Fragen. Aber selbst wer sie anders beantworten möchte, wird zugeben: es sind alles ohne Ausnahme Fragen, die gestellt werden dürfen, ja die gestellt werden müssen – um der Wahrheit willen und um der Glaubwürdigkeit der Kirche willen! Wer hier Ärgernis nehmen sollte, der sehe das Ärgernis dort, wo es in Wirklichkeit ist, und klage nicht den an, der davon berichtet und der das Recht auf eine unvoreingenommene, freie, kritische Diskussion seiner Ergebnisse hat.

Mit der kritischen Destruktion und der historischen Rekonstruktion freilich ist erst die Hälfte des theologischen Geschäftes erledigt. Nicht weniger gewichtig als die Frage »Wie der Papst unfehlbar wurde« ist die andere: »Wie der Papst (wieder) ohne Unfehlbarkeit Papst sein kann«. Dazu einige Gedanken, wie ich sie bereits im Anschluß an die Unfehlbarkeitsdebatte 1973 formuliert hatte.

Wie könnte der Papst »funktionieren« ohne unfehlbare Lehrdefinitionen? Nun, wir haben in unseren Tagen beide Möglichkeiten kennengelernt. Da war ein Papst, Pius XII., der nicht ganz ein Jahrhundert nach dem Vatikanum I meinte, endlich die dem Papst vom Konzil zugeschriebene, aber nie in Anspruch genommene Vollmacht in Anspruch nehmen zu müssen, um eine unfehlbare Lehrdefinition, ein neues Mariendogma, urbi et orbi zu verkünden. Doch keine seiner Lehräußerungen blieb so umstritten in der Christenheit und auch in der katholischen Kirche wie diese »unfehlbare« Definition! Auch die damals erhofften pastoralen Auswirkungen für die Frömmigkeit des katholischen Volkes und die Bekehrung der Welt werden aus dem Abstand von dreißig Jahren mehr als nüchtern beurteilt. Das Vatikanum II hat sich vom extremen Marianismus distanziert, was die Fragwürdigkeit jener Definition noch offenkundiger gemacht hat.

Das andere Beispiel: Der nächste Papst, Johannes XXIII., hatte von vornherein nie die Ambition, eine unfehlbare Definition auszusprechen. Er hat im Gegenteil immer wieder in der verschiedensten Form seine eigene Menschlichkeit, Beschränktheit, ja hin und wieder auch seine Fehlbarkeit betont. Der Nimbus der Unfehlbarkeit ging ihm ab. Und doch hat keiner der Päpste dieses Jahrhunderts auf den Gang der Geschichte der katholischen Kirche, aber auch der Christenheit überhaupt einen solchen Einfluß ausgeübt wie dieser auf Unfehlbarkeit keinen Wert legende Papst. Mit ihm und dem Vatikanum II ist eine neue Epoche der Kirchengeschichte eingeleitet worden. Ohne alle unfehlbaren Sätze ist es ihm gelungen, dem Evangelium Jesu Christi in der Kirche auf vielfältige Weise wieder neu Gehör zu verschaffen. Von daher besaß er eine Autorität in und außerhalb der katholischen Kirche, wie sie zur Zeit seines Vorgängers gar nicht denkbar gewesen wäre. Er hat jedenfalls mit all seinen Schwächen und Fehlern – mehr spontan als geplant, mehr zeichenhaft als programmatisch – in Umrissen sichtbar werden lassen, wie der Papst auch ohne allen Anspruch auf Unfehlbarkeit Papst sein könnte: Nicht eifersüchtiges Pochen auf Vollmachten und Prärogativen und Ausüben einer Autorität im Sinne des Ancien régime, sondern eine Autorität des Dienstes im Geiste des Neuen Testaments angesichts der Bedürfnisse der heutigen Zeit: brüderlich-partnerschaftliche Zusammenarbeit, Dialog, Konsultation und Kollaboration vor allem mit den Bischöfen und Theologen der Gesamtkirche, Einschaltung der Betroffenen im Entscheidungsprozeß und Aufforderung zur Mitverantwortung. Also: auch in Fragen der Verkündigung und der Lehre soll der Papst so durchaus seine Funktion wahrnehmen – *in* der Kirche, *mit* der Kirche, *für* die Kirche, aber nicht *oberhalb* oder *außerhalb* der Kirche!

Dies schließt wiederum nicht aus, daß ein Papst auch einmal entschieden *gegen* etwas Stellung nehmen kann und unter Umständen auch Stellung nehmen müßte. Es hätte gar keiner unfehlbaren Definition bedurft, ein klares, verständliches, auf der Höhe der christlichen Botschaft gesprochenes Wort des »Stellvertreters« hätte angesichts des Überfalls auf Polen oder des Massenmordes an den Juden durchaus genügt. Merkwürdigerweise wurde aber in neuerer Zeit gerade dann nicht »unfehlbar« gesprochen, wenn es ungezählte Menschen erwartet hätten. Umgekehrt kann der Papst trotz aller Fehlbarkeit (zusammen mit den übrigen Bischöfen) der kirchlichen Gemeinschaft und ihrer Einheit dienen, die missionarische Arbeit der Kirche in der Welt inspirieren und seine Bemühungen für Frieden und Gerechtigkeit, die Abrüstung, die Menschenrechte, die soziale Befreiung der Völker und der Rassen, den Einsatz für die Benachteiligten aller Art, intensivieren. Ohne allen Anspruch auf Unfehlbarkeit kann er in der christlichen Ökumene und weit darüber hinaus in seinem Leben und Wirken immer wieder die Stimme des Guten Hirten laut werden lassen. Er wäre dann Inspirator im Geist Jesu Christi und ein Leader in der christlichen Erneuerung, und Rom würde zu einem Ort der Begegnung, des Gespräches und der ehrlichen und freundschaftlichen Zusammenarbeit.

Aus all dem folgt: Der Papst kann auch ohne unfehlbare Lehrdefinition »funktionieren«, ja, er kann unter den heutigen Bedingungen von Kirche und Gesellschaft ohne unfehlbare Lehrdefinitonen *besser* seinen Dienst erfüllen. Wer also die päpstliche Satzunfehlbarkeit in Frage stellt, stellt nicht das Papsttum an sich in Frage. Dies muß gegen ständige Verwechslungen, Verdrehungen und Verdächtigungen mit allem Nachdruck gesagt werden. Vieles am Petrusdienst ist fraglich geworden, vor allem die mittelalterlichen und neuzeitlich-absolutistischen Formen, die sich bis in unsere Tage hinein gehalten haben. Ein Petrusdienst hat nur dann Zukunft, wenn er vom Petrussymbol des Neuen Testaments her verstanden wird. Die exegetische und historische Begründung einer *historischen* Sukzession des römischen Bischofs ist fraglich geworden. Aber ein Petrusdienst hat sachlich seinen Sinn behalten, wenn er in *funktional-praktischer* Sukzession ein Dienst an der Gesamtkirche ist: ein *Dienstprimat* im vollen biblischen Sinne.

Ein solcher Dienstprimat, wie er in der Gestalt Johannes' XXIII. mindestens umrißhaft sichtbar wurde, bedeutet für die katholische Kirche und die gesamte Christenheit eine wahre *Chance*. Ein Dienstprimat wäre mehr als ein »Ehrenprimat«. Ein solcher ist in der Kirche des Dienstes nicht zu vergeben und kann in seiner Passivität auch niemandem helfen. Ein Dienstprimat wäre auch mehr als ein »Jurisdiktionsprimat«: Als reine Gewalt und Macht verstanden, wäre ein solcher ein gründliches Mißverständnis, nach seinem Wortlaut verstanden, verschweigt er gerade das Entscheidende, nämlich den Dienst. Petrusdienst, biblisch verstanden, kann nur ein »Pastoralprimat« sein: ein seelsorglicher Dienst an der gesamten Kirche. Als solcher ist er vom Neuen Testament *sachlich* gedeckt – ungeachtet aller ungeklärter und wohl auch unklärbarer historischen Sukzessionsfragen. Als solcher könnte er für die gesamte Christenheit heute von großem Nutzen sein.

Dies alles auch zu Haslers Fragen an meine eigene Position: Ja, katholische Kirchengemeinschaft war und ist wieder möglich auch »ohne streng autoritäre Führung (Interpretationsmonopol für Schrift und Tradition des kirchlichen Lehramtes!)«. Freie, unvoreingenommene wissenschaftliche Forschung, zu der selbstverständlich auch die historisch-kritische Befragung der neutestamentlichen Zeugnisse (vgl. »Christ sein«) sowie die kritische Reflexion des Verhältnisses von Glauben und Verstehen (vgl. »Existiert Gott?«) gehören, führt nicht zur »Selbstzerstörung« der Kirche, sondern zu ihrer Erneuerung. Auf die theologische Grundfrage nach der Indefektibilität der Kirche in der Wahrheit – zugegebenermaßen eine Glaubensfrage – möchte ich im Rahmen dieses Geleitwortes nicht weiter eingehen. Dafür erscheint gleichzeitig als »Theologische Meditation« die kleine Schrift »Kirche – gehalten in der Wahrheit?«

Bleibt schließlich nur die Frage: Kann ein katholischer Theologe, der eine solche kritische Position vertritt, *katholisch bleiben*? Exkommunikation, Suspension, Lehrbefugnisentzug – oberflächliche Beobachter übersehen dies bisweilen – sind in der Tat noch immer möglich, werden auch, wo wirksam, noch immer angewandt. Sie wären selbst für wirtschaftlich und rechtlich abgesicherte katholische Theologen keine leicht zu verkraftende Verurteilung. Was freilich wiederum nur der versteht, dem die Zugehörigkeit zu einer bestimmten Glaubensgemeinschaft etwas bedeutet.

Exkommunikation, Suspension, Lehrbefugnisentzug sind aber in der neuen Unfehlbarkeitsdebatte bisher nicht vorgekommen und sind auch in Zukunft nicht wahrscheinlich: nicht nur deshalb, weil einzelne kritische

Theologen angeblich so viel Popularität, Einfluß, Macht besitzen, daß sie nicht bestraft werden könnten. Sondern weil man in der ganzen katholischen Kirche und auch in Rom gemerkt hat, daß Sachfrage und Sachlage komplex und schwierig sind. Zu viele sind derer, die zweifeln: Meinungsumfragen dürften zeigen, daß in vielen Ländern nur eine Minorität in der katholischen Kirche an die päpstliche Unfehlbarkeit glaubt. So erwies es sich denn bisher als unmöglich, die Kritiker der Unfehlbarkeit vor aller Welt als unkatholisch abzustempeln. So wenig wie damals die Kritiker des päpstlichen Kirchenstaates, denen man Exkommunikation angedroht hatte und die schließlich doch – manche freilich erst nach ihrem Tod! – recht bekommen haben. Hier ist zu unterscheiden:

Unkatholisch ist nicht, wer sich gegen das *römische System* (römischer Katholizismus) wendet, das im 11. Jahrhundert in Lehre, Moral und Kirchenregiment zur Herrschaft gelangte und wegen seines Zentralismus, Absolutismus, Triumphalismus und Imperialismus schon im Vatikanum II und auch in nachkonziliarer Zeit immer wieder von zahlreichen katholischen Bischöfen, Theologen und Laien kritisiert worden ist. Eine an Petrus und die große römische Tradition anknüpfende Sonderstellung der römischen Bischöfe im Sinn eines seelsorglichen Dienstes an der Gesamtkriche ist vom Evangelium her nicht zu verwerfen. Jenes absolutistische kurialistische System aber, das die freie katholische Glaubensgemeinschaft als »geistliches« Imperium Romanum betrachtet, widerspricht dem Geist des Evangeliums und trägt die Hauptschuld sowohl für das Schisma mit den Ostkirchen und für die protestantische Reformation wie für die Erstarrung der katholischen Kirche selbst.

Unkatholisch ist, wer sich von der *katholischen Kirche* (oder ganzen, allgemeiner, umfassenden Kirche) selbst abwenden will, genauer: wer jene in allen Brüchen sich durchhaltende Kontinuität von Glauben und Glaubensgemeinschaft (Katholizität in der Zeit) und die alle Gruppierungen umfassende Universalität von Glaube und Glaubensgemeinschaft (Katholizität im Raum) aufgibt und so einem »protestantischen« Radikalismus und Partikularismus verfällt, der mit echter, evangelischer Radikalität und Gemeindebezogenheit nichts zu tun hat. Die Frage stellt sich heute deutlicher denn je, ob nicht die Satz-Unfehlbarkeit (ähnlich wie damals der Kirchenstaat) eher zum kurialistischen System gehört als zur katholischen Kirche selbst, wie sie sich von Anfang an verstanden hat.

Darüber freilich dürfte sich der Verfasser dieses neuen Unfehlbarkeitsbuches klar sein: Wer immer als katholischer Theologe diesen Weg unterscheidender Kritik geht, er geht einen schmalen und gefährlichen Weg, der ihm von zwei Seiten leicht Schelte einträgt:

Gescholten wird solche Theologie, die nichts kritisch unbefragt läßt, zweifellos von den unaufgeklärten Glaubensbewahrern: Dort nämlich möchte man (aus zum Teil begreiflichen Gründen) nicht, daß der Theologe in neuer Weise seine Sache sagt. Es könnte ja etwas von der Lehrgewalt der Kirche abgehen, wenn man anders als in den Bahnen kirchlicher Tradition und Amtlichkeit von Gott und Kirche denkt und spricht.

Gescholten wird solche Theologie, die durch alle negative Kritik hindurch immer wieder zu positiven Antworten vorstößt, aber zweifellos auch von den scheinaufgeklärten Glaubensverächtern: Dort nämlich möchte man (wiederum aus zum Teil begreiflichen Gründen) nicht, daß der Theologe in der heutigen Welt und Gesellschaft überhaupt noch von Gott und gar noch von der Kirche redet; in platter Eindimensionalität hat man noch gar nicht gemerkt, daß gerade der aufgeklärte Mensch heute anders, neu, besser von Transzendenz, von Gott und auch Kirche denken und sprechen kann.

Wer immer diesen kritischen Weg zu gehen versucht, wird für die ersten leicht zum unkirchlichen Häretiker und für die zweiten zum kirchlichen Anpasser. Was die ersten pastoral besorgt meinen, meinen die anderen zynisch zustoßend: Sei doch konsequent, entweder komm zu uns herüber, oder dann auf die andere Seite – eine partielle Identifikation gibt es nicht! Gibt es nicht? Als ob man, wenn man am demokratischen Staat ernsthafte Mängel und Fehlentwicklungen feststellt, konsequenterweise sich entweder völlig anpassen – oder aber auswandern müßte. Aber nein: Wahre Konsequenz ist nicht Konsequenzmacherei; Konsequenzmacherei ist falsche Konsequenz! Es gibt – auch wenn er schwierig zu gehen und Mißverständnissen nach beiden Seiten hin ausgesetzt ist – einen konsequenten Weg zwischen Konformismus und Eskapismus, zwischen unkritischem Anpassertum und hyperkritischem Sektierertum: Loyalität zur Kirche, der man sich verpflichtet fühlt, aber immer eine kritische Loyalität, die sich in loyaler Kritik manifestiert. In diesem Sinn schadet die Verpflichtung auf eine Kirche und ihre Botschaft dem kritischen Theologen so wenig wie dem kritischen Juristen die Verpflichtung auf einen Staat und seine Verfassung. Loyalität und Kritik, Verpflichtung und Freiheit, Sympathie und Unvoreingenommenheit, Glauben und Verstehen schließen sich nicht aus, sondern ein.

Ich hoffe bestimmt, daß auch der Verfasser dieses Buches den Weg kritischer Loyalität konsequent weiterzugehen vermag, unbeirrt, wenn auch nicht unberührt von gutgemeinten kirchlichen Verdikten und weniger gutgemeinter journalistischer Häme, in redlicher Wissenschaftlichkeit und unerschüttertem Glauben an die zu vertretende Sache, in Hoffnung auf einen fairen Austrag der Gegensätze.

In Hoffnung auf einen fairen Austrag der Gegensätze: Eine *»Re-rezeption« der Papstdogmen des Vatikanum I* fordert der französische Theologe *Yves Congar,* der wie kein anderer das neue Kirchenverständnis des Vatikanum II theologisch vorbereitet hat: Historische (Aubert, Torrell, Schatz) oder theologisch-historische (Thils, Dejaifve, Pottmeyer) Studien, radikale Fragen (Küng), dann das Faktum des Vatikanum II selbst und die Neubelebung der Orts- und Partikularkirchen wie schließlich die Vergegenwärtigung der Prinzipien der östlichen Ekklesiologie, dies alles läßt nach Congar die historische Bedingtheit des Vatikanum I heute besser erkennen und ruft – »in unserer katholischen Treue« – nach einer »Re-rezeption« der vatikanischen Dogmen und besonders des Dogmas von der päpstlichen Unfehlbarkeit. Unter Berücksichtigung nämlich eines echten Verständnisses von »Lehramt«, der besten exegetischen, historischen und theologischen Studien dieser Jahrzehnte, des unter so neuen Bedingungen eingeleiteten ökumenischen Dialogs der Theologie und Wirklichkeit der Lokalkirche sollte man, nach Congar, in Verbindung mit den anderen christlichen Kirchen das neu erwägen und formulieren, was im Vatikanum I 1870 definiert und dann von der Gesamtheit der Katholiken in der Bedingtheit der damaligen Epoche angenommen worden sei. Nach Hasler nun dürfte eine solche »Re-rezeption« faktisch auf eine *Revision* der Beschlüsse des Vatikanum I hinauslaufen, was katholischer Kirche und Theologie, aber auch der gesamten Ökumene einen Ausweg gestatten würde aus einer unhaltbar gewordenen Situation hinein in eine neue Zukunft.

Es sei mir gestattet, den Vorschlag Congars aufzunehmen und zu konkretisieren, nicht um einen neuen Unfehlbarkeitsstreit zu provozieren, sondern um den alten definitiv zu liquidieren:

Es möge – jetzt unter dem neuen Pontifikat – die Unfehlbarkeitsfrage exegetisch, historisch, theologisch neu untersucht werden, in objektiver Sachlichkeit, wissenschaftlicher Redlichkeit, Fairness und Gerechtigkeit.

Es möge – ähnlich wie früher in der Frage der Geburtenregelung – eine für diese Frage *ökumenische Kommission* eingesetzt werden, die aus international anerkannten Fachleuten der verschiedenen Disziplinen (Exegese, Dogmengeschichte, systematische Theologie, praktische Theologie und betroffene nichttheologische Disziplinen) bestehen soll.

Es möge bei der Untersuchung der Akzente weniger Gewicht als bisher auf die negativ-kritischen denn auf die positiv-konstruktiven Akzente gelegt und so gefragt werden, ob das *Bleiben der Kirche in der Wahrheit trotz aller Irrtümer* in christlicher Botschaft und großer katholischer Tradition nicht besser begründet sei und ob damit nicht auch heute in der Kirche besser zu leben wäre.

Eine Anwendung: Die Ablehnung jeglicher Empfängnisverhütung durch Papst Paul VI. wurde nach römischer Auffassung mit der Autorität, Kontinuität, Traditionalität, Universalität und deshalb faktisch der Infallibilität und Irreformabilität der traditionellen Lehre begründet. Seither erscheint Rom in dieser Frage – wie in einigen anderen – blockiert, »non possumus«, »wir können nicht«, heißt es bis heute (wie damals zum Verzicht auf den Kirchenstaat). Nur eine Lösung der Unfehlbarkeitsfrage könnte auch eine Lösung für die Frage der Empfängnisverhütung bringen. Die Kirchenleitung, die sich allzu oft mit Mahnungen an alle Welt begnügt, könnte hier in Demut und Selbstkritik selber tatkräftig helfen: durch die mutige Revision der hinter der Enzyklika »Humanae vitae« stehenden Lehre von der angeblichen Unsittlichkeit jeglicher (!) Empfängnisverhütung. Was für zahllose Menschen auch in unseren entwickelten Ländern mit ihrem Geburtenrückgang eine schwere Gewissenslast darstellt, bedeutet für die Menschen in vielen unterentwickelten Ländern, besonders in Lateinamerika, einen unabsehbaren Schaden, an dem sich die Kirche mitschuldig macht: Armut, Analphabetentum, Arbeitslosigkeit, Unterernährung und Krankheit stehen in einer Ursache- und Wirkungbeziehung mit den hohen Geburtenraten! Während der beiden vergangenen Jahrzehnte wurden in der Dritten Welt die (keineswegs geringeren) Wachstumsraten der Lebensmittelproduktion größtenteils verschlungen durch die höheren Geburtenraten!

Papst Johannes Paul II. ist gerade von Lateinamerika mit neuen Erfahrungen zurückgekommen. Hofft man zuviel, wenn man von ihm, der sich dort deutlich gegen Armut, Unterentwicklung und Kinderelend ausgesprochen hat und der auch für die ökumenische Verständigung wirken möchte, einen entscheidenden Schritt zur ehrlichen Klärung der bedrängenden Unfehlbarkeitsfrage erwartet – in einer Atmosphäre gegenseitigen Vertrauens, freier Forschung und fairer Diskussion?

Tübingen, im Februar 1979

Hans Küng
Direktor des Instituts
für ökumenische Forschung
der Universität Tübingen

Dokument II

KIRCHE – GEHALTEN IN DER WAHRHEIT?

Eine theologische Grundlagenbesinnung (1979)

Keine Extrapolation

Futurologen »extrapolieren«: Sie ziehen Linien aus der Gegenwartsentwicklung hinein in die noch unbekannte Zukunft. Läßt sich so nicht auch die Zukunft der Kirche aus der Gegenwart extrapolieren, vorausentwerfen? Läßt sich nicht, mehr oder weniger bestimmt, aus der bisherigen Geschichte der Kirche voraussagen, daß es auch im dritten Jahrtausend und gar später eine Kirche geben wird?

Gewiß, die negativen Prophezeiungen Feuerbachs, Marx', Nietzsches und Freuds haben sich nicht erfüllt: ein Ende des Christentums, ein Absterben der Religion, ein Tod Gottes ist nicht in Sicht! Und jener in Ost wie West verbreitete Fortschritts- und Wissenschaftsglaube, der als Ersatzreligion alle Probleme von Mensch und Gesellschaft zu lösen beansprucht, ist unterdessen selber in die Krise geraten und hat vielfach in Feindlichkeit gegen Wissenschaft und Technik umgeschlagen.

Zugleich weisen uns die Religionssoziologen auf die immer wieder erstaunliche Beständigkeit und Lebenskraft der großen Religionen hin, die alle politischen Systeme an Alter weit übertreffen: Mit ihrem Absterben sei in absehbarer Zeit nicht zu rechnen. Verblüffend in der Tat die Erneuerungsfähigkeit etwa des Judentums und des Islams, die wir in unserer Zeit erleben. Erstaunlich aber auch immer wieder die neue Vitalität des Christentums, wie sie sichtbar wird nicht zuletzt in jenen zahlreichen Initiativen, die zur Bewältigung der Weltprobleme (Rassengleichheit, Weltfrieden, soziale Gerechtigkeit) trotz allen Versagens immer wieder von den christlichen Kirchen und einzelnen Christen ausgehen. Und so werden sich denn zweifellos einige Linien aus der bisherigen Geschichte der Kirche extrapolieren lassen, wiewohl religionssoziologische Extrapolationen noch mehr als andere in Gefahr sind, das Überraschungsmoment der Zukunft außer acht zu lassen und nicht mehr als »Vergangenheitsprognosen« zu sein.

Aber trotz allem nun aufs Ganze gesehen: Wer würde schon wagen, aus den bisherigen zwei Jahrtausenden der Kirche ein ganzes drittes zu extrapolieren? Wer erst recht eine ständige, unbeschränkte Fortdauer (Perennität),

Unzerstörbarkeit (Indefektibilität) oder – wenn man es nicht mißverstehend auf einzelne Sätze bezieht – Untrüglichkeit (Infallibilität) der Kirche? Denn wer weiß: Vielleicht werden Wissenschaft, Technik und rationale Aufklärung doch noch ein erfülltes, zufriedenes Leben auch ohne Glauben an einen Gott ermöglichen und herbeiführen und Christentum samt Kirchen überflüssig machen? Wer möchte hier wahrsagen?

Nein, eine Extrapolation der Unzerstörbarkeit der Kirche ist nicht möglich. Dies sollte man auch gar nicht versuchen. Denn: die Unzerstörbarkeit der Kirche, ihr Gehaltensein in der Wahrheit, ist nur als *Wahrheit des Glaubens* sinnvoll zu bejahen. Das heißt: Die Christen vertrauen darauf, daß es einen lebendigen Gott gibt und dieser Gott auch in Zukunft ihre Glaubensgemeinschaft am Leben, in der Wahrheit erhalten wird. Sie tun das aufgrund der Verheißung, die mit Jesus von Nazaret gegeben ist: Er selber ist die Verheißung, an dem Gottes Treue zu seinem Volk abgelesen werden kann. Wie ist das zu verstehen?

Eine Wahrheit des Glaubens

Will man die Unzerstörbarkeit der Kirche heute theologisch sachgemäß begründen, so wird man sich nicht in Schulbuchmanier biblizistisch-fundamentalistisch nur auf die eine oder andere Bibelstelle stützen dürfen: als ob zumindest in der Bibel die einzelnen Sätze von vornherein unfehlbar wären. Nein, die Bibel ist nicht wie der Koran eine von Gott oder einem Engel diktierte Summe unfehlbarer Sätze, die bis hin zum Alkoholverbot, Verschleiern von Frauen und Handabschlagen bei Diebstahl wörtlich zu befolgen wären. Die Bibel ist eine Sammlung menschlicher Dokumente, die in aller Menschlichkeit, Beschränktheit und Gebrechlichkeit von Gottes Wort und Tat zeugen wollen. Theologisch sachgemäß kann die Unzerstörbarkeit der Kirche nur dann begründet werden, wenn wir uns dabei nicht nur auf einzelne Bibelstellen, sondern auf die *christliche Botschaft als Ganze* stützen können. Auf ihren Anruf kann ich mich als glaubender Mensch einlassen, auch wenn die eine oder andere Zeile der Schrift krumm ist, der eine oder andere Satz nur undeutlich, schief oder vielleicht überhaupt nicht die Botschaft widerspiegelt. Gott schreibt gerade auch auf krummen Zeilen! Und wegen der krummen, sehr menschlichen Zeilen ist Literatur- und Sachkritik für heutiges Verständnis der Bibel unumgänglich. Aber gerade dies ist nun nicht nur wieder ein einzelner Satz, sondern die alle neutestamentlichen Schriften durchziehende Grundüberzeugung, ja es ist die christliche Botschaft selbst:

daß der geschichtliche Jesus von Nazaret mehr ist als nur einer der Propheten, der von anderen Propheten abgelöst wird;

daß in ihm vielmehr Gottes letztentscheidender Anruf, Gottes definitive Wahrheit über sich selbst und den Menschen laut geworden ist;

daß Jesus deshalb zu Recht der Christus, der eigentliche Herr, Gottes fleischgewordenes Wort, der Weg, die Wahrheit und das Leben genannt wurde und genannt wird;

daß er für die Glaubenden – bei allem echten Fortschritt und aller Entwicklung und Verwicklung – durch keinen neuen Herrn, kein anderes Wort, keine bessere Wahrheit überholt oder ersetzt werden könnte.

Das ist die Botschaft des Glaubens derer, die sich zuerst mit guten Gründen glaubend auf ihn, den Gekreuzigten und von Gott zum Leben Erweckten, eingelassen haben, die ihrerseits Glauben herausfordern wollen und bisher auch immer wieder Glauben herausgefordert haben. Dieser Herausforderung kann ich mich selbstverständlich versagen; ich kann Nein sagen. Glauben ist freie Entscheidung, die eine innere Offenheit, eine Bereitschaft zum Glauben voraussetzt. Und je weniger gewöhnlich und banal, je höher, bedeutungsvoller die Wahrheit ist, um die es geht, um so mehr Offenheit, um so mehr Bereitschaft ist erfordert, auch wenn der Glaube selber durchaus kein blinder und unvernünftiger, sondern ein begründeter und verstehender Glaube ist.

Weil Jesus für die Glaubenden der entscheidende Anruf Gottes ist, sein endgültiges Wort, seine definitive Offenbarung, ist es von jeher die Überzeugung der Glaubensgemeinschaft:

daß Gott durch diesen Jesus Christus immer wieder Glauben finden wird;

daß es also immer wieder neu an ihn glaubende Menschen geben wird;

daß es immer wieder neu auch eine Gemeinschaft glaubender Menschen, also eine Kirche Jesu Christi im weitesten Sinn des Wortes, geben wird.

Damit ist bereits etwas Grundlegendes deutlich geworden: Der Glaube an die Unzerstörbarkeit der Kirche, also an ihr Gehaltensein in der Wahrheit, bezieht sich primär auf die ganze Kirche als Glaubensgemeinschaft. Er bezieht sich nicht primär auf bestimmte kirchliche Institutionen oder Instanzen, die ja meist nicht von Anfang an bestanden oder zumindest nicht so bestanden haben und die auch nicht unbedingt für immer zu bestehen oder gerade so zu bestehen haben werden.

So wird die Ebene nicht nur der Institutionen und Instanzen, sondern auch die der Satzwahrheiten durchstoßen, um – wenn nötig durch sehr verschiedene Aussagen – auf die eine und selbe Wirklichkeit zu weisen, die den einzelnen Aussagen zugrunde liegt und ihnen überhaupt erst ihre Wahrheit gibt:

Nur von dieser allem glaubenden Reden zugrundeliegenden Wirklichkeit her, die von Gott her durch Jesus für eine Gemeinschaft des Glaubens eröffnet wurde, kann die Herausforderung zum Glauben wirklich begründet werden. Sich auf diese Wirklichkeit einzulassen, sich auf die Unzerstörbarkeit dieses Glaubens und dieser Glaubensgemeinschaften zu verlassen, bedeutet zweifellos ein Risiko, bedeutet ein Wagnis: Der Glaube kann nicht in gleicher Weise wie anderes »bewiesen« werden; er ist Sache des – freilich vernünftigen – Vertrauens. Wo der Mensch mit der Wirklichkeit Gottes zu tun hat, kann ihm nicht dieselbe Art von Sicherheit verschafft werden, die ihm gewöhnliche Wirklichkeit verschaffen mag. Aber gerade in diesem Risiko bedeutet das Wagnis des Glaubens eine Hoffnung: Der Glaube geschieht auf eine Zukunft hin, die erst noch einzulösen ist, die aber schon eingeleitet ist. Wo der Mensch mit der Wirklichkeit Gottes zu tun hat, kann ihm der Glaube eine Gewißheit schenken, die alle banale, gewöhnliche Sicherheit unendlich übersteigt.

Trotz aller Irrtümer

Diese Hoffnung der Glaubensgemeinschaft auf ihre Zukunft hat sich in verschiedenen Texten der Schrift niedergeschlagen, die als »klassische« Texte in diesem Zusammenhang von katholischer wie evangelischer Theologie immer wieder zitiert werden: »Die Pforten der Hölle werden sie nicht überwältigen« (Mt 16,18). »Und siehe, ich bin bei euch alle Tage bis an das Ende der Welt« (Mt 28,20). »Und er (der Vater) wird euch einen anderen Beistand geben, damit er in Ewigkeit bei euch sei, der Geist der Wahrheit« (Joh 14,16). »Der Geist wird euch in die ganze Wahrheit einführen« (Joh 16,13). »Die Kirche des lebendigen Gottes, die Säule und Grundfeste der Wahrheit« (1. Tim 3,15).

Auffälligerweise schließen diese »klassischen« Aussagen über Kirche und Wahrheit jedoch Irrtümer weder bei bestimmten Personen noch bei bestimmten Aussagen von vornherein aus. Das mannigfache Versagen und Irren der Menschen wird in der Bibel von der Genesis bis zur Apokalypse vielmehr ständig vorausgesetzt. Nur zu oft – auch bei den Erzvätern und bei Mose, bei den Richtern, Königen und Propheten, schließlich auch bei Petrus und den Aposteln – wird es geradezu ad oculos demonstriert.

Nun sagen freilich manche: Wenn man schon im Glauben eine Unzerstörbarkeit (Indefektibilität) der Kirche annimmt, warum nicht im selben Glauben eine Unfehlbarkeit (Infallibilität) bestimmter Amtsträger oder

Glaubenssätze? Aber der Unterschied ist offenkundig: Im ursprünglichen christlichen Zeugnis, auf das wir zur Bestimmung dessen, was christlich ist, angewiesen sind, ist der Kirche die Wahrheit verheißen, ist aber keinen kirchlichen Autoritäten für ständig oder für bestimmte Fälle Irrtumslosigkeit garantiert. Ganz im Gegenteil: Gerade der Prototyp des Jüngers Jesu, Simon Petrus, dessen Glauben an Jesus als den lebendigen Christus für die Kirche grundlegend, ja geradezu zum »Felsen« geworden ist, gerade er versagt immer wieder; Jesus sagt ihm einmal: »Geh, du Satan!« (Mk 8,33) Gerade so ist Petrus Typos, Symbol der Kirche: sein »Glaube hört nicht auf« (Lk 22,32), obwohl auch er sogar in entscheidender Situation nicht nach der Wahrheit des Evangeliums handelt und von Paulus schärfstens korrigiert werden muß (vgl. Gal 2,11-15). Das heißt: Wenn es immer wieder Wahrheit in der Kirche geben soll, dann nicht weil ihre Glieder oder mindestens bestimmte Glieder in bestimmten Situationen keine Fehler machen und ihre Irrtumsfähigkeit irgendwann durch höheren Einfluß ausgeschaltet wäre! Sondern weil Gottes Wahrheit sich bei allen menschlichen Mängeln und Fehlern als stärker erweist und die Botschaft Jesu Christi sich immer wieder Glauben verschafft, so daß Jesus in der Gemeinschaft der Glaubenden bleibt und sein Geist immer wieder neu in die ganze Wahrheit einführt!

Ja, was ist *Wahrheit?* »Wahrheit« (hebräisch »emet«, griechisch »alétheia«) im Alten und Neuen Testament meint entschieden mehr als wahre (oder richtige) Sätze, Aussagen. »Wahrheit« im biblischen Sinn meint Treue, Beständigkeit, Zuverlässigkeit: die unbedingt verläßliche Treue des Bundesgottes zu seinem Wort, zu seiner Verheißung und so zum Menschen. Das ist die Wahrheit Gottes: die absolute Treue und Zuverlässigkeit Gottes gegenüber dem Menschen, eines Gottes, der sich selber und den Menschen nicht täuscht; der nie zum Lügner wird, wenn er auch noch so oft betrogen wird; der nie Gemeinschaft aufkündet, wenn sie auch immer wieder gebrochen wird; der auch die Abgefallenen nicht endgültig fallenläßt. Aus dieser Wahrheit, Treue, Verläßlichkeit Gottes kann, soll, darf der glaubende Mensch, die Glaubensgemeinschaft leben.

Warum also bleibt die Kirche als Gemeinschaft des Glaubens am Leben? Nicht weil es in ihr keine Lebensbedrohung, keine Krankheit zum Tod gäbe. Sondern weil Gott sie *trotz* aller Gebrechen und Schwachheiten am Leben erhält und ihr immer wieder neue Fortdauer (Perennität) verleiht.

Warum bleibt die Kirche in der Gnade? Nicht weil sie selber beständig und treu wäre. Sondern weil Gott sie *trotz* aller Sünde und Schuld aus der Gunst und Gnade nicht entläßt und ihr immer wieder neue Unzerstörbarkeit (Indefektibilität) gewährt.

Warum bleibt die Kirche in der Wahrheit? Nicht weil sie kein Schwanken und Zweifeln, Entgleisen und Abirren kennt. Sondern weil Gott sie *trotz* ihrer Zweifel, Mißverständnisse und Irrtümer in der Wahrheit hält und ihr immer wieder neu Untrüglichkeit (Infallibilität) schenkt!

Zur Klärung der traditionellen theologischen Begriffe sei angemerkt: Im Neuen Testament meinen die Worte Leben, Gnade, Wahrheit dieselbe Wirklichkeit, in welcher Erkennen und Lieben, Reden und Tun und in allem das gelebte Ja des Menschen zu Gott verbunden sind. Und so gehen denn auch die Begriffe Perennität, Indefektibilität, Infallibilität ineinander über. Aber sie meinen dieselbe Wirklichkeit, können aber im theologischen Sprachgebrauch so oder anders näher bestimmt und voneinander unterschieden werden. Da die Worte Indefektibilität und Perennität traditionellerweise mehr mit dem »Sein« als mit der »Wahrheit« der Kirche in Verbindung gebracht wurden, andererseits jedoch das Sein der Kirche an ihrem Wahrsein hängt, haben wir den Begriff der Indefektibilität (Perennität) für unseren Zusammenhang mit einer näheren Bestimmung gebraucht: *Indefektibilität*, Unzerstörbarkeit (nicht nur im Sein, sondern), *in der Wahrheit*. Der Begriff der Indefektibilität ist weniger als der Begriff der Infallibilität auf bestimmte Sätze oder Instanzen ausgerichtet. Vor allem ist er nicht mit den vielen Mißverständnissen des Terminus Unfehlbarkeit belastet. Deshalb ist Indefektibilität oder Unzerstörbarkeit für den heutigen Gebrauch vorzuziehen. Wird also der Terminus Indefektibilität (der Kirche) im Gegensatz zur Infallibilität (einzelner Sätze oder Instanzen) gebraucht, so meint Indefektibilität das grundlegende Bleiben der Kirche in der Wahrheit, das von einzelnen Irrtümern nicht aufgehoben wird. Eine Indefektibilität der Kirche in der Wahrheit ist vom ganzen Neuen Testament gedeckt, eine Infallibilität bestimmter Instanzen oder Aussagen nicht zu erweisen. Vielmehr muß man von einer Indefektibilität der Kirche trotz aller Fallibilität ihrer menschlichen Instanzen und Aussagen sprechen.

Vom Geist geführt

Jesus Christus als Wahrheit, Weg und Leben

Wenn wir vom Gehaltensein, vom Bleiben der Kirche in der Wahrheit sprechen, dann mag dieser Satz noch immer recht theoretisch klingen. Doch liegt alles daran, daß seine konkrete Bedeutung greifbar wird. *Zwei Mißverständnisse* sind von vornherein abzuwehren: Die Konkretisierung kann ausbleiben, sie kann aber auch überzogen werden und damit sich selber aufheben.

Gegen eine fehlende Konkretisierung muß gesagt werden: Es ist nicht nur Gott, der bleibt. Daß Gott bleibt, ist mehr oder weniger eine Tautologie. Gemeint ist hier vielmehr, daß Gottes Wahrheit nicht nur im Himmel bleibt, sondern auch auf Erden, daß sich also Gottes Wahrheit in der Kirche auswirkt. In diesem Sinn geht es um das Gehaltensein und Bleiben der Kirche selber.

Gegen eine überzogene Konkretisierung muß gesagt werden: Es sind nach allem, was gesagt wurde, nicht unfehlbare Sätze, in denen sich das Bleiben der Kirche in der Wahrheit konkretisieren ließe. Als ob dies die einzige Möglichkeit der Konkretisierung wäre. Eine echte Konkretisierung des Bleibens in der Wahrheit muß auf andere Weise gedacht werden. Nicht um das Bleiben bestimmter Sätze geht es, sondern wiederum um das Bleiben der Kirche selber in der Wahrheit.

Wie läßt sich das Gehaltensein in der Wahrheit positiv bestimmen? Aus dem früher Entwickelten dürfte klargeworden sein, daß es sich für die Kirche nicht um eine abstrakte Wahrheit – »Was ist Wahrheit!?« – handelt, sondern um die *christliche* Wahrheit, die *Wahrheit des Evangeliums Jesu Christi.*

Die *erste* Antwort auf unsere Frage ist somit: Die Kirche wird konkret in der Wahrheit gehalten, wo immer nicht eine andere weltliche, politische oder geistliche Größe, sondern *Jesus selber* für den einzelnen oder eine Gemeinschaft *die Wahrheit bleibt.* Er weiß oder sagt ja nicht nur die Wahrheit. Er verkörpert, er ist die Wahrheit, die zum Leben führt. Er bleibt aber die Wahrheit für den einzelnen und die Gemeinschaft nicht einfach dadurch, daß man ihn als Wahrheit kennt, erkennt, bekennt. Sondern dadurch, daß man aus der Wahrheit, die er ist, lebt: so daß dieser Jesus – seine Botschaft, sein Verhalten, sein Geschick – Orientierung und Maßstab ist, im konkreten Leben des einzelnen und der Glaubensgemeinschaft, für die Beziehungen sowohl zum Mitmenschen, zur menschlichen Gesellschaft wie schließlich zu Gott selbst.

Daraus folgt unmittelbar die *zweite* Antwort: Die Kirche wird ganz konkret in der Wahrheit Jesu Christi gehalten, wo immer nicht nur Worte gemacht werden, sondern ganz *praktisch Nachfolge geschieht:* wo immer also Jesus nicht nur verkündigt und geglaubt, sondern ihm aus dem Glauben heraus nachgefolgt, nachgelebt wird. An ihn glauben heißt ja, sich vertrauend auf ihn einlassen. Und das wiederum heißt: an ihm und seinem Weg ganz praktisch teilhaben, meinen eigenen Lebensweg – und jeder Mensch hat seinen eigenen – nach seiner Wegleitung gehen, um so durch seine lebendige Wahrheit zum wahren Leben zu gelangen. Er selber also der Heilsweg und Lebensweg des Menschen zu Gott. Er selber die Antwort nach dem richtigen Weg, der bleibend gültigen Wahrheit, dem wahren Leben. Er selber so die Antwort auf die Sinnfrage, Heilsfrage, Lebensfrage für diese Zeit und über die Grenzen dieser Zeit hinaus. In der Sprache des Johannesevangeliums: »Ich bin der Weg, die Wahrheit und das Leben« (Joh 14,6).

So also wird die Kirche in der Wahrheit, in der Wahrheit des Evangeliums, in der Wahrheit Jesu Christi gehalten. Die Kirche hält sich nicht selbst in der Wahrheit. Sie *wird* gehalten: von Gott, durch Jesus Christus, im Geist.

Der Geist weht, wo und wann er will

Gott, Jesus Christus sind dem Glaubenden, der Glaubensgemeinschaft nicht ferne. Das war schon immer die Überzeugung der Christengemeinde: Gott, Jesus Christus sind dem Glaubenden, sind der Glaubensgemeinschaft nahe, gegenwärtig. Wie? Nicht nur durch unsere Erinnerung. Sondern durch die geistige Wirklichkeit, Gegenwärtigkeit, Wirksamkeit Gottes, Jesu Christi selbst. Mit einem Wort: Gott, Jesus Christus sind dem Glaubenden, sind der Glaubensgemeinschaft nahe *im Geist*: gegenwärtig im Geist, durch den Geist, ja als Geist.

»Geist«, der »Heilige Geist«: für viele Menschen eine recht mystische Größe. Was ist der *»Heilige Geist«?* Greifbar und doch nicht greifbar, unsichtbar und doch mächtig, wirklich wie die energiegeladene Luft, der Wind, der Sturm, lebenswichtig wie die Luft, die man atmet: so haben sich die Menschen schon der alten Zeit vielfach den »Geist« und Gottes unsichtbares Wirken vorgestellt. Dieser Geist ist nicht der Geist des Menschen, sein wissendes und wollendes lebendiges Ich. Sondern er ist der *Geist Gottes*, der als *heiliger* Geist vom *unheiligen* Geist des Menschen und seiner Welt scharf unterschieden wird. Der heilige Geist ist niemand anders als Gott selbst, sofern er als gnädige Macht und Kraft über das Innere, das Herz des Menschen, ja den ganzen Menschen Herrschaft gewinnt, dem Glaubenden und der Glaubensgemeinschaft innerlich gegenwärtig wird und sich wirksam bezeugt.

Als Gottes Geist ist er jedoch zugleich der Geist des zu Gott erhöhten Jesus Christus. So ist Gottes Geist nicht mehr mißdeutbar als eine obskure, namenlose göttliche Kraft, sondern ist völlig eindeutig der *Geist Jesu Christi:* Jesus als dem aus dem Tod zum Leben erweckten Herrn ist nämlich Gottes Macht, Kraft und Geist so sehr zu eigen geworden, daß er selber in der Existenz- und Wirkweise des Geistes ist. Der erhöhte Jesus handelt gegenwärtig durch den Geist, im Geist, als Geist. Im Geist ist Jesus der lebendige Herr, der Weg, die Wahrheit und das Leben, der Maßgebende für den glaubenden Menschen und auch die Glaubensgemeinschaft, die Kirche. Weder eine Hierarchie noch eine Theologie noch ein Schwärmertum, die sich über Jesus, sein Wort, sein Verhalten und Geschick hinweg auf den »Geist« berufen wollen, können sich auf Jesu Christi Geist, auf den Heiligen Geist, berufen. Deshalb sind von diesem Jesus Christus her die Geister – kirchliche und unkirchliche, welche auch immer – zu prüfen und zu scheiden!

Damit ist nun aber auch klar: Als Geist Gottes und Jesu Christi für die Menschen ist er nie des Menschen eigene Möglichkeit, sondern Kraft, Macht, Gabe, *Gnade* Gottes! Er ist kein unheiliger Menschengeist, Zeitgeist, Kirchengeist, Amtsgeist, Schwarmgeist. Er ist und bleibt immer der heilige Gottesgeist, der weht, wo und wann er will, und der sich nicht zur Rechtfertigung absoluter Lehr- und Regierungsgewalt, unbegründeter Theologie, frommen Fanatismus' und falscher Glaubenssicherheit in Anspruch nehmen läßt.

Der Geist wirkt, *wo* er will: Der Geist Gottes kann in seiner Wirksamkeit von der Kirche nicht beschränkt werden. Der Geist wirkt nicht nur von oben, sondern ganz entscheidend von unten. Er wirkt nicht nur in den kirchlichen Ämtern, sondern wo er will: im ganzen Volk Gottes. Er wirkt nicht nur in der »heiligen Stadt«, sondern wo er will: in allen Kirchen der einen Kirche. Er wirkt nicht nur in der katholischen Kirche, sondern wo er will: in der ganzen Christenheit. Und er wirkt schließlich nicht nur in der Christenheit, sondern wiederum wo er will: in der ganzen Welt.

Der Geist wirkt, *wann* er will: Gewiß, der freie Geist Gottes ist nicht ein Geist der Willkür, der Scheinfreiheit, der enthusiastischen Schwärmerei, sondern der wahren Freiheit; ist nicht ein Geist des Chaos, sondern der Ordnung, nicht des Widerspruchs, sondern des Friedens: nicht nur in der Welt, sondern auch in der Kirche! Das mußte den Korinthern, welche die Kirchenordnung mit Berufung auf ihre Geistesgaben vernachlässigten, gerade von Paulus entgegengehalten werden: »Gott ist nicht ein Gott der Unordnung, sondern des Friedens!« (1. Kor 14,33). Willkür, Unordnung, Chaos in der Kirche kann sich also gewiß nicht auf den Heiligen Geist berufen.

Und doch besagt das nicht: Gottes Geist weht, wann er *muß*. Vielmehr gilt: wann er *will*. Keine Kirchenordnung in Lehre und Praxis, kein Dogma und kein Ritus etwa zwingen ihn, jetzt zu handeln und jetzt nicht zu handeln. Gottes Geist steht unter keinem anderen Gesetz als dem Gesetz seiner eigenen Freiheit; unter keinem anderen Recht als unter dem Recht seiner eigenen Gnade; unter keiner anderen Macht als unter der Macht seiner eigenen Treue. Gottes Geist steht also jedenfalls nicht unter dem Gesetz der Kirche, dem Recht der Kirche, der Macht der Kirche. Gottes Geist wird nicht regiert vom Kirchengesetz, vom Kirchenrecht und der Kirchenmacht. Er selbst regiert und beherrscht souverän Kirchengesetz, Kirchenrecht und Kirchenmacht. Wer also in der Kirche meinte, mit irgendwelchen Mitteln des Gesetzes, des Rechtes und der Macht sich des Geistes zu bemächtigen, muß notwendig scheitern. Die Kirche versucht zwar immer wieder, sich des Geistes zu bemächtigen, aber sie kann ihn nicht »besitzen«, kann nicht über ihn verfügen, ihn nicht beschränken, steuern, meistern.

Die Kirche kann dies alles nicht, weder durch ihr Wort noch durch ihr Sakrament, weder durch ein Dogma noch durch einen Ritus. Gewiß, Gott bindet sich im Geist an Wort und Sakrament der Kirche, aber dies geschieht nicht aufgrund eines Gesetzes der Kirche, sondern aufgrund von Gottes Freiheit; nicht aufgrund eines kirchlichen Rechtes, sondern aufgrund seiner freien Gnade; nicht aufgrund einer kirchlichen Macht, sondern aufgrund seiner Treue. Das bedeutet: Wenn er sich an Wort und Sakrament der Kirche bindet, ist das nicht eine Verpflichtung für ihn, sondern für uns. Nicht wir fordern ihn, sondern er fordert uns: unseren bedingungslosen *Glauben!* Weder das Wort noch das Sakrament wirken automatisch: Finden sie keinen Glauben, wirken sie sich nicht aus. Wer mit Wort oder Sakrament, aber auch mit Gesetz und Recht, Macht und Ordnung den Heiligen Geist meinte herbeizwingen zu können, ließe es gerade an jenem Glauben mangeln, den der Geist von ihm fordert: an jenem Glauben nämlich, der sich gerade nicht an sein oder der Kirche Recht und Gesetz, seine oder der Kirche Macht und Ordnung hält, sondern an Gottes freie Gnade und Treue. Es bleibt also auch in der Kirche wahr: Der Geist weht, nicht wann er muß, sondern wann er will.

Sollten wir, die wir die Kirche sind, je einmal vergessen können, daß wir, obwohl gerechtfertigt, Sünder sind und immer wieder neu uns als Sünder vorfinden, daß wir also zu Gottes Geist im Widerspruch sind, ihn »betrüben« und von uns aus gesehen verlieren können? Sollten wir vergessen, daß auch unser Glaube, obwohl er uns Gewißheit gibt, immer wieder neu angefochten und bedroht ist, daß wir uns immer wieder neu allein an die Treue und Gnade Gottes halten können? Daß es also so ganz und gar nicht selbstverständlich ist, daß der Geist bei uns, bei der Kirche, *bleibt*? Gibt es für uns etwas anderes, als immer wieder bußfertig zu rufen nicht nur: veni Sancte Spiritus, sondern auch: mane Sancte Spiritus: Bleibe bei uns, in deiner Treue trotz unserer Untreue? Die Kirche hat den freien Geist Gottes trotz ihres dauernden Versagens in allen ihren Gliedern nicht verloren. Das ist nicht eine Selbstverständlichkeit, sondern das Wunder der Treue Gottes, einer Treue, die nicht vorausgesetzt werden darf, sondern immer wieder neu geglaubt und erbetet sein will.

Zwischen Traditionalismus und Modernismus

Aber hat denn der Geist nicht die Kirche schon immer in alle Wahrheit eingeführt? Dieses Wort vom Geist, der die Kirche »in die ganze Wahrheit einführt« (Joh 16,13), ist oft mißbraucht worden: mißbraucht von solchen, die meinten, mit Berufung auf den Heiligen Geist, der die Kirche führt, alles träge beim alten lassen zu können; mißbraucht auch von solchen, die umgekehrt meinten, mit Berufung auf denselben Geist alle Neuheit in der Kirche als Wahrheit des Geistes ansehen und akzeptieren zu dürfen. Die ersten wie die zweiten verstehen das Wort anders, als es gemeint ist.

Die ersten, die trägen *Traditionalisten*, die mit Berufung auf den Geist in der Kirche alles Gewordene verteidigen, übersehen die Sätze, die jenem einen Satz vom Geist, der in die ganze Wahrheit einführt, vorausgehen: daß nämlich der Geist immer wieder kommt, um »die Welt (und es ist hier die böse, sündige, gottfeindliche Welt gemeint) zu überführen in bezug auf Sünde, Gerechtigkeit und Gericht« (16,8). Die Welt, jawohl, aber auch die Kirche, die in dieser Welt ist und die nur zu oft als verweltlichte Kirche erscheint. Auch der verweltlichten Kirche muß der Geist immer wieder neu die Schuld aufdecken. Er muß ihr die Augen öffnen über Sünde, Gerechtigkeit und Gericht: über die Sünde, die zutiefst Unglauben gegenüber Jesus Christus ist, über die Gerechtigkeit, die in der Überwindung der gottfeindlichen Welt durch Jesus besteht, über das Gericht, das in Tod und Auferstehung Christi bereits über die gottfeindliche Welt ergangen ist.

Immer wieder hat auch die Kirche – und das sind wir alle – allen Grund zu fragen, ob sie dem Glauben an Jesus Christus entspricht, ob sie von seiner Gerechtigkeit her lebt, ob sie mit dem ergangenen Gericht rechnet. Immer wieder hat die Kirche allen Grund zur Buße, zur Besinnung und damit, was sie selbst angeht, zur Umkehr, zur Reform, zur Erneuerung. Die Geschichte der Kirche ist leider nicht ein stetiger Aufstieg, ein stetiges Besserwerden. Die Idee vom ewigen Fortschritt auch der Kirche ist eine Idee der Aufklärung, nicht eine Idee der christlichen Offenbarung. Es gibt in der Geschichte der Kirche einen Fortschritt, aber immer wieder auch einen Rückschritt. Es gibt in der Geschichte der Kirche einen Aufstieg, aber immer auch wieder einen Abstieg. Es gibt in der Geschichte der Kirche eine Entwicklung, aber immer wieder auch Verwicklung und Fehlentwicklung.

Die Kirche, die glaubt an den Geist Christi, der sie immer wieder in die Wahrheit einführt, weiß, daß sie der Geist immer wieder gerade auch vor ihre eigene Sünde, vor die Gerechtigkeit Christi und vor das Gericht stellt. Sie weiß, daß der Geist sie gerade so wieder zu neuem Glauben an Christus, zu einer größeren Treue zum Evangelium, zu einem ernsteren Leben nach seiner Botschaft fordert.

In diesem Sinne darf es die Kirche unter dem Geist nun gerade nie einfach beim alten bleiben lassen, sondern muß sie immer wieder alles neu werden lassen in diesem Geist, der das Angesicht der Erde und auch der Kirche erneuert, welcher der Geist dessen ist, von dem es heißt: »Siehe, ich mache alles neu!« (Offb 21,5).

Das Wort vom Geist, der die Kirche in alle Wahrheit einführt, wird aber falsch verstanden nicht nur von denen, die meinen, mit der Berufung auf den Geist, der in alle Wahrheit einführt, alles beim alten lassen zu können, sondern auch von den anderen, die meinen, mit Berufung auf denselben Geist alle Neuheit in der Kirche als Wahrheit des Geistes annehmen zu können. Solche oberflächlichen *Modernisten* übersehen die Sätze, die jenem einen Satz vom Geist, der in die ganze Wahrheit einführt, *nachfolgen:* daß nämlich der Geist »nicht von sich aus reden wird, sondern was er hört, wird er reden, und das Zukünftige wird er euch verkündigen. Er wird mich verherrlichen; denn aus dem meinigen wird er es nehmen und euch verkündigen. Alles, was der Vater hat, ist mein; deshalb habe ich gesagt, daß er es aus dem meinigen nimmt und euch verkündigen wird« (Joh 16,13–15).

Was der Geist also der Kirche zu sagen hat, sind nicht irgendwelche *neue* Offenbarungen, *neue* Lehren, *neue* Verheißungen, die ergänzend oder überbietend hinzukämen zu dem, was Christus gesagt hat. Es heißt vom Geist nicht, er wird in *neue* Wahrheiten, sondern er wird in die *ganze* Wahrheit einführen. Dies ist ja die Grundüberzeugung des Evangelisten: Jesu Wort ist das absolut entscheidende Wort, das über Leben und Tod entscheidet: »Nie hat ein Mensch so geredet, wie dieser Mensch redet«, entschuldigen sich die Knechte bei den Hohenpriestern, als sie Jesus nicht gefangengenommen hatten (Joh 7,46). Hier spricht nicht einer der alttestamentlichen Propheten, deren Worte *jeweils* neu vom Geist inspiriert werden, sondern hier spricht einer, der *ständig* aus der Einheit mit Gott heraus redet und handelt! Kein Prophet hat absolute Bedeutung: Propheten folgen aufeinander, einer dem anderen. Auf Jesus aber folgt kein neuer Offenbarer: in ihm ist ein für allemal die Offenbarung Gottes der Welt gegeben.

Diese Offenbarung ist gewiß unerschöpflich. Aber was an neuen Erkenntnissen der Kirche geschenkt wird durch den Geist, das ist nicht eine Ergänzung oder Überbietung dessen, was Christus als der Offenbarer gesagt hat. Es ist nur Erinnerung an das, was Jesus gesagt hat: der Geist wird nur an das »erinnern«, was Jesus gesagt hat (14,26); er wird nicht »von sich aus« reden, sondern nur sagen, was er »gehört« hat (16,13); er wird »aus dem meinigen nehmen« (16,14); er wird von Jesus »zeugen« (15,26).

Der Geist wird also *nichts Neues* lehren. Aber alles, was Jesus gelehrt und getan hat, wird er in einer neuen Weltzeit, angesichts neuer Situationen und neuer Erfahrungen, *in neuem Licht* erscheinen lassen. So erst wird die Wahrheit Jesu Christi in ihrem Sinn für heute neu deutlich und verständlich.

Anwendungen

Durch diese näheren Bestimmungen ist das Gehaltensein der Kirche in der Wahrheit Jesu Christi durch den Geist faßbarer geworden:

1. Wenn es beim Bleiben in der Wahrheit wesentlich um Nachfolge im Geist Jesu Christi geht, so ist dieses *mehr eine Sache der Orthopraxie als der Orthodoxie:* Sie geschieht mehr im christlichen Leben als im Lehren, mehr in der Tat als nur im Wort.

Denn so wenig gleichgültig es ist, was einer von Jesus glaubt, so sehr dies seine praktische Einstellung bestimmen wird, so wenig ist dies andererseits das letztlich Ausschlaggebende. Das »Herr, Herr«-Sagen allein nützt nichts. Der Bruder, der sagt, er gehorche nicht, und doch gehorcht, wird dem vorgezogen, der sagt, er gehorche, und doch nicht gehorcht. Wo immer Jesus nach den Berufungsperikopen in seine Nachfolge ruft, fragt er nicht zuerst nach einem Glaubensbekenntnis. Die so beunruhigende Bergpredigt kreist nicht um orthodoxen Glauben, sondern um das radikale Tun des Willens Gottes im Dienst am Nächsten. Denn die christliche Wahrheit ist konkret. Auch das Urteil beim Jüngsten Gericht nach Matthäus erfolgt aufgrund des Tuns, des Einsatzes für die Mitmenschen.

2. Wenn es beim Bleiben in der Wahrheit wesentlich um Nachfolge im Geist Jesu Christi geht, so ist dies *mehr eine Sache des einzelnen und einzelner Gemeinschaften als der Institutionen:* Selbstverständlich sind auch die christlichen Institutionen auf das Evangelium Jesu Christi verpflichtet. Doch Institutionen aus sich allein können das Bleiben der Glaubensgemeinschaft in der Wahrheit nicht garantieren!

Denn Institutionen sind in Händen von Menschen, sind mißbrauchbar und korrumpierbar. Oft wird der einzelne und die einzelne Gemeinschaft in der Wahrheit Jesu Christi gehalten trotz bestimmter unevangelisch funktionierender (und so zu reformierender!) Institutionen und ihrer Repräsentanten. So sehr Institutionen für eine Gemeinschaft, auch eine Glaubensgemeinschaft und besonders für eine große Glaubensgemeinschaft, notwendig sind, so wenig sind sie letztlich ausschlaggebend für das Bleiben in der Wahrheit. Sie sollen dieses Bleiben befördern, können es aber auch behindern. Kirche ist wesentlich Glaubensgemeinschaft; Entscheidungen des Glaubens aber fallen im Herzen des einzelnen. Institutionen jedoch haben kein Herz. Es gibt eine letzte Unmittelbarkeit des einzelnen zu Gott und zu seiner Wahrheit, über die keine Institution Macht hat, auch nicht mit Scheiterhaufen und Bannbullen. So ist Nachfolge Jesu Christi immer wieder möglich selbst dort, wo Institutionen für diese Nachfolge ein Hindernis statt eine Hilfe bedeuten.

3. Wenn es beim Bleiben in der Wahrheit wesentlich um Nachfolge im Geist Jesu Christi geht, so manifestiert sich dieses *nicht nur in den orthodoxen Großkirchen, sondern auch unter Häretikern:* Die Häresie wird damit nicht zur Wahrheit; was das Glaubensfundament der Ekklesia durch ein »anderes Evangelium« in Frage stellt und deshalb in Gegensatz zur Ekklesia kommt, kann nicht Wahrheit genannt werden. Aber schaut man auf die konkreten Menschen und Gemeinschaften, ist diese Aufteilung von Wahrheit und Irrtum nicht mehr ganz so leicht!

Denn einerseits gibt es Wahrheit in der Häresie: Echte Häresien leben nicht so sehr vom Irrtum, als von der in ihnen investierten und oft übertriebenen Wahrheit. Andererseits aber gibt es auch Irrtum in der Kirche: Irrtümer, Verirrungen und Irreführungen, Vernachlässigungen, Verschüttungen und Verschiebungen waren vielfach Anlaß, Ursache, Angriffsfläche für die Häresie. Diese war oft nicht willkürliche Aktion, sondern begreifliche Reaktion: aus gutem Glauben, aus dem Glauben an das Evangelium, das nicht verraten werden sollte. Dem Häretiker darf der gute Glauben, ja auch der gute Christusglaube nicht abgesprochen werden. Irrtümer lassen sich verurteilen, irrende Menschen nicht. Auch der Irrende kann vom Evangelium betroffen sein und bleiben, und er war es oft mehr als der eingebildete Hochorthodoxe. Ihm ist aus diesem Glauben heraus Nachfolge Jesu Christi keineswegs verunmöglicht. Und so wird man sagen müssen: Wie die Kirche trotz aller Irrtümer in der Wahrheit erhalten wird, so der Häretiker, der aus dem Glauben an das Evangelium sich um Nachfolge müht, trotz seiner (deshalb nicht gerechtfertigten) Häresie.

4. Wenn es beim Bleiben in der Wahrheit wesentlich um Nachfolge im Geist Jesu Christi geht, so manifestiert sich dieses *beim Versagen von Hierarchie und Theologie noch immer im gelebten Glauben der »kleinen Leute«*: Es gab Zeiten, da von der Wahrheit des Evangeliums im Leben und Treiben von Hierarchien und Theologen wenig zu beobachten war, die Kirche dem Untergang nahe und die Verheißung der Unzerstörbarkeit ein leeres Wort schien. Wenn aber Päpste und Bischöfe Macht, Geld und Genuß nachliefen und die Theologen schwiegen, schliefen, kluge Apologien lieferten oder gar mitmachten, da blieben noch immer jene zahllosen meist unbekannten Christen (und unter ihnen auch immer einige Bischöfe, Theologen und besonders Gemeindepfarrer), die auch in den schlimmsten Zeiten der Kirche nach dem Evangelium zu leben versuchten!

Also nicht so sehr die Hohen und Mächtigen, Klugen und Weisen, sondern ganz nach dem Neuen Testament die »kleinen Leute«, die »Geringen« waren dann jene »Zeugen der Wahrheit«, welche die Unzerstörbarkeit der Kirche manifestierten. Aus den Kreisen dieser »kleinen Leute« kam denn auch sehr oft und zunächst unauffällig jene echte Erneuerung, die meist nicht durch irgendwelche dogmatische Definitionen erreicht wurde, sondern durch Besinnung auf das Evangelium, durch Bewußtseinsänderung und echte Umkehr in Gebet, Leiden und Handeln.

Was ist unter diesen Umständen noch die Funktion der kirchlichen Ämter, insbesondere der Leitungsdienste, für das Bleiben der Kirche in der Wahrheit? Es sei hier nur vorläufig ausgezogen, was sich aus dem eben Gesagten ergibt: Die Ämter konstituieren jedenfalls nicht die Wahrheit in der Kirche. Auch Amtsträger können irren und irren häufig und können sogar wie überhaupt die Institutionen korrumpiert werden. Also nicht die Amtsträger sind der Grund, warum die Kirche in der Wahrheit bleibt. Sondern trotz des Irrtums auch vieler Amtsträger wird die Kirche in der Wahrheit gehalten. Das Evangelium selber ist Quelle, Norm und Kraft für den Glauben und für die Fortdauer (Perennität) und die Unzerstörbarkeit (Indefektibilität) der Glaubensgemeinschaft in der Wahrheit. Freilich kann und soll dabei den Amtsträgern eine positive Funktion, eine Hilfsfunktion, zukommen: insofern sie je nach der besonderen Funktion ihres Amtes im Dienst am Evangelium und an der Glaubensgemeinschaft gerade auch einen Dienst an der *Wahrheit* wahrzunehmen haben. Was die Kirchenleiter angeht: einen Dienst an der Wahrheit durch die vielfältige Verkündigung des Evangeliums und den sinnvollen Vollzug der Sakramente in der Öffentlichkeit der Gemeinde sowie schließlich in Konsequenz das tätige Engagement in Kirche und Gesellschaft.

Doch ist auf diese Frage zurückzukommen. Vorher aber verdient das Gehaltensein der Kirche in der Wahrheit noch in einer anderen Richtung konkretisiert zu werden: im Hinblick auf die Irrtümer in der Kirche.

Mit Irrtümern leben

Irrtümer sind Fakten

Oft hört man in Diskussionen um die Unfehlbarkeit die besorgte Frage: Was aber geschähe, wenn »die Kirche«, wenn der Papst oder ein Konzil bezüglich einer gewichtigen Glaubens- oder Sittenfrage in einer feierlichen und vielleicht früher als unfehlbar betrachteten Entscheidung irrten?

Die Frage ist verständlich: Was geschieht im Fall des Irrtums? Darauf ist zunächst zu antworten, daß alle Panik unnötig ist: Der Irrtum des kirchlichen Lehramtes in schwerwiegenden Glaubens- und Sittenentscheidungen ist jedenfalls ein Faktum – und noch leben wir! Wem »Humanae vitae« nicht klar oder schwerwiegend genug ist, der denke an die Definition des Konzils von Trient bezüglich der Übertragung einer Ursünde durch geschlechtliche Zeugung oder die Definition desselben Konzils bezüglich eines (von den christlichen Ursprüngen her nicht zu rechtfertigenden) durch Ordination vermittelten unauslöschlichen Seelenmerkmals (character sacramentalis) oder an die durchaus dogmatisch verstandene feierliche Verurteilung der Religions- und Gewissensfreiheit wie auch an die seit der Galilei-Krise bis in unser Jahrhundert hinein in feierlichen Dokumenten verkündete vollständige Irrtumslosigkeit der Bibel usw. Es soll hier nicht darüber diskutiert werden, wo eine »unfehlbare« Definition vorlag und wo nicht (dies ist eine nachträglich eingeführte Unterscheidung); nach dem Vatikanum I und II müßte dann nicht nur die »Unfehlbarkeit« des »außerordentlichen«, sondern auch die des auf viele Dinge sich erstreckenden »ordentlichen« alltäglichen Lehramtes von Papst und Bischöfen in Betracht gezogen werden. Jedenfalls hat man noch im letzten Jahrhundert manches als Glaubenssatz (»de fide«) ausgegeben, was man heute nicht mehr wahrhaben will (man lese nur die von manchen Theologen nach dem Vatikanum I als »unfehlbar« angesehenen Verurteilungen des »Syllabus« Pius' IX., die Thesen gegen die naturwissenschaftliche Abstammungslehre, die unter Gewissensdruck und Eidzwang dem gesamten Klerus abgeforderten antimodernistischen Glaubensbekenntnisse).

Aber was immer im einzelnen als »unfehlbare« Lehre betrachtet werden mag oder mochte und was nicht, ein Konsens besteht über das Faktum des irrenden Lehramtes auch bei den Organen »unfehlbarer« Lehrentscheidungen (Papst, Episkopat, ökumenisches Konzil). Und die genannten Irrtümer waren gewiß schwerwiegend und folgenreich genug: Bei »Humanae vitae« ist das schon jetzt für viele offenkundig. Offenkundig sind heute aber auch mehr denn je die negativen Folgen der (augustinischen) Auffassung von der Erb-Sünde, übertragen durch Zeugung, für die Verteufelung der Geschlechtslust und das Heil der ungetauften Kinder; weiter die Folgen der (ebenfalls auf Augustin zurückgehenden) Lehre vom character sacramentalis für den dogmatisch begründeten Klerikalismus; der Lehre von der Irrtumslosigkeit der Bibel für das Verhältnis zu Naturwissenschaften und Historie; der Verurteilung von Gewissens- und Religionsfreiheit für viele verfolgte Protestanten und die Stellung der Katholiken in der modernen Gesellschaft usw.

Jegliche Verharmlosung der Irrtümer des kirchlichen »Lehramtes« verbietet sich. Aber trotz allem:

Die Kirche lebt weiter

Wir müssen auch in der Glaubensgemeinschaft wie mit Konflikten so mit Irrtümern leben oder leben lernen. Die Kirche hat die Irrtümer »überstanden« oder »übersteht« sie zum Teil in der unmittelbaren Gegenwart mit einigen Schmerzen. Aber sie lebt weiter, und die Wahrheit des Evangeliums ist trotz aller schweren Belastungen in der Kirche nach wie vor zu vernehmen. Die Kirche lebt ja schließlich nicht von ihren Irrtümern, sondern von der Wahrheit des Evangeliums, die sich auch bei zahlreichen und schwerwiegenden Irrtümern durchzusetzen vermag. Wenn man dies noch etwas genauer erklären will:

Die Nachfolge Jesu Christi kann gegeben sein, auch wenn ein Glaubender über den einen oder anderen Lehrpunkt im Widerspruch zum Evangelium steht. Eine wahrhaft evangelische Grundhaltung kann durch einzelne Satzirrtümer noch weniger aufgehoben werden als durch einzelne Sünden. Das richtig verstandene »zugleich Gerechtfertigter und Sünder« (»simul iustus et peccator«) hat seine Parallele in einem richtig zu verstehenden »zugleich Glaubender und Ungläubiger« (»simul fidelis et incredulus«). Jeder Glaubende hat Grund zum Bekenntnis: Herr, ich glaube, hilf meinem Unglauben!

Was vom einzelnen gilt, kann analog von der kirchlichen Gemeinschaft gesagt werden: In der Kirche werden immer genügend Menschen so nach dem Evangelium leben, daß die Botschaft vernommen werden kann und es einen Sinn hat, vom In-der-Wahrheit-bleiben der Kirchengemeinschaft zu reden, welches von einzelnen Satzirrtümern auch offizieller Art nicht aufgehoben werden kann. Wie das »simul iustus et peccator«, so hat auch das »simul fidelis et incredulus« eine ekklesiologische Dimension. Die Kirche ist nicht eine Gemeinschaft der Vollkommenen; sie ist im Pilgerstand, in statu viatoris. Wichtiger als der eine oder andere Tritt daneben, als der eine oder andere Irr- oder Umweg ist die von der Verheißung bestimmte Grundrichtung der Glaubensgemeinschaft in der Wahrheit und auf die letzte Wahrheit zu, die selber, wie betont, eine Glaubenswahrheit ist. Alle Umwege und Irrwege durch die Wüste änderten nichts daran, daß das alte Gottesvolk grundsätzlich auf dem richtigen Weg war zu dem ihm verheißenen Lande. Alle Fehltritte und Fehlschlüsse, Fehlgriffe und Fehlleistungen werden das heute durch manche Wüste wandernde Gottesvolk nicht letztlich von dem ihm bestimmten Kurs abbringen können.

Auch ein möglicherweise falsches Dogma – und wie manches Dogma ist heute vergessen oder berührt das Glaubensbewußtsein der Christen bestenfalls am Rand – kann das Sein und das Wahrsein der Kirche nicht aufheben. Die Totalität des Glaubens besteht in der Ganzheit der Hingabe, nicht in der Vollständigkeit der richtigen Sätze. Und die Hingabe kann ganz und rückhaltlos sein, auch wenn dabei etwas Falsches gesagt wird. Irrtümer des kirchlichen »Lehramtes« sind eine ernsthafte Sache, aber sie sind für die Kirche nicht existenzbedrohend! Gerade dies meint die Verheißung der Unzerstörbarkeit in der Wahrheit. Und diese Verheißung sollte eigentlich den kleingläubigen Christen jene Angst vor dem Irrtum nehmen, die oft größer scheint als die Angst vor der Sünde. Warum verhindert der Heilige Geist solche Irrtümer nicht von vornherein? So fragten manche vor und nach »Humanae vitae«. Die Antwort: weil Gottes Geist die Menschlichkeit des Menschen nicht aufhebt; Irren ist menschlich. Die drängendere Frage wäre vielmehr: Warum hat eigentlich gerade die Kirche, die das Umdenken und Umkehren auf ihre Fahne geschrieben hat, besonders große Schwierigkeiten, ihre Irrtümer zu korrigieren? Die Antwort: Weil sie sich gerne mit Gottes Geist identifiziert und sich so die Unfehlbarkeit Gottes zuschreibt, aus der sie dann die Irreformabilität, die Unkorrigierbarkeit ihrer Entscheidungen ableitet. Sollte es indessen nicht eher umgekehrt sein: daß die Kirche unter dem Evangelium, als ecclesia semper reformanda, ihre Irrtümer leichter, rascher als andere revidiert und korrigiert und damit gerade ihre Unzerstörbarkeit in der Wahrheit glaubwürdig macht?

Wenn nun aber so konkret mit Irrtümern im kirchlichen »Lehramt« gerechnet werden soll, wie soll man dann überhaupt noch wissen, was in der Kirche Wahrheit ist und was nicht? Das Problem der *Bewahrheitung*, der *Verifikation*, stellt sich hier.

Kriterien der christlichen Wahrheit

Das Evangelium Jesu Christi als primäres Kriterium

Als erstes ist zu bemerken: Die neue Unfehlbarkeitslehre steht bezüglich der Bewahrheitung vor nicht geringeren Schwierigkeiten. Auch wenn ich unfehlbare Sätze annähme, so stellt sich die Frage, warum diese Sätze wahr sind. Doch gewiß nicht einfach, weil sie unfehlbar definiert sind. Auch nach der üblichen Lehre sind Dogmen nicht wahr, weil sie definiert wurden, sondern sie wurden definiert, weil sie wahr sind. Warum also sind sie wahr? Warum soll zum Beispiel das Dogma von der Unbefleckten Empfängnis Mariens wahr sein und das (von einigen mindestens gewünschte) Dogma von der unbefleckten Empfängnis des heiligen Joseph nicht? Mann kann noch radikaler fragen: Warum können nicht beide wahr oder beide falsch sein?

Was also soll *Kriterium* sein, wenn wir mit Irrtümern im kirchlichen »Lehramt«, unter Umständen auch in früher als unfehlbar betrachteten Lehrentscheidungen, rechnen müssen?

Gewiß nicht einfach die Praxis: sonst würde der Erfolg zum Kriterium der Wahrheit, und was hat nicht alles Erfolg in dieser Welt?

Gewiß auch nicht einfach die Vernunft: sonst würde die christliche Wahrheit auf allgemeine Vernunftwahrheiten reduziert und damit überflüssig.

Aber auch nicht einfach der Glaube (oder Glaubenssinn) des Volkes; sonst würde nur zu oft der Aberglaube Glauben.

Schließlich auch nicht die Dogmen selbst: Das wäre eine petitio principii, ein Argument, das sich selbst in den Schwanz beißt (die Dogmen sind wahr, weil sie dogmatisch sind).

Die Methode der Verifikation muß dem zu verifizierenden Sachverhalt angemessen sein. Es gibt verschiedene Verifikationen. Kriterium für das, was in der *christlichen* Kirche wahr sein soll, kann nichts anderes sein als die *christliche Botschaft*, das Evangelium Jesu Christi, wie es im Neuen Testament ursprünglich – und schriftlich, was willkürliche Veränderungen und Entwicklungen verunmöglicht – niedergelegt ist, und damit *Jesus Christus* selbst. Das Neue Testament, dies wurde im Zusammenhang von

»Christ sein« konkret durchgeführt, darf nicht biblizistisch-fundamentalistisch als eine Summe unfehlbarer Sätze verstanden werden, sondern ist historisch-kritisch (auf der Höhe heutiger Hermeneutik) zu interpretieren. Es ist dabei nicht nur existential im Hinblick auf den einzelnen, sondern auch sozial im Hinblick auf die Gesellschaft in die Gegenwart hinein zu übersetzen, wobei in zweiter Linie auch der Praxis eine hermeneutische Funktion zukommt: Inwiefern vermag diese Wahrheit das Leben zu bestimmen?

Die Bedeutung von Gemeinschaft und Tradition

Da die christliche Wahrheit nicht eine ewige Idee zu sein beansprucht, sondern wesentlich geschichtliche Wahrheit ist, dürfen zwei Momente in diesem Verifikationsprozeß nicht vernachlässigt werden.

Das Moment der *Gemeinschaft*: Über die Glaubensgemeinschaft ist mir diese Wahrheit zugekommen, und in dieser Glaubensgemeinschaft wird sie noch heute gelebt. Ob ich will oder nicht, ich kann von diesem gesellschaftlichen Kontext nicht absehen. In der lebendigen Glaubensgemeinschaft selbst stehend aber, aus der diese Glaubenszeugnisse hervorgegangen sind und für die sie noch immer Leben bedeuten, könnte mir ein vertieftes Verständnis gegeben werden für das, was diese Zeugnisse sowohl ursprünglich wie heute bedeuten.

Dann das Moment der *Tradition*: Nicht von unserer Generation wurde die christliche Botschaft ausgedacht. Überliefert wurde sie durch eine Geschichte von zwanzig Jahrhunderten. Ich bin weder der Autor noch der erste Interpret der christlichen Wahrheit. Die Geschichte kann mir wie die Gemeinschaft helfen, die Grenzen meiner Subjektivität zu sprengen und die Wahrheit tiefer und umfassender zu erkennen. Die Gemeinschaft und die Tradition der Kirche haben also Wesentliches zu bedeuten für den Prozeß der christlichen Wahrheitsfindung. Das genau ist es, was man auch mit Katholizität in Raum und Zeit ausdrücken kann.

Der Christ und der Theologe insbesondere steht so zwischen dem ursprünglichen Evangelium und dem heutigen kirchlichen Glaubensbewußtsein. Wer einfach das »aktuelle Glaubensbewußtsein der Kirche« beziehungsweise das kirchliche »Lehramt« als »Superkriterium« annimmt, wird so oder anders zum Apologeten des kirchlichen Systems: Er vernachlässigt, daß auch nach dem Vatikanum II das »Lehramt« unter dem Wort Gottes steht und deshalb vom normativen Kriterium der Schrift her kritisiert werden muß. Wer umgekehrt unter Vernachlässigung des Glaubensbewußtseins der Kirche einfach das Evangelium als letztes Kriterium ansetzt, steht in Gefahr, einem schwärmerischen Subjektivismus zu verfallen: Er macht sich leicht selber mit Hilfe der historisch-kritischen Methode zur letzten Glaubensinstanz. Um einen hermeneutischen Zirkel kommen wir in der Tat nicht herum: Anders als der Religionswissenschaftler steht der Theologe im Glauben der Kirche und setzt ihn voraus; zugleich aber soll er ihn kritisch-wissenschaftlich untersuchen. Darin gleicht er mehr etwa dem Staatsrechtler, der in Loyalität zu seinem Staat und dessen Verfassung steht und diese doch kritisch-wissenschaftlich untersuchen soll. Das ist schwierig, aber nicht unmöglich.

Eine kritisch-wissenschaftliche Theologie ist somit gefordert und keine »systemimmanente« Theologie, die das kirchliche Lehrsystem in jedem Fall rechtfertigt: Der *»systemimmanente« Theologe* geht vom »aktuellen Glaubensbewußtsein der Kirche«, genauer, von den »unfehlbaren« kirchenamtlichen Lehrentscheidungen aus und kehrt immer wieder zu diesen Lehrentscheidungen zurück. Da diese auf keinen Fall falsch gewesen sein können und deshalb auf keinen Fall korrigiert werden dürfen, bleiben zwei Möglichkeiten: sie entweder einfach zu wiederholen und dafür irgendwelche Schrift- und Traditionszitate zusammenzusuchen (so macht es die positivistische Neuscholastik), oder sie für das moderne Empfinden spekulativ zu »interpretieren« und assimilierbar zu machen (so macht es die spekulative Neuscholastik). Da solche »Interpretation« ohne irgendein Kriterium geschieht, sind der subjektiven Willkür in der »Interpretation« beziehungsweise »Uminterpretation« der Dogmen praktisch keine Grenzen gesetzt. »Außerhalb der Kirche kein Heil« kann dann meinen: »Außerhalb der Kirche durchaus Heil«. Interpretation schlägt um in Kontradiktion.

Der *kritisch-wissenschaftliche Theologe* hingegen stellt durchaus konkret das Glaubensbewußtsein der Kirche in Rechnung. Allerdings nicht nur das »aktuelle«, sondern auch das frühere (Katholizität in Raum und Zeit), was – wie sich in der Frage der konziliaren und päpstlichen Unfehlbarkeit zeigt – oft schon eine Kritik des gegenwärtigen Glaubensbewußtseins einschließt. Dieses gegenwärtige Glaubensbewußtsein darf auf keinen Fall um den Preis der Wahrheit gerechtfertigt werden. Es muß am ursprünglichen, maßgebenden neutestamentlichen Glaubenszeugnis gemessen und unter Umständen sehr entschieden korrigiert werden.

So sind also durchaus verschiedene theologische »loci« oder »Fundorte« der Theologie zu berücksichtigen, aber sie dürfen nicht künstlich harmonisiert, nivelliert und egalisiert werden: als ob sie alle gleichen Ranges wären!

Nein allen kirchlichen und auch den feierlichsten konziliaren Entscheidungen kommt nach deren Selbstverständnis immer nur eine abgeleitete, sekundäre, *normierte Autorität* zu gegenüber der originalen, primären, *normierenden Autorität* des Evangeliums und des dort bezeugten Jesus Christus selbst! Nur mit Bezug auf das Evangelium Jesu Christi also, auf das sie sich ja immer beziehen wollen, können Konzilien und andere kirchliche Autoritäten eine unbedingte Zustimmung fordern; dies würde auch gelten unter der Voraussetzung, daß Konzilien nicht irren können, wird aber verschärft, wo Irrtum zugestanden wird.

Woran glaubt der Christ?

Woran glaubt der Christ eigentlich? Jedenfalls nicht an Sätze, auch nicht eigentlich an Wahrheiten (im Plural). Gewiß, Glaubensbekenntnisse, die bestimmte Wahrheiten oder Ereignisse zusammenfassen, können eine Hilfe sein; aber der Christ glaubt nicht »an« Bekenntnisse. Gewiß, Glaubensdefinitionen, die bestimmte Punkte der christlichen Botschaft gegenüber dem Unchristlichen abgrenzen, sind in extremen Situationen vielleicht unumgänglich; aber der Christ glaubt nicht »an« Definitionen. Ja, streng genommen glaubt er auch nicht »an« die Bibel oder »an« die Tradition oder »an« die Kirche. Nein, die spezifische Gefahr gerade des protestantischen Glaubens ist der Biblizismus, wie die Gefahr östlich-orthodoxen Glaubens der Traditionalismus und die Gefahr römisch-katholischen Glaubens der Autoritarismus sind: dies alles sind defiziente Weisen von Glauben. Dagegen ist deutlich zu sagen:

Der Christ (auch der protestantische) glaubt nicht an die Bibel, sondern an den, den sie bezeugt.

Der Christ (auch der orthodoxe) glaubt nicht an die Tradition, sondern an den, den sie überliefert.

Der Christ (auch der katholische) glaubt nicht an die Kirche, sondern an den, den sie verkündet.

Das unbedingt Verläßliche, an das der Mensch sich für Zeit und Ewigkeit halten kann, sind nicht die Bibeltexte und nicht die Kirchenväter und auch nicht ein kirchliches Lehramt, sondern ist *Gott selbst, wie er für die Glaubenden durch Jesus Christus gesprochen und gehandelt hat*! Die Bibeltexte, die Aussagen der Väter und kirchlicher Autoritäten wollen – in verschiedener Gewichtigkeit – nicht mehr und nicht weniger als Ausdruck dieses Glaubens sein.

Ich glaube also nicht einfach verschiedene Sachverhalte, Wahrheiten, Theorien, Dogmen: Ich glaube nicht das oder jenes. Ich glaube auch nicht nur der Vertrauenswürdigkeit einer Person: Ich glaube nicht einfach diesem oder jenem. Vielmehr wage ich es, mich vertrauensvoll auf eine Botschaft, eine Wahrheit, einen Weg, eine Hoffnung, letztlich auf jemand ganz persönlich einzulassen: Ich glaube »an« Gott und an den, den er gesandt hat.

Und damit dürfte der letzte Grund aufgezeigt sein, weswegen die einzelnen Glaubenssätze wichtig, aber doch nicht letztlich entscheidend sind. Gewißheit, Zuverlässigkeit und Getrostheit schenkt – durch alle Sätze hindurch – der Grund des Glaubens: Gott und sein Christus selbst, der in Sätzen, in wahren Sätzen verkündet wird, der sich aber auch durch vieldeutige und unter Umständen sogar falsche Sätze hindurch Achtung zu verschaffen weiß.

Es ist mit dem Glauben ähnlich wie mit der *Liebe*: Wenn ich einen Menschen liebe, aber dann unvermittelt erklären muß, warum ich ihn liebe, stottere ich vielleicht, verspreche mich, übertreibe das eine und untertreibe das andere, sage Schiefes oder gar Falsches, betone Unwichtiges und vergesse gar Wichtiges. Aber meiner Liebe braucht das keinen Abbruch zu tun. Die Liebe ist auf Sätze angewiesen, wenn sie sich aussprechen soll. Aber die Liebe geht nicht in Sätzen auf. Wahre Liebe hält sich auch durch unwahre Sätze durch.

So ähnlich, wenn ich sagen muß, warum ich an Gott, an Jesus *glaube*: Ich formuliere vielleicht undeutlich, ungenau, ja falsch, ich übersehe das eine und überwerte das andere, ich verfehle in meiner Aussage vielleicht gerade Zentrales und habe mich nachher zu korrigieren. Aber meinem Glauben an Gott und Jesus braucht dies keinen Abbruch zu tun. Der Glaube ist auf Sätze angewiesen, wenn er bekennen, aussagen, verkünden, lehren soll. Aber der Glaube geht nicht in Sätzen auf. Wahrer Glaube hält sich auch durch unwahre Sätze hindurch. Der christliche Glaube ist nicht ein geschlossenes quasi mathematisches System von Sätzen, wie es eine vom Rationalismus infizierte Theologie anstrebte, das sofort nicht mehr stimmt, wenn einer seiner Sätze nicht mehr stimmt (daher zum Teil die Angst, daß doch ja alle Sätze stimmen). Der christliche Glaube kann wie die Liebe durchaus stimmen, auch wenn einer seiner Sätze nicht stimmt.

Ist das nicht eine tröstliche Antwort? Sehr viel tröstlicher, als wenn uns irgendwo einige garantiert unfehlbare Sätze verheißen wären, die uns doch nicht retten könnten? Wenn man nach Augustin formuliert »Liebe, und tue, was du willst«, so könnte man vielleicht analog formulieren: »Glaube, und sage, was du kannst«. Dieses Sätzchen ist mindestens so mißverständlich wie das erste: Die Wichtigkeit guter, wahrer Glaubensformulierungen soll nicht heruntergespielt werden. Nur soll das Entscheidende deutlich gemacht werden: Denen, die Gott (und die Menschen) lieben, gereichen alle Dinge, schließlich auch noch die schiefen und falschen Glaubensformulierungen, zum besten.

Die Chancen eines fehlbaren »Lehramtes«

Wird das »Lehramt« funktionsunfähig?

Aufgabe der Kirche, jedes einzelnen und besonders die ihrer Leiter, ist es: von diesem ihrem Glauben Zeugnis und Rechenschaft abzulegen; die erfreuliche Botschaft weiterzugeben in Wort und Tat; deutlich zu machen, was Großes es ist um die Sache Jesu Christi und damit um die Sache Gottes und des Menschen; zu erklären und zu deuten, was dies alles ganz konkret für den modernen Menschen und die moderne Gesellschaft bedeutet. In diesem Sinn ist wahrhaftig nichts gegen ein (pastorales) »*Lehramt*« einzuwenden, auch wenn dieser spät eingeführte und inhaltlich ungeklärte Begriff besser vermieden wird, weil er an eine anonyme Behörde (»Auswärtiges Amt«) erinnert und eine unbiblische Unterscheidung zwischen lehrender und hörender Kirche impliziert.

Besser wird man statt dessen konkret reden von den Leitern und Vorstehern der Kirchen und Gemeinden, von den Gemeindepfarrern (im weitesten Sinn: auch Kapläne, Vikare usw.) und Bischöfen (Papst). Diese Leiter und Vorsteher der lokalen, regionalen und universalen Kirche haben als große primäre Aufgabe: für die Verkündigung des Evangeliums in der Öffentlichkeit von Kirche und Welt Sorge zu tragen. Dabei ist aller Akzent auf das *tagtägliche* (und allsonntägliche) Verkündigungsgeschehen zu legen, gegenüber welchem irgendwelche feierliche außerordentliche Akte (eine einzige »unfehlbare« Definition in hundert Jahren) unvergleichlich weniger bedeutungsvoll sind. In erster Linie durch die tagtägliche, in vielen Gestalten und Formen geschehende, helfende, ermutigende, mahnende und tröstende Verkündigung des Evangeliums sollen die Leiter der Kirche ihre Leitungsfunktion wahrnehmen, sollen sie ihre kleinen oder großen Gemeinden im Geist Jesu Christi führen, sollen sie auf die einzelnen Gläubigen und Gruppen integrierend, koordinierend, stimulierend, inspirierend und schließlich auch nach innen und außen die Gemeinschaft repräsentierend wirken. In diesem Sinn wird man von einem *Leitungs- und Verkündigungsdienst der Pfarrer und Bischöfe* (und auch des Papstes) sprechen.

Doch hier taucht nun immer wieder die Frage auf: Wird das »Lehramt«

nicht *funktionsunfähig* (»handlungsunfähig«, »schachmatt gesetzt«), wenn es keine unfehlbaren Entscheidungen fällen kann? Wie sollen der Papst, der Episkopat, das Konzil ihre Aufgabe wahrnehmen, wenn sie im Zweifelsfall nicht unfehlbar definieren können, wer recht hat? Wie also sollten sie ohne Unfehlbarkeit funktionieren können? Darauf kann natürlich zunächst geantwortet werden, daß Papst und Bischöfe ständig ihren Dienst tun, obwohl sie nur in allerseltensten Fällen – die Gemeindepfarrer übrigens überhaupt nie! – »unfehlbare« Entscheidungen fällen. Von einer Paralysierung ihres »Lehramtes« kann also keine Rede sein, wenn man ihnen die Fähigkeit zu »unfehlbarer« Entscheidung abspricht. Vielmehr ist darin die positive Aufforderung enthalten, daß sie ihre grundlegende, normale, tagtägliche Verkündigungsaufgabe noch ernster nehmen. Trotzdem sei kurz auf die Frage eingegangen, wie Episkopat (Konzil) und Papst funktionieren können, wenn sie wie die Pfarrer nicht »unfehlbar« entscheiden können.

Eines sei dabei vorausgeschickt: Merkwürdigerweise hat man heute, wie die Unfehlbarkeitsdiskussion zeigt, mit der Fehlbarkeit der *Bibel* kaum noch die Schwierigkeiten, die man mit der Fehlbarkeit des Papstes oder des Konzils hat. Die Bibel jedenfalls »funktioniert« recht gut auch ohne unfehlbare Sätze. In der katholischen Exegese hat sich die historisch-kritische Methode – nach allen Modernismusschwierigkeiten schließlich sogar mit Zustimmung Roms – sehr viel früher ausgewirkt als in der katholischen Dogmatik, wo jetzt im Grunde für die Dogmengeschichte nachvollzogen wird, was in der Exegese für die Bibel schon längst selbstverständlich geworden ist: wahrhaft geschichtliches Denken: In der historisch-kritischen Exegese hat sich gezeigt, daß die Wahrheit der Schrift nicht nur nicht zerstört wird, sondern geradezu mit neuer Deutlichkeit und Leuchtkraft hervortritt, wenn man endlich aufhört, jeden Satz der Schrift, weil »inspiriert«, als unfehlbar wahr zu verteidigen. Die große Wahrheit vom guten Gott und seiner guten Welt trat im Schöpfungsbericht ganz neu ans Licht, als man es aufgab, jeden Satz in apologetischem Konkordismus als wahr im naturwissenschaftlichen oder historischen Sinne aufzuzeigen. Auch ohne unfehlbare Sätze vermochte es die Bibel so, ihre unüberholbare Autorität zu behaupten, ihren unbedingten Wahrheitsanspruch geltend zu machen, stets wieder neu Glauben und radikales Engagement herauszufordern.

Von daher ergibt sich die Frage: Sollte es nicht auch den *Konzilien* möglich sein, ohne unfehlbare Sätze zu »funktionieren«, wenn schon die Bibel ohne solche Unfehlbarkeit auskommt? Wie soll überhaupt die Unfehlbarkeit der Konzilien in der Schrift begründet werden, wenn diese Schrift selber keine solche Unfehlbarkeit aufweist?

Will man konkret sehen, wie Konzilien ohne unfehlbare Sätze funktionieren können, dann schaut man am besten auf das erste ökumenische Konzil von Nikaia 325, das ohne einen solchen Anspruch auf Unfehlbarkeit auskam. Neueste historische Forschung hat herausgestellt, wie der führende Mann dieses Konzils, Athanasios, und mit ihm viele griechische Kirchenväter sowie Augustin die wahre, wenn auch keineswegs unfehlbare Autorität des Konzils begründet: Das Konzil sagt die Wahrheit, nicht weil es juristisch einwandfrei einberufen wurde; nicht weil der Großteil der Bischöfe der Welt versammelt war; nicht weil es von irgendwelchen menschlichen Autoritäten bestätigt wurde; nicht weil es einen außerordentlichen Beistand des Heiligen Geistes besaß; nicht weil es sich also von vornherein nicht täuschen konnte. Sondern: weil es trotz neuer Worte keine neuen Wahrheiten sagt; weil es in neuer Sprache die alte Tradition überliefert; weil es die ursprüngliche Botschaft bezeugt, weil es die Schrift atmet; *weil es das Evangelium hinter sich hat*! Warum sollte auf diese Weise nicht auch heute ein Konzil funktionieren können?

Merkwürdigerweise treffen sich ja das erste und das vorläufig letzte ökumenische Konzil der katholischen Kirche darin, daß sie beide keine von vornherein unfehlbar wahren Definitionen machen wollten! Die von der kurialen theologischen Vorbereitungskommission des Vatikanum II zunächst vorgesehenen unfehlbaren Definitionen hätten ungefähr so viel und so wenig genützt wie der lange Katalog der verurteilten Irrtümer Pius' IX. hundert Jahre früher. Johannes XXIII. hatte nicht so sehr als Theologe, sondern als evangelisch gesinnter Seelsorger und Mann des gesunden Menschenverstandes erkannt, daß unfehlbare Definitionen dem Konzil nichts nützen würden, daß das Konzil nur dann »funktionieren« wird, wenn es ohne Anspruch auf Unfehlbarkeit *in pastoraler, seelsorgerlicher Ausrichtung die Wahrheit des Evangeliums* in der Sprache der Menschen von heute neu zur Geltung bringt. Wie er in der Eröffnungsansprache zum Vatikanum II sagte: »Der ›springende Punkt‹ dieses Konzils ist nicht die Diskussion dieses oder jenes Grundartikels der Lehre der Kirche in weitschweifiger Wiederholung der Lehre der Väter sowie der alten und modernen Theologen, welche man als unserem Geist immer gegenwärtig und vertraut voraussetzen darf. Dafür braucht es kein Konzil.« Vielmehr erwartet der Papst die zeitgemäße Verkündigung: »ein Sprung voran, hin auf eine Lehrdurchdringung und eine Bildung der Gewissen, gewiß in einer vollkommeneren Entsprechung und Treue zur echten Lehre, doch auch diese studiert und dargelegt in den Formen der Forschung und literarischen Formulierung eines modernen Denkens«. Denen, die in jeder Neugestaltung und Erneuerung der Lehre Modernismus fürchten, hält der Papst entgegen: »Etwas anderes ist der *Gehalt* der alten Lehre des Glaubens, und etwas anderes ist die *Formulierung* ihrer Einkleidung: Und gerade diese ist es, der man heute – wenn nötig mit Geduld – stark Rechnung tragen muß, indem man alles mißt an den Formen und Proportionen eines vor allem seelsorglich gerichteten Lehramtes.«

So kann ein Konzil – allerdings nur in beschränktem Ausmaß (keine Fachtheologie!) und am besten auf bestimmte Schwerpunkte konzentriert – der christlichen Verkündigung dienen. Diese *»theoretische« Aufgabe* wird es normalerweise nur dann glaubwürdig wahrnehmen können, wenn es sich zugleich um die *praktische Erneuerung* der Kirche im christlichen Geist bemüht. Schon das Konzil von Nikaia – das wird oft übersehen – beschäftigte sich auch mit Fragen der Kirchendisziplin. Und auf der Linie der hochmittelalterlichen Reformkonzilien wird sowohl in Trient wie im Vatikanum I und II die »Reform« zusammen mit der »Lehre« geradezu der zweite Pol der konziliaren Bemühungen. Nicht selten wurde der Erfolg oder Mißerfolg, das »Funktionieren« oder »Nichtfunktionieren« eines Konzils mehr an seinen Reformergebnissen als an seinen Lehrergebnissen gemessen.

Das alles schließt nicht aus, daß ein Konzil zwar nicht in irgendwelchen theologischen Detailfragen, wohl aber dort, wo es um das entscheidend Christliche geht, in Extremfällen eindeutige Abgrenzungen trifft. Aber auch in einem solchen Fall wird es sich – die Geschichte der »Rezeption«, der »Annahme«, der Konzilien durch die Kirchengemeinschaft, beweist es – nicht deshalb durchsetzen, weil es mit dem Anspruch auf Ökumenizität (Unfehlbarkeit) auftritt (das haben viele Konzilien vergebens versucht), sondern nur weil und insofern es glaubwürdig die Wahrheit des Evangeliums selber hinter sich hat. So kann dann ein Konzil zwar nur situationsbedingt und durchaus nicht unfehlbar, aber doch durchaus *verbindlich*, ja in entscheidenden Fragen mit letzter Verbindlichkeit sprechen. Es ist jene letzte Verbindlichkeit, die nur von der Wahrheit herkommen kann, hinter der Gott selber steht: von der christlichen Botschaft her, die in einer bestimmten Situation ein langes Diskutieren und Differenzieren nicht mehr erlaubt, sondern ein vollgültiges und unbedingtes Ja (unter Umständen auf Leben und Tod) herausfordern kann.

Wenn ein Kind in den Fluß gefallen ist, kann man nicht mehr über Methoden der Lebensrettung debattieren. Wenn es wirklich um Sein oder Nichtsein der Kirche geht oder das Schicksal ungezählter Menschen unmittelbar auf dem Spiel steht, dann sind theologische Distinktionen fehl am Platz, dann muß ein klares Bekenntnis gewagt werden, auch wenn es gefährlich sein sollte. Damit ist freilich auch schon gesagt, daß es bei allfälligen Verurteilungen um echte Notstandsaktionen gehen muß, welche die kirchlichen Repräsentanten etwas kosten, und nicht um die bequemen Interventionen kirchlicher Bürokratien in Friedenszeiten, die begründete Kritik abwürgen möchten, statt sich ihr zu stellen. Wie die Kindererziehung nicht mit Unfallverhütung erledigt ist, so die Verkündigung in der Kirche nicht mit der Verurteilung von Irrtümern. Die *Chance* eines Konzils heute – dies hat das Vatikanum II mit aller Deutlichkeit gezeigt – besteht darin, ohne allen Anspruch auf Unfehlbarkeit und im Bewußtsein der begrenzten Möglichkeiten einen konstruktiven Beitrag zur Lösung der großen Probleme der Kirche, der Christenheit, der Gesellschaft, des Menschen von heute zu leisten.

Wie der Papst funktionieren könnte

Wie könnte der Papst »funktionieren« ohne unfehlbare Lehrdefinitionen? Nun, wir haben in unseren Tagen beide Möglichkeiten kennengelernt. Da war ein Papst, Pius XII., der nicht ganz ein Jahrhundert nach dem Vatikanum I meinte, endlich die dem Papst vom Konzil zugeschriebene, aber nie in Anspruch genommene Vollmacht in Anspruch nehmen zu müssen, um eine unfehlbare Lehrdefinition, ein neues Mariendogma, urbi et orbi zu verkünden. Doch keine seiner Lehräußerungen blieb so umstritten in der Christenheit und auch in der katholischen Kirche wie diese »unfehlbare« Definition! Auch die damals erhofften pastoralen Auswirkungen für die Frömmigkeit des katholischen Volkes und die Bekehrung der Welt werden aus dem Abstand von dreißig Jahren mehr als nüchtern beurteilt. Das Vatikanum II hat sich vom extremen Marianismus distanziert und praktisch sein Ende heraufgeführt, was die Fragwürdigkeit jener Definition noch offenkundiger gemacht hat.

Das andere Beispiel: Der nächste Papst, Johannes XXIII., hatte von vornherein nie die Ambition besessen, eine unfehlbare Definition auszusprechen. Er hat im Gegenteil immer wieder in verschiedenster Form seine eigene Menschlichkeit, Beschränktheit, ja hin und wieder auch seine Fehlbarkeit betont. Der Nimbus der Unfehlbarkeit ging ihm ab. Und doch hat keiner der

Päpste dieses Jahrhunderts auf den Gang der Geschichte der katholischen Kirche, aber auch der Christenheit überhaupt einen solchen Einfluß ausgeübt wie dieser auf Unfehlbarkeit keinen Wert legende Papst. Mit ihm und dem Vatikanum II ist eine neue Epoche der Kirchengeschichte eingeleitet worden. Ohne alle unfehlbaren Sätze ist es ihm gelungen, dem Evangelium Jesu Christi in der Kirche auf vielfältige Weise wieder neu Gehör zu verschaffen. Von daher besaß er eine Autorität in und außerhalb der katholischen Kirche, wie sie zur Zeit seines Vorgängers gar nicht denkbar gewesen wäre. Er hat jedenfalls – mehr spontan als geplant, mehr zeichenhaft als programmatisch – mit all seinen Schwächen und Fehlern in Umrissen sichtbar werden lassen, wie der Papst auch ohne allen Anspruch auf Unfehlbarkeit Papst sein könnte: Nicht eifersüchtiges Pochen auf Vollmachten und Prärogativen und Ausüben einer Autorität im Sinn des Ancien régime, sondern eine Autorität des Dienstes im Geist des Neuen Testaments angesichts der Bedürfnisse der heutigen Zeit: brüderlich-partnerschaftliche Zusammenarbeit, Dialog, Konsultation und Kollaboration vor allem mit den Bischöfen und Theologen der Gesamtkirche, Einschaltung der Betroffenen im Entscheidungsprozeß und Aufforderung zur Mitverantwortung. Also, auch in Fragen der Verkündigung und der Lehre soll der Papst so durchaus seine Funktion wahrnehmen: *in* der Kirche, *mit* der Kirche, *für* die Kirche, aber nicht *oberhalb* oder *außerhalb* der Kirche!

Dies schließt wiederum nicht aus, daß ein Papst auch einmal entschieden *gegen* etwas Stellung nehmen kann und unter Umständen auch Stellung nehmen müßte. Es hätte gar keine unfehlbare Definition gebraucht, ein klares, verständliches, auf der Höhe der christlichen Botschaft gesprochenes Wort des »Stellvertreters« hätte angesichts des Überfalls auf Polen oder des Massenmordes an den Juden durchaus genügt. Merkwürdigerweise wurde aber in neuerer Zeit gerade dann nicht »unfehlbar« gesprochen, wenn es ungezählte Menschen erwartet hätten. Umgekehrt kann der Papst trotz aller Fehlbarkeit (zusammen mit den übrigen Bischöfen) der kirchlichen Gemeinschaft und ihrer Einheit dienen, die missionarische Arbeit der Kirche in der Welt inspirieren und seine Bemühungen für Frieden und Gerechtigkeit, die Abrüstung, die Menschenrechte, die soziale Befreiung der Völker und Rassen, den Einsatz für die Benachteiligten aller Art intensivieren. Ohne allen Anspruch auf Unfehlbarkeit kann er in der christlichen Ökumene und weit darüber hinaus in seinem Lehren und Wirken immer wieder die Stimme des Guten Hirten laut werden lassen: als Mediator und Inspirator im Geist Christi und als Leader in der christlichen Erneuerung. Rom würde so zu einem Ort der Begegnung, des Gesprächs und der ehrlichen und freundschaftlichen Zusammenarbeit.

Aus all dem folgt: Der Papst kann auch ohne unfehlbare Lehrdefinition

»funktionieren«, ja er kann unter den heutigen Bedingungen von Kirche und Gesellschaft ohne unfehlbare Lehrdefinition *besser* seinen Dienst erfüllen. Wer also die päpstliche Satzunfehlbarkeit in Frage stellt, stellt nicht das Papsttum an sich in Frage. Dies muß gegen ständige Verwechslungen, Verdrehungen und Verdächtigungen mit allem Nachdruck gesagt werden. Vieles am Petrusdienst ist fraglich geworden, vor allem die mittelalterlichen und neuzeitlich-absolutistischen Formen, die sich bis in unsere Tage hinein gehalten haben. Ein Petrusdienst hat nur dann Zukunft, wenn er vom Petrussymbol des Neuen Testaments her verstanden wird: Die exegetische und historische Begründung einer *historischen* Sukzession des römischen Bischofs ist fraglich geworden. Aber ein Petrusdienst hat sachlich seinen Sinn behalten, wenn er in *funktional-praktischer* Sukzession ein Dienst an der Gesamtkirche ist: ein *Dienstprimat* im vollen biblischen Sinn.

Ein solcher Dienstprimat, wie er in der Gestalt Johannes' XXIII. mindestens umrißhaft sichtbar wurde, bedeutet für die katholische Kirche und die gesamte Christenheit eine wahre *Chance*. Ein Dienstprimat wäre mehr als ein »Ehrenprimat«: ein solcher ist in der Kirche des Dienstes nicht zu vergeben und kann in seiner Passivität auch niemandem helfen. Ein Dienstprimat wäre auch mehr als ein »Jurisdiktionsprimat«: Als reine Gewalt und Macht verstanden, wäre ein solcher ein gründliches Mißverständnis, nach seinem Wortlaut verstanden, verschweigt er gerade das Entscheidende, nämlich den Dienst. Petrusdienst biblich verstanden, kann nur ein »Pastoralprimat« sein: ein seelsorglicher Dienst an der gesamten Kirche. Als solcher ist er vom Neuen Testament *sachlich* gedeckt – ungeachtet aller ungeklärter und wohl auch unklärbarer *historischen* Sukzessionsfragen. Als solcher könnte er für die gesamte Christenheit heute von großem Nutzen sein. Er würde für die großen Anliegen nicht nur einer römisch-katholischen, sondern der gesamten Christenheit sprechen.

Im Konfliktsfall

Verschiedene Funktionen

Damit dürfte die Möglichkeit des Funktionierens der Leitungsämter in ihrem pastoralen Verkündigungsdienst ohne Unfehlbarkeit genügend herausgearbeitet worden sein. Man nimmt von diesen Aussagen nichts zurück, man schwächt nicht die Autorität, sondern stärkt sie vielmehr, wenn man – erneut auf der Linie des Vatikanum II – betont, daß die Leitungsämter ständig in Kollegialität, Solidarität und Gemeinschaft mit allen *anderen Diensten* in der Kirche zu handeln haben. Niemand in der Kirche hat ein Monopol auf Wahrheit, niemand darf die verschiedenen Charismen limitieren, kanalisieren und reglementieren.

Unter diesen Diensten kommt seit den Ursprüngen den »Propheten« und »Lehrern« in der Kirche eine besondere Bedeutung zu, die nicht durch die Leitungsämter ersetzt werden kann. Propheten und Theologen stehen in einem besonderen Dienst an der Wahrheit in der Kirche:

Die *Propheten*, kleine und große, Männer und Frauen, indem sie den Geist unmittelbar zu Wort kommen lassen und aus dem Bewußtsein der Berufung und Verantwortung heraus in einer bestimmten Situation der Kirche den Weg in Gegenwart und Zukunft weisen: indem sie mit ihren »einseitigen« Mahnungen und »harten« Forderungen der Kirche und ihren Leitern – wie schon die alttestamentlichen Propheten den Hierarchen und dem Volk von Jerusalem – zeitweilig unbequem sind und doch für die Erneuerung der Wahrheit aus der Kraft des Geistes Mut, Klarheit und Freude vermitteln.

In anderer Weise die *Theologen*, die sich immer wieder neu mit verschiedensten Methoden um die echte Überlieferung und die richtige Interpretation der ursprünglichen Botschaft mühen: um diese vom Damals neu in die Gegenwart von Kirche und Gesellschaft hinein zu übersetzen und so durch kritische Überprüfung der gängigen Lehre und Besinnung auf das Evangelium selbst zum besseren Verkündigen und Handeln anzuregen und anzuleiten.

Und wenn es über die Frage der Wahrheit in der Kirche zu *Konflikten* kommt? Zu Konflikten insbesondere zwischen Leitern und Lehrern in der

Kirche, zwischen Bischöfen (Papst) und Theologen? Dazu nur einige knappe Anmerkungen:

Zur Konfliktsbewältigung

1. Konflikte sind *Grenzfälle*: Bei der Bestimmung der Vollmacht von Kirchenleitern und Theologen und ihres Verhältnisses untereinander darf man nicht einfach vom Konfliktsfall her denken, um von dort her die grundsätzliche Herrschaft der einen Gruppe über die andere zu konstruieren. Der Konfliktsfall muß *Grenzfall* bleiben, er darf nicht Grundmodell werden. Auch hier ist die Angst ein schlechter Ratgeber.

2. Konflikte sind auch in der Kirche *unvermeidlich*: Sie zeugen von Leben und sind jedenfalls der Friedhofsruhe totalitärer Systeme vorzuziehen. Konflikte müssen durchgestanden, müssen fruchtbar ausgetragen werden. Keine Gruppe darf dabei die andere einfach überspielen. Dem Wohl des Ganzen und der Freiheit des einzelnen hilft nicht das Sich-Durchsetzen der einen Gruppe auf Kosten der anderen, sondern das spannungsreich-spannende Miteinander im Dienst an der gemeinsamen Sache.

3. Für immer mögliche Konfliktsfälle muß eine grundsätzliche Lösung aufbauen auf der möglichst klaren *Unterscheidung der Kompetenzen*: Selbstverständlich kann auch auf diese Weise nicht eine reine Idylle konfliktloser Kirchenzukunft heraufgeführt werden. Aber durch klare Kompetenzabgrenzungen und Selbstbescheidung jeder Gruppe könnten doch zahlreiche Konflikte von vornherein vermieden werden. Vorsteher und Theologen haben ihr je eigenes Charisma, ihre je eigene Berufung, ihre je eigene Funktion. Theologen sollen nicht Bischöfe und Bischöfe nicht Theologen sein wollen. Weder eine Professorenkirche noch eine Hierarchenkirche entspricht dem Neuen Testament. Sowohl der Leitungsdienst der Bischöfe und Pfarrer (Leadership) wie der Lehrdienst der Theologen (Scholarship) haben ihre besondere Bedeutung und auch ihre besonderen Voraussetzungen. Sie sind von vornherein auf Zusammenarbeit verwiesen, da sie beide im selben Evangelium Jesu Christi ihren Ursprung haben und beide für die gleichen Menschen da sind. Beide haben der Verkündigung des Evangeliums auf je spezifische Weise zu dienen: sei es durch Leitung (wozu vorzüglich die Predigt im Gemeindegottesdienst gehört), sei es durch Forschung und Lehre.

4. Wie Kirchen geleitet und Theologie im Normalfall betrieben werden soll, ist hier nicht darzulegen. Das *Entscheidende* für Kirchenleitung und Theologie ist im *Evangelium* grundgelegt. Mehr, als gemeinhin angenom-

men, ist menschlicher Regelung überlassen. Wie etwa Konzilien im Normalfall einberufen werden sollen, regelt für die katholische Kirche das katholische Kirchenrecht, das seit dem Mittelalter die Einberufung dem Papst zuschreibt. Doch geht es hier um Fragen menschlichen Rechts. Die Einberufung eines wahrhaft universalen Konzils aller christlichen Kirchen dürfte nicht an Rechts- und Protokollfragen scheitern.

5. Bei aller klaren Kompetenzabgrenzung zwischen den Funktionen der Kirchenleiter und der Theologen müssen in einer Notlage unter Umständen doch die einen *subsidiär* die Funktionen der anderen wahrnehmen: Beim Versagen der Kirchenleiter müssen die Theologen, beim Versagen der Theologen die Kirchenleiter reden und handeln. Hier hat jeder – selbstverständlich auch der Laie in der Kirche – seine eigene Verantwortung, die er niemandem abtreten kann. Wo immer es durch das Versagen der einen oder anderen Gruppe um Sein oder Nichtsein der Kirche des Evangeliums geht, da ist der status confessionis gegeben, da kann man sich nicht mit Zusehen begnügen. Dann werden die einen den anderen zu Hilfe kommen müssen, um das ihnen Mögliche im Dienst an der Glaubensgemeinschaft entschlossen zu tun.

6. Echte Notlagen und Notstände haben es in sich, daß sie in ihrer Konkretheit nicht vorausgesehen und *nicht vorausgeregelt* werden können: Wer das Feuer löschen soll, kann nur bedingt vorausgeplant werden; bei Feuersbrünsten wird zu löschen beginnen, wer gerade zu löschen vermag, auch wenn er nicht zur Feuerwehr gehört. Das ist kein Plädoyer für die Abschaffung oder Vernachlässigung der Feuerwehr. Unbekümmert um Fragen der juristischen Zuständigkeit muß ein jeder im Notfall das Notwendige tun. Beispiele subsidiären Handelns der einen Gruppe für die andere gibt es in der Kirchengeschichte genügend: Bischöfe haben bei einem heillosen und kirchengefährdenden Wirrwarr der Theologie in Glaubensfragen Stellung genommen (die ökumenischen Konzilien des 1. Jahrtausends). Bischöfe und Theologen haben gehandelt, als die Päpste versagten (Abendländisches Schisma und Reformkonzilien). Pfarrer und Laien haben sich um einen Theologen zur Bekennenden Kirche gesammelt, als die katholischen und protestantischen Bischöfe und der Papst versagten (gegenüber dem Nationalsozialismus in Deutschland).

7. Bei aller grundsätzlichen Unterscheidbarkeit sind die *Grenzen* zwischen den verschiedenen Kompetenzen im Einzelfall *fließend* und können nicht immer eindeutig bestimmt werden: Insbesondere ist im Einzelfall nicht leicht auszumachen, ob es hier schon um Sein oder Nichtsein der Kirche geht, ob diese oder jene Frage nur eine Frage der Theologie oder wirklich des Glaubens ist. Theologen werden sich von vornherein vor subjektivistischem

Schwärmertum und Kirchenleiter vor doktrinärem Autoritarismus und beide vor Eigensinn hüten müssen. Eine Notlage ist noch nicht gegeben, wenn in einer Gemeinde ein Kaplan oder ein Religionslehrer nicht so orthodox über Auferstehung oder Gottheit Jesu redet, wie ein Theologe oder Bischof oder bischöflicher Theologe das von ihm aufgrund seiner Dogmatik erwartet. Eine Notlage ist gegeben, wenn in einer Kirche *dauernd und eindeutig gegen das Evangelium gepredigt und gehandelt wird.* Nicht irgendwelche kirchenpolitischen Gesichtspunkte, sondern das Evangelium selber muß also die entscheidende Norm zur Beurteilung der Lage sein. Das subsidiäre Einschreiten der einen Gruppe für die andere darf nur als ultima ratio in Frage kommen. Eine Notlage darf weder von der Kirchenleitung noch von der Theologie für ein Einschreiten einfach präsumiert werden. Zuerst müssen alle anderen möglichen Mittel und Wege – in kritischer Selbstbestimmung! – genützt werden.

Im Hinblick auf alle die nicht voraussehbaren, vorausberechenbaren, vorausregulierbaren Konflikte in der Kirche ist gerade aus dem Glauben an die Indefektibilität der Kirche das Vertrauen wichtig – und die Phantasie, die zu entwickeln und in Krisenzeiten einzusetzen eine wahre christliche Tugend ist, damit jede Not auch ihre Hilfe finde. Schöpferische Phantasie vermag Modelle, Methoden und Lösungen zu erwägen, vermag sichtbar zu machen, wie es in schwierigen Situationen auch anders – auch ohne alle unfehlbaren Sätze und Instanzen – gehen kann. Ob man so für die Zukunft der Kirche nicht weniger Angst zu haben braucht?

Zum Schluß

Wir schauen zurück

Die Unzerstörbarkeit der Kirche Jesu Christi als der ganzen Gemeinschaft der Glaubenden ist selber eine Glaubenswahrheit, begründet im christlichen Ursprung: Nicht nur auf vereinzelten klassischen Texten, sondern auf der christlichen Botschaft als Ganzer, die als Gottes letztentscheidender Anruf immer wieder Glauben finden und eine Gemeinschaft von Glaubenden versammeln wird. Dies war von Anfang an die Überzeugung der Glaubenden: Die Kirche wird ganz konkret von Gott in der Wahrheit Jesu Christi gehalten, wo immer sein Geist, welcher der heilige Geist Gottes ist, lebendig ist und immer wieder neu in die ganze Wahrheit einführt; wo immer also Jesus selber für den einzelnen oder eine Gemeinschaft den Weg, die Wahrheit und das Leben ist und bleibt; wo immer sich Menschen in der Nachfolge auf seinen Weg einlassen; wo immer sie ihren eigenen Lebensweg nach seiner Wegleitung gehen. Folglich ist dieses Bleiben in der Wahrheit mehr eine Sache der Orthopraxie als der Orthodoxie, mehr eine Sache des einzelnen und einzelner Gemeinschaften als der Institutionen. Dieses Bleiben in der Wahrheit manifestiert sich beim immer möglichen Versagen von Hierarchie und Theologie noch immer im gelebten Glauben der »kleinen Leute«, und zwar nicht nur in den orthodoxen Großkirchen, sondern unter Umständen auch außerhalb. Daß die kirchlichen Ämter nicht die Wahrheit in der Kirche konstituieren, sondern ihr und den Menschen zu dienen haben, wird hier besonders deutlich.

So ergibt sich, daß auch im Fall eines schwerwiegenden Irrtums in Glaubens- und Sittendingen die Kirche doch weiterlebt, ja daß die Kirche immer wieder neu lernen muß, mit Irrtümern zu leben. Irrtümer des kirchlichen »Lehramtes« sind eine ernsthafte Sache, aber sie sind für die Kirche nicht existenzbedrohend. Allerdings braucht die Kirche ein Kriterium für das, was in der christlichen Kirche wahr sein soll: Die christliche Botschaft, wie sie im Neuen Testament ursprünglich niedergelegt ist, letztlich Jesus Christus selbst. Diese christliche Botschaft ist kritisch im Horizont der kirchlichen Gemeinschaft und Tradition zu lesen. Gerade so wird deutlich, daß der Christ letztlich nicht an Sätze oder Wahrheiten, auch nicht an die Bibel, an die Tradition oder an die Kirche glaubt, sondern an Gott selbst und den, in dem er sich geoffenbart hat. Ein solcher Glaube ist zwar auf Sätze angewiesen, wenn er ausgesagt werden soll, aber er braucht durch falsche Sätze nicht aufgehoben zu werden.

So kann sich denn die tagtägliche wie die außerordentliche Verkündigung durch einzelne Irrtümer durchhalten. Insbesondere läßt sich deutlich machen, daß Episkopat, Konzil und Papst »funktionieren« und ihre Aufgabe wahrnehmen können, auch wenn sie im Zweifelsfall nicht unfehlbar definieren können, wer recht hat. Immer mögliche Konfliktsfälle der Kirche können auf diese Weise sogar besser durchgestanden werden.

Wir blicken voraus

Ein fehlbares »Lehramt« müßte von daher als Chance verstanden werden: Könnte auf diese Weise die *Kirche der Zukunft* nicht leichter mit ihren Irrtümern fertig werden? Also: Lernen durch Fehler, »die Methode von Versuch und Irrtum« (K. Popper)? Wäre damit nicht die alte Freiheit zurückgewonnen, um der Wahrheit des Evangeliums durch alle Irrtümer hindurch immer wieder neu Gehör zu verschaffen? Könnte so – nachdem die Sünde zur »glücklichen Schuld« (»felix culpa«) werden kann – nicht auch der (in sich doch sehr viel weniger gravierende) Irrtum zum »glücklichen Irrtum« (»felix error«) werden: weil durch die Irrtümer der Kirche hindurch die Wahrheit des Evangeliums noch deutlicher zum Leuchten kommt? Ließe sich auf diese Weise nicht die Kirchengeschichte realistisch betrachten und doch zugleich sehr viel überzeugender an das Bleiben der Kirche in der Wahrheit glauben?

Ein Konsens in der skizzierten Richtung zeichnet sich in verschiedenen Veröffentlichungen ab und scheint möglich: Es wäre ein *ökumenischer Konsens*, denn so könnten auch andere Christen an die Unzerstörbarkeit, die Indefektibilität, der Kirche Jesu Christi in der Wahrheit glauben. Das schwerstwiegende Hindernis zwischen den christlichen Kirchen wäre damit aus dem Weg geräumt. Wichtiger aber wäre: Die christliche Botschaft, dieser Jesus selbst und der Gott, für den er steht, wären für die Menschen der heutigen Zeit wieder glaubwürdiger geworden. Und nur dafür lohnt es sich überhaupt, in der Mühsal dieser Zeit Theologie zu treiben.

Sollte das, was hier vorgelegt wurde, es nicht verdienen, neu bedacht zu werden? Dem Theologen mag es in dieser für katholische Kirche und Christenheit, aber auch für ihn selber schwerwiegenden Sache gestattet sein, im Anschluß an den französischen Theologen *Yves Congar*, einen der großen theologischen Vorbereiter des Zweiten Vatikanischen Konzils, eine Bitte vorzutragen:

Es möge – jetzt unter dem neuen Pontifikat – die Unfehlbarkeitsfrage neu untersucht werden, in objektiver Sachlichkeit, wissenschaftlicher Redlichkeit, Fairness und Gerechtigkeit.

Es möge – ähnlich wie früher in der Frage der Geburtenregelung – eine für diese Frage *ökumenische Kommission* eingesetzt werden, die aus international anerkannten Fachleuten der verschiedenen Disziplinen (Exegese, Dogmengeschichte, systematische Theologie, praktische Theologie und betroffene nichttheologische Disziplinen) bestehen soll.

Es möge bei der Untersuchung der Akzente weniger Gewicht als bisher auf die negativ-kritischen denn auf die positiv-konstruktiven Akzente gelegt und so gefragt werden, ob das *Bleiben der Kirche in der Wahrheit trotz aller Irrtümer* in christlicher Botschaft und großer katholischer Tradition nicht besser begründet sei und ob damit nicht auch heute in der Kirche besser zu leben wäre.

Nachdem die Ablehnung jeglicher Empfängnisverhütung durch Papst Paul VI. nach römischer Auffassung mit der Autorität, Kontinuität, Traditionalität, Universalität und deshalb faktisch der Infallibilität und Irreformabilität der traditionellen Lehre begründet wurde, ist zu hoffen, daß eine Lösung der Unfehlbarkeitsfrage auch eine Lösung für die Frage der Empfängnisverhütung bringen könnte. Was für zahllose Menschen auch in unseren entwickelten Ländern mit ihrem Geburtenrückgang eine schwere Gewissenslast darstellt, bedeutet für die Menschen in vielen unterentwickelten Ländern, besonders in Lateinamerika, einen unabsehbaren Schaden, an dem sich die Kirche mitschuldig macht: Armut, Analphabetentum, Arbeitslosigkeit, Unterernährung und Krankheit stehen in einer Ursache- und Wirkungbeziehung mit den hohen Geburtenraten! Während der beiden vergangenen Jahrzehnte wurden in der Dritten Welt die (keineswegs geringeren) Wachstumsraten der Lebensmittelproduktion größtenteils verschlungen durch die höheren Geburtenraten!

Papst Johannes Paul II. ist gerade von Lateinamerika mit neuen Erfahrungen zurückgekommen. Hofft man zuviel, wenn man von ihm, der sich dort deutlich gegen Armut, Unterentwicklung und Kinderelend ausgesprochen hat und der auch für die ökumenische Verständigung wirken möchte, einen entscheidenden Schritt zur ehrlichen Klärung der bedrängenden Unfehlbarkeitsfrage erwartet – in einer Atmosphäre gegenseitigen Vertrauens, freier Forschung und fairer Diskussion?

Nachbemerkung

Es soll mit dieser theologischen Meditation *kein neuer Unfehlbarkeitsstreit* provoziert werden. Die neueste Debatte, jetzt schon aus einer gewissen historischen Distanz überschaubar, dürfte verschiedenes gezeigt haben:

1. Niemand, weder ein Theologe noch eine kirchliche Instanz, vermochte einen Beweis für garantiert unfehlbare Sätze zu leisten, vielmehr sind die Ausweglosigkeiten, in die unfehlbare Sätze hineinführen, mehr denn je zutage getreten (vgl. »Fehlbar? Eine Bilanz« 1973).

2. Die kirchlichen Autoritäten haben vom negativen Ergebnis der Debatte kaum Kenntnis genommen; sie wiederholten mit geringen Modifikationen nur die in Frage gestellten lehramtlichen Äußerungen (vgl. die verschiedenen Erklärungen der römischen Glaubenskongregation und der deutschen Bischofskonferenz 1973/74).

3. Eine aufbauende katholische Theologie, die nicht systemimmanent von bestimmten definierten Sätzen ausgeht, um wieder zu ihnen zurückzukehren, sondern die ursprüngliche Botschaft von Gott und seinem Christus für die Menschen von heute neu zur Geltung zu bringen vermag, ist möglich (vgl. »Christ sein« 1974; »Existiert Gott?« 1978).

4. Die Infragestellung der traditionellen Unfehlbarkeitslehre geht auch innerhalb der katholischen Kirche und Theologie weiter (vgl. neuestens August B. Hasler »Wie der Papst unfehlbar wurde« 1979).

Doch diese Debatte um unfehlbare Sätze und Instanzen sollte hier nicht weitergeführt werden; im Vorwort zu Haslers Buch (=Dokument I) habe ich einiges dazu gesagt. Vielmehr sollten hier die bisher viel zu wenig berücksichtigten positiven Ergebnisse der Unfehlbarkeitsdebatte (vgl. letztes Kapitel von »Fehlbar? Eine Bilanz«) aufbereitet werden, um so ohne alle Polemik positiv darzulegen, wie heute ein Bleiben der Kirche in der Wahrheit geglaubt und verstanden werden kann. Denn nicht dies beschäftigt heute die Großzahl denkender Menschen, ob nicht doch in einigen (jetzt faktisch äußerst seltenen) Fällen der Irrtum mit Berufung auf den Heiligen Geist von vornherein ausgeschlossen werden könne (Infallibilität einzelner Glaubenssätze oder Instanzen). Sondern die sehr viel grundlegendere Frage stellt sich angesichts der auf die Kirchen einstürmenden neuen Probleme der Ersten, Zweiten und Dritten Welt angesichts der zahlreichen Ideologien von links und rechts: ob der Kirche überhaupt ein Bleiben in der Wahrheit zugeschrieben werden könne, ob es nicht vielmehr mit dieser Kirche und ihrer Wahrheit zu Ende geht. Also nicht mehr die Infallibilität bestimmter kirchlicher Glaubenssätze und Glaubensinstanzen, sondern vielmehr die Indefektibilität der Kirche selber – das ist die Frage.

Eine *»Re-rezeption« der Papstdogmen des Vatikanum I* fordert der französische Theologe *Yves Congar*, der wie kein anderer gerade das neue Kirchenverständnis des Vatikanum II theologisch vorbereitet hat: Historische (Aubert, Torrell, Schatz) oder theologisch-historische (Thils, Dejaifve, Pottmeyer) Studien, radikale Fragen (Küng), dann das Faktum des Vatikanum II selbst und die Neubelebung der Orts- und Partikularkirchen wie schließlich die Vergegenwärtigung der Prinzipien der östlichen Ekklesiologie, dies alles läßt nach Congar die historische Bedingtheit des Vatikanum I heute besser erkennen und ruft – »in unserer katholischen Treue« – nach einer »Re-rezeption« der vatikanischen Dogmen und besonders des Dogmas von der päpstlichen Unfehlbarkeit. Unter Berücksichtigung nämlich eines echten Verständnisses von »Lehramt«, der besten exegetischen, historischen und theologischen Studien dieser Jahrzehnte, des unter so neuen Bedingungen eingeleiteten ökumenischen Dialogs, der Theologie und Wirklichkeit der Lokalkirche sollte man nach Congar in Verbindung mit den anderen christlichen Kirchen das neu erwägen und formulieren, was im Vatikanum I 1870 definiert und dann von der Gesamtheit der Katholiken in der Bedingtheit der damaligen Epoche angenommen worden sei. Nach Hasler dürfte eine solche »Re-rezeption« faktisch auf eine *Revision* der Beschlüsse des Vatikanum I hinauslaufen, was katholischer Kirche und Theologie, aber auch der gesamten Ökumene einen Ausweg gestatten würde aus einer unhaltbar gewordenen Situation hinein in eine neue Zukunft. Nochmals: Es soll hier kein neuer Unfehlbarkeitsstreit provoziert werden, vielmehr soll der alte so bald wie möglich liquidiert werden. Deshalb der Vorschlag der Einsetzung einer ökumenischen Kommission.

Tübingen, im Februar 1979

Postscriptum 1989

Die römische Antwort auf die beiden hier dokumentierten Veröffentlichungen aus dem Jahr 1979 war der Entzug meiner kirchlichen Lehrbefugnis am 18. Dezember 1979. Die Texte aus dieser Zeit sind dokumentiert bei *N. Greinacher – H. Haag* (Hrsg.) Der Fall Küng. Eine Dokumentation (Piper Verlag München 1980).

STATT EINES NACHWORTES

»So wollen wir miteinander den Weg der Liebe gehen und uns nach dem ausstrecken, von dem es heißt: Suchet sein Angesicht allezeit! Ja, solch aufrichtiges und verläßliches Übereinkommen vor Gott unserem Herrn möchte ich mit allen meinen Lesern für alle meine Werke schließen...

Wer sich deshalb beim Lesen sagt: ›Das ist nicht gut gesagt, ich verstehe es nicht‹, der tadelt allein meine Ausdrucksweise, nicht aber den Glauben selbst: vielleicht kann man dasselbe tatsächlich klarer sagen. Indessen hat kein Mensch je so gesprochen, daß er in allem von allen verstanden worden wäre. Wenn deshalb jemanden an meinen Ausführungen etwas unbefriedigt läßt, so mag er zusehen, ob er andere, die sich mit den gleichen Gegenständen und Fragen beschäftigt haben, versteht, während er nur gerade mich nicht versteht. Ist dem so, mag er mein Buch beiseite legen – er kann es auch wegwerfen, wenn er will – und Zeit und Mühe lieber jenen schenken, welche er versteht. – Nur meine er nicht, daß ich deshalb hätte schweigen sollen, weil ich nicht so verständlich und einleuchtend zu reden vermochte wie diejenigen, welche er versteht. Es kommen ja nicht alle Werke aller Schriftsteller in aller Hände, und so kann es geschehen, daß manche, die auch dieses unser Werk zu verstehen vermögen, nichts erfahren von jenen einfacheren Büchern, aber doch wenigstens auf dieses stoßen. – Deshalb ist es auch von Nutzen, wenn die gleichen Fragen in mehreren Büchern zugleich behandelt werden, nicht aus verschiedenem Glauben, wohl aber in verschiedener Darstellung, damit dieselbe dargestellte Sache zu recht vielen gelange; zu den einen auf diese, zu den anderen auf jene Weise. Wenn sich freilich einer über die Unverständlichkeit dessen, was ich schreibe, beklagt, in Wirklichkeit aber überhaupt keine sorgfältige und eindringende Erörterung dieser Fragen zu verstehen vermag, so möge der sich mit sich selber in eingehenden Studien beschäftigen, damit er selber vorwärts komme, nicht aber mit mir, damit ich schweige.

Wer hingegen beim Lesen sagt: ›Ich verstehe wohl, was gemeint ist, aber es entspricht nicht der Wahrheit‹, der halte nur an seiner Meinung fest und widerlege die meine, wenn es möglich ist. Wenn er es in Liebe und in Wahrheit tut und es mich (sofern ich noch am Leben bin) auch wissen läßt, werde ich gerade daraus die reichste Frucht meiner eigenen Bemühung empfangen. Ist das mir gegenüber nicht möglich, so ist es doch mein Wunsch und Wille, daß er seine Erkenntnisse allen anderen, die er erreichen kann, zuteil werden läßt. Ich aber betrachte über dem Gesetz des Herrn, wenn auch nicht Tag und Nacht, so doch jeden nur möglichen Augenblick, und ich will meine Betrachtungen, damit sie nicht in die Vergessenheit enteilen, mit der Feder festhalten und auf die Barmherzigkeit Gottes hoffen, daß er mich in allen Wahrheiten, deren ich gewiß bin, stetig ausharren lasse. Wenn ich aber etwas nicht richtig verstehe, so wird er selbst mich darüber belehren, sei es durch heimliche mahnende Eingebungen, sei es durch sein offenbares Wort, sei es durch brüderliches Gespräch. Das ist es, worum ich bitte, und diese meine Bitte lege ich vertrauensvoll nieder vor ihm, der ganz sicher bewahren wird, was er gab, und gewähren wird, was er versprach.«

Augustinus
de Trinitate
1,2,5

Hans Küng

Christ sein
676 Seiten. Geb.

Ewiges Leben?
327 Seiten. Serie Piper 364

Existiert Gott?
Antwort auf die Gottesfrage der Neuzeit. 878 Seiten. Geb.

Freud und die Zukunft der Religion
160 Seiten. Serie Piper 709

Die Kirche
605 Seiten. Serie Piper 161

Rechtfertigung
Die Lehre Karl Barths und eine katholische Besinnung
Geleitbrief von Karl Barth. 393 Seiten. Serie Piper 674

Strukturen der Kirche
Mit einem Vorwort zur Taschenbuchausgabe und einem Epilog.
369 Seiten. Serie Piper 762

Theologie im Aufbruch
Eine ökumenische Grundlegung. 320 Seiten. Geb.

Hans Küng

24 Thesen zur Gottesfrage
134 Seiten. Serie Piper 171

20 Thesen zum Christsein
75 Seiten. Serie Piper 100

Katholische Kirche – wohin?
Wider den Verrat am Konzil.
Herausgegeben von Norbert Greinacher und Hans Küng.
467 Seiten. Serie Piper 488

Hans Küng / Josef van Ess /
Heinrich von Stietencron / Heinz Bechert
Christentum und Weltreligionen
Hinführung zum Dialog mit Islam, Hinduismus und Buddhismus
631 Seiten. Geb.

Hans Küng / Julia Ching
Christentum und Chinesische Religion
319 Seiten. Geb.

Menschwerdung Gottes
Eine Einführung in Hegels theologisches Denken als
Prolegomena zu einer künftigen Christologie.
Mit einem Vorwort zur Taschenbuchausgabe.
704 Seiten. Serie Piper 1049

Walter Jens / Hans Küng
Dichtung und Religion
Pascal, Gryphius, Lessing, Hölderlin, Novalis,
Kierkegaard, Dostojewski, Kafka
388 Seiten. Serie Piper 901

Piper 17/1bb

PIPER

Heinz Zahrnt

Gotteswende

Christsein zwischen Atheismus und neuer Religiosität.
276 Seiten. Geb.

Heinz Zahrnt analysiert die religiöse Situation der Gegenwart und ihre Zukunftsperspektive. Der kämpferische, humanistische Atheismus des 19. Jahrhunderts ist zur religiösen Gleichgültigkeit verkommen, andererseits hat die globale Bedrohung der Menschheit einen »metaphysischen Schock« versetzt. Eine neue Gottsuche auf oft fragwürdigen Wegen ist die Folge. Wenn das Christentum den Dialog mit den Suchenden nicht scheut und auf eine Verbindung von Weltvernunft und Spiritualität hinarbeitet, kann es Antworten finden, die auch in der Zukunft tragfähig sind.

Jesus aus Nazareth

Ein Leben. 320 Seiten. Geb.

Heinz Zahrnt hat *sein* Jesus-Buch geschrieben: keine Biographie, keine Christologie, sondern »ein Lebensbild, geformt aus den verschiedenen Aspekten seiner Erscheinung und so lebendig und anschaulich erzählt, wie Stoff und Autor es hergeben«.

Martin Luther

Reformator wider Willen. 264 Seiten mit 7 Abbildungen.
Serie Piper 5246

Die Sache mit Gott

Die protestantische Theologie im 20. Jahrhundert.
430 Seiten. Serie Piper 890

Westlich von Eden

Zwölf Reden an die Verehrer und die Verächter der christlichen Religion.
238 Seiten. Kart.

Wie kann Gott das zulassen?

Hiob – Der Mensch im Leid.
96 Seiten. Serie Piper 453

Theologie bei Piper

Heinz J. Fischer
Der heilige Kampf
Geschichte und Gegenwart der Jesuiten. 284 Seiten. Serie Piper 728

Mario von Galli
Gott aber lachte
Erinnerungen. 141 Seiten. Serie Piper 905

Albert Görres
Kennt die Religion den Menschen?
Erfahrungen zwischen Psychologie und Glauben. 142 Seiten. Serie Piper 318

Helmut Gollwitzer
Was ist Religion?
Fragen zwischen Theologie, Soziologie und Pädagogik. 78 Seiten. Serie Piper 197

Norbert Greinacher
Die Kirche der Armen
Zur Theologie der Befreiung. 177 Seiten. Serie Piper 196

Norbert Greinacher
Der Schrei nach Gerechtigkeit
Elemente einer prophetischen politischen Theologie. 199 Seiten. Serie Piper 643

Herbert Haag
Vor dem Bösen ratlos?
In Zusammenarbeit mit Katharina und Winfried Elliger.
320 Seiten. Serie Piper 951

Karl Jaspers
Die maßgebenden Menschen
Sokrates – Buddha – Konfuzius – Jesus. 210 Seiten. Serie Piper 126